TRAITÉ
DU VOL

PRINCIPALES LÉGISLATIONS DE L'ANTIQUITÉ

et spécialement

DANS LE DROIT ROMAIN

PAR

Albert DESJARDINS

PROFESSEUR A LA FACULTÉ DE DROIT DE PARIS

PARIS

A. DURAND ET PEDONE-LAURIEL, ÉDITEURS

Libraires de la Cour d'Appel et de l'Ordre des Avocats

G. PEDONE-LAURIEL, SUCCESSEUR

13, Rue Soufflot

1881

TRAITÉ

DU VOL

OUVRAGES DU MÊME AUTEUR

Essai sur les plaidoyers de Démosthène. 1862, in-8 (Épuisé). » »

De jure apud Franciscum Baconum (thèse). 1862, in-8. . . 2 »

De la compensation et des demandes reconventionnelles dans
le droit romain et dans le droit français ancien et moderne.
1864, in-8 (Epuisé) . . . . » »

De l'Enseignement du droit, d'après Bacon. 1865, in-8. . . 2 ȳ
    Extrait de la *Revue historique de droit français et étranger*.

De l'Histoire critique des lettres, 1866, in-8 . . . . . . 1 »

De l'Action Præscriptis verbis. 1866, in-8. . . . . . . 1 »
    Extrait de la *Revue historique de droit français et étranger*.

Les deux Formules des actions Depositi et commodati. 1867,
in-8 . . . . 1 »
    Extrait de la *Revue historique du droit français et étranger*.

Recherches sur l'origine de la règle : Donner et retenir ne vaut.
1868. in-8 . . . . 2 »
    Extrai de la *Revue critique de législation*.

Le pouvoir civil au Concile de Trente, 2ᵉ édition. 1870, in-8 . 4 »
    Extrait de la *Revue critique de législation*.

La Liberté des Pères au Concile de Trente. 1870. in-8 . . . 1 50
    Extrait de la *Revue critique de législation*.

Les Moralistes français au xviᵉ siècle, 2ᵉ édition. 1870, in-12 . 4 »
    Ouvrage couronné par l'institut.

Projet de loi contre l'ivresse publique. Rapport déposé au nom
de la commission de l'Assemblée nationale. 1872, in-8. . . 1 »

L'Inamovibilité de la magistrature dans l'ancienne France. 1880,
in-8 . . . . 1 »
    Extrait de la *France judiciaire*.

Études sur l'Inamovibilité de la magistrature. 1880, in-12 . . 1 50

TRAITÉ
DU VOL

DANS LES

PRINCIPALES LÉGISLATIONS DE L'ANTIQUITE

et spécialement

DANS LE DROIT ROMAIN

PAR

ALBERT DESJARDINS

PROFESSEUR A LA FACULTÉ DE DROIT DE PARIS

PARIS

A. DURAND ET PEDONE-LAURIEL, ÉDITEURS

Libraires de la Cour d'Appel et de l'Ordre des Avocats

G. PEDONE-LAURIEL, SUCCESSEUR

13, Rue Soufflot

1881

INTRODUCTION

I. Dès que la propriété individuelle existe, elle peut être attaquée et elle a besoin d'être protégée. Le chien, la place au soleil dont parle Pascal, l'enclos dont parle J.-J. Rousseau sont bientôt convoités; s'il n'y a pas de société, il faut que celui qui les réclame les défende lui-même; s'il y a une société constituée, il lui appartient de défendre un droit qu'elle reconnaît en principe, et dont la violation met en péril sa propre existence.

La société ne peut faire moins que de contraindre celui qui a voulu s'approprier le bien d'autrui à le restituer, ou, si la restitution est devenue impossible, à indemniser le propriétaire dépouillé. Mais si, à la rigueur, la réparation, sous l'une ou l'autre forme, peut suffire à l'individu lésé, elle ne suffit pas à la société, inquiétée en même temps : « La pensée du législateur, dit Démosthène (1), a été celle-ci : lorsqu'un homme a commis une action honteuse, il ne faut pas que cet homme puisse se tirer de là en rendant ce qu'il a dérobé; il y aurait

(1) *Contre Timocrate*, ed. Reisk., p. 736, trad. de M. Dareste (*Les Plaidoyers politiques de Démosthène*, Paris, 1879).

trop de voleurs à ce compte, avec cette alternative ou de n'être pas pris et de garder, ou d'être pris et d'en être quitte pour rendre. »

Il n'y a pas de société qui ne sente, à quelque moment que ce soit de son existence, combien l'usurpation du bien d'autrui peut lui nuire ; les nations primitives l'ont punie comme les nations civilisées : « On volait aussi, dit M. Pictet (1), dans l'ancienne société des Aryas (soit par violence, soit par ruse, comme le démontrent les rapprochements qui vont venir), et ce fait que le vol existait comme délit est une nouvelle preuve que le principe de la propriété était pleinement reconnu. » Dans ces pays demeurés sauvages où la civilisation cherche avec curiosité à saisir vivant encore chez autrui son propre passé, elle retrouve souvent et la propriété respectée et le vol puni : « A la Nouvelle-Zélande, le principe du talion était si rigoureusement appliqué que le voleur devait être puni en étant volé à son tour (2). » Le droit de propriété est ou respecté par la population ou protégé par l'autorité : « Nous avons déjà dit que le droit de propriété individuelle est reconnu même dans l'état social le plus inférieur. Nous apprenons qu'il est rigoureusement respecté chez les Papous de la Nouvelle-Guinée et chez les naturels de Java ; que chez les Ostyaks de Sibérie on ne sait ce que c'est que de fermer les maisons ; les biens de chacun sont à la merci de tous sans qu'un larcin soit jamais commis (3). Les premiers Indiens découverts par Colomb regardaient le vol comme un crime et le punissaient de mort (4). »

N'est-ce pas le caractère d'une loi véritablement naturelle

(1) *Les origines Indo-Européennes*, 2e éd., t. III, p. 152 et 153. — (2) M. Maury, *Le droit comparé des différents peuples... par le professeur docteur Bastian, Journal des Savants*, 1873, p. 147. — (3) Pallas (*Voyages*, trad. de M. Gauthier de la Peyronie, Paris, 1793), s'est beaucoup occupé des Ostyaks. Il rapporte que ces sauvages construisent de petites cabanes dans des forêts pour y serrer « leurs fourrures des peaux de rennes et d'autres objets, mais sans aucuns soins. Ce qui n'y peut pas entrer reste en paquet sur les traîneaux : les voleurs ne sont point à craindre » (T. IV, p. 60). — (4) M. Ludovic Carrau, *La moralité chez les sauvages, Revue politique et littéraire*, 10 juil. 1880, p. 32.

que d'être admise par tant de peuples, dans des états si différents de civilisation? Ne faut-il pas reconnaître que c'est la
nature même des hommes qui leur prescrit et d'établir parmi
eux la propriété individuelle et de la respecter une fois qu'elle
est établie?

Cependant on a pu citer quelques exemples contraires. Des
tribus, des nations même ont vécu de pillage et de piraterie
aux dépens de leurs voisins. Il est vrai que leur intérêt les
forçait à exiger dans les rapports réciproques de leurs membres
plus d'honnêteté qu'elles n'en mettaient elles-mêmes dans
leurs rapports avec les étrangers. En outre l'on a, tantôt à tort
et sur de fausses apparences, tantôt avec raison et d'après des
renseignements exacts, signalé chez quelques peuples des
lois ou des coutumes bizarres qui permettaient, au moins
dans certains cas, de s'approprier le bien d'autrui. Ces
exemples ne font-ils pas perdre au respect de la propriété individuelle le caractère d'une loi universelle et par conséquent naturelle?

Ceux qui les ont donnés ont le plus souvent démenti la
conclusion qu'on en prétendrait tirer, en montrant ou en
exigeant eux-mêmes en certaines circonstances ou dans
certaines situations ce respect dont ils s'embarrassaient si
peu dans d'autres. Les peuples qui pratiquaient la piraterie
sur les mers punissaient le brigandage sur leur sol. Ce n'était
qu'un calcul raffiné qui chez d'autres faisait excuser ou même
encourager le vol commis au préjudice des compatriotes comme
un exercice propre à développer, soit l'audace, soit l'habileté, qui
devaient plus tard profiter à la communauté en temps de
guerre ; même expliquée ainsi, une coutume de ce genre était
un sujet de scandale pour les peuples voisins.

Mais, laissant de côté des exemples si peu concluants, on
s'est trouvé en présence d'une autre objection. Pendant longtemps la propriété individuelle a été regardée comme une
pure institution de droit civil, et cette opinion a eu pour elle
les écrivains les plus attachés au maintien de la société en

général, à celui de l'ordre politique existant en particulier. Ils ne prévoyaient pas alors qu'un jour elle serait reprise par d'autres qui en tireraient les conséquences les plus contraires à l'organisation sociale et politique consacrée jusqu'alors par le consentement universel de l'humanité. Mais, si la propriété individuelle n'est que de droit civil, comment la défense d'y porter atteinte serait-elle de droit naturel? Ce sont surtout les commentateurs du droit Romain que cette difficulté a embarrassés (1). De nos jours, on a été amené par les dangers auxquels l'opinion si longtemps accréditée sur le caractère de la propriété individuelle exposait la société à se demander si cette opinion n'était pas fausse. On a cherché à la propriété individuelle un autre fondement que l'ordre du législateur humain, même que l'ordre du législateur divin (2). On a travaillé à démontrer qu'elle était véritablement naturelle et légitime. Ainsi disparaîtrait l'objection dont nous avons parlé.

Cette 'loi naturelle, qui protège la propriété individuelle, est de plus une loi morale. Il n'est pas permis, en morale, de porter atteinte au droit d'autrui. Sans doute le droit d'autrui ne s'entend pas toujours de même. Brissot de Warville (3), Proudhon (4), longtemps après lui et avec un tout autre retentissement, ont dit : « La propriété, c'est le vol. » Si leurs prémisses sont justes, leur conclusion l'est aussi. Oui, si la propriété individuelle est une usurpation, elle constitue atteinte au droit d'autrui, elle peut être qualifiée vol. La morale et le droit ordinaires appellent voleur celui qui viole la propriété individuelle, telle qu'ils la reconnaissent. S'ils se sont trompés, si le droit a eu tort de consacrer l'appropriation individuelle de ce que la nature ou la Providence avait fait pour être originairement et

(1) Ant. Matthæus, *de Criminibus, de Furtis*, I, 9. — Duaren, in *tit. de Furtis* au Digeste, ch. I. — (2) V. Pothier, *Traité du droit de propriété*, 21. — (3) *Recherches philosophiques sur la propriété et le vol*, 1780. V. M. Joseph Garnier, *Traité d'économie politique*, septième édit. *Notes complémentaires*, XVIII. — M. P. Janet, *Revue de Deux-Mondes*, 15 juillet 1880, *Les origines du socialisme contemporain*, p. 410. — (4) *Qu'est-ce que le droit de propriété?*

pour demeurer à jamais commun à tous, si c'est une fausse morale que celle qui défend de troubler l'usurpateur dans sa possession coupable, il faut bien le reconnaître, c'est la propriété exclusive qui est le premier vol, le vol commis au détriment de tous au lieu d'être commis au détriment d'un seul, le vol qui lèse, non un homme, mais l'humanité, unique et nécessaire propriétaire de tout ce qui existe ici-bas. L'idée morale est toujours la même; c'est toujours l'atteinte au droit d'autrui que la loi éternelle défend; mais le droit d'autrui ne s'entend pas de la même manière dans les deux systèmes.

II. Quelle que soit la nature de l'objet approprié, le maître a toujours besoin de protection. Mais il y a une distinction capitale à faire entre la propriété des meubles et celle des immeubles, quand on en vient à organiser la protection nécessaire. Il faut une langue bien pauvre pour confondre sous le même nom les atteintes portées à l'une et à l'autre; il faut des institutions juridiques d'une simplicité toute primitive pour les soumettre à une répression identique.

Les meubles, par leur nature même, se prêtent mieux que les immeubles à l'appropriation individuelle. Le sol peut être encore indivis et pour de longues années, quand déjà les troupeaux ont cessé de l'être, quand chacun a ses armes et ses intruments, quand il revendique comme lui appartenant exclusivement la moisson qu'il obtient, le gibier qui tombe sous ses coups, les dépouilles de l'ennemi qu'il a vaincu. Ce grand progrès, qui consiste à passer de la propriété collective à la propriété individuelle (1), commence par les objets mobiliers et, après y avoir fait sentir ses bienfaits, passe aux immeubles (2).

(1) **V. M.** Batbie, *Nouveaux cours d'économie politique*, t. I, 10° leçon, p. 163. — M. Cauwès, *Précis du Cours d'Économie politique*, t. I. p. 119 *et suiv*. — Sur la manière dont ce changement s'est accompli par rapport aux immeubles, v. M. Garsonnet. *Histoire des locations perpétuelles et des baux à longue durée, passim* et not. p. 11 *et suiv*. — (2) « Cette distinction (de la propriété immobilière et de la propriété mobilière) s'établit nécessairement dans toute société organisée, mais la nature et l'extension de ces deux espèces de propriété varient suivant le déve-

Des différences importantes subsistent encore, quand la propriété individuelle s'applique également aux immeubles et aux meubles.

D'une part, c'est la propriété des immeubles qui paraît d'ordinaire la plus importante; les individus la désirent plus ardemment; l'État met un soin plus attentif, on pourrait dire plus jaloux, à en régler l'acquisition et la transmission; elle est constituée et constatée d'une manière plus solennelle, souvent avec l'intervention de la religion elle-même, qui se charge de la protéger particulièrement; c'est aux seuls immeubles que se rapportent, par exemple, les formules de l'antique Chaldée (1).

D'autre part, la possession des immeubles est moins exposée que celle des meubles. On ne peut ni faire disparaître les premiers ni en dissimuler l'identité; l'usurpateur se trahit par son usurpation même, par cela seul qu'il habite la maison, qu'il cultive le champ; le propriétaire retrouve toujours son bien et celui qui le lui a enlevé. Un meuble se cache sans peine; il peut se confondre avec un grand nombre d'objets semblables, qui passent légitimement de main en main; si celui qui s'en empare n'est pas pris sur le fait, on n'est jamais sûr de le connaître. L'usurpation d'un immeuble autre que celle qui serait fondée sur un droit apparent ne se conçoit guère dans un pays civilisé; elle suppose l'emploi de moyens incompatibles avec l'existence même d'une société régulière; elle ne saurait être de longue durée et elle serait infailliblement châtiée. La soustraction d'un objet

loppement social... Quand le sol était encore indivis et que le troupeau représentait la richesse individuelle, il est probable qu'on ne distinguait pas expressément les deux genres de propriété. Plus tard et quand le besoin d'une distinction se fit sentir, ce sont précisément les noms du troupeau qui servirent à désigner la propriété mobilière en perdant quelquefois leur sens primitif.» (M. Pictet, *op. cit.*, t. III. p. 104 et 105).

(1) V. MM. Oppert et Ménant, *Documens juridiques de l'Assyrie et de la Chaldée*, Paris, 1877, p. 87 et 93, 98 et 106, 117 et 122, 130 et 136. Dans la longue série de malédictions prononcées contre celui qui porte atteinte à la propriété de l'immeuble, il est dit notamment : « qu'Istar, la souveraine du ciel et de la terre, s'en empare et qu'elle le livre à la vengeance devant le Dieu et devant le Roi. »

mobilier ne cesse pas d'être à craindre, loin de là, quand la civilisation développe à la fois la richesse et la convoitise, quand la répartition de plus en plus inégale des biens ajoute pour beaucoup à la difficulté de vivre, quand enfin l'accroissement de la population et sa concentration dans les grandes villes font espérer aux malhonnêtes gens qu'ils pourront se perdre au milieu de la foule et tromper les recherches de la plus active police.

III. C'est l'usurpation de la propriété mobilière, sous le nom de vol, qui sera le sujet de notre travail. Nous nous proposons d'en étudier la répression dans celles des législations de l'antiquité qui nous sont parvenues, ou sur lesquelles nous possédons assez de documents pour en retrouver les traits essentiels. Mais nous rencontrons d'ailleurs chez les anciens des renseignements isolés, qui nous montrent partout le même danger reconnu, la même idée appliquée. Nous en indiquons ici les principaux.

Chez les Assyriens, il y avait, d'après Strabon (1), une classe de tribunaux criminels expressément chargée de juger les voleurs.

Chez les Syriens, « la mort fut la peine du vol sacrilège, » dit M. de Pastoret en citant les paroles de Jacob à Laban (2), et il ajoute : « La punition n'eût pas été capitale pour un vol ordinaire; on allait alors la chercher dans la passion qui avait inspiré le crime : c'est (3) avec de l'argent qu'on l'expiait. Un fait cité par Élien (4) semblerait, au reste, prouver que le vol était peu commun dans une contrée de la Syrie. — Les habitants de Byblos craindroient de ramasser un objet trouvé dans un chemin public, dit Élien ; ils se croiroient coupables de larcin, s'ils prenoient dans un lieu ce qu'ils n'y ont pas mis (5). »

C'est une peine pécuniaire que le vol aurait fait encourir

(1) Strabon, liv. XVI, I, 20. M. de Pastoret, *Histoire de la Législation*, t. I, p. 231. M. Raynouard, *Journal des Savants*, 1817, p. 552. —(2) *Genèse*, XXXI, 30 *et suiv.* — (3) *Mémoires de l'Académie des inscriptions et belles-lettres*, t. XL, p. 54 et 60. — (4) *Variæ hist.*, IV, 1. — (5) *Op. cit.*, p. 415.

chez les Phéniciens, comme, dans les cas les moins graves, chez les Syriens (1).

Les peines corporelles étaient usitées chez d'autres nations, depuis la mort, qui frappait les coupables chez les Phrygiens (2), jusqu'à la mutilation en vigueur chez les Arabes (3). Les Lyciens réduisaient en servitude les hommes libres convaincus de vol (4).

Les habitants de Cumes enfin faisaient contribuer les voisins à la réparation du dommage causé par le vol (5). C'est encore un système dont on retrouve plus d'une application dans les pays sauvages ou dans les temps troublés ; là où la justice sociale fait défaut, la responsabilité collective est souvent regardée comme le meilleur moyen de maintenir l'ordre.

(1) M. Saripolos, *Système de la législation pénale en vigueur dans la Grèce*, t. I, p. 200, citant aussi les *Mémoires de l'Ac. des inscr. et belles-lettres*. — (2) Nic. Damasc., fr. 128. — Telfy, *Corpus juris attici*, comm. ad 1153. — (3) M. Saripolos, *l. cit.*, p. 55. — (4) Nic. Damasc., fr. 129. Telfy, *l. cit.* — (5) Héracl. Pont., *de Rebus publ.*, XI, 4. Telfy, *ib*.

DU VOL

DANS LES PRINCIPALES LÉGISLATIONS DE L'ANTIQUITÉ

ET SPÉCIALEMENT DANS LE DROIT ROMAIN

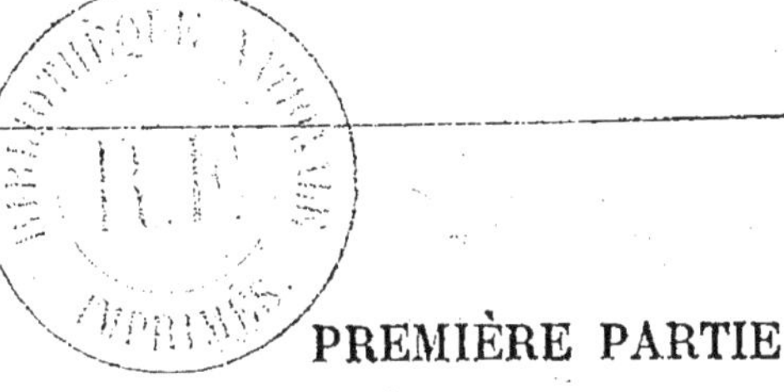

PREMIÈRE PARTIE

DROIT DES CHINOIS, DES HINDOUS, DES ÉGYPTIENS, DES HÉBREUX ET DES GRECS.

CHAPITRE PREMIER

Droit des Chinois

1. Ceux qui remontent aussi loin qu'il est possible dans l'histoire de l'antiquité chinoise y trouvent la vengeance privée, non-seulement exercée en vertu d'un droit par l'offensé, mais encore imposée par une obligation de conscience à toute sa famille, et la peine proprement dite, sous la forme du talion. Si un mal semblable à celui qui avait été commis ne pouvait être infligé au coupable, une analogie d un tout autre genre suffisait: « Voleur se dit en chinois *tao ;* mais *tao* signifie aussi *s'enfuir ;* par conséquent on coupait les jambes au voleur (1). »

(1) *Le leggi penali degli antichi Chinesi, dall' avvocato Alfonso Andreozzi.* Florence, 1878, p. 11.

2. Les saints établirent les *cinq peines* (1), d'après Confucius, mais ils gouvernèrent si bien qu'ils n'eurent pas à les appliquer. En effet, les délits que commet le peuple, les vols, comme les autres, ont leur cause dans le manque de lois régulatrices. A défaut de telles lois, les petits sont paresseux et négligents, les grands prodigues et dissipateurs. Il faut apprendre au peuple où il doit s'arrêter ; quand il le saura, il ne commettra plus de délits (2).

Le gouvernement des saints ne dura pas assez longtemps ; les crimes se multiplièrent, mais la répression fut atroce ; elle s'étendit à ceux qui ne la méritaient pas : « L'auguste Maître eut pitié de tant d'innocents condamnés injustement ; » il établit une meilleure justice, et « l'on gardait exactement, dans les punitions, le juste milieu (3). » Cet auguste Maître était l'un des deux empereurs, Yao ou Chun, qui vécurent plus de deux mille ans avant Jésus-Christ.

C'est à l'empereur Chun qu'est attribué l'honneur d'avoir fixé dans un esprit d'équité les règles des *cinq peines*. Dans le système des *cinq peines*, l'influence du talion était sensible. Les blessures et les vols étaient punis par l'amputation des pieds, soit de tous les deux, soit de l'un ou de l'autre seulement, selon la gravité des cas ; les fraudes et les faux entraînaient l'amputation du nez (4). Chun admit que, dans certains cas, les *cinq peines* pouvaient être remplacées par

(1) Les *cinq peines* étaient la mort, l'amputation des cuisses, qui fut remplacée par celle des pieds sous les Tcheou (*Le Tcheou-li, ou rites des Tcheou*, trad. par M. Ed. Biot, Paris, 1851, liv. XXXVI, t. II, p. 354, note 1), la castration, l'amputation du nez, la marque sur le front au moyen d'incisions. — Cf. *Gesetz und Recht in alten China.* H. Plath, Munich, 1865, p. 73 *et suiv.* — (2) M. Andreozzi, p. 175 et 176. L'auteur cite en cet endroit un ouvrage de Confucius, *Kun'-Ze-Kia-iu, Conférences familières.* Voir sur l'importance de *l'enseignement officiel*, à la tête duquel est placé le *grand directeur des multitudes*, et sur le désir de prévenir le mal plutôt que d'avoir à le réprimer M. Edouard Biot (*Le Tcheou-li, Avertissement*, p. 14 et 15). — (3) *Le Chou-King, un des livres sacrés des Chinois*, ouvrage recueilli par Confucius, traduction du P. Gaubil, revue et corrigée par M. de Guignes, Paris, 1770, part. IV, ch. xxvii, p. 293 et 294. — (4) Andreozzi, p. 12. Ceux qui avaient subi l'amputation des pieds étaient affectés à la surveillance des parcs impériaux (p. 133), emploi qui semble leur convenir assez mal : « Ceux qui ont les pieds coupés, on leur enjoint de garder les ports impériaux, » dit le *Tcheou-li*, liv. XXXVII, t. II, p. 370.

l'exil; il voulut que les fautes ordinaires fussent punies du fouet dans les tribunaux, des verges de bambou dans les colléges; il permit enfin de racheter certaines fautes par le métal (1). D'après l'empereur Mouvang ou Mo-wan, qui vécut un peu plus de mille ans avant Jésus-Christ, voici quelle avait été la réforme de son prédécesseur ou du moins comment elle s'appliquait de son temps : « Après que les deux parties ont produit leurs pièces, les juges écoutent de part et d'autre ce qui se dit, et si, après l'examen, il n'y a aucun doute, on emploie les cinq supplices ; mais, s'il y a quelque doute sur l'usage de ces supplices, il faudra avoir recours aux cinq genres de rachat , alors on juge selon le cas des cinq sortes de fautes ou involontaires, ou presque inévitables (2). »

3. La répression organisée par Chun ne fut pas indéfiniment efficace. Ouei-Tse, frère aîné de l'empereur Ti-Sin, dans le treizième ou douzième siècle avant Jésus-Christ, disait : « Tous les peuples de cette dynastie, grands et petits, sont livrés au vice ; ils sont voleurs... — Aujourd'hui, le peuple, même, vole les animaux destinés aux cérémonies des Esprits ; il y a des juges qui les reçoivent et qui les mangent, et on ne les punit point (3). »

Ce fut une autre dynastie, celle des Tcheou, qui se chargea de rétablir l'ordre. Par elle, « l'association des tribus chinoises fut reconstituée sur de nouvelles bases. C'est ce code nouveau d'institutions politiques qui est exposé dans le Tcheou-Li, comme l'exprime son nom même, rites ou règlement des Tcheou. La rédaction de ce règlement est attribuée, par une tradition constante, à Tcheou-Kong, frère de Wou-Wang (4), » qui fut le premier empereur, chef de la dynastie. La plus grande vénération entoura toujours la mémoire de ces deux princes.

D'après le code des Tcheou, il y a un *ministère des châtiments*, dont le chef est le *grand préposé aux brigands* (5). Le droit de défense est reconnu de la manière la plus large : « Quant à ceux qui volent dans les camps, les districts, les

(1) *Le Chou-King*, part. I, ch. II, p. 15 et 16. — (2) *Ib*., part. IV, chap. XXVII, p. 296. — (3) *Ib*., part. III, chap. XI, p. 141 et 142. — (4) *Le Tcheou-li, Avertissement*, p. 4. — (5) *Ib*., p. 22 et liv. XXXV, t. II, p. 307.

villes, qui détournent des domestiques, si on les tue, il n'y a
pas de délit (1). » Mais la police est en outre soigneusement
organisée. Dans les marchés, les voleurs sont arrêtés par les
inspecteurs qui les montrent au peuple et les punissent de la
bastonnade (2). Les *préposés des condamnés à des travaux igno-
minieux* poursuivent les auteurs des vols les plus graves et
es brigands (3). Ceux-ci sont mis entre les mains des geô-
liers (4), puis livrés à l'exécuteur (5). Au *prévôt chef de justice*
revient le vol des objets de l'État (6). Il y a un *préposé aux mal_
faiteurs*, qui s'occupe « des instruments employés par les
voleurs et les brigands, ainsi que les objets de valeur qu'ils
se sont appropriés. Il distingue leurs espèces en notant la
quantité et le poids. Il en fixe le prix et l'inscrit sur chaque
objet. Il les livre à l'officier préposé aux armes (7). »

4. Un siècle environ après Wou-Wang, Mou-Wang, arrivé
à l'âge de cent ans, « fit écrire la manière de punir les crimes (8).» Il étendit la faculté accordée aux coupables de racheter leurs peines (9).

5. Sous l'empereur Zin (quatrième siècle avant Jésus-Christ,
la répression des crimes fut sévère. Le ministre, Kun'Siun-
ian, exigeait de tout le monde une égale obéissance aux
lois : « Si l'on ne peut, disait-il, infliger des punitions person-
nelles au prince héréditaire, on punira à sa place son instituteur et son précepteur. » En effet, l'instituteur d'un prince eut,
nous ne savons pour quel fait, le nez coupé, et le précepteur
la peau du front enlevée : « Depuis lors, dit la chronique, il

---

(1) *Ib.*, liv. XXXVI, p. 352. Le traducteur ajoute, en note, d'après
un commentaire que « du temps des Han, on n'est pas coupable lorsqu'on tue des individus qui pénètrent sans motif dans des habitations,
qui montent sur des chars ou des bestiaux appartenant à d'autres
hommes. » Les Han régnaient au commencement de notre ère. —
(2) *Ib.*, liv. XIV, t. ι, p. 323, note 8. L'exposition durait trois jours
(liv. XXXVII, t. ιι, p. 369). — (3) *Ib.*, liv. XXXVII, t. ιι, p. 370. —
(4) *Ib.*, *ib.*, p. 367. — (5) *Ib.*, *ib.*, p. 368 et 369. — (6) *Ib.*, liv.
XXXV, t. ιι, p. 331. — (7) *Ib.*, liv. XXXVI, t. ιι. p. 363. Comm. A:
« Ces armes et ces objets sont remis à l'officier préposé aux armes,
comme maintenant, sous les Han, les armes des brigands et les choses
volées sont, après la condamnation des coupables, confisquées par les
officiers des arrondissements. (Note 7) ». — (8) *Chou-King*, part. IV, ch.
XXVII, p. 291. — (9) Andreozzi, p. 18 et 19.

n'y avait personne qui ramassât même les objets perdus sur
la voie publique pour se les approprier induement (1). »

6. L'Empereur Kao-Zu (206 ans avant Jésus-Christ) revient
à une législation plus douce. D'après ses *trois chapitres*, les
blessures et le vol ne devaient plus entraîner qu'une peine
proportionnée ; sans doute la condamnation était pécuniaire,
au moins pour les voleurs (2).

7. Les mutilations furent supprimées par l'Empereur Hiao-
wen-ti (167 ans avant Jésus-Christ) ; il y substitua, suivant les
cas, la relégation avec travaux publics et la bastonnade. L'amputation du pied gauche fut remplacée par cinq cents coups de
bâton (3), réduits plus tard à trois cents et enfin à deux cents.

Pour ceux qui devaient avoir le pied coupé et pour un certain nombre de coupables, notamment les magistrats convaincus d'avoir dérobé les valeurs et objets consignés dans le
tribunal du district, il y avait une règle particulière ; s'ils
commettaient un nouveau crime passible de la bastonnade
pendant qu'on les jugeait à raison du premier, ils étaient
punis de mort. Le texte qui contient cette disposition assez
étrange est sans doute obscur. D'après une autre interprétation, la peine de mort est portée en tous cas contre les coupables dont nous venons de parler (4).

8. Le vol n'était pas prévu seulement par les lois des sou-
verains qui régnaient sur toute la Chine ; il faisait, dans des
principautés locales et subordonnées, l'objet d'autres dispositions. Nous lisons, dans les instructions militaires d'un
prince de province : « On ne doit rien voler ; si vous sortez de
l'enceinte du camp, si vous volez des bœufs et des vaches, si
vous attirez à vous les valets et les servantes des autres, vous
porterez la peine due à de telles fautes (5). »

9. La dernière rédaction des lois chinoises, celle qui est encore en vigueur, est assez récente puisqu'elle appartient à

(1) Andreozzi, p. 21. L'égalité devant la loi remonte au moins aux
Tcheou : « La loi est la même pour tous, sauf que les individus de la
famille impériale ou ceux qui occupent un poste administratif ne sont
pas exécutés publiquement. » (M. Biot, *Avertissement*, p. 23). —
(2) Andreozzi, p. 139. — (3) *Ib.*, p. 19 et 20. — (4) *Ib.*, p. 143 à
145. — (5) *Chou-King*, part. IV, ch, XXIX, p. 315.

une dynastie qui est montée sur le trône au dix-septième siècle de notre ère; mais les principes sont restés les mêmes depuis bien longtemps, et on les retrouve après vingt-deux siècles (1), recevant dans les actes législatifs modernes ou même contemporains des applications naturellement plus certaines pour nous et plus précises que celles qui nous restent des âges éloignés.

(1) *The Middle Kingdom*, by S. Wells Williams, New-York, 1871, t. I, ch. vii, p. 300.

CHAPITRE II

Droit des Hindous

10. Le respect du bien d'autrui est rangé parmi les devoirs
de tous les hommes (1) ; y manquer, c'est tomber dans un des
huit vices engendrés par la colère, que le roi doit éviter (2).
Deux ordres de châtiments attendent le voleur ; la loi détermine expressément ceux qui doivent lui être infligés en ce
monde (3), et il en est d'autres qui lui sont réservés après sa
mort. Ces derniers n'étaient pas ceux que les Hindous redoutaient le moins.

11. Il appartient au roi de punir les voleurs ; c'est un de ses
premiers devoirs : « Par la répression des voleurs, sa gloire et
son royaume prennent de l'accroissement (4). » Lorsqu'un
souverain perçoit le revenu royal sans veiller à la répression
des voleurs, ses états sont agités par des troubles, et lui-même

(1) Yâjnavalkya, trad. de M. Stenzler, Berlin, 1849, liv. I, n. 122.
Le brahmanisme et le bouddhisme s'accordent ; on peut citer M. Bar-
thélemy-Saint-Hilaire, *Journal des Savants*, 1871 : *Paraboles de
Bouddha yhosha*, où se trouvent rapportés des sermons du Bouddha et
des légendes qui le mettent en scène ; le chap. xxiii contient la légende
des cinq commandements : « II *Adinnâdâma*. Cette loi est violée du moment qu'on dérobe la moindre chose à autrui, serait-ce un brin de coton
qu'on ne vous aurait pas donné. » (P. 103). — (2) *Lois de Manou*, trad.
de M. Loiseleur-Delongchamps. Paris, 1833, liv. VII, stance 48. —
(3) *Id.*, liv. VII, st. 6. — (4) *Id.*, *ib.*, st. 302.

est exclu du séjour céleste (1). Il est des cas, nous le verrons tout à l'heure, où c'est pour le voleur une obligation de venir se dénoncer lui-même au roi ; mais celui-ci doit veiller, « il emploie comme espions ses propres yeux (2). » Il recherche les voleurs « par le secours de personnes sûres, déguisées, et qui en apparence exercent la même profession qu'eux, et par des espions répandus de tous côtés ; » puis « il les attire et se rend maître d'eux (3). » Manou indique les lieux sur lesquels sa surveillance doit s'exercer d'une manière toute spéciale (4). Après l'adresse pour découvrir les voleurs, la force pour les saisir ; bien plus, « que le roi s'empare à force ouverte de ceux qui, *dans la crainte d'être arrêtés*, ne vont pas à ces réunions (où les espions attirent les voleurs) et de ceux qui se sont engagés avec les anciens voleurs au service du roi *et ne se réunissent pas à eux* (5). »

12. Il ne suffit pas que les espions aident le roi à découvrir le vol, une fois qu'il est commis ; l'obligation de défendre la propriété contre celui dont elle est menacée est imposée à certains fonctionnaires, et même, au moins dans quelques cas, à tous les citoyens : « Si les hommes qui sont chargés de la garde de certains cantons ou ceux du voisinage qui ont été désignés restent neutres pendant les attaques des voleurs, que le roi les punisse sur-le-champ comme tels (6). » — « Lorsqu'un village est pillé *par des voleurs*, lorsque des brigands se montrent sur le grand chemin, ceux qui ne s'empressent pas d'accourir au secours doivent être bannis, emportant avec eux ce qu'ils possèdent (7). » Il fallait bien recommander aux citoyens de se protéger eux-mêmes ou leur prescrire de se défendre les uns les autres : « Les hommes chargés par le roi

---

(1) *Id.*, liv. IX, st. 254. Cf. liv. VIII, st. 343-347 ; liv. IX, st. 249-253. — (2) *Id.*, liv. IX, st. 256. — (3) *Id.*, *ib.*, st. 261 ; cf. st. 267 et 268 : « Par le moyen d'espions adroits, ayant été voleurs, qui s'associent avec les voleurs, les accompagnent et sont bien au fait de leurs différentes pratiques, qu'il les découvre et les fasse sortir de leurs retraites. » (St. 267). — (4) *Id.*, *ib.*, st. 264-266. — (5) *Id.*, *ib.*, st. 269. Les mots imprimées en italique sont tirés par le traducteur des commentaires qui complètent Manou. — (6) *Id.*, *ib.*, st. 272. — (7) *Id.*, *ib.*, st. 274. — Sir William Jones traduit par *town*, *ville* ou *bourg*, le mot que M. Loiseleur-Delongchamps rend par *village*. (Ed. nouvelle publiée en 1820, par M. Graves Chamney Houghton).

de veiller à la sûreté du pays, dit ailleurs Manou (1), sont des fourbes portés à s'emparer du bien d'autrui ; que le roi prenne la défense du peuple contre ces gens-là. » C'était une œuvre méritoire que de défendre le bien d'autrui. Ce mérite pouvait aller jusqu'à effacer un grand crime, celui du Brahmane qui avait tué un Brahmane; il suffit « qu'il essaie, au moins à trois fois, de reprendre par force à des voleurs le bien d'un Brahmane qu'ils enlèvent, soit qu'il le recouvre tout entier *dans une de ces tentatives*, soit qu'il perde la vie pour cette cause (2). »

13. Il y a deux manières différentes de s'approprier le bien d'autrui : « L'action de prendre une chose par violence sous les yeux du propriétaire est un brigandage ; en son absence, c'est un vol, de même que ce qu'on nie après l'avoir reçu (3). » Certains actes sont en outre assimilés au vol : « Le Brahmane qui, pour prix d'un sacrifice ou de l'enseignement des dogmes sacrés, reçoit, avec *connaissance de cause*, de la main d'un homme une chose qu'il a prise et qu'on ne lui a point donnée, est punissable comme un voleur (4). » Ce cas est spécial au Brahmane; en voici un qui est général: « Celui qui attache des animaux libres *appartenant à un autre*, et qui met en liberté ceux qui sont attachés et celui qui prend un esclave, un cheval ou un char, sont passibles des mêmes peines que le voleur(5). » La même assimilation est faite pour « ceux qui donnent aux voleurs du feu et de la nourriture, leur fournissent des armes ou un logement et recèlent les objets dérobés (6). » Les termes de Manou sont, à peu de chose près, ceux de notre Code pénal (7).

14. Au contraire, il y a des cas exceptionnels où l'on peut s'emparer de la chose d'autrui sans s'exposer aux peines du vol. « Prendre des racines ou des fruits à de grands arbres *non renfermés dans une enceinte*, ou du bois pour un feu consacré ou de l'herbe pour nourrir ses vaches, a été déclaré par Manou n'être pas un vol. » — « Le Dwidja (l'homme régénéré,

(1) Liv. VII, st. 48. — (2) *Id.*, liv. XI, st. 80. — (3) *Id.*, liv. VIII. st. 332. — (4) *Id.*, *ib.*, st. 340. — (5) *Id.*, *ib.*, st. 342. — (6) *Id.*, liv. IX, st. 278. Cf. st. 271. — (7) Art. 61 et 62.

membre de l'une des trois premières castes) qui voyage et dont les provisions sont très-chétives, s'il vient à prendre deux cannes à sucre ou deux petites racines dans le champ d'un autre, ne doit pas payer d'amende (1). » Ces exceptions, on le voit, sont inspirées, soit par le respect de la religion, soit par l'amour de l'humanité, restreint, il est vrai, aux trois premières castes de la société.

15. Il faut encore distinguer deux espèces de voleurs, selon qu'ils se montrent en public ou qu'ils se cachent : « Les voleurs publics sont ceux qui subsistent en vendant différentes choses *d'une manière frauduleuse*, les voleurs cachés sont ceux qui s'introduisent secrètement *dans une maison par une brèche faite au mur*, les brigands vivant dans les forêts et autres. — Les hommes qui se laissent corrompre par des présents, ceux qui extorquent de l'argent par des menaces, les falsificateurs, les joueurs, les diseurs de bonne aventure, les faux honnêtes gens, les chiromanciens, les dresseurs d'éléphants et les charlatans qui ne font pas ce qu'ils promettent de faire, les hommes qui exercent à tort des arts libéraux et les adroites courtisanes, — tels sont, avec d'autres encore, les voleurs qui se montrent en public (2). » C'est sur ces voleurs que le législateur recommande spécialement au roi d'exercer sa surveillance au moyen des espions. On voit combien s'allonge ici la liste des assimilations au vol proprement dit, et encore est-elle incomplète : « avec d'autres encore, » dit le législateur, qui laisse sans doute au roi le soin de reconnaitre et de punir ces autres.

16. Enfin, une gradation est établie parmi les vols : l'importance varie suivant la valeur de l'objet et la qualité du propriétaire. Ce qu'il y a de plus grave, c'est de voler de l'or à un Brahmane ; c'est un crime aussi grand que de tuer le Brahmane lui-même, que de boire des liqueurs fermentées et que de souiller la couche de son maître spirituel ou de son père (3). Les mots : *un Brahmane*, dans les différents textes où il est traité de ce crime, ne sont pas de Manou lui-même ;

(1) *Id,*, liv. VIII, st. 339 et 341. — (2) *Id.*, liv. IX, st. 256-260. — (3) *Id.*, liv. IX, st. 235.

ils appartiennent à ses commentateurs. Le droit originaire des Hindous, avait-il accordé à tous les propriétaires d'or une protection dont la pratique ou l'interprétation firent un privilége pour les Brahmanes ? « Enlever au dépôt, une créature humaine, un cheval, de l'argent, un champ (1), des diamants ou autres pierres précieuses, est *presque* égal à voler de l'or *à un Brahmane* (2), » ou même égal, d'après Yâjnavalkya (3) comme d'après le texte originaire de Manou. Au contraire, « voler *des objets de valeur, excepté de l'or*,... voler du grain, des métaux *de bas prix* et des bestiaux... sont des crimes secondaires (4). » Cette classification, faite en vue des pénitences et des expiations, s'applique également à la répression par les pénalités proprement dites.

17. Le plus coupable, parmi les voleurs, est celui qui a volé de l'or à un Brahmane : « (Il) doit courir en toute hâte vers le roi, les cheveux défaits, et déclarer son vol, en disant : J'ai commis cette action ; punis-moi. Il doit porter sur ses épaules une masse d'armes ou une massue de bois de Khadira, ou une javeline pointue des deux bouts, ou une barre de fer. — Le voleur, soit qu'il meure sur le coup, *étant frappé par le roi*, ou qu'il soit laissé *pour mort et survive* (5), est purgé de son crime ; mais si le roi ne le punit pas, la faute du voleur retombe sur lui (6). »

Lorsque ceux qui ont volé de l'or à un Brahmane ne vont pas au-devant de la mort qui doit les purifier, ou n'expient pas autrement leur crime, le roi leur inflige, comme à ceux qui ont commis les trois autres grands crimes, un châtiment corporel avec une amende. Sur leurs fronts est imprimé le pied d'un chien : « On ne doit ni manger, ni sacrifier, ni étudier ou s'allier par le mariage avec eux ; qu'ils errent sur la terre dans un état misérable, exclus de tous les devoirs so-

---

(1) Y aurait-il eu un vol d'immeubles chez les Hindous ? — (2) Manou, liv. XI, st. 57. — (3) Liv. III, 230. — (4) Manou, liv. XI, st. 65 et 66. — (5) Sir W. Jones : « or dismiss him inhurt (que le roi le renvoie sain et sauf). » — (6) Manou, liv. VIII, st. 314-316. Cf. liv. XI, st. 99 et Yâjnavalkya, liv. III, 257 : « Celui qui a volé de l'or à un Brahmane doit apporter au roi une massue et avouer son acte ; s'il est tué ou renvoyé par lui, il est purifié. »

ciaux. — Ces hommes marqués de signes flétrissants doivent être abandonnés par leurs parents paternels et maternels, et ne méritent ni compassion ni égards ; telle est l'injonction de Manou (1). » Le châtiment n'est pas le même pour un Brahmane que pour les hommes des autres classes : « Pour les crimes *ci-dessus énoncés*, commis par un Brahmane *jusqu'alors recommandable par ses bonnes qualités* (2), l'amende moyenne doit lui être infligée, ou bien *s'il a agi avec préméditation*, qu'il soit banni du royaume et *prenne avec lui* ses effets et sa famille. Mais les hommes des autres classes ayant commis ces crimes sans préméditation doivent perdre tous leurs biens et être *exilés ou même* mis à mort, si le crime a été prémédité (3). »

La peine de mort est portée contre ceux qui « ont volé des hommes de bonne famille et surtout des femmes, ou des bijoux d'un grand prix, comme des diamants (4), » qui ont « pratiqué une brèche à l'hôtel du trésor public, à l'arsenal ou à une chapelle ou qui ont volé des éléphants, des chevaux ou des chars *appartenant au roi* (5), » dans le premier cas, à cause de la valeur des objets, dans le second, à cause du grand intérêt lésé ou de la majesté outragée. Le trésor royal est même protégé par la menace de divers supplices (6).

Le flagrant délit semble avoir été puni de même : « Qu'un prince juste ne fasse pas mourir un voleur, à moins qu'il ne soit pris avec l'objet dérobé *et les instruments du vol* ; si on le prend avec ce qu'il a enlevé et les outils dont il s'est servi, qu'il le fasse mourir sans hésiter (7). »

Un supplice spécial attend celui qui vole la nuit après avoir fait brèche à un mur : « Que le roi ordonne de l'empaler sur un dard aigu, après lui avoir fait trancher les deux mains (8). »

C'est enfin par la crainte de la mort qu'on espère empêcher le voleur de trouver des complices. Ces hommes, qui paraissent d'autant plus dangereux que la peur d'être arrêtés les

(1) Liv. IX, st. 236-239. — (2) La faveur accordée d'abord aux Brahmanes en général semble avoir été restreinte à ceux dont la conduite passée était irréprochable. — (3) *Id.*, *ib.*, st. 241 et 242. — (4) *Id.*, liv. VIII, st. 323. — (5) *Id.*, liv. IX, st. 280. — (6) « Que le roi fasse périr par divers supplices les gens qui dérobent son trésor... » *Id.*, *ib.*, st. 275. — (7) *Id.*, *ib.*, st. 270. — (8) *Id.*, *ib.*, st. 276.

empêche de se rendre aux réunions où les attendent les espions royaux, doivent être mis à mort, « ainsi que leurs amis et leurs parents *paternels et maternels*, s'ils sont d'intelligence avec eux (1). » — « Que le roi condamne également à mort ceux qui, dans les villages *et dans les villes* donnent des vivres aux voleurs, leur fournissent des instruments et leur offrent un asile (2). »

Si la mort est prononcée sans distinction dans tous ces cas, ce n'est plus d'une simple assimilation au vol qu'il s'agit ; le vol n'est pas uniformément puni de mort. Peut-être est-ce l'habitude qui est punie avec une telle sévérité.

18. Diverses mutilations sont prononcées par Manou. Quand les objets précieux qui ont été volés dépassent une certaine valeur, « on doit avoir la main coupée (3). » — « Pour avoir volé des vaches appartenant à des Brahmanes et leur avoir percé les narines, enfin pour avoir enlevé des bestiaux à des Brahmanes, le malfaiteur doit avoir sur-le-champ la moitié du pied droit coupée (4). » — « Qu'il fasse couper deux doigts à un coupeur de bourses pour le premier vol ; pour récidive un pied et une main ; pour une troisième fois, qu'il le condamne à mort (5). » En général, « quel que soit le membre dont un voleur se sert d'une manière ou d'une autre pour nuire aux gens, le roi doit le lui faire couper pour l'empêcher de commettre de nouveau le même crime (6). » Il est vraisemblable qu'il faut restreindre cette rigueur aux cas où l'emploi de certains moyens ajoutait une aggravation au vol ; un commentateur, dont sir W. Jones introduit l'addition dans ce dernier texte, suppose un mur démoli avec le pied ou avec la main.

Manou parle à plusieurs reprises d'un châtiment corporel, sans dire en quoi il doit consister, pour celui qui vole au delà d'une certaine valeur de grains, ou d'objets précieux se vendant au poids, comme de l'or et de l'argent, ou de riches vêtements (7). Le châtiment dont il est question dans ce dernier passage doit être très rigoureux ; la valeur indiquée est

---

(1) *Id., ib.*, st. 269. — (2) *Id., ib.*, st. 271. — (3) *Id.*, liv. VIII, st. 322. — (4) *Id., ib.*, st. 325. — (5) *Id.*, liv. IX, st. 277. — (6) *Id.*, liv. VIII, st. 334. — (7) *Id.*, liv. VIII, st. 320 et 332.

double de celle qui est portée dans une autre stance où le vol d'objets précieux entraîne l'amputation de la main.

19. Les amendes sont nombreuses. Nous en avons déjà trouvé une à-propos de l'or volé à un Brahmane. Des faits qui entraînent une peine corporelle, si la valeur de l'objet volé dépasse une certaine somme, n'exposent qu'à une amende, quand elle reste au-dessous. S'agit-il de grains, « on doit être condamné à une amende de onze fois la valeur du vol et à restituer au propriétaire son bien (1). » S'agit-il d'objets précieux, « le roi doit appliquer une amende de onze fois la valeur de l'objet (2). » D'autres faits entraînent toujours une amende et celle-ci est tantôt fixée à l'avance, tantôt proportionnelle à la valeur de l'objet volé. Dans les cas suivants, elle est fixée : « Celui qui enlève la corde ou le seau d'un puits... doit être condamné à une amende d'un mâcha d'or et à rétablir les choses dans leur premier état (3). » — « Pour avoir volé des fleurs, du grain encore vert, des buissons, des lianes, des arbrisseaux, et d'autres grains non épluchés, *en quantité égale à la charge d'un homme,* l'amende est de cinq crichnalas *d'or ou d'argent, suivant les circonstances* (4). » L'addition de ces derniers mots montre qu'une certaine latitude finit par être laissée au juge, astreint d'abord à prononcer une peine absolument fixe. — « Pour des grains épluchés ou vannés, pour des herbes potagères, des racines et des fruits, l'amende est de cent panas, s'il n'y a aucune liaison *entre le voleur et le propriétaire;* de cinquante, s'il existe des relations entre eux (5). » C'est, on le voit, une règle bien ancienne que celle qui, en cas de vol, fait tenir compte des relations existantes entre l'auteur et la victime du délit. — « Que le roi impose la première amende à l'homme qui enlève les objets ci-dessus énumérés, lorsqu'ils sont apprêtés pour qu'on s'en serve, ainsi qu'à celui qui enlève du fer d'une chapelle (6). » Nous avons déjà rencontré des amendes mesurées sur la valeur de l'objet volé suivant le rapport de onze à un ; c'est

---

(1) *Id., ib.,* st. 320 *in fine.* — (2) *Id., ib.,* st. 322 *in fine.* — (3) *Id., ib.,* st. 319. — (4) *Id., ib.,* st. 330.— (5) *Id., ib.,* st. 331. — (6) *Id., ib.,* st. 333. — Cf. Yâjnavalkya, liv. II, 256.

le même système avec un rapport beaucoup moindre qui est appliqué au vol de menus objets, tels que fil, coton, semences servant à favoriser la fermentation des liqueurs spiritueuses, lait, sel, poissons, huile, riz bouilli, etc.; l'amende est du double du prix de l'objet volé ; d'après Vyàsa, la peine est, soit une amende égale au double de la valeur, soit une amende fixe, et Nàrada, pour les vases de terre ou de bambou, pour les os, etc., indique une amende égale à cinq fois la valeur de l'objet volé ; ce dernier rapport se trouve aussi dans Yàjnavalkya (1).

Mais le taux des amendes peut s'élever d'une manière considérable par l'application de la règle qui prescrit de les multiplier suivant la caste du voleur, quand celui-ci, complètement éclairé sur ce qu'il fait, atteint le plus haut degré de responsabilité : « L'amende d'un soûdra (caste servile) pour un vol quelconque doit être huit fois plus considérable que la peine ordinaire ; celle d'un vaisya (classe commerçante et agricole) seize fois ; celle d'un kchatrya (classe militaire et royale) trente-deux fois ; celle d'un Brahmane soixante-quatre fois, ou même cent fois, ou même cent vingt-huit fois plus considérable, lorsque chacun d'eux connaît parfaitement le bien ou le mal de ses actions (2). » Si les peines sont inégales, c'est qu'elles deviennent plus sévères pour ceux qui, placés plus haut dans la hiérarchie sociale, ont de plus grands devoirs.

20. Dans certains cas enfin, les peines sont arbitraires et le législateur s'en remet à l'appréciation du roi : « Pour vol de grands animaux, d'armes ou de médicaments, le roi doit infliger une peine après avoir considéré le temps et le motif (3). » — « Pour vol d'instruments de labourage et de médicaments, que le roi applique une peine en ayant égard au temps et à l'utilité des objets (4). » Il en est de même à l'égard de ceux que Manou appelle les voleurs publics : « Après avoir proclamé complétement les mauvaises actions de chacun de ces misérables, que le roi leur inflige une peine proportionnée

(1) Colebrooke, A *Digest of Hindu law on contracts and successions*, Calcutta, 1798, liv. II, ch. II, XLVII. — (2) *Id.*, *ib.*, st. 337 et 338. — (3) *Id.*, *ib.*, st. 334. — (4) *Id.*, *ib.*, liv. IX, st. 293.

à leurs forfaits et à leurs facultés (1). » Sans doute cette proclamation publique paraît nécessaire pour éclairer l'opinion sur la perversité de ceux qu'elle ne serait pas d'elle-même portée à regarder comme de vrais voleurs. Cette dernière disposition, à la différence des deux premières, veut que le roi prenne en considération les facultés des voleurs. Quelles pouvaient être ces peines laissées à l'appréciation du roi ? Assurément ce n'était pas par indulgence que le législateur s'en remettait à lui.

21. L'obligation de restituer l'objet volé fait l'objet d'une mention expresse, mais dans certain cas seulement, où elle s'ajoute à la peine (2). Yâjnavalkya s'occupe d'une manière plus générale des moyens qui en assurent le recouvrement par le propriétaire : « Celui qui a acheté un bien perdu ou volé doit d'abord s'occuper de faire arrêter celui qui l'a pris ; si le lieu et le temps ne le permettent pas, il doit le restituer. — Il n'a qu'à indiquer le vendeur pour se libérer ; le propriétaire réclame son bien, le roi une amende, l'acheteur se fait restituer le prix par le vendeur (3). » — « Quand les receveurs des tailles ou les gardes du lieu ont recouvré un objet volé ou perdu, le propriétaire doit le réclamer dans l'année ; passé ce temps, il appartiendra au roi (4). » Mais il est défendu de se faire justice à soi-même, et une forte amende est infligée à celui qui retire sa chose volée ou perdue des mains dans lesquelles il la trouve sans en avertir le roi (5).

22. Le vol n'est pas seulement une faute contre l'ordre civil : c'est aussi, c'est avant tout une faute morale, une souillure, et cela même quand il a pour objet une chose de peu de valeur (6). Il en est comme des autres crimes ou délits; la législation des Hindous, essentiellement religieuse, les frappe, parce que ce sont des péchés. De là résulte que, si la souillure disparaît, la peine ne se justifie plus, ne s'applique plus. Quand celui qui a volé de l'or à un Brahmane se présente au roi, en lui offrant l'arme qui doit le frapper, il veut obtenir la purification : « S'il n'avoue pas au roi, il est purifié, soit en

---

(1) *Id.*, *ib.*, st. 262. — (2) *Id.*, liv. VIII, st. 220, 322. — (3) Liv. II. 169 et 170. — (4) *Ib.*, 172. — (5) *Ib.*, 172. — (6) Manou, liv. XI, st. 70,

accomplissant la pénitence de celui qui a bu le surà, soit en donnant autant d'or qu'il pèse lui-même ou qu'il en faut au Brahmane pour son entretien (1). » — « Le Dwidja qui désire se laver par des austérités de la faute d'avoir volé de l'or doit, couvert d'un vêtement d'écorce, subir dans la forêt la pénitence de celui qui a tué un Brahmane involontairement (2). » D'une manière générale, c'est seulement si les auteurs des quatre grands crimes ne font pas l'expiation que le roi leur inflige un châtiment corporel avec une amende (3). Mais « *les criminels* de toutes les classes qui font l'expiation que prescrit la loi ne doivent pas être marqués au front par ordre du roi ; qu'ils soient seulement condamnés à l'amende la plus élevée (4). » Quand il s'agit d'un crime moins grave, l'absolution semble être entière (5). Pour expier, il faut subir des pénitences qui varient suivant la qualité de l'auteur et la valeur de l'objet volé. Elles consistent le plus souvent en peines, en abstinences (6); quelquefois, pour les accomplir, il faut au contraire avaler certains objets qui ne méritent pas toujours le nom d'aliments, et elles peuvent être appropriées à la nature de la satisfaction que le voleur a voulu se procurer indûment (7) : « Ces pénitences doivent être imposées aux Dwidjas dont les fautes sont connues du public pour leur expiation ; mais que l'assemblée enjoigne à ceux dont les fautes ne sont pas publiques de se purifier par des prières et des oblations au feu (8). » De tels ménagements sont réservés pour les Dwidjas, c'est-à-dire pour les hommes des trois premières castes (9). Enfin par un aveu fait devant tout le monde, par le repentir, par la dévotion, par la récitation des prières sacrées, un pé-

---

(1) Yâjnavalkya, liv. III, 258. — (2) Manou, liv. XI, st. 101. — (3) *Id.*, liv. IX, st. 236. — (4) *Ib.*, st. 240. — (5) *Id.*, liv. XI, st. 162 : « Le Brahmane qui a volontairement pris un objet, comme du grain cuit ou cru, dans la maison d'un homme de la même classe que lui, est absous en faisant la pénitence du Prâdjâpatya pendant une année entière. » — (6) *Id. ib.*, st. 166, 168, 216. — (7) V. note *id.*, *ib.*, 165 : « Pour avoir pris des choses susceptibles d'être mangées ou avalées, une voiture, un lit, un siége, des fleurs, des racines ou des fruits, l'expiation est *d'avaler* les cinq choses que produit une vache : *du lait, du caillé, du beurre, de l'urine et de la bouse.* » Cf. st. 212. — (8) *Id.*, *ib.*, st. 226. — (9) Cf. *Ib.*, st. 101. 211. etc. C'est toujours d'un Dwidja qu'il est question à propos de la purification.

cheur peut être déchargé de sa faute, ainsi qu'en donnant des aumônes, lorsqu'il se trouve dans l'impossibilité *de faire d'autre pénitence* (1). »

Celui qui a volé dans la maison d'un autre des objets de peu de valeur doit, avant de se purifier, restituer les objets volés, dit Manou, et son commentateur étend cette obligation à tous les vols (2).

23. Enfin il est des peines dont ne disposent pas les juges humains, mais qui n'en sont pas moins annoncées, et quelquefois avec la plus grande précision, par le législateur. Dès cette vie même, le voleur doit attendre une maladie, le plus souvent en rapport avec la nature de l'objet volé, maladie des ongles pour celui qui a volé de l'or à un Brahmane ; dyspepsie, pour celui qui a volé du grain apprêté ; le voleur de vêtements a la lèpre blanche et le voleur de chevaux est boiteux (3). Le Bouddha déclare que « le voleur ne peut avoir même en ce monde aucune richesse qui soit un peu stable entre ses mains (4.) » Après la mort, « le Brahmane *qui a volé de l'or* passera mille fois dans des corps d'araignées, de serpents, de caméléons, d'animaux aquatiques et de vampires malfaisants. — Si un homme a dérobé par cupidité des pierres précieuses, des perles, du corail ou des bijoux de diverses sortes, il renaît dans la tribu des orfèvres *ou dans le corps de l'oiseau hémacâra* (5). » Manou énumère toutes les transmigrations que doit subir l'âme coupable, presque toujours punie par où elle a péché : c'est ainsi que celui qui a volé du pain est destiné à renaître sous la forme d'un rat (6). Le Bouddha annonce au voleur toutes les tortures de l'enfer. Toutes ces menaces ne doivent naturellement se réaliser que si la tache n'a pas été effacée par la purification.

---

(1) *Ib.*, st. 227. — (2) *Ib.*, st. 164. — (3) *Id.*, *ib.*, st. 49 et 51. — (4) M. Barthélemy Saint-Hilaire, *l. cit.*, p. 104. — (5) Manou, liv. XII, st. 57 et 61. — (6) *Id.*, *ib.*, st. 62 à 69.

CHAPITRE III

24. D'après Diodore de Sicile (2), il y aurait eu chez les Égyptiens une loi étrange, lui-même la qualifie ainsi. Ceux qui voulaient s'adonner au vol se faisaient inscrire chez le chef des voleurs, et c'était à lui qu'ils devaient ensuite remettre sans retard tous les objets dont ils s'emparaient. La personne volée faisait connaître la nature de l'objet, le lieu et le jour où il lui avait été dérobé. Suivant un tarif convenu, elle le recouvrait, en payant le quart de ce qu'il valait. Ne pouvant supprimer entièrement le vol, le législateur avait trouvé ce moyen de faire rentrer les propriétaires en possession de ce qui leur appartenait, moyennant un léger sacrifice.

Aulu-Gelle, de son côté, dit avoir lu dans les volumes d'un savant jurisconsulte, Ariston, que, chez les anciens Égyptiens, le vol était licite et demeurait impuni (3).

Il est difficile d'ajouter foi à ces deux témoignages, étonnants pour ceux-mêmes qui nous les ont transmis. Quelle société pourrait subsister avec l'impunité absolue ou l'organisation

(1) V. M. de Pastoret, *Histoire de la législation*, t. II, 1817. Égyptiens, ch. 13, p. 247 et suiv. — (2) *Biblioth.*, liv. I, c. 80. — (3) Liv. XI. c. 18, 6.

légale du vol ? On peut supposer qu'il y eut en Égypte, non pas en vertu de la loi, mais dans des temps et dans des lieux où les pouvoirs publics ne pouvaient la faire respecter, des bandes de voleurs régulièrement et notoirement organisées, rançonnant les gens paisibles qui aimaient mieux leur payer comme un certain droit que de les dénoncer à une justice impuissante et de s'exposer à leur vengeance. Les défaillances des pouvoirs publics furent-elles assez fréquentes pour faire croire à des étrangers, à des observateurs superficiels que c'était la loi elle-même qui érigeait en principe l'impunité du vol ? Dans toute l'antiquité, les Égyptiens ont passé pour grands voleurs, et, quand il y a trop à faire pour les autorités, il arrive souvent qu'elles fassent très peu ; il n'est pas possible qu'elles n'aient pas quelque indulgence pour le tempérament général de leurs compatriotes ; ce tempérament est aussi le leur quelquefois (1).

24. On peut affirmer que les lois de l'Égypte punissaient les voleurs, mais il semble que l'opinion publique ne se montrait pas sévère à leur égard.

Divers faits rapportés par Hérodote contredisent absolu-

(1) M. Thonissen (*Etudes sur l'organisation judiciaire, les lois pénales et la procédure criminelle de l'ancienne Egypte, Rev. Hist. de droit français et étranger*, 1868, p. 240 et suiv.) montre qu'il est impossible d'admettre l'assertion de Diodore, qu'il ne faut pas essayer de la justifier en écartant les exemples de vols punis comme commis « par les voleurs non inscrits, ou par ceux qui, s'étant fait inscrire, ne rendaient pas un compte fidèle de leurs rapines, » qu'elle est incompatible avec la sévérité légale des Egyptiens et avec les condamnations religieuses qu'ils prononcent contre les gains illicites. Il semble accepter l'explication proposée par de Paw, et qui « pourrait bien être conforme à la réalité des faits. » Il croit qu'on a pris pour une loi égyptienne une espèce de traité ou concordat avec les Arabes nomades, qui, malgré toutes les précautions qu'on avait prises pour arrêter leurs brigandages, dépouillaient les caravanes et venaient par fois faire des excursions dans les cantons voisins des frontières : « On sait, en effet, dit-il, que dans les temps modernes, des traités de ce genre ont été conclus avec les Bédouins de la Syrie... (*Recherches philosophiques sur les Egyptiens, etc.*, t. II, p. 266, édit. de 1822. La même opinion a été émise par V. Hennequin, *Introd. à l'étude de la lég. fr.*, t. I, p. 367). » — Les mœurs de la Chine contemporaine nous présentent un état absolument analogue à celui qui, d'après Diodore, aurait été constaté par les lois de l'ancienne Egypte, v. *Social Life of the Chinese*, by Rev. Justus Doolittle, New-York, 1876, t. I, ch. 12, p. 319.

ment l'assertion d'Ariston et d'Aulu-Gelle. L'architecte du
roi Rhampsinite avait bâti la tour où devait être renfermé le
trésor royal, de manière à y puiser aussi largement qu'il voudrait et sans pouvoir être soupçonné. Ses deux fils héritèrent
de son secret et en firent leur profit. L'un d'eux fut pris à
un piège tendu par le roi, mais prescrivit à son frère de lui
couper la tête ; l'on ne trouva qu'un cadavre impossible à
reconnaître. Le roi, ayant usé en vain de divers moyens
fort singuliers pour découvrir d'où venaient tant de vols, finit
par promettre qu'il accorderait la grâce du coupable, si celui-
ci se déclarait, et le survivant des deux frères se fit connaître.
Il y avait des peines à craindre, puisqu'il y avait une grâce
à promettre, et comment eût-il été permis de porter la main
sur le trésor royal (1)?

C'est de vols commis au préjudice de simples particuliers
qu'il est question dans l'histoire d'Amasis : « On dit qu'Amasis, n'étant encore que simple particulier, fuyait toutes les
occupations sérieuses et n'aimait qu'à boire et à plaisanter.
Si l'argent lui manquait et qu'il ne pût satisfaire son goût
pour la table et les plaisirs, il avait coutume de voler de côté
et d'autre. Ceux qui le soupçonnaient d'avoir pris leur argent
le menaient, lorsqu'il venait à le nier, à l'oracle du lieu, qui
souvent le convainquait et souvent aussi le renvoyait absous (2). » Nous verrons tout à l'heure qu'il y avait en Égypte
d'autres moyens d'instruction : il n'y a pas à s'étonner d'y
voir la justice et la religion réunies et même confondues.

25. Joseph, en donnant du blé à ses frères, avait fait remettre
leur argent dans leurs sacs. A leur second voyage, quand
l'intendant les introduisit dans la maison, « effrayés, ils se dirent l'un à l'autre : On nous fait entrer ici à cause de l'argent
que nous avons rapporté dernièrement en nos sacs, pour
faire tomber sur nous l'accusation et nous réduire violemment
en servitude et nous enlever nos ânes (3). » Lorsque la coupe
d'argent m se par l'ordre de Joseph dans le sac de Benjamin
fut retrouvée, ils dirent : « Celui de vos serviteurs, quel qu'il

_____

(1) Liv. II, 121, trad. de Larcher. — (2) *Ib.*, 174. — (3) *Genèse*,
XLIII, 18.

soit, dans le sac duquel sera trouvé ce que vous cherchez, qu'il meure et nous serons esclaves de notre seigneur. — Et il leur dit : Qu'il soit fait selon vos paroles, et que celui dans le sac duquel sera trouvée la coupe, soit mon esclave : pour vous, vous serez innocents (1). » Faut-il conclure de ces passages, que la servitude était la peine du vol? Les frères de Joseph étaient des étrangers; ils pouvaient être traités autrement que les Égyptiens (2).

26. Un papyrus nous donne enfin sur le sujet qui nous occupe des renseignements incomplets sans doute, mais absolument authentiques : c'est le papyrus Abbott (3), ainsi résumé par M. Mariette : « Sous un des Ramsès de la vingtième dynastie (4), une bande de voleurs s'était organisée à Thèbes, et avait entrepris de dévaliser les principales tombes de la nécropole. Une enquête judiciaire eut lieu, dont le papyrus Abbott nous a conservé le texte (5) ».

Cette bande « devait être nombreuse et régulièrement organisée, dit M. Maspero (6). Les listes écrites au verso du papyrus nous ont conservé les noms de quelques-uns des complices ; il y avait parmi eux des scribes, des prêtres, des officiers civils et militaires de rangs différents. Leurs déprédations durèrent longtemps, car il y eut dès l'an XIV (du règne) une première enquête. La condamnation des principaux coupables surpris et convaincus en l'an XVI, date de notre procès, ne suffit pas à réprimer les vols : les mentions du verso parlent de malfaiteurs arrêtés encore *en l'an XIX, qui est aussi l'an I.* »

Si dans une autre ville une autre bande composée de même, exerçait pendant un temps aussi long des déprédations sur les vivants et non plus sur les morts, un étranger ne pouvait-il

---

(1) *Ib.*, XLIV, 9 et 10. — (2) M. Thonissen (*l. cit.*, p. 237), dit: « Sous le Pharaon qui eut Joseph pour ministre, la servitude pénale pouvait devenir la conséquence du vol », mais en note il ajoute que cette « opinion émise par le marquis de Pastoret peut donner lieu à des objections sérieuses. » — (3) *Une enquête judiciaire à Thèbes au temps de la 20ᵉ dynastie.* Etude sur le papyrus Abbott, par G. Maspero, Paris, 1872. — (4) Quatorzième siècle avant Jésus-Christ. — (5) Lecture faite à l'Académie des inscriptions et belles-lettres, dans la séance générale du 21 nov. 1879. — (6) P. 58.

pas croire qu'elle se livrait à des opérations déclarées licites
par la plus bizarre des lois ?

Dans cette affaire, deux délits étaient réunis, le vol et la
violation des sépultures ; il en était souvent de même, car
« malgré la sévérité des lois civiles et religieuses qui veil-
laient sur les morts, ces accumulations de trésors devaient
tenter bien des gens (1). »

Une commission d'enquête fut constituée ; elle devait : « 1°
constater les dégâts commis dans le quartier funéraire ; 2° juger
les personnes prévenues d'avoir accompli ou laissé accomplir
les violations dont les tombeaux avaient souffert. Son action
semble n'avoir été directe, ni dans l'un, ni dans l'autre cas. »
A la requête du gouverneur de la nécropole et après un examen fait dans certaines conditions, « les accusés furent em-
prisonnés. Les fonctions de juge d'instruction furent remplies
par le commandant *Psar* de la ville, qui alla dans la prison et
interrogea les accusés. Il y en eut cinq dont les réponses
étaient assez graves pour entraîner la mort contre eux. Ces
réponses et la sentence qui les suivit furent soumises au
pharaon lui-même ou tout au moins au divan royal (2). »

A la fin de son étude M. Maspero signale « les faits nouveaux pour l'histoire du droit égyptien que l'on peut tirer de
notre document, » et il y trouve notamment ce principe que
« la famille des condamnés était solidaire de leurs crimes et
pouvait être soumise à la même peine (3). »

27. On ne comptait pas seulement sur la crainte des châtiments pour contenir les voleurs. Les lois égyptiennes con-
tenaient une disposition qui rappelle celle de Manou : « Celui
qui voyait dans son chemin un homme aux prises avec un
assassin ou subissant quelque violence et ne le secourait
pas, lorsqu'il le pouvait, était condamné à mort. S'il avait été
réellement, à cause de sa faiblesse, dans l'impossibilité de lui
porter secours, il devait dénoncer les coupables et les traduire
devant le tribunal. Celui qui manquait à ce devoir recevait un
nombre déterminé de coups et il était privé de nourriture

(1) P. 70. — (2) P. 81-83. — (3) P. 85 et 86.

pendant trois jours (1). » Dans un pays où les habitudes de vol et de pillage sont très répandues, il faut bien qu'on se protège mutuellement.

28. L'autorité devait ajouter sa protection à celle que se fournissaient les uns aux autres les habitants également menacés ; pour que sa surveillance pût s'exercer, « il était ordonné à tout Égyptien de déposer chez le magistrat un écrit indiquant ses moyens de subsistance ; celui qui faisait une déclaration fausse ou qui gagnait sa vie par des moyens illicites était condamné à mort (2). » D'après Hérodote, ce fut ce roi Amasis, voleur lui-même dans sa jeunesse, qui fut l'auteur de cette loi : « Solon l'Athénien, ajoute l'historien (3), l'emprunta de l'Egypte et l'établit à Athènes où elle est toujours en vigueur, parce qu'elle est sage et qu'on n'y peut rien trouver à reprendre. »

S'il faut en croire Diodore de Sicile (4), le vainqueur et le successeur d'Amasis, Actisane, qui venait d'Ethiopie, voulut arrêter le brigandage. Au lieu de condamner à mort ceux qui s'y livraient, il leur fit couper le nez, les relégua dans le fond d'un désert et leur fit bâtir une ville appelée Rhinocolure, nom dérivé du supplice qu'ils avaient subi ; ainsi ils ne pouvaient plus nuire aux honnêtes gens ni même se mêler à eux sans être reconnus; le lieu où ils étaient condamnés à vivre était absolument dépourvu de ressources.

Les esclaves qui commettaient des vols étaient punis par leurs maîtres, au moins, sans doute, quand c'était au préjudice de ceux-ci : « Un de ces tableaux (retrouvés dans les hypogées de Beni-Hassan), aujourd'hui malheureusement effacés, attestait que le vol domestique rentrait dans la compétence de cette juridiction patriarcale. Le chef des bergers dénonçait le gardien des vaches, qui avait tué un veau. L'accusé se défendait avec énergie; mais les membres de l'animal étaient produits, les témoins entendus, et le pasteur infidèle, confondu par ces preuves, recevait, un peu plus loin, en pré-

----

(1) Diodore de Sicile, *l. c.*, c. 78, n. 3. — Fr. Lenormant, *Manuel d'histoire ancienne de l'Orient,* t. I, p. 493. — (2) Diodore de Sicile, *ib . ib.*, n. 5. — Fr. Lenormant, *ib.* — (3) *L. c.*, 177. — (4) Liv, I, 60, n. 4-8.

sence du maître, la peine de son méfait (1). » M. Thonissen ajoute, en note : « La même procédure était figurée, dans un autre tableau, pour un esclave qui avait volé du raisin pendant la vendange (2). »

29. Mais, quels que fussent les moyens employés par le législateur pour détourner du vol, quelque empressement que les habitants de l'Égypte missent à se secourir réciproquement contre toute violence, quelle que fût la vigilance de la police, et peut-être n'y fallait-il pas toujours compter, quelle que fût enfin la sévérité des châtiments, au moins dans les cas où la qualité de l'objet volé aggravait le crime, l'opinion publique paraît avoir été indulgente pour les voleurs et l'exemple lui était peut-être donné par les rois eux-mêmes : « Rhampsinite conçut pour lui (le survivant des deux frères) une si grande admiration qu'il lui donna sa fille en mariage, le regardant comme le plus habile de tous les hommes, parce qu'il en savait plus que tous les Égyptiens, qui sont eux-mêmes plus ingénieux que tous les autres peuples (3) : « Il est vrai que l'histoire de Rhampsinite est étrange de tous points. Non-seulement les vols d'Amasis ne l'empêchèrent pas d'arriver au trône, mais il ne semble pas que après y être parvenu, il ait cherché à les faire oublier: « Il méprisa les dieux qui l'avaient déclaré innocent, ne prit aucun soin de leurs temples, ne songea ni à les réparer ni à les orner, et ne voulut pas même y aller offrir des sacrifices, les jugeant indignes de tout culte, parce qu'ils n'avaient que de faux oracles; il avait, au contraire, la plus grande vénération pour ceux qui l'avaient convaincu de vol, les regardant comme étant véritablement dieux et ne rendant que des oracles vrais (4). »

(1) M. Thonissen, *l. cit.*, p. 31. — (2) Voir, dit-il, Champollion le jeune, *Lettres écrites d'Egypte et de Nubie* (lettre datée des Pyramides de Gizeh, le 8 oct. 1828). — (3) Hérodote, *l. c.*, 121. — (4) *Ib.*, 177.

CHAPITRE IV

Droit des Hébreux.

30. Dieu lui-même défend aux Hébreux le vol et jusqu'au désir qui pourrait entraîner à le commettre : « Tu ne déroberas point. — Tu ne convoiteras point la maison de ton prochain, tu ne désireras point sa femme, ni son serviteur, ni sa servante, ni son bœuf, ni son âne, ni rien de ce qui est à lui (1). »

31. A une époque où le Décalogue n'avait pas encore été révélé aux hommes, Jacob, fuyant avec ses deux femmes la maison de Laban, avait été poursuivi par celui-ci, qui réclamait ses idoles : « Quant au larcin dont tu m'accuses, lui répondit-il (2), que celui qui a tes dieux soit mis à mort en présence de nos frères. Cherche avec soin tout ce que tu trouveras à toi parmi les miens, emporte-le. — Quand il parlait ainsi, il ignorait que Rachel avait enlevé les idoles. » Une ruse de Rachel rendit vaines les recherches de Laban, et, aucun vol n'ayant été découvert, aucun châtiment ne fut infligé.

L'histoire de la coupe mise dans le sac de Benjamin par ordre de Joseph a fait présumer que le vol avait pu être plus

____

(1) *Exode*, XX, 15 et 17. *Deutéronome*, V, 19 et 21. — (2) *Genèse*, XXXI, 32.

sévèrement puni avant Moïse qu'il ne le fut depuis ; encore ne s'agirait-il que de l'application faite à des étrangers de la loi égyptienne (1).

32. La législation mosaïque condamne à mort celui qui dérobe et vend un homme libre (2) ; mais c'est là un châtiment exceptionnel, ce n'est pas la peine ordinaire du vol (3). Sans doute encore, « si le voleur est trouvé perçant le mur d'une maison, et que, étant frappé, il meure de la blessure, celui qui l'aura frappé ne sera point coupable de sa mort (4), » mais ici c'est le droit de défense que reconnaît le législateur. D'ailleurs, il le borne à la nuit : « Si c'est après le soleil levant, il a commis un homicide, il mourra aussi (5). »

33. La pénalité ordinaire consiste à restituer le double, le quadruple ou le quintuple de l'objet volé (6) : « Si quelqu'un a dérobé un bœuf ou une brebis, et qu'il les ait tués ou vendus, il restituera cinq bœufs pour un bœuf, quatre brebis pour une brebis. — Si ce qu'il a dérobé est retrouvé entre ses mains, soit bœuf, âne ou brebis, il le rendra au double. — Si quelqu'un a confié à un ami de l'argent ou un vase à garder et que celui qui l'a reçu soit volé, si on trouve le voleur, il rendra le double. — Mais, si le voleur n'est point reconnu, le maître de la maison viendra devant les juges et jurera qu'il n'a point étendu sa main sur le bien de son pro-

(1) Michaelis, *Mosaisches Recht.*, Francfort-sur-le-Mein, 1793, § 283.— (2) *Exode*, XXI, 16. Cf. *Deutéronome*, XXIV, 7. — V. M. de Pastoret., *op. cit.*, t. IV, *Hébreux*, ch. 25, p. 195. — (3) C'est avec raison que M. Salvador, *Histoire des institutions de Moïse et du peuple hébreu*, t. II, p. 39, liv. IV, ch. 1, reproche à Merlin (*Rép.*, v° *Vol.*) d'avoir dit que la loi de Moïse frappe le vol de la peine capitale. — (4) *Exode*, XXII, 2. — (5) *Ib.*, 3. D'après Michaelis, § 273, ce passage ne doit s'entendre que du cas où il s'agit du simple voleur ; le droit de défense subsisterait entier contre le brigand qui nous attaque en plein jour et duquel nous ne saurions attendre une satisfaction régulière. — (6) « L'Écriture dit quelquefois le septuple, mais ce mot ne signifie pas toujours sept fois la valeur ; il est souvent pris indéfiniment en hébreu. » (Pastoret, *l. c.*, note 62). M. Saalschütz, *Das Mosaische Recht*, Berlin, 1853, ch. 57, p. 1, pense également que c'est une expression poétique. Michaelis croyait qu'il y avait eu réellement une aggravation de peine du temps de Salomon, qui parle du septuple (*Proverbes*, VI, 30), à cause de la facilité plus grande que l'état de la civilisation hébraïque et un grand concours de peuple à Jérusalem sous ce prince donnaient de commettre des vols.

chain, — pour commettre un larcin, soit en prenant son bœuf ou son âne, sa brebis et ses vêtements, ou sur toute chose qui aurait été perdue ; les juges examineront la cause de l'un ou de l'autre et celui que les juges auront condamné rendra le double à son prochain (1). »

De ces dispositions il résulte que le double est le taux ordinaire, il faut des circonstances aggravantes pour que l'amende monte au quadruple et au quintuple. Les commentateurs modernes ne sont pas tout à fait d'accord sur certains points. D'après Michaelis (2), la peine du double s'applique pour le premier degré du vol, quand la chose est encore dans les mains du voleur et n'a pas encore subi d'altération ; on peut alors espérer qu'il se repentira et fera de lui-même la restitution ; un tel espoir n'est plus possible quand la chose est aliénée ou n'existe plus, et alors la peine est du quadruple, s'il s'agit de brebis et probablement de tout autre objet, du quintuple s'il s'agit de bœufs, ces animaux étant de tous les plus nécessaires aux Hébreux. Pour M. Salvador, le quadruple et le quintuple sont les amendes normales qu'encourent les voleurs de brebis et de bœufs, amendes qui s'abaissent quand les animaux sont retrouvés vivants, parce que les voleurs pouvaient avoir l'intention de les restituer ; le vol des meubles ou de l'argent n'entraîne jamais qu'une amende du double : « Ils ne sont pas d'une si grande importance dans un pays agricole que les animaux domestiques ; on abandonne ces derniers avec confiance dans les champs, tandis que le maître de l'argent ou des ustensiles volés a eu peut-être le tort de ne pas y apporter assez de soin (3). »

Quand Nathan se présenta devant David et, dans sa hardie parabole, lui dénonça l'homme riche qui avait pris la brebis du pauvre et l'avait fait manger à son hôte, David lui répondit : « Vive le Seigneur ! l'homme qui a fait cela est un fils de mort. — Il rendra la brebis quatre fois, parce qu'il s'est ainsi conduit et qu'il ne l'a point épargnée (4). »

David appliquait littéralement la loi de Moïse : une brebis

---

(1) *Ib.*, 1, 4, 7 à 9. — (2) *Op. cit.*, p. 284. Cf. Saalschütz, *l. cit.* — (3) *L. cit.*, p. 39. — (4) *Rois*, liv. II, xii, 1-6.

avait été volée et elle n'avait point été épargnée, une valeur quadruple devait être payée.

34. Moïse avait fixé des peines pécuniaires, qui semblaient convenir à la nature de la faute commise (1); mais il fallait en assurer le paiement au propriétaire de l'objet volé. A défaut de la Bible, ce sont les traditions rabbiniques les plus anciennes qui nous apprennent que le recouvrement se poursuivait d'abord sur les effets mobiliers, et subsidiairement sur les immeubles du voleur; c'était seulement quand celui-ci était insolvable que sa propre personne en répondait (2).

La Bible dit simplement : « Si le voleur ne peut payer le larcin, il sera lui-même vendu (3). » Comment un voleur peut-il trouver un acheteur ? demande Michaelis (4), et il répond que l'acheteur se fie aux moyens de compression qui sont inhérents à la puissance dominicale. L'acheteur ne se présentait pas toujours cependant, et le voleur devait être alors attribué, à titre d'esclave, à la victime du vol, comme tout débiteur à son créancier (5).

La servitude n'avait pour objet que de faire rentrer celui-ci dans ce qui lui était dû au moyen du travail imposé au nouvel esclave. Dès que celui-ci avait rempli sa tâche et acquitté sa dette, il était libre (6). Les Hébreux vendus en esclavage redevenaient libres au bout de six ans (7). On se demande si cette règle devait être appliquée au voleur (8).

« Ceci, dit M. de Pastoret (9), ne s'applique point aux femmes; on ne les vendit jamais. L'homme même n'était vendu que pour satisfaire au prix de l'objet volé et non pour satisfaire à l'augmentation prescrite par la loi. Estimait-on cinquante écus d'or l'auteur du larcin et cent ce dont il s'était emparé, le voleur restait esclave jusqu'à ce qu'il eût la somme nécessaire à la restitution, mais il n'était pas vendu, si on l'estimait davantage; sa valeur répondait alors du vol

---

(1) Michaelis, § 282. — (2) V. Pastoret, *l. cit.*, p. 192, d'après la Mischna, iii, p. 277. Michaelis, *ib.* — (3) *Exode*, xxii, 3, *in fine.* — (4) § 184. — (5) *Id.*, § 123. — (6) M. Salvador, *l. cit.* — (7) *Exode*, xxi, 2 ; *Deut.*, xv, 12 ; Jérémie, xxxiv, 14. — (8) Michaelis, §§ 184 et 232. — (9) *L. cit.*, p. 193, d'après Jarchi, *sur le Deut.*, xviv, 12, Mischna, *ib.*, Zepper, ch. 10 et 23, p. 77 et 384.

et l'on s'en rapportait à sa foi pour l'acquitter. » Dans ces distinctions ne faut-il pas voir des adoucissements apportés à la rigueur de la loi mosaïque ?

35. Le caractère essentiel de cette loi est d'être fondée sur la religion ; aussi le Lévitique prescrit-il, dans le détail, un sacrifice public à raison du vol : « L'homme qui aura péché en méprisant le Seigneur et qui aura nié à son prochain le dépôt confié à sa foi, ou qui aura enlevé par force ou par ruse le bien d'autrui — ou qui, ayant trouvé une chose qui était perdue, l'aura nié, ou aura fait un faux serment pour déguiser une de ces fautes que les hommes ne peuvent faire sans péché, — s'il est convaincu du péché, — il restituera en entier tout ce qu'il a voulu ravir, et il donnera de plus un cinquième à celui à qui la chose appartient, au même jour où il fera l'oblation pour son péché, et il offrira au prêtre pour son péché un bélier sans tache, pris au troupeau, selon l'appréciation et la mesure de la faute, pour l'expiation du péché : — le prêtre priera pour lui devant le Seigneur ; et le péché qu'il aura commis lui sera pardonné (1). »

Ce sacrifice public s'ajoute-t-il aux peines établies dans l'Exode ? En résulte-t-il, au contraire, une expiation complète, après laquelle ces peines ne puissent plus être infligées ? Ce qui ferait pencher vers cette seconde opinion, c'est que pour la purification le Lévitique exige et la restitution de la chose volée et le paiement d'un cinquième en sus au propriétaire, il n'est pas facile de d'expliquer comment cette restitution et ce paiement s'ajouteraient au double, au quadruple et au quintuple dont parle l'Exode.

On retrouve la même idée au livre des Nombres : « Et le Seigneur parla à Moïse, disant : Dis aux enfants d'Israel : L'homme ou la femme qui auront commis quelqu'un des péchés que les hommes ont coutume de commettre, et qui auront par négligence transgressé le commandement du Seigneur et l'auront offensé, — confesseront leur péché et rendront la somme entière et la cinquième partie de plus à celui

---

(1) *Lévitique*, VI, 2-7. M. Salvador (*l. c.* p. 42 et 43,) voit ici des cas distincts du vol et entraînant une sanction différente.

à qui ils auront causé quelque dommage. — Mais, si personne ne reçoit cette restitution, ils la donneront au Seigneur et elle appartiendra au prêtre, excepté le bélier qu'on offre en expiation pour apaiser la colère du Seigneur (1). »

Ne devons-nous pas penser qu'il y a lieu, soit au procès, qui aboutit à l'application des peines portées par l'Exode, soit au sacrifice expiatoire réglé par le Lévitique ? Le procès ne pouvait sans doute être intenté que par le propriétaire de l'objet volé : « Tu ne seras point accusateur ni détracteur parmi les peuples, » est-il dit au Lévitique (2). Si le propriétaire s'abstient d'agir, soit qu'il ignore le vol, soit pour une autre raison, le coupable demeurera-t-il tranquille possesseur de la chose qu'il a volé et jouira-t-il de son péché ? Le péché doit être expié et celui qui l'a commis n'en doit pas retenir le fruit.

36. Les dispositions de Moïse sont confirmées et développées par la jurisprudence postérieure. L'aveu du vol dispense de payer la peine du multiple. Cet aveu eût-il été fait seulement quand les témoins allaient déposer, n'eût-il porté que sur le vol même, et le coupable eût-il nié faussement avoir vendu l'objet, égorgé l'animal, les témoins fussent-ils venus prouver ces circonstances, la restitution n'est toujours que du simple (3).

L'ensemble de ces règles devait rendre les vols plus rares et le repentir plus fréquent ; le coupable recouvrait complétement l'honneur au moyen de la purification sacerdotale ; d'un autre côté, le propriétaire de l'objet volé avait tout intérêt à se hâter d'élever sa réclamation et de faire prononcer une peine qui devait lui profiter (4).

37. Rien ne peut rendre le vol excusable. Quelque compassion que puisse exciter celui qui le commet pour apaiser sa faim, « s'il se laisse surprendre, il doit subir sa peine, » dit Salomon (5).

38. Le vol des choses consacrées au Seigneur est puni de

____

(1) *Nombres*, V, 5-8. — (2) XIX. 16. — (3) Saalschüts, *l. cit.*, § 1, note 696, citant Schebuoth, VIII, 4. — (4) *Id., ib.* — (5) *Proverbes*, VI, 30.

mort, par ordre du Seigneur lui-même : « Gardez-vous, avait dit Josué à Israël, en attaquant Jéricho, de toucher aucune des choses qui vous sont défendues... — Mais tout l'or et l'argent, et les vases d'airain et de fer, seront consacrés au Seigneur et déposés en ses trésors. » Achan ayant « emporté quelque chose de ce qui était maudit, le Seigneur fut irrité contre les enfants d'Israël. Il révéla le crime à Josué et promit de lui en révéler l'auteur : — Et celui qui aura été surpris dans ce péché sera consumé par le feu, lui et tout ce qui lui appartient, parce qu'il a transgressé l'alliance du Seigneur et qu'il a fait le mal en Israël. » Le coupable en effet fut connu et confessa son crime ; les objets dérobés furent trouvés dans sa tente : « Or, Josué, prenant Achan, le fils de Zaré, et l'argent et le manteau et la règle d'or et ses fils et ses filles et ses bœufs et ses ânes et ses brebis et son tabernacle et tous ses meubles, (et tout Israël était avec lui), les conduisit en la vallée d'Achor, — où Josué dit : Parce que tu nous as troublés, le Seigneur te rejette aujourd'hui. Et tout Israël le lapida, et tout ce qui avait été à lui fut consumé par le feu (1). »

39. Hérode apporta une modification très importante à la législation des Hébreux. Il ordonna que les voleurs qui auraient percé des cloisons fussent vendus à des étrangers pour être transportés hors du royaume. Les Hébreux trouvèrent que la loi était d'une dureté excessive, et qu'elle détruisait les coutumes qui leur avaient été transmises par leurs pères. Condamner un Hébreu à servir chez les étrangers, qui n'avaient pas la même vie, et à leur obéir en tout, c'était pécher contre la religion, ce n'était plus punir le mal, ce qu'avaient fait les lois antérieures. Vendu hors de la Judée, l'Hébreu ne redevenait pas libre après six ans, il était esclave à perpétuité. On accusa Hérode d'avoir agi en tyran et non en roi (2).

40. Il y a, dans l'Ancien Testament, plus d'un passage relatif au vol qui a embarrassé la théologie chrétienne. Rachel

(1) Josué, VI. 18 et 19, et. vii. — Sur le vol sacrilége. Saalschültz, *l. cit.*, § 2. — (2) Josèphe, *Antiquités Judaïques*, liv. XVI, i, 1.

dérobe les idoles de son père (1). En avait-elle le droit?
« Quelques théologiens ont cru que Rachel avoit pu prendre
légitimement ces idoles qui étoient apparemment d'or et d'argent, pour se récompenser des injustices que Laban lui avoit
faites et à sa sœur Lia, en ne leur donnant aucune dot, ou en
traitant Jacob avec une avarice pleine d'une extrême dureté.
Mais d'autres croient avec grande raison qu'il n'est point
permis de se rendre ainsi juge en sa propre cause, de faire un
mal comme est celui de dérober, pour réparer un mal qu'on
nous auroit fait, et que cette doctrine pourroit avoir des conséquences très dangereuses et pernicieuses à la société humaine. — Quelques interprètes ont cru que Rachel, en dérobant ces idoles, avoit voulu ôter à son père un sujet d'idolatrie. Ce zèle étoit digne de Rachel; mais c'étoit un zèle sans
lumière et contraire à la justice, qui ne l'excusoit pas de vol,
selon un savant théologien (Estius), parce qu'une action
mauvaise par elle-même ne peut être justifiée par une bonne
intention et que l'on ne doit jamais faire aucun mal, selon St-
Paul, afin qu'il en arrive du bien. — On doit donc porter de
cette action de Rachel le même jugement que de celle de Moïse,
quand il tua cet officier égyptien, au cas qu'il le fit sans un ordre exprès de Dieu, qui est que leur zèle étoit louable, leur intention bonne, et que leur action néanmoins n'a pas été
juste (2). »

L'embarras est bien plus grand encore pour expliquer le
verset 36 au chapitre XII de l'Exode : « Et le Seigneur leur rendit (aux Hébreux) les Égyptiens favorables, afin qu'ils leur
prêtassent ce qu'ils demandaient (des vases d'argent et d'or
et beaucoup de vêtements) et ils dépouillèrent l'Égyptien. »

Diverses justifications ont été proposées.

Peut-être, d'après saint Augustin, Dieu ne donna-t-il aux
Hébreux qu'une permission et non un commandement, sachant combien ils étaient charnels et quel désir ils avaient
de posséder les biens de ce monde. Les Égyptiens méritaient
d'être punis pour avoir traité un peuple étranger de la ma-

(1) Genèse, XXXI, 19 *et suiv.* — (2) *La Genèse, traduite en françois avec l'explication du sens littéral et du sens spirituel,* Paris,
1725, p. 742 et 743.

nière la plus injuste et la plus inhumaine. Le commandement même a pu être donné par Dieu à qui est due une entière
obéissance et à qui appartiennent tous les biens de ce monde.
S'il ne paraît pas entièrement conforme à la justice, il faut
s'incliner devant la haute sagesse de Dieu, qui exerce quelquefois ses jugements sur ses ennemis. Cette même sagesse
exige la perfection des saints, non des faibles, tels qu'étaient
les fils d'Israël. Il est, d'ailleurs, possible que ceux-ci aient
péché, en exécutant l'ordre qu'ils avaient reçu, s'ils ont
désiré avec une passion criminelle s'approprier les biens des
Égyptiens (1).

D'après d'autres docteurs, le bon droit était encore du côté
des Hébreux ; même après avoir ainsi depouillé les Égyptiens:
c'était à eux qu'il restait le plus de griefs à faire valoir (2) :
« Si l'on considère les droits de la guerre, dit saint Clément
d'Alexandrie (3), les Israélites la pouvoient déclarer aux
Égyptiens, qui les avoient réduits, de libres qu'ils étoient en
une très injuste servitude. Et si l'on envisage les droits de la
paix, on trouvera qu'ils ont pris beaucoup moins qu'il ne
leur étoit dû pour la peine et le travail de tant d'années. » Ce
qui faisait que la réparation n'était pas encore complète,
c'était la manière outrageuse dont les Égyptiens, avaient
traité Israël, c'était surtout la barbarie qu'ils avaient eue de
faire noyer dans le Nil ses nouveaux-nés.

Il est vrai que, si la nation des Hébreux pouvait élever des
réclamations contre celle des Égyptiens, les individus appartenant à la première n'avaient pas le droit de s'en prendre aux
individus de la seconde, à tel d'entre eux qui avait pu rester
en dehors de tant d'injustices et de cruautés. Les théologiens
répondent à cette objection par le commandement exprès de
Dieu et par le droit de guerre qui appartenait à Israël (4).

C'est ce même droit qu'invoque aussi Michaelis, avec des
développements différents. Il se demande si, au moment où
la guerre est déclarée, un peuple a le droit de retenir, à titre
de butin, les objets antérieurement prêtés par les ennemis.

(1) *Contra Faust.*, liv. XXII, ch. 71 et 72. — (2) St. Irénée, *Adv.
Hæres.*, liv. IV, ch. 4. — (3) *Strom.*, liv. I, ch. 13. — (4) V. *l'Exode
et le Lévitique, traduits en françois*, etc., p. 144-149.

Ce droit a été reconnu, dit-il, jusqu'à ce que les mœurs se soient adoucies. Moïse avait ordonné aux Israélites d'emprunter les vases des Égyptiens, sans leur dire que ce fût pour les garder, ce qu'il eût été impossible de tenir secret entre six cents mille hommes et autant de femmes. La bonne foi des Israélites était donc entière. Ils reçurent l'ordre de partir immédiatement par crainte de Pharaon et des Égyptiens. Que ferait dans ce cas le plus honnête homme, celui qui aurait le plus vif désir de remplir strictement toutes ses obligations? Faut-il laisser là les objets prêtés, pour qu'ils soient pris par le premier venu? Ne vaut-il pas mieux les emporter pour les rendre au propriétaire à la première occasion? Telle dut être l'intention des Israélites; mais en très peu de jours les choses changèrent complétement; les Égyptiens manquèrent à leur parole et, sans aucun droit, commencèrent la guerre; dès lors les Israélites purent légitimement garder ce qu'ils avaient emprunté. Le prêt des Égyptiens devenait un présent de la Providence. Ainsi se justifie un acte si souvent reproché à Moïse et à sa religion (1).

(1) *L. cit.*, § 179. Despeisses (Part. I. tit. XII, sect. II, art. 6, *Œuvres, nouv. éd.*, 1750, T. II, p. 749) donne du verset de l'Exode ces deux explications: 1° Que les Israélites obéirent au commandement exprès de Dieu, « souverain propriétaire de tous nos biens. » 2° Que « d'ailleurs, après ce prêt, les Égyptiens firent guerre et agression injuste aux Israélites, et qu'ainsi les biens des Égyptiens appartinrent aux Israélites vainqueurs par le droit de guerre. »

CHAPITRE V

Droit des Grecs.

§ 1. DU VOL CHEZ LES GRECS EN GÉNÉRAL.

41. La mythologie grecque donna un dieu aux voleurs. Ce fut Hermès (1), voleur lui-même. Dès le berceau, Hermès avait dérobé les génisses d'Apollon, en les faisant marcher à reculons, artifices dont Cacus devait user plus tard. Apollon ayant découvert le vol, mais n'ayant pu obtenir de l'enfant ni aveu ni restitution, il fallut que leur père commun, Zeus, prononçât entre eux. Le crime ne put être caché au juge suprême et il ordonna au coupable de faire connaître le lieu où étaient recélées les génisses. Apollon finit par les abandonner en échange de la lyre, mais exigea un serment solennel pour garantir ce qu'il avait acquis contre de nouvelles entreprises. Tel est le sujet développé dans l'hymne homérique à Hermès (2). Étrange manière de glorifier un dieu! un dieu, il est vrai, qui faisait peu de bien et qui profitait de la nuit pour dépouiller les hommes, dit le poète (3).

L'auteur d'un travail distingué sur les *Hymnes homériques*, M. Hignard (4), dit que sous cet exploit « se cache probable-

(1) Diodore de Sicile, V, 75. — (2) Cf. Apollodore, *Biblioth.*, liv. III, ch. 10, n. 2. — (3) Cf. Grote, *Histoire de la Grèce*, trad. p. A.-L. de Sadous, t. I, ch. 1, p. 67-69. — (4) P. 178-181.

ment quelque mythe antique qu'il est bien difficile aujour-
d'hui de pénétrer » et, après avoir rapporté l'explication d'a-
près laquelle ce mythe représenterait un phénomène solaire,
ajoute : « Si telle a été à l'origine la signification de ces fables
antiques, il faut bien reconnaître que, chez l'hymnographe
grec, il n'en reste plus aucun souvenir. » A plus forte raison
chez un peuple tout entier, quand il place les voleurs sous la
protection d'Hermès. Ne faut-il pas croire que, au temps où se
forma une telle croyance, où le mythe poétique et le phénomène astronomique cédèrent la place à une sorte de dogme,
le vol n'était pas regardé comme étant toujours et en lui-
même un acte vil et nuisible à tous les hommes? Peut-être
admirait-on au moins certaines qualités auxquelles il donnait
l'occasion de se déployer, la persévérance, la ruse ingénieuse,
le courage obstiné à nier la faute commise et même à supporter les tourments, qualités qu'on était heureux de trouver au
jour d'un combat chez des concitoyens et des compagnons
d'armes.

Mais la légende n'eut-elle pas pour effet d'entretenir le sentiment qui avait peut-être contribué, soit à la former, soit à
lui donner sa dernière signification ? On serait tenté de le
croire en lisant ce passage de Platon : « Détourner sourde-
ment de l'argent est une action basse ; l'enlever ouvertement
est un trait d'impudence. Aucun des enfants de Jupiter ne s'est
plu à faire ni l'un ni l'autre, soit par fraude, soit par violence.
Que personne donc ne se laisse tromper par ce que débitent
les poètes et tout autre conteur de fables, ni ne s'enhardisse
à commettre rien de semblable sur la fausse persuasion que
le vol et la rapine n'ont rien de honteux, et qu'il ne fait en cela
que ce que font les dieux eux-mêmes, car cela n'est ni vrai ni
vraisemblable, et quiconque se porte à de telles injustices
n'est ni dieu ni enfant des dieux (1). » C'est bien un danger
réel que semble combattre le philosophe.

42. La Grèce primitive ne pouvait être sévère pour le vol,

(2) *Lois*, liv. XII, trad. de M. Cousin, t. viii, p. 337 et 338. —
Il y a, au moins dans une certaine partie de la Chine, un dieu spécial
pour les voleurs, Ngu'-Hieng-Kung. Il est publiquement et officielle
ment adoré. V. M. Doolittle, l. I, chap. xi, p. 273.

elle qui éprouvait tant d'admiration pour le brigandage et le pillage : « La célébrité d'Autolycos, le grand-père maternel d'Odysseus, dans la carrière du brigandage et du parjure en grand et la richesse qu'elle lui servit à acquérir sont dépeintes avec la même admiration naïve que la sagesse de Nestor ou la force d'Ajax. Achille, Ménélaos, Odysseus pillent en personne toutes les fois qu'ils peuvent en trouver l'occasion, et ils emploient également la force et la ruse pour surmonter la résistance (1). »

Ce sont les ennemis et en général les étrangers qui sont victimes du pillage ; le brigandage et le vol s'exercent dans l'intérieur du pays et ne s'arrêtent pas devant des concitoyens. Les mœurs publiques acceptent encore le pillage à une époque où déjà l'intérêt personnel fait prendre en horreur le brigandage et le vol. Les héros qui les extirpent sont élevés au rang de demi-dieux par les peuples rassurés. La société grecque reconnaît le droit de propriété ; il faut bien que ceux qui ne le respectent pas soient flétris et punis.

Mais comment seront-ils punis à partir du moment où le châtiment peut être distingué de la défense et de la vengeance privées ? « Un seul fait, dit M. Thonissen (2), se trouve à l'abri de toute contestation ; c'est l'existence de coutumes fixes, de règles généralement admises, destinées à garantir les droits de la propriété individuelle, » règles attestées par Homère et par Hésiode : « Le vol de fruits et de bétail, principales richesses des Grecs de ce siècle, n'était pas rare ; mais, ici encore, le sentiment religieux venait suppléer à l'insuffisance et aux lacunes de la législation positive. »

43. Le droit des Grecs, même aux temps historiques, nous est peu connu, si l'on met à part les Athéniens. Il faut noter sur le sujet qui nous occupe, la disposition de la loi lacédémonienne ; elle n'a pas seulement attiré l'attention des anciens, elle a excité l'étonnement de quelques-uns d'entre eux.

Xénophon dit, en parlant de Lycurgue : « Afin qu'ils (les enfants), n'eussent pas trop à souffrir de la faim, il leur a permis, non pas de se procurer sans peine, mais de voler ce qu'il

---

(1) Grote, 1re partie, ch. 6, p. 325 et 326. — (2) *Le Droit pénal de la République Athénienne*, Bruxelles et Paris, 1875. *Le droit criminel de la Grèce légendaire*, p. 45.

leur fallait pour satisfaire leur appétit. Et ce n'est pas faute d'autres moyens qu'il leur a permis de s'ingénier à trouver ainsi leur subsistance : personne, j'en suis sûr, ne le met en doute. Mais il est clair que celui qui veut voler doit veiller la nuit, ruser le jour, tendre des piéges, mettre des gens au guet pour se procurer quelque aubaine. Or, il est évident que Lycurgue voulait rendre les enfauts plus adroits à se procurer le nécessaire, plus propres à la guerre, en les dressant à ces manœuvres. Mais, dira-t-on, pourquoi, s'il a fait un mérite du vol, a-t-il imposé une bonne correction au voleur pris sur le fait ? A cela je réponds que, dans toutes les autres parties de l'éducation, les hommes punissent le délinquant. Ici donc on punit le voleur pour avoir mal volé (1). »

Isocrate donne quelques détails sur la manière dont s'appliquait la loi de Lycurgue : « Tous les jours les Spartiates envoient leurs enfants, au sortir de leur lit, chacun avec des compagnons qu'il a choisis, et, dans la réalité, pour voler les habitants de la campagne; ceux qui se laissent surprendre paient une amende en argent et reçoivent un châtiment corporel; ceux, au contraire, qui commettent le plus de larcins et qui peuvent mieux les cacher, jouissent d'une plus grande réputation que les autres enfants, et, lorsqu'ils sont arrivés à l'âge d'hommes, s'ils persévèrent dans les habitudes de leur enfance, l'accès des emplois supérieurs leur est plus facile... On regarde comme les plus vicieux entre les esclaves ceux qui se livrent au vol et au mensonge; les Lacédémoniens, au contraire, regardent comme les plus heureusement nés et les plus dignes d'approbation entre leurs enfants ceux qui se distinguent par de semblables actes. Quel homme jouis-

---

(1) *Gouvernement des Lacédémoniens*, ch. 2, trad. de M. Talbot. — Cf. Plutarque, *Vie de Lycurgue*, 36 et 37 : « ...Si d'aventure ils étoient pris sur le fait, ils étoient fouettés à bon escient, pour avoir été trop paresseux, et non assez fins et rusés à dérober.... Celui qui y étoit surpris étoit bien fouetté, et si le faisoit-on davantage jeûner (36). » — « ... L'on conte d'un, lequel, ayant dérobé un renardeau, le cacha dessous sa robe et se laissa déchirer tout le ventre avec les ongles et les dents de cette bête, sans jamais crier, de peur d'être découvert, jusqu'à ce qu'il en trépassa sur la place » (37). Trad. d'Amyot. Aulu-Gelle, *N. A.*, liv. XI, ch. 18, § 17, semble traduire certains passages de Xénophon.

sant de sa raison, ne préférerait pas souffrir trois fois la mort plutôt que d'être considéré comme faisant consister l'exercice de la vertu dans de pareilles mœurs (1)?» L'orateur n'hésite pas à dire que, « par cette coupable institution les Spartiates nuisent à leurs enfants (2). » Si, « eu égard simplement aux résultats corporels, l'éducation à Sparte était excellente (3), » il est probable qu'Isocrate ne se trompait guère, quand il en condamnait les résultats moraux, et les encouragements donnés aux vols des Spartiates dans leur enfance put développer cette avidité dont un si grand nombre fit preuve dans l'âge mûr, et qui finit par être regardée comme un vice commun à toute la nation (4).

Cette complaisance pour le vol était-elle le reste d'un temps où l'état moral et le sentiment des besoins sociaux étaient également imparfaits? Montesquieu affirme que « les Lacédémoniens avoient tiré ces usages des Crétois; et Platon, dit-il, qui veut prouver que les institutions des Crétois étoient faites pour la guerre, cite celle-ci : la faculté de supporter la douleur dans les combats particuliers et dans les larcins qui obligent de se cacher (5). » Cette assertion de Montesquieu a été vivement combattue par M. de Pastoret : « Platon, dit-il (6), parle surtout de Lacédémone, et ce n'est guère que par analogie qu'on peut appliquer ce qu'il en dit aux lois que la Crète observait (7). Un passage plus formel de Plutarque (53e des *Questions grecques*) nous instruit d'une coutume des Cnossiens, relative aussi à

---

(1) *Discours Panathénaïque*, § 84, trad. de M. le duc de Clermont-Tonnerre Ed. H. Steph., p. 277. — (2) § 87, *id.*; H. Steph., p. 278. — (3) Grote, 2me partie, ch. 6. t. iii, p. 310. — (4) Mémoire sur *la Propriété à Sparte*, lu par M. Fustel de Coulanges à l'Académie des sciences morales et politiques, séance du 22 nov. 1879, et publié par le *Journal des Savants*, 1880, note p. 188. — (5) *Esprit des Lois*, liv. XXIX, ch. 13. — (6) T. V, 1824. *Crétois*, ch. 4, p. 118. — (7) Clinias, le Crétois, dit : « Je m'étonne bien si nos lois, aussi bien que celles de Lacédémone, ne sont pas entièrement occupées de ce qui appartient à la guerre (Platon, *Lois*, liv. I, trad. de M. Cousin, t. vii, p. 14). » Puis, quand l'Athénien demande qu'on lui montre comment la vertu est enseignée par les lois de Minos et de Lycurgue, il s'adresse d'abord à Mégille, le Lacédémonien, qui cite parmi les exercices établis en vue de la guerre « certains vols qu'on ne peut exécuter sans s'exposer à bien des coups (p. 24). » Platon constate l'analogie générale des deux législations, mais n'indique pas telle disposition comme empruntée par l'une à l'autre.

la propriété et aux délits qu'elle peut faire commettre. L'auteur se demande pourquoi on enlevait de force l'argent emprunté : n'était-ce pas, se répond-il, pour qu'on pût accuser l'emprunteur de larcin, s'il osait renier la dette et que sa punition fût alors plus sévère (1)? »

Une autre assertion de Montesquieu, qui « ne sauroit douter que toute la théorie des lois romaines sur le vol ne fût tirée des institutions lacédémoniennes, » a encore moins de fondement (2).

§ 2. DU VOL CHEZ LES ATHÉNIENS.

44. Les parties essentielles du droit athénien nous ont été conservées ; nous trouvons chez les historiens, chez les orateurs, dans les textes que ceux-ci nous ont transmis, chez beaucoup d'écrivains, des renseignements nombreux sur la manière dont le vol était poursuivi et puni.

C'est à Dracon que la plupart des anciens auteurs attribuent la première répression connue du vol sur le territoire de l'Attique. Il avait, d'après eux, puni également de mort tous les vols, sans examiner dans quelles circonstances ils avaient été commis ni quelle était la valeur des objets volés)3), jugeant qu'il n'y a pas de degrés dans les fautes humaines. Une loi si sévère était-elle l'œuvre du seul Dracon, au nom duquel elle est demeurée attachée et qu'elle a contribué à rendre célèbre ? On pensait autrefois qu'une législation originale avait été créée par lui (4), selon le témoignage des anciens. D'après Grote (5), il ne fit que rédiger ce qu'on pratiquait et

______

(1) C'est d'une action destinée à réprimer la violence que parle ici Plutarque. — (2) « C'est une opinion qui n'est pas reçue aujourd'hui, » dit avec raison M. Laboulaye, dans une note de sa nouvelle édition, sur ce passage. — (3) Plutarque, *Vie de Solon*, 28 : « Ceux qui déroboient des fruits ou des herbes en un jardin étoient tout aussi sévérement punis comme les sacrilèges ou comme les meurtriers... Et lui-même, étant un jour interrogé pourquoi il avoit ainsi ordonné indifféremment à toutes sortes de crimes la peine de mort, il répondit : Parce qu'il estimoit les moindres crimes dignes de telle peine et que pour les plus grands, il n'en trouvoit point de plus grième. » — Aulu-Gelle, *N. A.*, liv. XI, chap. 18, n. 3. — Lycurgue (*contre Léocrate*, ed. Reisk, p. 183) parle des « anciens législateurs » qui ont établi cette règle. — (4) Sigonius, *De Atheniensium temporibus*. — (5) 2ᵐᵉ partie, chap. 3, § IV,, p. 120.

ce que les mœurs de son temps acceptaient ou même imposaient. Tel paraît être aussi le sentiment de M. Thonissen, qui parle de « l'ancienne législation de l'Attique, » et de la jurisprudence implacable à laquelle Dracon s'est montré fidèle (1). »

Il paraitrait que la législation de Dracon n'eût pas été aussi uniforme que le rapportent tant d'auteurs, s'il faut croire ce que Xénophon se fait dire par Ischomachos : « Je prends en partie dans les lois de Dracon, en partie dans celles de Solon, pour enseigner la justice à mes serviteurs. Il me semble, en effet, que ces grands hommes ont donné beaucoup de lois propres à inspirer cette sorte de justice. Des châtiments y sont prononcés contre le vol, la prison pour le voleur pris sur le fait, la mort pour les tentatives violentés (2). »

Les lois qui portaient le nom de Dracon furent abolies ; mais l'esprit qui, d'après l'opinion commune, les avait dictées ne se perdit pas complètement. Le vol resta puni de mort dans un grand nombre de cas, nous l'allons voir. La pensée que le plus ou moins d'importance du vol ne doit pas avoir d'influence sur la peine fut plus d'une fois représentée par les orateurs comme étant et avec raison celle de la loi qui s'appliquait encore de leur temps (3). Platon se l'appropria, avant l'école stoïcienne : « Quiconque, dit-il (4), aura détourné, soit une grande, soit une petite partie des deniers publics doit être puni d'une peine égale ; car la petitesse de la somme prouve dans celui qui la dérobe, non moins d'avidité, mais moins de pouvoir, et celui qui prend la moindre partie d'un argent qui ne lui appartient pas est aussi coupable que s'il avait pris le tout. »

45. La législation de Solon, qui remplaça celle de Dracon, est parvenue jusqu'à nous, mais c'est principalement par l'intermédiaire des orateurs, et il n'est pas sûr que de leur temps elle n'ait point subi d'altération. C'est sous cette ré-

---

(1) *L. cit.*, liv. III, chap. 7, § 2, p. 299. — (2) *De l'économie*, ch. 14, n. 5, trad. de M. Talbot. — (3) Lycurgue, *contre Léocrate*, ed. Reiske, p. 183 ; Isocrate, *contre Lochitès*, ed. H. Steph., p. 396. — (4) *Lois*, liv. XII, t. VIII, p. 338.

serve, en notre matière comme en d'autres, qu'il convient de l'étudier (1).

46. Nous ne trouvons pas une définition précise du vol, κλοπή (2). Mais il est deux points qui nous paraissent également certains. En premier lieu, l'acception juridique du mot est fort étendue ; il n'y en a point, par exemple, d'autre pour désigner la soustraction de deniers publics; ainsi Eschine dit (3) que « beaucoup de comptables, pris en flagrant délit de vol des deniers publics, ἐπ' αὐτοφώρῳ κλέπται, ont été acquittés, » parce que sans doute les Athéniens n'avaient pas voulu avoir la honte de voir sortir du tribunal ceux qui avaient géré leurs affaires constitués en débet pour cause de vol : κλοπῆς ἕνεκα. Dans le langage courant, on parle du vol de deniers sacrés comme de celui de deniers publics. En second lieu, les conséquences légales du vol proprement dit ne se produisent pas dans tous les cas où un plaideur accuse son adversaire d'avoir commis un vol, d'être un voleur, à propos d'un procès d'une nature spéciale et différente engagé entre eux. Quand, par exemple, Démosthène poursuit ses tuteurs, le verbe κλέπτειν, les substantifs qui ont la même étymologie reviennent fréquemment dans sa bouche (4). Il n'est pas sûr qu'il eût pu intenter contre eux une des actions attachées au vol véritable ; il ne le dit pas, et dans un autre de ses plaidoyers, composé pour autrui, il prend soin de faire observer qu'une de ces actions aurait pu être excercée et ne l'est pas ; le client n'a pas voulu on n'a pas pu user de tout son droit, sa modération doit lui concilier la bienveillance des juges, l'impuissance à laquelle le réduit sa situation doit éveil-

(1) Meier et Schœmann, *Der attische prozess*, p. 356, font observer que nous ne possédons point de discours prononcé dans un procès relatif à un vol ; il y en avait un de Lysias et un de Dinarque qui sont perdus. — (2) Ce mot et ceux qui ont un radical commun sont en général employés par les orateurs. Le mot φώρ, qui avait le même sens et qu'on faisait venir de φέρω, était regardé comme plus ancien, v. Aulu-Gelle, *N. A.* liv. I, chap, 18, 5. Cf. *Thesaurus linguæ gracæ*, v° φώρ. Κλέπτειν signifie dérober secrètement ce qui appartient à autrui, dit Suidas, v° κλέπτειν, et il le fait venir de καλύπτειν. λῃστής signifie *brigand*, v. Suidas, v° λῃστής. — (3) *Contre Ctésiphon*, ed. H. Steph., p. 55. — (4) *Contre Aphobe*, I, ed. Reisk, p. 817. Nous pourrions citer d'autres exemples en grand nombre.

lerleur intérêt (1). Démosthène n'eût pas manqué d'employer à son profit ce même procédé, s'il l'avait eu à sa disposition. Si général que fût le sens du mot *vol*, il ne comprenait pas tous les actes contraires à la probité et en particulier la gestion infidèle des tuteurs. Mais le sens moral était plus large que le sens légal, et les orateurs y faisaient rentrer toute indélicatesse. Il n'est pas étonnant que le nom particulier donné au plus saisissant, au plus matériel des délits contre la probité soit devenu commun à tous dans le langage ordinaire et jusque dans les discussions judiciaires.

47. Nous verrons d'abord que le vol pouvait donner lieu à l'exercice du droit de légitime défense ; nous rechercherons ensuite comment il était puni, par quelles voies la punition était poursuivie.

48. *Droit de légitime défense.* Il était permis de tuer en se défendant et sur-le-champ celui qui pour voler employait la violence (2). Parmi les cinq tribunaux qui jugeaient les meurtres, il y en avait un, siégeant au Delphinion, « le plus saint et le plus imposant de tous, » dit Démosthène, qui était chargé de prononcer, quand un homme avait été tué avec la permission de la loi (3). Démosthène rapporte ailleurs (4) la loi qui permet de tuer ou de blesser dans la poursuite le voleur de nuit.

49-51. *Comment le voleur était puni.* Nous supposons que c'est un simple particulier qui est victime du vol.

49. Tout vol doit être puni ; le peu de valeur de l'objet n'est pas une cause d'excuse ; d'où le proverbe, βολίτου δίκη, procès de fumier (5). Il ne faut pas aller jusqu'à croire que Solon avait fait une loi formelle contre ceux qui volaient un objet si important pour l'agriculture de l'Attique (6).

Tantôt le voleur subissait une peine pécuniaire, à laquelle

---

(1) *Contre Conon*, p. 1256 ou 1264. Cf. Sur un choix à faire entre deux actions, *contre Midias* p. 523. — (2) Loi citée par Démosthène, *contre Aristocrate*, p. 639, — (3) *Ib.*, p. 644. — (4) *Contre Timocrate*, p. 736. — (5) Sc. d'Aristophane, *Chevaliers*, v. 655. Suidas, βολίτου δίκη. — (6) *Sic* Petit, *Comm. ad leges Atticat*, liv. VII, tit. 5, XIII. Meursius, *Themis Attica*, liv. II, chap. 1. Suidas dit seulement que la loi de Solon punit même, καὶ, ceux qui volent le fumier.

pouvait s'ajouter une peine corporelle, tantôt il était mis à mort.

50. D'après Aulu-Gelle (1), au dernier supplice, indistinctement prononcé par la législation antérieure contre tous les voleurs, Solon substitua la peine du double, une condamnation à une somme d'argent représentant le double de la valeur de l'objet volé.

Une loi rapportée par Démosthène (2) fait une distinction : le voleur paiera, si le propriétaire rentre en possession de l'objet volé, le double, sinon le décuple, et, dans les deux cas, il subira certaines peines accessoires. Les juges, en outre, condamneront le voleur à demeurer enchaîné dans des ceps pendant cinq jours et cinq nuits (3).

Nous trouvons un peu plus loin, dans le même discours (4), une série de dispositions relatives au vol ; elles sont loin de reproduire exactement le premier texte ; elles y ajoutent surtout. Faut-il y voir une autre loi ou la même loi avec des interpolations ou enfin un commentaire au cours duquel les propres paroles du législateur sont citées de temps à autre ? C'est ce qu'on ne saurait dire.

L'orateur nous y apprend que celui qui est convaincu sur

____

(1) *L. cit.*, 5. — (2) *Contre Timocrate*, p. 733. — (3) Le texte offre des difficultés et il a donné lieu à beaucoup d'interprétations différentes, au moins dans le détail : 1. Hérauld, *Animadv. in Salmasium, Obs. ad jus Atticum et Romanum*, liv. IV, chap. 8, en corrige le texte; pour le second cas, il n'admet que la condamnation au double et non au décuple, mais c'est pour ce cas seul qu'il réserve les ceps. La correction, adoptée récemment par Telfy (*Comm. ad.* 1575), est écartée en général, notamment par M. Dareste (note 53 sur ce discours). 2. Nous traduisons par « certaines peines accessoires » les mots πρὸς τοῖς ἐπαιτίοις. Il y a longtemps qu'on ne les entend plus comme s'appliquant aux complices ; c'était dans ce sens que les prenait S. Petit. D'après Taylor, ils indiquent des amendes supplémentaires laissées à la discrétion des juges. M. Dareste, *ib.*, dit : « τὰ ἐπαίτια, ce sont les peines accessoires qui résultent de la loi et ne sont pas exprimées dans la condamnation. 3. On a vu que. d'après Hérauld, les ceps s'appliquaient dans le second cas seulement. Telle est aussi l'opinion de Grote (*l. cit.*, p. 198, note 3). Elle ne paraît conforme ni au texte cité ici par Démosthène, ni à celui qu'il donne un peu plus loin, p. 736 *in fin.*, et dont nous allons parler. — ποδοκάκη ou ποδοκάκκη. Ce mot était archaïque du temps des orateurs. « ποδοκάκκη, ô Théomneste, est ce qu'on appelle maintenant être mis aux ceps, ἐν τῷ ξύλῳ δεδέσθαι. » (Lysias, c. *Théomneste*, ed. Reisk., p. 356). M. Dareste traduit ce mot par *carcan*. — (4) P. 735 et 736.

une action privée de vol paie le double de la valeur et que le tribunal, outre l'amende, peut le condamner à rester dans les ceps pendant cinq jours et cinq nuits pour être vu de tout le monde. D'après la partie du texte qui précède, ces dispositions ne sont applicables qu'à celui qui a volé pendant le jour un objet valant cinquante drachmes ou plus. C'est ainsi qu'il faut entendre et restreindre, soit la règle générale posée par Aulu-Gelle, soit la distinction faite et la double peine portée suivant les cas par la première loi citée.

Dans la première loi, il est dit que le voleur sera mis aux ceps, dans le second texte, qu'il pourra y être mis. Était-ce un ordre que le législateur avait donné aux juges ou une faculté qu'il leur avait laissée ? Avant de citer la première loi, Démosthène représente la peine des ceps comme établie d'une manière générale par Solon (1), et il est possible que l'obligation primitivement imposée aux juges ait avec le temps fait place à une simple faculté.

« C'est le seul cas, dit **M.** Dareste (2), où la loi athénienne admette le cumul d'une peine et d'une réparation civile. »

Quand un homme a enlevé par la violence une chose qui a très peu de valeur, il doit au trésor public une amende égale à ce qu'il doit au particulier (3).

51. La peine de mort est infligée à raison des divers circonstances qui suivent :

a. — *Valeur de l'objet volé :* quand elle dépasse cinquante drachmes, le vol eût-il été commis pendant le jour (4) ;

b. — *Temps où le vol a été commis :* quand il l'a été la nuit, quelle que soit la valeur de l'objet (5) ;

c. — *Lieu où le vol a été commis :* quelles que soient la nature et la valeur de l'objet volé, au Lycée, à l'Académie, au Kynosarge (6), aux gymnases, dans les bains, à l'agora, en

---

(1) P. 732. — (2) *Journal des Savants*, 1878. *Esquisse du droit criminel Athénien*, p. 633. — (3) Dém. c. *Midias*, p. 528. — (4) Dém. c. *Timocrate*, p. 735 et 736, citant les lois de Solon. — (5) *Ib.* — (6) — « Les Athéniens ont trois gymnases destinés à l'institution de la jeunesse, celui du Lycée, celui du Cynosarge, situé sur la colline de ce

général dans les lieux destinés aux réunions des citoyens (1).
Pourquoi tant de sévérité! C'est une des questions posées dans
les *Problèmes* d'Aristote (2). Si chacun peut se mettre en garde
quand il s'agit des choses qui se trouvent sous son toit, grâce
aux murs, aux clefs et aux serviteurs, le vol devient trop
facile dans les lieux publics où l'on ne peut compter que sur
ses yeux et où l'on ne saurait s'astreindre à ne les pas détourner des objets qu'on a pu déposer. Ceux qui volent dans
les lieux publics sont connus de tous et n'ont plus aucun intérêt à paraître probes ; ceux dont la mauvaise action n'a eu
pour témoin que le propriétaire peuvent se bien conduire pour
convaincre les autres de leur probité. Enfin les crimes commis en public sont ceux qui déshonorent le plus la république comme les belles actions faites au grand jour sont celles
qui lui procurent le plus de gloire.

d. — *Valeur de l'objet, et lieu où le vol a été commis* : quand une
chose volée valant plus de dix drachmes a été dérobée dans
les ports (3) ;

e. — *Nature de l'objet volé* : 1. Quand le vol a eu pour objet un
esclave (4). 2. D'après le rhéteur Marcellinus (5), celui qui dé-
robait des armes ou tout autre objet servant à l'équipement
des navires était, ou mis à mort ou banni à perpétuité et ses
biens étaient confisqués. 3. La peine de mort atteint aussi les
voleurs d'habits, λωποδύτας(6). Nous n'avons pas le texte même

nom, et celui de l'Académie. Tous trois ont été construits aux frais du
gouvernement. On ne recevait autrefois dans le second que les enfants
illégitimes. » (Barthélemy. *Voyage du Jeune Anacharsis*, 2me partie,
sect. 3, chap. 8).
(1) Dém., *ib.* — (2) , XXIX. 14. — (3) Dém. *l, cit.* — (4) Harpocra-
tion, v° Ἀνδραποδιστής, où il a conservé un fragment du discours de
Lycurgue contre Lycophron, formel sur ce point. Le même mot désignait
et le même châtiment attendait celui qui vendait ou réduisait en esclavage une personne libre, Pollux, liv. III, 78. V. aussi Xénophon, *Apolo-
gie de Socrate*, II, et *Mémoires sur Socrate*, liv. I, chap. 2, 62. —
(5) V. Meursius, *l. cit.*, chap. 28. — (6) Antiphon, *Sur le meurtre
d'Hérode*, ed. Reisk., p. 707 ; Dém., *contre Timocrate*, p. 736 ; Xénophon, *l. cit.* Le texte de Xénophon pourrait faire croire que c'était seulement en cas de flagrant délit que la peine de mort était prononcée contre
ceux qui volaient des habits, coupaient les bourses ou commettaient des
effractions. Cf. Telfy, *Corpus juris Attici*, n. 1152. Les autres textes ne
permettent pas d'admettre cette restriction.

de la loi qui s'était occupée d'eux ; Démosthène la citait dans un de ses discours (1). Le vol d'habits était particulièrement redouté ; il n'était pas rare qu'on tuât pour le commettre et c'était un des motifs que l'on supposait en cas d'assassinat (2). On voit combien étaient graves certaines plaisanteries d'Aristophane, accusant Socrate de dérober des vêtements (3). *L.* S'il faut en croire Festus (4), les jeunes gens de l'Attique ayant pris l'habitude d'envahir les jardins pour y cueillir des figues, ce genre de vol fut puni de mort par une loi expresse (5).

f. — *Emploi de certains moyens* : Quand on perce des murs, quand on coupe les bourses (6).

Diogène de Laerte rapporte que Solon avait défendu, sous peine de mort, d'enlever les choses qu'on n'avait pas déposées soi-même (7). Le passage est court et obscur. S'agit-il des choses trouvées ? des choses déposées ? Est-ce une hypothèse spéciale que Solon aurait eue en vue ? ou l'auteur a-t-il fait comme beaucoup d'orateurs athéniens qui disent qu'on met à mort les voleurs, à cause du grand nombre des cas où le dernier supplice leur est réservé, et qui laissent à leurs auditeurs le soin d'apporter à cette proposition générale les restrictions nécessaires ?

On est frappé, en effet, des applications très nombreuses que faisait encore la législation de Solon de la peine de mort, et l'on se demande comment cette législation a pu passer pour si humaine, comparée à celle de Dracon, comment l'auteur des *Problèmes*, comment Aulu-Gelle ont été amenés à dire, le premier que la peine du double était la règle pour les vols commis dans les maisons des particuliers, le second qu'elle était la règle générale. Peut-être l'étude des voies de pour-

(1) *Contre Conon*, p. 1264. — (2) 1ʳᵉ Antiphon, Tétralogie, 4° discours, p. 653. — (3) *Nuées*, v. 179 et 497. Le vol serait commis dans la palestre, d'après le vers 179, mais non d'après le vers 497. V. sur ces deux vers les notes de l'édition de Dindorf. — (4) V° *Sycophantas*. — (5) Petit pense qu'on finit par appliquer une simple amende aux voleurs de figues (*l. c.*, n. XI), en s'autorisant de Suidas, v° ἀποσυκάζειν. — (6) Xénophon, *ll. cit.* Dém., c. *Lacritos.* p. 940. — (7) Liv. I, chap. 2, sect. 9, § 57 : ἃ μὴ ἔθου, μη ἀνέλῃ. Peut-être faudrait-il voir ici une phrase incomplète. C'était un des cas de ἱεροσυλία, puni de mort, nous l'allons voir, que d'enlever d'un temple un dépôt fait par un autre. Telfy, *Comm.* sur le n. 1147.

suites auxquelles pouvait donner lieu le vol nous permettra-t-elle d'expliquer ces apparentes contradictions.

52 et **53**. Après avoir supposé le vol commis contre de simples citoyens, nous supposons qu'il a pour objet une chose sacrée ou publique.

52. Il semble bien que le vol des choses sacrées, κλοπὴ ἱερῶν χρημάτων, ait été toujours puni de mort, comme tout sacrilége, toute ἱεροσυλία (1). Euryptolème, dans Xénophon (2), parle de « la loi sur les sacriléges et les traîtres, laquelle porte que celui qui trahira l'État ou qui dérobera des objets sacrés sera jugé par un tribunal, et que, s'il est condamné, il sera inhumé hors de l'Attique et ses biens confisqués. » Cependant il est question dans Antiphon (3) d'un homme qui n'était menacé, pour ἱερῶν κλοπή, que d'une amende, considérable, il est vrai, puisqu'elle montait à deux talents. D'après M. Thonissen (4), il faut distinguer si le crime est commis hors du temple ou dans le temple; le premier cas entraîne l'amende, le second la mort. Les textes cités par le savant jurisconsulte ne nous paraissent pas justifier cette distinction. Démosthène soutient qu'Androtion mérite la mort pour avoir commis une ἱεροσυλία en faisant des gains illicites sur la réfection des couronnes d'or consacrées à la déesse (5); il n'y a pas lieu de croire que l'ouvrage eût été fait dans le temple. Si le mot ἱεροσυλία signifiait *pillage des temples*, il aurait était impossible, même par licence oratoire, d'imputer une ἱεροσυλία à celui qui veut sans droit se faire attribuer une hérédité (6). Le rhéteur Hermogène suppose, il est vrai, un débat sur la cause suivante : un homme a volé dans un lieu sacré de l'argent appartenant à un particulier, sera-t-il condamné à mort comme sacrilége ? ou n'aura-t-il qu'à payer le double comme voleur (7). Mais, pour poser la question, il fallait bien imaginer une circonstance

(1) Isocrate, c. *Lochitès*, p. 396. Lycurgue, c. *Léocrate*, p. 183. Dém., c. *Timocrate*. p. 755. Xénophon, *l. cit.* — (2) *Histoire grecque*, liv. II, chap. 7. — (3) 1ʳᵉ Tétralogie. 1ʳᵉ discours, p. 626 et 627. Cf. 2ᵉ discours, p. 635. Le défendeur dit qu'il ne se serait pas exposé à la mort pour échapper à une amende. — (4) L. *cit.*, p. 303. — (5) C. *Ti-mocrate*, p. 755. — (6) Isée, *sur l'hérédité de Ciron*, ed. Reisk., p. 224. — (7) V. Meursius, *l. c.*, ch. 1.

qui fût de nature à modifier le fait de vol, le dépôt dans un temple n'était une des circonstances nécessaires de la cause imaginée par le rhéteur que parce qu'il s'agissait d'argent appartenant à un particulier (1).

Il ne nous est pas possible de dire quelle était l'hypothèse où le vol de choses sacrées n'entraînait qu'une amende, mais il nous paraît que ce devait être une exception ; il était d'ailleurs conforme à l'esprit général de la législation athénienne, même depuis Solon, d'appliquer au voleur des choses sacrées la peine de mort, sous le coup de laquelle on pouvait tomber pour des vols d'une importance assurément bien moindre.

53. Le vol des choses publiques entraînait, soit une amende, soit la peine capitale.

C'était à une amende qu'était condamné comme voleur celui qui, chargé d'administrer les deniers d'une tribu, s'était rendu coupable de malversation (2). Mais les deniers d'une tribu doivent-ils être compris parmi les choses publiques, ou faut-il n'entendre par cette expression que ce qui appartient à l'État ? Nous voyons, dans Xénophon (3), Archidamos proposer une amende contre Érasinide, qu'il accuse de s'être emparé dans l'Hellespont, où il exerçait un commandement, de sommes appartenant au peuple.

Il y a tel passage où Démosthène parle de la peine du double appliquée à ceux qui ont volé l'argent de la ville (4) ; mais c'est par figure qu'il emploi ici *voler*, puisqu'il étend ce mot à ceux qui, chargés de recouvrer les revenus publics, sont en retard pour les verser dans le trésor. Quand une amende était prononcée à raison d'un vol au préjudice de l'État, la peine était du décuple au moins contre ceux qui avaient profité de leurs charges pour le commettre, contre des magistrats d'ordre inférieur (5), ou contre des citoyens qui avaient reçu des missions publiques (6).

---

(1) V. Telfy, *Comm.* sur le n. 1147, citant la définition de l'ἱεροσυλὸς par Syrian in Hermog., où toutes les hypothèses, sauf la dernière, se réfèrent à des actes commis dans le temple. — (2) Dém., c. *Théocrinès*, p. 1326. — (3) *Histoire grecque*, liv. IV, chap. 7, 2. — (4) *C. Timocrate*, p. 738. — (5) *C. Timocrate*, p. 735. — (6) *Ib.*, p. 738.

D'autres passages nous montrent la peine capitale appliquée aux voleurs de la fortune publique. Antiphon parle de comptables condamnés à mort de ce chef et exécutés, dont l'innocence fut reconnue plus tard (1). Ergoclès fut condamné à mort pour avoir accru sa fortune de trente talents aux dépens de la ville (2), et il semble bien que Lysias pense au même crime, quand il dit, dans son discours contre Nicomaque (3) : « Vous vous rappelez que vous avez fait périr beaucoup de citoyens pour vol d'argent. » Démosthène rappelle à deux reprises (4), à propos de ceux qui dépouillent l'État, combien, depuis trente ans, il y a eu d'orateurs et généraux condamnés, dont les uns ont été mis à mort, tandis que les autres prenaient la fuite. Un passage souvent cité de Platon (5) ne saurait être décisif; d'une part, il s'en faut que *les Lois* reproduisent toujours les dispositions positives du droit athénien ; d'autre part, pour ce cas particulier, le philosophe propose, entre l'esclave et l'étranger d'une part, le citoyen de l'autre, une distinction qui semble lui appartenir exclusivement , et il ne fonde l'application de la peine de mort au citoyen que sur la culpabilité plus grande qui résulte de ce qu'il a été nécessairement élevé selon les principes exposés dans le traité.

La confiscation générale des biens accompagnait la mort (6); ce sont les conséquences de la confiscation qui donnent lieu au plaidoyer de Lysias contre Philocrate. Le passage où Aristophane fait dire à Démos qu'il se plaît à nourrir les ministres voleurs, pour les renverser et les écraser quand il les voit bien gorgés, qu'il les épie sans en avoir l'air pour leur enfoncer un jugement dans la gorge et les forcer à rendre tout ce qu'il ont dérobé (7), peut s'entendre de cette confiscation accessoire à la peine de mort aussi bien que d'une condamnation simplement pécuniaire.

Il n'est pas facile, peut-être n'est-il pas possible de dire

____

(1) *Sur le meurtre d'Hérode*, p. 739. — (2) Lysias, *contre Ergoclès*, p. 822 et 823 ; *contre Philocrate.* p. 828 et 830. — (3) P. 863. — (4) *Contre Androtion*, p. 613 ; *contre Timocrate*, p. 754. — (5) *Lois*, liv. XII, trad. de M. Cousin. t. VIII. p. 338 et 339. — (6) Ulpien, seconde note sur le discours de Démosthène *contre Androtion*. — (7) *Chevaliers*, v. 1135 *et suiv.*

dans quel cas le châtiment consistait en une amende, dans quel cas il allait jusqu'au dernier supplice. Il serait assurément commode de pouvoir distinguer selon que le vol aurait été commis par une personne étrangère à la gestion de la fortune publique ou par une de celles qui en auraient été chargées, et de réserver la peine de mort pour cette seconde hypothèse, pour le vol devenu péculat. Mais les textes ne semblent pas autoriser cette distinction ; nous avons vu qu'une simple amende menaçait Érasinide, qui avait commandé les forces militaires d'Athènes, des magistrats inférieurs ou des citoyens chargés de missions pour la république, quand les uns ou les autres étaient accusés de vols commis dans l'exercice de leurs fonctions. On ne saurait non plus affirmer qu'il faille prendre en considération le plus ou moins de valeur de la chose volée. Il semble qu'ici encore la peine de mort devait être la règle, l'amende l'exception ; aurait-on protégé les deniers de la ville moins bien que les objets appartenant aux particuliers et valant plus de cinquante drachmes ? et ne pouvait-on pas répéter presque toujours ce que dit une fois Lysias : « Il faut savoir que quiconque, dans un moment où vos affaires sont si embarrassées, livre les villes, vole l'argent ou reçoit des présents, livre vos murs et vos vaisseaux aux ennemis et change la démocratie en aristocratie (1). »

54. Quand une condamnation pour un vol quelconque était seulement pécuniaire, doit-on penser qu'elle entraînait en tous cas l'infamie légale, l'*atimie*? On pourrait le conclure d'un passage d'Andocide, conçu en termes très généraux (2). Certains interprètes restreignent cette décision au cas de vol commis contre la chose publique. Encore pourrait-on supposer qu'il ne s'agit que de l'infamie à temps, à laquelle sont soumis les débiteurs du trésor tant qu'ils ne se sont pas acquittés. Celui qui était convaincu d'avoir volé les deniers de sa tribu, après avoir été chargé de les administrer, ne pouvait se porter accusateur qu'à la condition d'avoir payé son

(1) *C. Ergoclès, l. cit.* — (2) *Sur les Mystères*, ed. Reisk., p. 35. L'orateur parle de gens infâmes : ὁπόσοι κλοπῆς ὄφλοιεν.

amende (1). Il n'y aurait, en outre, qu'une tache indélébile, sans doute, mais d'ordre purement moral, sur la réputation du voleur : « Il souille sa réputation et sa vie, » dit Démosthène (2).

55. Les complices sont punis comme les voleurs, que le vol ait été commis contre un particulier ou contre la ville (3).

Le recéleur, celui du moins qui n'a pas eu à l'avance connaissance du crime, sera-t-il traité comme un complice et par conséquent comme le voleur lui-même? Le discours de Lysias contre Philocrate ne semble pas fournir une réponse positive sur ce point : Philocrate est accusé à la fois de complicité et de recel. Dans un discours de Démosthène (4), nous trouvons un recéleur condamné seulement à la restitution des objets volés. Néæra, maltraitée par Phrynion, avec qui elle vivait, s'était enfuie, emportant des objets qui appartenaient à celui-ci ; elle les avait remis plus tard à Stephanos, et ce dernier, poursuivi par Phrynion, ne fut condamné par les arbitres qu'à les restituer; il ne semble même pas que Phrynion ait demandé plus.

56-61. Voies de poursuites.

56. Démosthène, s'occupant du vol dont un particulier a été la victime, dit que Solon, pour protéger tout le monde, a donné à choisir entre plusieurs moyens (5) : « Êtes-vous robuste et confiant en vous-même, conduisez le voleur en prison, ἄπαγε, mais vous risquez d'avoir à payer mille drachmes. — Êtes-vous faible? adressez-vous aux onze (6), ils s'en charge-

____

(1) Dém., c. *Théocrinès*, p. 1326. — (2) *C. Timocrate*, p. 763. Suidas, v° κλέπτης, dit qu'anciennement le vol n'était pas regardé comme déshonorant, si le voleur n'était pris en flagrant délit : οὐ διεβέβλητο ἡ κλοπή, εἰ μὴ φωραθεὶς ὁ κλέπτων ὑπῆρχεν; mais διεβέβλητο, ainsi traduit, doit-il s'entendre de l'infamie légale ou du déshonneur moral? — (3) Lysias, *contre Philocrate*, p. 832 et 833. c. *Théomneste*, p. 360. Il en est de même de celui qui empêche d'entrer dans la maison tandisque le voleur s'y trouve. — (4) *Contre Néæra*, p. 1356, 1357. 1360. — (5) *Contre Androtion*, p. 601. — (6) τοῖς ἄρχουσιν ἐφηγοῦ. D'après un scoliaste de Démosthène, le mot ἄρχοντες est une expression générale servant à désigner quiconque exerce une charge: ici ce sont les onze, δεσμοφύλακες. Le volé qui ne se fie pas à sa force physique leur indique le lieu où se trouve le voleur.

ront. — Cela même vous effraie-t-il? accusez. — Si vous ne vous fiez pas à vous-même et que vous soyez trop pauvre pour payer mille drachmes, agissez pour vol devant l'arbitre et vous n'aurez rien à craindre (. »

Les quatre voies indiquées par le texte peuvent se réduire à trois : une action privée, δίκη, une action publique, γραφή, une arrestation qui est suivie, ou d'une action publique, ou d'une exécution sans jugement, ἀπαγωγή (2).

57. 1. Action privée, δίκη. — L'action privée ne suppose pas l'arrestation préalable; celui qui l'intente ne court pas plus que dans tout autre procès civil le risque d'une amende.

Il n'y en a pas d'autre, quand il s'agit d'un vol de jour et que l'objet ne vaut pas plus de cinquante drachmes; elle est alors portée devant les Héliastes, d'après la premiere loi citée dans le discours contre Timocrate; la peine n'est pas exclusivement pécuniaire, puisque les Héliastes peuvent condamner à cinq jours de ceps.

Cette action peut être exercée même pour d'autres vols; le discours contre Androtion suppose qu'elle est choisie à l'exclusion de l'action publique. Elle est portée devant un arbitre, dit-il (3). Il est évident qu'elle ne saurait tendre aux mêmes fins que l'action publique à laquelle elle a été préférée; il n'appartiendrait pas à un arbitre de prononcer la peine de mort. La condamnation doit être pécuniaire, comme dans tout procès civil. Le volé écarte de lui-même les circonstances aggravantes qui entraîneraient le dernier supplice. C'est lui

---

(1) Il y a encore dans ce texte deux lignes qui ont donné lieu à beaucoup de difficultés, et qui doivent être supprimées. « Il faudrait, dit M. Dareste (note 21 sur ce plaidoyer), ajouter l'ἀπογραφή et l'ὑφήγησις, si ces deux dernières lignes qu'on trouve dans plusieurs éditions au milieu du § 27 n'étaient une interpolation évidente. » — (2) Suidas, v° Δίκη, en donne ces deux caractères. que l'accusation porte sur une injustice privée et que le châtiment est fixé par les lois. Pollux, liv. VIII. 41, dit qu'on appelle bien δίκαι les γραφαί, mais qu'on ne donnerait pas aux δίκαι le nom de γραφαί. V. plus bas sur l'ἀπαγωγή. — (3) Cf. Meier, *Privatschiedsrichter und die öffentlichen Dæteen Athens*, Halle, 1846, n. 11. p. 20 et 21 ; il s'agit d'un arbitre public.

qui veut mettre le voleur dans la situation faite par la loi
pour les cas les moins importants. Peut-être même serait-il
difficile de reconnaître à un arbitre le pouvoir exceptionnel
qu'avaient les Héliastes d'ordonner les ceps pendant cinq
jours. Si le volé tenait à ce que la personne même du voleur
répondît du crime, il n'avait qu'à employer une action publique.

Si l'explication que nous venons d'indiquer du texte contenu dans le discours contre Androtion est juste, on comprend
pourquoi certains auteurs ont dit que, d'après les lois de
Solon, tout vol était puni pécuniairement, d'une amende qui
représentait le double de l'objet volé. La peine de mort était
applicable à presque tous les cas d'après les principes de sa
législation ; mais il était permis au particulier lésé de renoncer
à l'application de ces principes, de ne pas entreprendre une
poursuite qu'il eût pu être difficile d'engager, dont l'insuccès
l'aurait exposé à une amende, et de s'en tenir à un procès
purement civil, dont la perte ne lui faisait courir aucun risque,
dont le succès lui assurait un bénéfice quelquefois considérable.
Ainsi se peuvent concilier des assertions contradictoires entre
elles sur les lois de Solon.

58. 2. Action publique, γραφή. — Cette action s'applique
aux cas où le vol entraîne la peine de mort. Celui qui
l'intente s'expose à encourir une amende de mille drachmes,
s'il succombe sans réunir le cinquième des suffrages,
conformément à une règle commune à toutes les
actions du même genre (1). Il sera en outre mis par

(1) Pollux, liv. VIII, 41.; v. M. Thonissen. *De la responsabilité pénale des plaideurs dans la législation athénienne, Revue de Législation*, 1875. p. 137 et suiv. On était dispensé de l'amende dans un
certain nombre de cas qui se rattachent à notre matière : quand l'accusation portait sur le détournement de biens confisqués appartenant à
l'Etat (p. 140, d'après le témoignage de Lysias. *sur les biens d'Aristo-
phon*). A l'amende fixe de mille drachmes était substituée celle du
sixième de la somme à laquelle le demandeur avait évalué la condamnation, *épobélie*, dans les causes privées et dans un petit nombre d'actions
publiques, exigeant la plainte appelée φάσις, et parmi lesquelles se trouvait l'accusation de s'être emparé de biens appartenant à l'Etat (p. 151,
note 8).

l'atimie dans l'impossibilité d'intenter une accusation (1).

59. 3. Arrestation, ἀπαγωγή (2). — Le propriétaire a le droit d'arrêter lui-même le voleur, mais il doit s'attendre à une résistance matérielle de laquelle il ne triomphera que s'il est suffisamment robuste. A-t-il forcé le voleur à le suivre ? il le conduit en prison, et le remet entre les mains des Onze. S'il se sent trop faible pour faire lui-même une arrestation, il s'adressera aux Onze, qui devront y procéder à sa place. C'est toujours entre les mains des Onze que se trouvera l'accusé, en attendant le jugement, s'il faut qu'il soit jugé (3).

Celui qui était arrêté pouvait être enchaîné ; quelquefois il recevait sans doute de mauvais traitements. Éaque donne l'ordre de lier « ce voleur de chien, pour qu'il soit châtié, » quand il croit reconnaître Hercule, et Xanthias est frappé : « Le frapper, parce qu'il a volé ! » s'écrie Bacchus (4).

De deux choses l'une, ou il se reconnaîtra coupable, ou il niera. Dans le premier cas, un procès serait inutile et le châtiment doit être immédiat : « Les lois, dit Démosthène (5), ordonnent de punir sans jugement ceux des malfaiteurs qui avouent. » — « Vos lois, dit Eschine (6), ordonnent que ceux des voleurs qui avouent soient punis de mort, que ceux qui nient soient jugés. » Dans le second cas, le procès suit son cours, et les Onze conduisent l'accusé devant les

---

(1) V. M. Dareste, *Journal des Savants, l. cit.*, p. 636. Mais cette atimie partielle n'était peut-être pas de droit et n'était peut-être pas non plus toujours prononcée. V. M. Thonissen, *ib.*, p. 144 et 145. — (2) Ce mot indique proprement l'action de conduire une personne : dans le cas présent, elle doit être conduite aux onze. Ἀπαγωγή signifie quelquefois le procès qui peut suivre l'arrestation (v. Antiphon, *sur le meurtre d'Hérode*, p. 707). D'après Suidas, c'est une dénonciation écrite par laquelle on fait savoir au magistrat qu'un tel doit être arrêté, ἀπαχθῆναι τὸν δεῖνα (vᵒ Ἀπαγωγή). Pollux (liv. VIII, 49) dit que l'ἔνδειξις était la dénonciation au magistrat d'un délit avoué, qui exigeait, non un jugement, mais une punition, et qu'il y avait lieu à l'ἀπαγωγή contre une personne non présente, quand il y aurait eu lieu à l'ἔνδειξις contre une personne présente. — (3) Dém., *c. Timocrate*, p. 719. — (4) *Les Grenouilles*, v. 605, 610 et 611. — (5) *C. Timocrate*, p. 719. — (6) *C. Timarque*, p. 16.

juges (1). C'est à eux qu'il appartient de faire exécuter la peine de mort, qu'elle soit prononcée par la loi ou par les juges (2).

L'ἀπαγωγή expose celui qui succombe après l'avoir employée à l'amende de mille drachmes, comme la γραφή (3).

Il est possible que l'arrestation ait été permise seulement dans les cas où le voleur était pris en flagrant délit et où l'on découvrait l'objet sur lui en le fouillant (4).

60. Des diverses voies établies pour la poursuite du vol, il en est une qui est nécessairement réservée au propriétaire de l'objet volé, c'est l'action privée : « L'action civile, δίκη, appartient exclusivement à la partie intéressée ; l'action publique, γραφή, peut être intentée par toute personne, » dit d'une manière générale M. Dareste (5). Quelques doutes se sont élevés sur l'application de la seconde partie de cette proposition en matière de vol, mais Pollux, qui pose la règle 6), n'indique pas d'exception pour ce cas, et Aristophane, qui peint si fidèlement la vie athénienne en la parodiant, nous montre qu'un tiers pouvait se porter accusateur contre un prétendu voleur. Les deux cabaretières des enfers demandent, l'une Cléon, l'autre Hyperbolos pour les charger de citer en justice celui qui les a volées et qu'elles croient reconnaître en la personne de Bacchus (7). Dans les *Guêpes*, Bdélycléon dit à Xanthias d'intenter l'accusation et celui-ci répond : « Non, pas moi ; l'autre chien se porte accusateur... (8) » Le texte de l'accusation se trouve plus loin (9) et le juge Philocléon veut que la peine soit la mort, si le chien est convaincu (10). S'il était permis à un tiers de se porter accusateur, peut-être avait-il la faculté d'employer l'ἀπαγωγή. Mais il est raisonnable

---

(1) Pollux, liv. VIII, 102. — (2) *Id., ib.* — (3) *Id.. ib.*, 49. Sur les diverses actions que peut intenter le propriétaire de l'objet volé, v. un système tout différent exposé par Meier et Schœmann, p. 356 *et suiv.* — (4) Xénophon, *De l'Economie, l. cit.* Isée, *sur la succession de Nicostrate*, p. 84. Tel n'est pas le cas cependant dans *les Grenouilles, l. cit.* — (5) *Journal des Savants, l. cit.*, p. 632. — (6) Liv. VIII, 40. — (7) *Grenouilles*, v. 569, 570, 571, 576, 577. — (8) V. 839-842. — (9) V. 894-897. — (10) v. 898.

de penser que nul ne pouvait agir dès que l'intéressé avait engagé l'affaire, eût-il choisi la voie de l'action privée.

Ainsi les pauvres et les faibles, quand l'affaire présentait quelque gravité, trouvaient un protecteur dans un citoyen obligeant ou dans un ambitieux qui cherchait le bruit et la popularité. N'avaient-ils pas encore une autre protection ? M. Perrot dit (1) : « Pour poursuivre ces voleurs par escalade et avec effraction (τοιχώρυχοι), ces filous et coupeurs de bourses (κλέπται), ces voleurs de hardes (λωποδύται) et d'enfants ou d'esclaves (ἀνδραποδισταί), ces assassins qui frappaient un passant afin de le dépouiller (φονεῖς), c'eût été exposer l'ordre public à de graves dangers que d'attendre, avant d'agir, qu'un particulier eût déposé sa plainte ; presque toujours la victime de ces détournements et de ces agressions que la police a mission d'empêcher ignore le nom de celui qui, par ruse ou par force, lui a pris ses marchandises et son argent ou a menacé ses jours. Les Onze, à l'aide des agents auxquels ils commandaient, surveillaient donc tous les aventuriers suspects et tâchaient de les saisir en flagrant délit, ou tout au moins d'en apprendre assez sur leur compte pour pouvoir les arrêter en toute sûreté de conscience et leur demander un compte sévère des délits perpétrés ou projetés. Mais les malfaiteurs eux-mêmes ne pouvaient être condamnés sans avoir été jugés, et, si les Onze étaient autorisés, sous leur responsabilité personnelle, à séquestrer, pour les empêcher de nuire, ces ennemis de la société, ils n'en étaient pas moins tenus de les traduire aussitôt devant le jury. On remarquera que, dans ce cas, le magistrat, à ce qu'il semble, poursuivait d'office, comme chez nous, en toute matière criminelle. » C'était une dérogation aux usages athéniens, mais une dérogation facile à comprendre, « pour les attentats commis par ces misérables que toute société recèle dans ses bas-fonds, où la police seule peut les suivre des yeux, les devancer de ruse et de vitesse et déjouer leurs menées... »

On ne peut mieux démontrer l'utilité de la police et celle du

____

(1) *Essai sur le droit public et privé de la république Athénienne. — Le droit public.* Paris, 1867, p. 273.

ministère public, mais, quelque hésitation que nous éprouvions, sinon à opposer une contradiction au savant helléniste, au moins à exprimer un doute sur son opinion, il ne nous semble pas que la démonstration soit également décisive en ce qui touche l'existence même d'une organisation si semblable à la nôtre. Assurément les Onze doivent prêter main-forte aux citoyens. Ont-ils qualité pour se substituer à eux, surtout dans un procès? La police répond à un besoin tellement impérieux qu'elle se retrouve, plus ou moins organisée, dans tout état civilisé ; on comprend même qu'elle n'attende pas l'appel du citoyen menacé ou lésé dans son corps ou dans ses biens, qu'elle saisisse le coupable, sans y être provoquée par une plainte ou une dénonciation, quand elle l'aperçoit la première ; il y a plusieurs textes qui énumèrent les attributions des Onze ; ils nous disent bien que ceux-ci arrêtent les voleurs de tout genre, mettent les uns à mort, conduisent les autres devant les tribunaux, pour exécuter plus tard la sentence de condamnation, si elle doit être rendue (1) ; mais est-ce à la requête des citoyens, comme le ferait croire le texte cité dans le discours *contre Androtion?* Est-ce d'office? En supposant que l'arrestation, à raison de l'urgence, puisse être faite d'office en cas de flagrant délit, en sera-t-il de même en dehors de ce cas? Les Onze prendront-ils ensuite un nouveau rôle, celui du ministère public, si étranger aux mœurs judiciaires de l'antiquité? Ce n'est pas quand les voleurs sont arrêtés qu'il est difficile aux propriétaires des objets volés de les poursuivre. Combien de fois cette intervention des Onze ne rendra-t-elle pas illusoire l'importante faculté qu'ont ces propriétaires d'opter pour l'action privée? Un accusateur s'expose à payer une amende en cas d'insuccès ; assurément on n'aurait pas donné la même garantie contre les procès téméraires dont les Onze auraient pris l'initiative. Il nous semble qu'un texte formel serait nécessaire pour établir une intervention analogue à celle de notre ministère public, même dans une seule classe d'affaires criminelles, et ce texte formel n'existe pas.

(1) V. not Aristoph., Sc., *sur les Guêpes*, v. 1103. Pollux, liv. VIII, 102.

61. Le vol de choses sacrées ou publiques ne saurait donner lieu à une action privée. Il est poursuivi au moyen d'une accusation, γραφή, qui peut être intentée par toute personne (1). Quand Archidamos accusa Éraisnide d'avoir dérobé l'argent du peuple, le tribunal ordonna l'emprisonnement préventif de celui-ci (2). Peut-être, en cas de flagrant délit, y avait il lieu à l'ἀπαγωγή (3).

62-65. Instruction et moyens de preuve.

62. Celui à qui un vol est imputé peut être fouillé : tel est, d'après le *Thesaurus græcæ linguæ*, le sens propre du mot φωράω. Le propriétaire de l'objet volé peut même pénétrer dans l'habitation du prétendu voleur pour y faire des recherches ; le passage suivant de d'Aristophane nous apprend à quelles conditions. — «*Socrate:* Allons ! ôte ton manteau. — *Strepsiade :* T'ai-je dérobé quelque chose? — *Socrate :* Non, mais il est d'usage d'entrer sans manteau dans l'école. — *Strepsiade :* Mais je n'y viens pas pour chercher un objet volé (4). » Il fallait entrer nu dans la maison, pour n'être soupçonné, ni d'emporter quelque chose sous ses vêtements, ni d'apporter l'objet même qu'on disait dérobé et de créer ainsi une apparence contre celui qu'on voulait accuser (5).

63. Devant les juges, à l'origine, les parties prêtaient serment l'une et l'autre, et celle dont le serment était reconnu faux d'après l'issue du procès payait l'amende de mille drachmes. On se parjurait tant que l'obligation de jurer fut supprimée ; l'amende resta seule, à la charge de l'accusateur, nous avons vu dans quelles circonstances (6). Mais le serment demeura pour le défendeur un moyen facultatif d'appuyer

---

(1) Pollux. liv. VIII, 40. — (2) Xénophon, *Hist. gr., l. cit.* — (3) Meier et Schœmann, p. 359. — (4) *Nuées*, v. 497-499, trad. de M. Poyard. — (5) Sc. sur le vers 499, v. Heineccius, *Antiq. Rom.*, ad. *Inst.*, IV, 1, § 18, *Ritus apud Athenienses in concipiendo furto adhibiti*, qui rapproche du texte d'Aristophane un passage de Platon, dans *les Lois*. liv. XII, en faisant observer que, si les lois de Platon sont imaginées par lui, le plus souvent elle reproduisent les dispositions du droit Attique. — (6) Suidas, v° Ἀμφιορκία.

ses dénégations, et le nombre des parjures fut toujours considérable, s'il faut en croire Aristophane (1).

64. La preuve testimoniale jouait naturellement le principal rôle dans les procès relatifs au vol. Bdélycléon insiste pour présenter les témoins, malgré l'évidence qui les rend inutiles, d'après ce que dit Philocléon (2).

65. Les esclaves ne pouvaient être témoins ; on les mettait à la torture pour leur faire dire ce qu'ils savaient au sujet du fait imputé à leurs maîtres ; ceux-ci prenaient souvent les devants, afin de montrer combien ils se fiaient à la bonté de leur cause (3). Ceux qui réclamaient la question ou qui l'accep-taient, offerte par les maîtres, étaient seulement tenus d'indemniser ceux-ci, quand les esclaves, trop peu ménagés, demeuraient ensuite malades ou infirmes (4). Tels sont les principes généraux que nous trouvons fréquemment appliqués au vol.

66. Un accusé pouvait être condamné par défaut, même à mort, comme le fut Sosie, dont parle Antiphon (5).

67. Les vols commis par les esclaves ne sauraient être pour-suivis ni réprimés de la même manière que ceux dont les auteurs sont des hommes libres. Nous voyons les maîtres, quand c'est à eux que les objets sont dérobés, mettre le voleur à la question, pour obtenir et un aveu et une restitu-tion (6). S'il s'agit de punir, ils n'ont qu'à user de leur puis-sance ; le bâton est à leur disposition (7). Nous avons dit plus haut que Xénophon représente Ischomachos, le modèle des maîtres de maison, comme appliquant en partie les lois de Dracon, en partie celles de Solon, qui prononcent « la prison pour le voleur pris sur le fait, la mort pour les tentatives violentes. » Pour le vol commis au préjudice d'un autre que le maître, l'esclave doit être châtié comme pour tout autre délit : « Là où l'homme libre était condamné à payer cin-

---

(1) *Les Chevaliers*, v. 423 à 428. — (2) *Les Guêpes*, v. 919 à 921 et 926. — (3) Antiphon, 1ʳᵉ *Tétralogie*, 3ᵉ discours, p. 643. Aristophane, *les Grenouilles*, v. 615 *et suiv.* Cf. M. Wallon, *Histoire de l'esclavage dans l'antiquité*, 2ᵉ éd., t. 1, liv. I, ch. 9, p. 322 *et suiv.* — (4) Aris-toph., *l. cit.*, v. 623 et 624. Dém. *c. Néæra*, p. 1387. — (5) *Sur le meurtre d'Hérode*, p. 739. — (6) Dém., *contre Olympiodore*, p. 1171. — (7) M. Wallon, *l. cit.*, p. 306 et 307.

quante drachmes, l'esclave avait à recevoir cinquante coups de fouet (1). »

68. La législation dont nous venons d'étudier les dispositions est-elle l'œuvre originale de Solon lui-même? « Je ne puis croire, dit Grote (2), à propos des lois rapportées par le discours *contre Timocrate*, qu'il y ait dans ces lois autre chose que leur base qu'il faille attribuer à Solon ; elles indiquent un état dela procédure attique trop compliqué pour cette époque. Le mot ποδοκάκκη appartient à Solon et probablement la pénalité d'être retenu cinq jours aux ceps, pour le voleur qui n'avait pas restitué ce qu'il avait dérobé (3). »

M. Thonissen (4) ne regarde pas l'objection comme sérieuse : « Le système de répression, dit-il, loin d'être compliqué, se présente avec une extrême simplicité. » Mais, si le fond appartient à Solon, la forme des deux fragments, d'après lui, ne saurait être tenue pour authentique : « Il est d'autant plus permis d'en douter que, pour les vols qui constituent des délits privés, le texte de l'un n'est pas la reproduction exacte de l'autre (5). Toutefois, si nous n'avons pas la certitude de posséder ici deux articles officiels des lois d'Athènes, nous savons au moins que les règles qui s'y trouvent formulées se laissent aisément concilier avec le langage des orateurs dont les œuvres sont parvenues jusqu'à nous, et que, dès lors, dans l'état actuel de la science, il y aurait une véritable témérité à n'en pas tenir compte. »

Il est peu probable, en effet, que nous ayons le texte primitif de Solon. Quelques expressions en ont été certainement conservées (6) ; mais des changements ont dû y être faits (7),

(1) *Id. ib.*, et la note. — (2) *L. cit.*, t. IV, p. 198, note 3. — (3) Grote n'admet l'application des ceps qu'à ce second cas. — (4) *L. cit.*, p. 300. — (5) En note, M. Thonissen renvoie de plus au discours de Lysias *contre Théomneste*, ch. 16, « où l'on trouve une troisième version pour formuler la même règle. » — (6) A ποδοκάκκη on peut ajouter πρὸς τοῖς επαιτίοις ; Pollux dit : τὰ μέντοι προστιμήματα Σόλων ἐπαίτια καλεῖ (liv. VIII, 22).—(7) Selon Petit, *l. c.*, n. 3, se fondant sur Pollux, *ib.*, 34, Solon avait dû dire κλέπος et non κλέμμα. Sigonius (*De Rep. Ath, eniensium*, liv. I, c. 3) fait remarquer que les lois de Solon, notamment la première loi citée dans le discours contre Timocrate, parlent des Onze : or, les Onze ne furent institués que par Thémistocle et Aristide, à raison d'une par chacune des dix tribus plus un greffier ; il n'y avait que quatre tribus du temps de Solon.

des additions ont dû s'y introduire ; il est possible que les orateurs ne se soient pas préoccupés de citer avec une exactitude rigoureuse une loi trop souvent appliquée pour n'être pas familière aux juges et qu'ils y aient mêlé une jurisprudence postérieure ou leur propre commentaire. Mais comment croire que les règles mises sous le nom de Solon ne fussent pas celles qui avaient été posées par lui? Les analogies de principes et de fond ont plus d'importance que les divergences de détail et que les différences de forme. Les orateurs athéniens osaient beaucoup, Démosthène comme les autres ; il fallait cependant qu'il eût quelque droit d'invoquer l'autorité du grand législateur pour écraser Timocrate par un parallèle dédaigneux et le convaincre d'avoir mérité les peines les plus graves en se mettant en contradiction avec l'œuvre fondamentale de la république Enfin, si la législation s'était adoucie, sous l'empire des mœurs, de Dracon à Solon, il n'est pas vraisemblable qu'un changement contraire se soit produit après celui-ci et qu'on ait modifié ses lois pour rendre l'application du dernier supplice plus fréquente dans des cas qui n'offraient certes point par eux-mêmes une extrême gravité ; telle n'est pas d'ordinaire la marche du droit criminel.

69. Solon ne s'était pas contenté d'établir ou de maintenir des peines sévères et d'en organiser l'application. Il avait, comme les Égyptiens et peut-être à leur exemple, voulu que les autorités publiques sussent de quoi vivait chacun. L'oisiveté était expressément punie (1).

70. D'un autre côté, la vie était facile pour les Athéniens ; on ne trouvait pas de pauvres et de mendiants parmi eux (2).

______

(1) Petit, liv. V, tit. vi, 1, ἀρχίας γραφή. : « Suivant ce que dit Théophraste, ce ne fut pas Solon, ce fut Pisistrate qui porta la loi contre l'oisiveté, loi qui rendit le pays plus fertile et la ville plus paisible. » M. Dareste (*Le Traité des Lois de Théophraste, Revue de Législation*, 1870-1871, p 292), après avoir traduit ce passage de Plutarque dans la vie de Solon, rappelle que la loi contre l'oisiveté est citée par Démosthène dans le discours *contre Eubulide*, ed. Reisk., p. 1308. Barthélemy (*Introduction*, sect. 1ʳᵉ), après avoir rappelé que les Egyptiens ont une loi par laquelle chaque particulier doit rendre compte de sa fortune et de ses ressources » et déclaré que « cette loi est encore plus utile dans une démocratie, » ajoute : « De là les règlements par lesquels Solon assigne l'infamie à l'oisiveté. » — (2) V. Meursius, *De fortuna Atheniensium*, chap. 4, *in fin*.

Cependant les vols furent toujours nombreux dans Athènes ; sans doute la richesse qui s'y accumulait y offrait trop de tentations ; la population était considérable ; les étrangers et les esclaves s'y mêlaient aux citoyens ; on devait croire l'impunité facile. Aristophane peint encore fidèlement les mœurs de ses compatriotes, quand il les représente se vantant des vols qu'ils ont commis (1).

(1) *Les Chevaliers*, v. 417 *et suiv.*; *les Guêpes*, v. 237 et 1201.

DEUXIÈME PARTIE

DROIT ROMAIN

Du Furtum en général.

71. Les Romains considèrent la propriété comme appartenant au droit des gens, ainsi que la distinction des nations et la formation des royaumes (1). Mais le vol leur paraît défendu par la loi naturelle (2).

72. Ils se servent du mot *furtum* pour désigner le vol (3). « *Furtum*, dit Paul (4), vient, selon Labéon, de *furvum*, qui veut dire *noir*, parce que l'acte se commet en secret et dans l'obscurité, le plus souvent même durant la nuit ; ou bien de *fraus*, selon Sabinus ; ou encore de *ferendo et auferendo* (porter et emporter) ; ou de la langue grecque, qui appelle φῶρας les voleurs ; du reste, les Grecs eux-mêmes ont tiré φῶρας de φέρειν, porter. » Aulu-Gelle attribue (5) à Varron la pre-

---

(1) L. 5, ff. *de Justitia et jure*, I, 1, — (2) L. 1 § 3, ff. *de Furtis* XLVII, 2. Nous désignerons ce titre du Digeste par les initiales *h. t.* Le titre correspondant du Code, VI, 2, a pour rubrique *de Furtis et Servo corrupto.* V. l. 42, ff. *de Verb. sign.*, L, 16. Cf. Voet, ad *h. t.*, n. 1. — (3) V. dans Nonius Marcellus le mot *clepere*, dérivé de κλέπτω et synonyme de *furari*. — (4) L. 1 pp., ff. *h. t.* — (5) *N. Att.*, I, XVIII, 4-6.

mière de ces étymologies ; mais, quoiqu'il craigne de contre-
dire un si savant homme, c'est la dernière qu'il adopte (1).

Le mot *furtum* est fréquemment employé pour désigner
l'objet volé. Nous le rencontrerons avec ce sens dans un grand
nombre de textes (2). C'est à la première signification que nous
nous attacherons exclusivement.

D'une part, le *furtum* des Romains est plus étendu que la
κλοπή des Athéniens ou que notre vol ; il comprend un plus
grand nombre d'actes, dont le caractère commun est l'improbité. D'autre part, certaines hypothèses, où notre droit français ne verrait que le vol, le plus souvent le vol aggravé par
des circonstances qui ne lui font perdre ni ses caractères essentiels ni son nom, sont en droit Romain l'objet de dispositions
particulières et ne reçoivent plus proprement la même qualification. Nous étudierons, dans un premier livre, le *furtum*, dans
un second, les faits qui constituent, malgré l'analogie du fond,
des délits spéciaux.

---

(1) V. sur ces étymologies Hotman, in *Inst.*, IV, I, c. 711, *Op.
Omnia*, 1599, t. III; Rein, *Das Criminalrecht der Roemer*, p. 293. —
(2) V. Heineccius, *Antiq. Rom.*, ad *Inst.*, IX, I, § 2, et note; M. Accarias, *Précis de Droit Romain*, t. II, p. 613, note 3.

LIVRE PREMIER

DU FURTUM

CHAPITRE PREMIER

**Des éléments constitutifs du Furtum et des personnes qui peuvent
le commettre.**

73. « Furtum est contrectatio rei fraudulosa lucri faciendi
gratia, » dit Paul (1). — Le vol est le maniement (2) frauduleux d'une chose pour réaliser un bénéfice. »

Aux Institutes, Justinien reproduit cette définition en supprimant *lucri faciendi gratia* (3). Sans doute il a pensé que
le mot *fraudulosa* caractérisait suffisamment l'intention qui
entrait dans le *furtum*.

Nous distinguerons trois éléments constitutifs : la chose, le
maniement, la fraude ; nous verrons ensuite quelles personnes peuvent commettre le *furtum*.

---

(1) L. 1 § 3. ff. *h. t.* — (2) M. Ortolan traduit *contrectatio* par
attouchement. (*Explication historique des Institutes*, 11ᵉ éd., *mise au
courant de l'état actuel de l'enseignement du droit Romain dans les
facultés de France et de l'étranger*, par J.-E. Labbé, n. 1717.)
M. Maynz (*Cours de droit Romain*, 3ᵉ éd., § 354), dit : « Le mot *con-
trectare* signifie littéralement *tirer vers soi* et n'est rendu que d'une
manière incomplète par le mot français *soustraire*. » — (3) IV, t. I.

ART. I. DE LA CHOSE.

74. Pour qu'une chose fasse l'objet d'un *furtum*, il faut,
1° Qu'elle soit mobilière; 2° qu'elle puisse appartenir à un
propriétaire; 3° quelle appartienne actuellement à un propriétaire; 4° que ce propriétaire soit autre que le *fur*; 5°
qu'elle soit possédée par quelqu'un.

§ 1. *Il faut que la chose soit mobilière.*

75. « L'opinion de quelques anciens jurisconsultes qui pensaient qu'un fonds de terre, qu'un immeuble peut faire l'objet
d'un *furtum*, est condamnée, » dit Gaius (1) et répète Justinien (2). Sabinus l'avait soutenue et rapportait une décision
judiciaire en ce sens (3). Labéon était de ceux qui l'avaient
combattue (4). Elle semble, malgré l'assertion de Gaius, avoir
gardé des partisans même après lui, car Ulpien dit seulement :
« Ce que la plupart admettent, qu'on ne peut exercer l'action *furti* à l'occasion d'un immeuble, est vrai (5). »

Les anciens jurisconsultes qui avaient soutenu que le
furtum s'applique aux immeubles, vivaient sans doute dans
un siècle où la possession de ceux-ci était insuffisamment
protégée; ils avaient l'intention d'offrir aux propriétaires un
moyen de droit qui leur fût utile à défaut d'autres; mais la
nature des choses répugnait à cette extension et l'on fut d'autant plus porté à la rejeter que, avec le temps, les lois ou le
préteur avaient accordé aux intéressés des garanties efficaces;
ce ne fut plus qu'une erreur ou tout au moins un paradoxe.

C'est toujours à des choses mobilières que se rapportent
les textes des jurisconsultes, comme ceux des empereurs.

Mais l'action *furti* peut, sans aucun doute, être exercée à
l'occasion d'objets qui ont été détachés de l'immeuble, arbres,

---

(1) L. 38, ff. *de usurp. et usuc.*, XLI, 3. — (2) *Inst.*, II, vi, 7 *in
fin.* — (3) « Non hominum tantum, neque rerum moventium, quæ au-
ferri occulte et surripi possunt. sed fundi quoque et ædium fieri furtum :
condemnatum quoque furti colonum, qui fundo. quem conduxerat, ven-
dito possessione ejus dominum intervertisset. » Aulu-Gelle. *N. Att.*, XI,
xviii, 13.) — (4) L. 25 § 1 ff. *h. t.* — (5) *Ead. l., pp.*

pierres, sable, fruits (1). Ces choses ont cessé de faire partie
intégrante du fonds; c'est le voleur lui-même qui en a changé
la nature. Celui qui fait un trou dans la terre, en tire de la
craie et s'en empare, commet un *furtum*, non parce qu'il
fouille, mais parce qu'il s'approprie ce qu'il a extrait (2).

Sous ce nom générique de choses mobilières, susceptibles
de vol, nous devons naturellement faire rentrer les esclaves.

§ 2. *Il faut que la chose puisse appartenir à un propriétaire.*

76. Celui qui dérobe une chose sacrée commet, non un
furtum, mais un sacrilége (3).

77. Une personne libre ne saurait avoir un maître ou propriétaire et, par conséquent, ne saurait être volée. Cependant
Gaius dit : « Quelquefois les personnes libres elles-mêmes
sont l'objet d'un *furtum*, par exemple, si quelqu'un de nos
enfants en puissance, si notre femme *in manu*, si un *judicatus* (4) ou *auctoratus* (5) nous est dérobé (6). » Justinien ne reproduit que le premier de ces exemples, les institutions juridiques auxquelles se rapportent les autres n'existant plus de
son temps (7).

L'action *furti*, dans ces hypothèses, « est fondée, dit
M. Accarias (8), sur le préjudice matériel que le détournement
leur cause, le père de famille ne pouvant plus bénéficier du
travail de son fils, le créancier vendre son débiteur et le *conductor* faire exécuter le bail. » Ce genre de préjudice est

---

(1) *Ead. l.*, § 2. — (2) L. 57, *h. t.* Les objets détachés de l'immeuble
dont ils faisaient partie absolument intégrante ne sont pas en tout assimilés aux fruits, ni traités comme des meubles. Celui qui coupe des
arbres, à la différence de celui qui dérobe des fruits, est exposé à l'interdit *quod vi aut clam*, fait pour les immeubles seuls (l. 7 § 5. ff. *Quod
vi aut clam*, XLIII, 24). — (3) L. 16 § 4, ff. *de Pœnis*, XLVIII, 19;
arg., de la l. 3, C. *h. t.* — (4) Débiteur détenu chez son créancier tant
qu'il n'a pas exécuté sa condamnation. — (5) Celui qui a loué ses services
comme gladiateur : « Le sens du mot *auctoratus* est nettement déterminé par la table d'Héraclée (cap. VIII) et par la *Coll. leg. Mos.* (IX,
II, 2), » dit M. Accarias (*Précis*, t. II, p. 608, note 5). Cf. M. Demangeat. *Cours élémentaire de Droit Romain*, 2ᵉ éd., t. II, p. 382. —
(6) III, 199. — (7) *Inst.*, IV, 1, 9; cf. l. 14 § 13 et l. 18, ff. *h. t.* —
(8) *L. cit.*

moins sensible, quand il s'agit d'une femme *in manu*. Théophile (1) suppose qu'un fils en puissance a été institué héritier sous cette condition : *S'il habite telle ville au moment de la mort du testateur ;* le vol commis sur la personne même du fils a rendu impossible l'accomplissement de la condition et le père, qui ne recueille pas l'usufruit de l'hérédité, puisque le fils ne recueille pas l'hérédité, peut se fonder sur le préjudice à lui causé pour exercer l'action *furti*.

Cette disposition ne peut s'expliquer autrement dans le droit de Justinien ; mais il est remarquable que les jurisconsultes de l'époque classique l'énoncent sans chercher à en faire connaître ni l'utilité ni l'origine.

La première était sans doute presque nulle de leur temps et la seconde devait être bien lointaine. Ne peut-on pas présumer que c'était l'analogie entre la situation des personnes dont parle Gaius au § 199 et celle des esclaves qui avait fait admettre le *furtum* par rapport aux premières? Quelle autre protection les intéressés auraient-ils trouvée à une certaine époque contre les auteurs du vol? N'est-on pas autorisé à penser que l'on rencontre ici la preuve de la très-grande extension qui fut donnée au *furtum* pour protéger toute espèce de droits contre toute espèce d'actes? L'application du *furtum* à un fils de famille perdit sans doute son utilité première quand le préteur eut établi l'interdit *de liberis exhibendis* (2), mais on put lui en trouver une autre, et elle se maintint jusque dans les derniers temps.

§ §. *Il faut que la chose appartienne actuellement à un propriétaire.*

78. Les choses qui peuvent avoir un propriétaire, mais qui n'en ont pas actuellement, ne sauraient être volées ; celui qui s'en empare en devient lui-même propriétaire par occupation. On ne vole ni les abeilles sauvages et leur miel, en quelque endroit qu'elles soient établies (3), ni les choses abandon-

(1) *Ad. Inst., l. cit.* — (2) L. 1, ff. *de Liberis exhibendis*, XLIII, 30, — (3) L. 26 pp., *h. t.*; l. 5 §§ 2 et 3, ff. *de Adq. rer. dom.*, XLI, 1.

nées (1), réellement abandonnées, sur lesquelles un propriétaire a abdiqué son droit (2).

Le trésor n'a pas de propriétaire; celui qui le trouve ne
commet pas de *furtum* en se l'appropriant; mais il en est
autrement quand il s'agit d'objets enfouis sous terre, dans une
pensée d'avarice, de crainte ou de prudence (3), par une personne qui n'a pas plus oublié qu'abdiqué son droit.

79. Le propriétaire peut être une personne morale ou publique. Mais, quand la personne publique est une ville, est-ce
seulement un *furtum* que de lui dérober sa chose? Tel est
l'avis d'Ulpien, qui invoque l'autorité de Labéon, en supposant
la soustraction ou l'altération d'actes appartenant à la *res
publica* d'un municipe, à une *res publica* quelconque, à une
société (4); tel est aussi l'avis de Papinien, supposant
de l'argent soustrait à une ville (5). Bien plus, c'est à
l'exclusion du *crimen peculatus* que ce dernier donne
l'action *furti*. Cependant, les empereurs Trajan et Adrien
avaient décidé que les soustractions commises au préjudice des cités tomberaient sous le coup du *crimen peculatus* (6). Diverses conciliations ont été proposées pour résoudre l'antinomie entre ces deux textes ; on se décide assez
volontiers à corriger celui de Papinien, soit en déplaçant la
négative, de manière à refuser l'action *furti* et à donner le
crimen peculatus, soit en substituant *necnon* à *non*, de manière
à ouvrir les deux voies (7). Cujas remarque, avec raison,

(1) L. 43 § 5, ff., *h. t.* — (2) *Ead. l.* § 11 ;]. 9 § 8 ff. *de Adq.
rer. dom.*; *Inst.*, II. I, 48. Dans la loi. 3 § 11, Ulpien dit que le propriétaire sera ordinairement présumé avoir abandonné la chose jetée,
navis levandæ causa. En cela il contredit tous les jurisconsultes, qui
décident que le jet n'implique nullement l'abandon. On a pensé qu'Ulpien
avait pu supposer l'hypothèse où le propriétaire ne garde nul espoir de
recouvrer la chose, celle par exemple où le jet a lieu en pleine mer ; ce qui
n'explique pas encore pourquoi, après avoir dit : « Si quidem derelin-
quentis animo jactavit, » il a ajouté : « quod plerumque credendum est. »
— (3) L. 31 § 1, ff. *de Adq. rer. dom.*, — (4) L. 31 § 1, ff., *h. t.* —
(5) L. 81, ff., *h. t*, « Ob pecuniam civitati subtractam, actione
furti, non crimine peculatus tenetur. » — (6) L. 4, § 7, ff., *ad Leg. Jul.
peculatus.* XLVIII, 13. — (7) Pothier, *Pand..* Lyon, 1782, in-f. *ad
Leg. Jul. pec.*, IV. V. Bynkershoek. *Obs. jur. Rom.*, lib. IV, 3, qui
propose aussi d'entendre *non* comme signifiant *non tantum.*

croyons-nous, que Papinien a pu parler du droit pur et non des constitutions impériales (1). En droit pur, n'est-ce point abusivement, d'après Ulpien (2), que l'on nomme *publiques* les choses qui appartiennent aux cités et ce mot n'est-il pas exclusivement pour les choses du peuple Romain ? Pendant longtemps, sans doute, les premières ne furent pas protégées autrement que les objets appartenant aux particuliers, et peut-être cet état ancien du droit était-il encore le plus conforme aux principes pour Papinien, en même temps qu'il donnait aux villes une garantie suffisante.

80. Il y a des cas où une personne peut s'emparer d'un objet appartenant à un particulier sans commettre un *furtum* ; la possession ainsi acquise la mènera même à l'usucapion. Gaius cite (3) celui de l'usucapion *lucrativa pro herede* (4) et celui de *l'usureceptio* au profit du débiteur qui a transmis au créancier la propriété de sa chose avec un contrat de fiducie (5).

Sur le premier de ces deux cas, nous rappellerons une distinction judicieuse faite par M. Machelard : « S'il s'agit d'un héritier externe, l'occupation faite par un tiers d'un objet héréditaire sera habituellement antérieure à l'adition sans laquelle l'héritier externe n'est point approprié des choses de la succession : cette occupation portera ainsi sur une *res nullius*, non sur une *res aliena* (6). »

§ 4. *Il faut que le propriétaire de la chose soit autre que le* FUR.

81. Le *fur* est celui qui manie la chose d'autrui, *qui rem alienam contrectat* (7).

82. Une chose indivise peut être volée par un de ceux à qui

(1) *In lib. I Resp. Pap.*, ad l. 81, ff. *h. t.* — (2) L. 15, ff., *de Verb. Sign.* — (3) III, 201. — (4) V. *infra*. — (5) Gaius, II, 60. — (6) *Théorie générale des interdits en droit Romain*, p. 81. A la page précédente, nous lisons : « Les Romains disaient bien que les choses héréditaires étaient *res nullius*. (Gaius, II, 9), mais cela n'était vrai qu'autant qu'il n'y avait pas encore d'héritier. » — (7) Paul, *Sent.*, II, XXXI, 1.

elle appartient, c'est une *res aliena* pour une certaine part :
« Si le co-propriétaire vole la chose commune (car il peut voler
la chose commune), sans aucun doute il faut dire qu'il y a lieu
à l'action *furti* (1). »

83. Il y a un *furtum* d'un certain genre que le propriétaire
peut commettre sur sa propre chose, le *furtum possessionis.*
C'est que l'acte est fait au préjudice d'un droit appartenant à
autrui ou d'une situation protégée juridiquement. Le propriétaire trouve quelque chose à s'approprier indûment, même
sur ce qui lui appartient.

§ 5. *Il faut que la chose soit possédée par quelqu'un.*

84. « Scévola dit que c'est la possession que l'on vole ; par
conséquent, il nie qu'il puisse y avoir un *furtum*, quand il n'y
a pas de possession (2). » En effet, la propriété elle-même n'est
pas dérobée et ne saurait l'être.

85. Ulpien, qui rapporte le principe posé par Scévola, en
tire cette conséquence : « Un *furtum* ne peut être commis au
préjudice d'une hérédité, parce qu'une hérédité n'a pas la
possession, chose de fait et d'intention ; la possession n'est
pas non plus à l'héritier avant qu'il possède, parce que son
droit héréditaire ne lui fait passer que ce qui appartient à
l'hérédité et que la possession n'a jamais appartenu à l'hérédité. » Il n'y a pas de *furtum* possible, non-seulement tant
que l'héritier n'a pas fait adition, mais encore tant que, après
l'adition, il ne s'est pas mis en possession des choses qui
composent l'hérédité (3).

Cette conséquence n'est pas admise en tous cas : « Julien
disait qu'il n'y a pas de *furtum* d'une chose héréditaire, si ce
n'est quand le défunt l'avait donnée en gage ou prêtée en
commodat (4) — ou quand elle est soumise à l'usufruit d'autrui (5). » A la rigueur, la quasi-possession de l'usufruitier, la

---

(1) L. 45, ff. *h. t.* — (2) L. 1 § 15, ff. *Si is qui test. liber*, XLVII, 4.
— (3) L. 2 § 1, ff. *Expilatæ hered.*. XLVII, 19. — (4) L. 68, ff. *h. t.* —
(5) L. 69, ff. *h. t.* Cf. l. 35, ff. *de Usurp. et usuc.*, XLI, 3.

situation du créancier gagiste, intermédiaire entre la simple
détention et la possession véritable, permettent de concilier
deux décisions sur trois avec le principe. La conciliation est
plus difficile pour la décision relative à la chose prêtée en
commodat ; cette chose n'est pas plus possédée par le commodataire que par l'hérédité ou par le futur héritier, et cependant elle est susceptible de *furtum*. Que le *furtum* lèse le
commodataire, en l'exposant à l'action du commodant, qu'il
lui donne un intérêt à agir contre le voleur, il est vrai, mais il
faut avouer que le jurisconsulte reconnaît un *furtum* là où il
n'y a pas de possession (1). Du reste, la décision que nous
venons de rapporter n'était pas la seule qu'imposât le désir
de restreindre autant que possible l'immunité accordée aux
voleurs des choses héréditaires et nous en retrouverons plus
tard une autre (2).

L'application du principe aux choses héréditaires ne souffrait
sans doute aucune difficulté du temps de Paul et d'Ulpien (3).
Peut-être n'en avait-il pas été toujours ainsi (4). Cicéron écrit
à Trebatius : « Hier vous me raillâtes d'avoir dit qu'il y avait
controverse sur la question de savoir si un héritier pouvait
intenter l'action *furti* pour un vol commis *avant l'adition d'hérédité* (5). Quoiqu'il fût tard et que je fusse appesanti par les
fumées du vin, cependant j'ai eu soin de marquer cet endroit
et de vous l'envoyer. Vous verrez que Sextus Ælius, M. Manilius et Brutus ont enseigné ce que vous pensiez n'avoir
été dit par personne. Cependant je me range à l'opinion de
Scévola et de Testa (5). » Ce texte est vague pour une double
raison ; il parle d'un *furtum* commis *antea* et ne dit pas avant
quoi : ce sont les interprètes qui le complètent en ajoutant
que c'est avant l'adition d'hérédité ; il montre bien d'un côté

______

(1) D'après Voet, *ad h. t.*, n. 3, l'usufruitier, le créancier, le commodataire continuent, après la mort du propriétaire, à posséder pour le
compte de l'hérédité qui le représente. — (2) L. 35, ff. *de Usurp. et
usuc.* — (3) LL. 2 (*Palam est*, dit Ulpien) et 6, ff. *Exp. her.*
— (4) « De re hæreditaria variatum olim fuit. » (Duaren, in *h. t.*, ff.,
cap. I). — (5) Le texte dit seulement : « Quod furtum *antea* factum
esset. » — (6) *Epist. ad div.*, liv. VII, 22. Trad. de M. de Caqueray,
*L'explication des passages de droit privé contenus dans les Œuvres de
Cicéron*, Paris, 1857, p. 586.

S. Ælius, M. Manilius et Brutus, de l'autre Trebatius, qui nie la controverse, avec Scévola et Testa, mais sans dire à quelle opinion l'on s'était rangé de part et d'autre. Malgré cette insuffisance d'éclaircissement sur la position comme sur la décision de la question, tout le monde s'est accordé pour dire qu'il s'agit ici du vol commis au préjudice d'une hérédité avant l'adition et que Cicéron se range à l'opinion qui refuse l'action *furti* (1).

Il peut se faire que la règle qui ne permet pas de regarder comme un *furtum* l'acte commis entre la mort du *de cujus* et la prise de possession par l'héritier d'un objet déterminé soit d'origine assez récente. Quel en est le vrai fondement? Est-ce l'impossibilité de voler une chose sans possesseur? Il est permis d'en douter, cette impossibilité n'étant même pas reconnue dans tous les cas où les choses héréditaires étaient volées, nous l'avons vu. D'un autre côté, le danger qu'il y avait à garantir l'impunité aux voleurs de ces choses ne pouvait échapper aux Romains et les aurait décidés, contraints même à éluder le principe, s'il avait existé de tout temps. Le *crimen expilatæ hereditatis* ne se serait pas fait attendre jusqu'à Marc-Aurèle.

Peut-être faut-il chercher une explication dans l'existence et surtout dans la transformation de l'usucapion *lucrativa pro herede*. La règle n'était pas nécessaire tant que celle-ci portait sur la qualité d'héritier; les actes impliquant l'intention de prendre cette qualité à la place de la personne qui s'y trouvait légalement appelée devaient être faciles à interpréter; que celui qui les faisait ne fût point regardé comme un voleur, rien de plus naturel; mais, si le droit permettait de se substituer ainsi aux successeurs véritables d'un défunt, cette faculté était accordée en vue d'assurer l'observation des *sacra* et dans l'intérêt des créanciers (2), non pour autoriser un nombre infini de malhonnêtes gens à s'emparer en détail des divers objets qui formaient l'actif de la succession ; quand

<hr>

(1) Cujas, *Quæst. Pap.*, ad l. 80 § 7, *L. t. Jacobi Rævoardi, Brugensis Jc opera.* Francfort, 1622. *Varior. lib.* III, c. 18. M. de Caqueray, *l. cit.* M. Accarias *l. cit.* p. 609, note 4. — (2) Gaius, II, 55.

un de ces objets était soustrait par une personne qui n'avait pas la *factio testamenti* avec le défunt, par exemple, quelle raison y aurait-il eu de ne pas voir dans cette soustraction un *furtum* ? Quel danger à ne pas la traiter ainsi ?

La situation changea, quand l'usucapion *lucrativa pro herede* porta sur les objets déterminés. Avec ce caractère nouveau, elle eût été absolument impossible, si l'acte par lequel elle commençait eût constitué un *furtum*, les choses furtives ne pouvant être usucapées. Il fallut renoncer à qualifier de voleur quiconque appréhendait une chose héréditaire dont l'héritier n'avait pas encore pris possession (1).

Ce fut sans doute alors qu'on imagina le principe d'après lequel les choses qui n'ont pas de possesseur ne peuvent pas être volées ; on justifiait ainsi la règle qu'on était dans la nécessité d'appliquer.

Il y a entre les §§ 52 et 55 du comm. II de Gaius une opposition qui vient à l'appui de notre conjecture. Au § 52, Gaius dit : « Velut si rem hereditariam cujus possessionem heres nondum nactus est aliquis possederit. » Au § 55, il rapporte que les anciens admirent l'usucapion *lucrativa pro herede*, parce qu'ils voulaient que l'adition se fît plus promptement : « maturius hereditates adiri. » Le § 52, où Gaius parle du droit en vigueur de son temps et de l'usucapion qu'on peut appeler à titre singulier, s'applique même aux choses appréhendées après l'adition d'hérédité ; il suffit que l'héritier n'ait pas pris possession. Dans le § 55, Gaius se reporte au passé ; il suppose que l'usucapion a pour objet de hâter l'adition ; une fois l'adition faite, l'observation des *sacra* est assurée, les créanciers savent qu'ils auront un débiteur, la qualité, d'ailleurs, est prise et n'est plus à prendre. La transformation de l'usucapion *lucrativa pro herede* fit poser

(1) S'il y eut une innovation, elle profita sans doute à ceux même qui ne pouvaient usucaper *pro herede*. L'usucapion, même à titre singulier, ne fut, il est vrai, possible que pour les personnes qui avaient la *factio testamenti* ; elle demeura interdite aux esclaves (v. M. Machelard, *op. cit.*, p. 82 et 82). Mais les soustractions que ceux-ci purent commettre ne furent point cependant qualifiées *furta*.

cette question : l'héritier a-t-il pris possession? au lieu de celle-ci : a-t-il fait adition?

Tant d'abus se produisirent, quand il fut permis de voler les successions sans être traité comme un voleur, qu'Adrien enleva toute efficacité à l'usucapion *lucrativa pro herede*, toutes les fois que l'objet serait réclamé par un héritier légitime ou par un successeur prétorien; peu de temps après Marc-Aurèle établit le *crimen expilatæ hereditatis*; le vol des choses héréditaires ne constituait pas un *furtum*, mais il était puni à un autre titre. L'intérêt pratique de la règle qui rendait le *furtum* impossible à l'égard des choses héréditaires, tant qu'il n'en avait pas été pris possession par l'héritier, disparaissait donc à peu près en même temps que la seconde forme de l'usucapion *lucrativa pro herede*, à laquelle peut-être elle avait dû sa naissance.

C'était une des questions les plus anciennement discutées par les interprètes que de savoir si l'usucapion *lucrativa pro herede* s'appliquait seulement aux hérédités que devait recueillir un héritier externe ou même à celles dont les héritiers siens et nécessaires et les héritiers nécessaires étaient investis de plein droit, sans adition. Si l'on admettait la première de ces opinions, l'on restreignait singulièrement l'étendue de la règle d'après laquelle il n'y a point de *furtum* de choses héréditaires; il suffisait déjà qu'on déclarât l'usucapion *lucrativa* impossible contre tous les héritiers nécessaires et par conséquent dans le plus grand nombre des cas pour atténuer d'une manière très sensible les inconvénients pratiques que cette règle devait produire. Les corrections apportées aux éditions de Gaius par M. Studemund tranchent la question.

D'après le texte revisé de Gaius, l'usucapion *pro herede* est impossible et par conséquent le *furtum* est possible contre toute succession à laquelle est appelé un héritier nécessaire, ce qui comprend évidemment l'héritier sien et nécessaire (1).

86. Le principe général d'après lequel les choses sans possesseur ne peuvent faire l'objet d'un *furtum* recevait une déro-

____

(1) Gaius, II, 58, et III, 201 ; v. les éditions de M. Dubois, 1881, et de M. Giraud, 1881.

gation remarquable dans un cas prévu par Ulpien : « Si un *furtum* a été commis contre une personne qui était en la puissance des ennemis, et qu'elle soit revenue avec le droit de *postliminium*, on pourra dire qu'elle a l'action *furti* (1). » Le captif ne possède pas tandis qu'il est chez les ennemis; de retour à Rome, il n'est pas rétroactivement regardé comme ayant toujours possédé; tout au contraire, il a besoin d'une nouvelle possession (2). Le *furtum* a donc porté sur une chose qui n'était pas possédée.

Il est vrai qu'Ulpien semble hésiter : *poterit quis dicere.* Mais est-ce une exception qu'il propose à un principe vraiment général? ou ne peut-on pas conclure encore de ce texte, malgré les expressions timides employées par le jurisconsulte, que le principe prétendu fut seulement un moyen d'expliquer, de justifier par une espèce de raisonnement la règle qu'on représentait comme en étant la conséquence et qui servait à protéger l'usucapion *lucrativa pro herede*, devenue une manière d'acquérir à titre singulier?

ART. 2. DU MANIEMENT (*Contrectatio*).

87. Un maniement est nécessaire; ni la seule intention ni un mal causé d'une autre manière ne peuvent constituer le *furtum*. Sur ce point, tous les jurisconsultes sont d'accord à l'époque classique (3).

88. Il n'en avait pas toujours été ainsi, au moins en ce qui touche le mal causé sans maniement de la chose d'autrui : « Les anciens, dit Paul (4), décidèrent que celui qui avait appelé par dol un muletier *in jus* était tenu *furti*, si les mules avaient péri pendant ce temps. » Parmi ces anciens figurait sans doute Sabinus. Il rapportait qu'une personne avait été con-

---

(1) L. 41 pp., ff. *h. t.* — (2) L. 23 § 1, ff. *de Adq. vel omit. poss.*, XLI, 2. — (3) L. 1 § 1, l. 52 § 19, ll. 67-75, ff. *h. t.*; l. 3 § 18, ff. *de Adq. vel omit. poss.* — (4) L. 66 § 2, ff. *h. t.*

damnée pour vol, parce qu'elle avait dissimulé un esclave fugitif aux yeux du maître en étendant sa toge comme afin de s'en couvrir (1). Aulu-Gelle, à qui cette décision semble étonnante (2), n'en dit pas moins, en se fondant sur l'autorité du même jurisconsulte, que le *furtum* peut se commettre, sans qu'on porte la main sur la chose d'autrui, *sola mente atque animo*. Sabinus condamnait, pour cette raison, le maître qui avait donné à son esclave l'ordre de voler (3) ; à l'époque classique, le développement des notions juridiques permettait d'atteindre le maître dans cette hypothèse sans poser un principe général dont les conséquences pouvaient être si dangereuses.

89. L'acte matériel, toujours nécessaire, n'est pas toujours fait dans la même pensée. Tantôt l'auteur agit pour se mettre ou comme s'il était en fait dans la position où se trouve un propriétaire, ayant l'entier exercice de son droit ; tantôt il fait d'une chose un usage contraire au droit du propriétaire, sans prétendre agir lui-même en qualité de propriétaire ; tantôt c'est à la possession ou à une détention légitime, séparée de la propriété, qu'il porte atteinte. *Furtum rei, furtum usus, furtum possessionis*, voilà les trois espèces de maniement que distinguent les jurisconsultes et après eux Justinien (4).

---

(1) A. G., XI, XVIII, 14. Hotman concilie cette décision et la précédente avec le principe absolu de l'époque classique en disant : « eos, non furti, sed ope consilio teneri.» — (2) « Quod magis inopinabile est, » dit-il, en rapprochant cette décision d'un jugement qui avait condamné pour vol d'un objet immobilier. — (3) *Ib.*, 23 et 24. — (4) L. 1 § 2, ff. *h. t.*; *Inst.*, IV, I, 1. Vangerow, *Lehrbuch der Pandekten*, 7e éd , 1869, § 679, *Rem.*, I, n'admet pas qu'il y ait trois espèces de *furtum* : « Le caractère du *furtum*, dit-il, consiste essentiellement en ceci que quelqu'un se saisit méchamment et par avidité d'une chose mobilière. Ordinairement cela s'applique à une chose d'autrui, que ce soit pour s'en attribuer la propriété (*furtum rei*) ou pour en jouir d'une manière non autorisée (*furtum usus*). Mais il se peut que quelqu'un se saisisse furtivement de sa propre chose, qui se trouve légitimement en la possession d'autrui ; le but de l'appréhension est d'enlever à autrui l'avantage de la possession. Dans tous ces cas, il y a un même et vrai *furtum,* avec les mêmes effets de droit, et toute la distinction a moins pour but de faire une division que de donner un développement plus exact de la notion. »

§ 1. *Furtum rei.*

90. Cette première espèce de *furtum* comprend un si grand nombre de cas et de si divers qu'il est impossible de les faire rentrer dans une définition simple. On la rencontre, quand une personne manie la chose d'autrui pour se mettre, ou comme si, en fait, elle était dans la position d'un propriétaire ayant la plénitude du droit, l'exerçant ou pouvant l'exercer tout entier.

Nous allons étudier un certain nombre de cas prévus par les textes.

91. I. Une personne soustrait la chose d'autrui pour se l'approprier. Cet acte est celui qu'on appelle *vol* dans le droit français d'aujourd'hui, qu'on appelait proprement *furtum*, même à l'époque classique, au moins dans le langage ordinaire des Romains, comme le prouve ce passage de Gaius : « Furtum autem fit, non solum quum quis intercipiendi causa rem alienam movet... (1), » comme le prouvent beaucoup d'autres textes où l'on rencontre exactement la même tournure.

Ces textes ne nous apprennent pas seulement quel était le sens ordinaire du mot ; ils nous permettent de nous rendre compte de ce que fut au début du droit Romain la notion juridique du *furtum*.

La soustraction clandestine d'un objet est ce qui caractérisa le *furtum* à l'origine. Quand la loi des XII tables avait établi une action spéciale *arborum furtim cæsarum*, elle avait pris l'adverbe dans le sens qui appartenait au substantif, et les jurisconsultes classiques dirent que *furtim* était synonyme de *clam* (2), que l'action était donnée contre celui qui coupait les arbres à l'insu et en se cachant du maître (3) ; le fait n'impliquait nullement un *furtum* (4). Il n'y avait plus qu'une analogie de mots, et ce fut cette analogie qui fit placer au Digeste le

---

(1) Gaius, III, 195 ; *Inst.*, IV, I, 6 ; Theoph. ad *h. t.* : « Furtum autem est, non modo quod noctu vel interdiu *clam aufertur*, sed omnis res mobilis aliena *præter domini voluntatem* malo animo contrectata. » V. Vaugerow, *l. cit.* — (2) L. 8 § 1, ff, *Arborim furtim cæsarum*, XLVII, 7. — (3) L. 7 pp., *ib.* — (4) *Ead.* 1 § 1.

titre *Arborum furtim cæsarum* avec ceux où il était question du *furtum* dans diverses hypothèses (1).

Le travail des jurisconsultes étendit la notion, si restreinte à l'origine, du *furtum*, de telle sorte que le *fur* ne fut pas seulement celui qui avait enlevé une chose d'une manière occulte ou l'avait soustraite clandestinement ; Sabinus eut une part notable dans ce travail auquel Aulu-Gelle donne de si grands éloges (2).

Dès lors ce ne fut plus la soustraction clandestine, mais le maniement contraire à la volonté du propriétaire qui constitua le *furtum*.

92. II. Une personne qui détient la chose d'autrui en vertu d'un titre juridique veut se l'approprier. C'est un dépositaire, c'est un usufruitier qui prétend s'attribuer la position de propriétaire. Mais leur volonté ne suffirait pas, d'après le principe énoncé plus haut, s'ils ne faisaient dans cette vue un acte quelconque sur la chose même ; il faut par exemple, qu'ils prennent le meuble pour le cacher (3).

Un des textes relatifs à ce cas, la l. 13 § 18, ff. *de Adq. vel amit. poss.*, permet de croire que certains jurisconsultes n'avaient pas regardé ici comme nécessaire la condition d'un maniement nouveau dans une intention frauduleuse : *Sed si eam loco non moveris et infitiandi animum habeas*, plerique veterum *et Sabinus et Cassius recte responderunt possessorem me manere.* La plupart des anciens jurisconsultes et les chefs de l'école Sabinienne avaient condamné une opinion évidemment trop dangereuse pour ceux qui détenaient en vertu d'un titre juridique la chose d'autrui.

Nous la retrouvons encore toutefois dans un texte de Papi-

___

(1) Rudorff, *De juris dictione edictum. Edicti perpetui quæ reliqua sunt*, § 142, note 1. — (2) *L. cit.*, 23 et 24. V. Zumpt, *Die Beamten und volksgerichte der Rœmischen Republik*, 1865, T. I, p. 375, où il insiste sur cette idée que ce furent les jurisconsultes qui étendirent la notion du *furtum*, laissée sans définition par la loi des XII Tables. — (3) L. 1 § 2, l. 67 pp., ff. *h. t.*; l. 3 § 18, ff. *De Adq. vel amit. poss.*; *Coll. leg. Mos.*, X, VII, 5. pour le dépositaire ; l. 46 § 6, ff. *h. t.*, pour l'usufruitier. V. sur ce point la critique faite par Vangerow, *l. cit.*, à Théophile et à l'un des scoliastes des Basiliques. Cf. Savigny, *Traité de la possession*, trad. par H. Stædtler, 2e éd., p, 350, note 2.

nien qu'Ulpien rapporte sans le critiquer : « Si je vous ai donné une chose pour l'examiner et que vous prétendiez l'avoir perdue, l'action *præscriptis verbis* ne me compète que si j'ignore où elle est ; car, si j'ai la certitude qu'elle est chez vous, je puis exercer l'action *furti*, la condiction ou l'action *ad exhibendum* (1). » La dénégation frauduleuse, voilà tout ce que suppose le texte. Il est vrai que le plus souvent celui qui allègue avoir perdu la chose prendra soin de la cacher, et l'on peut supposer que Papinien, qu'Ulpien sous-entendent une circonstance de ce genre.

On peut comparer à ceux qui détiennent la chose d'autrui en vertu d'un titre juridique l'esclave qui a un pécule : « Quand un esclave soustrait *animo furandi* un objet compris dans son pécule, tant qu'il le retient, la condition de cet objet n'est pas changée, car rien ne manque au maître ; c'est en le livrant à un tiers qu'il commettra un *furtum* (2). » Un maniement qui suffirait pour faire du dépositaire un voleur, parce qu'il le montrerait se substituant au déposant lui-même, ne peut rien ici, puisque l'esclave ne saurait se substituer à son maître. Le même principe reçoit une application différente ; il n'y a que la possession d'un tiers qui puisse remplacer celle du maître.

93. III. Une personne a détenu un fonds à titre de fermier. Elle perçoit après l'expiration du bail, *post lustrum conductionis*, les fruits de l'immeuble, moisson ou vendange, malgré le propriétaire. Elle commet un *furtum* (3).

« Je vous ai loué un fonds et selon l'usage il a été convenu que les fruits me serviraient de gage pour la *merces ;* si vous les enlevez clandestinement, il (le jurisconsulte) disait que je pouvais agir *furti* contre vous ; mais, dans le cas même où vous auriez vendu à un autre les fruits pendants et où l'acheteur les aurait enlevés, il sera conforme aux principes de traiter ces fruits comme devenant furtifs ; car les fruits font partie du fonds, tant qu'ils adhèrent au sol, et c'est la raison pour laquelle le fermier, qui est regardé comme les percevant avec le consentement du propriétaire, les fait siens ; on ne peut

---

(1) L, 17 § 2, ff. *De præscriptis verbis*, XIX, 5, trad. de M. Accarias, *Théorie des contrats innommés*, p. 283. — (2) L. 56 § 3, ff. *h. t.* — (3) L. 67 § 5, ff. *h. t.*

en dire autant dans l'espèce proposée : comment les fruits
appartiendraient-ils au fermier, quand l'acheteur les recueille
en son propre nom (1)? »

« On comprend la raison de fait, dit M. Jourdan (2); cet
acheteur est un spéculateur suspect qui viendra enlever les
fruits à l'improviste... Cela (la décision d'Africain) est tout-à-
fait conforme au principe qui sert de base à l'acquisition des
fruits par la perception, mode d'acquisition qui se rattache en
effet à la tradition. L'abandon de la chose, du fonds, est le
premier acte de la tradition qui doit être complété par l'appréhension de la part du fermier. »

94. IV. Une personne profite sciemment de l'erreur d'une
autre pour se faire transférer la propriété d'une chose appartenant à celle-ci et cette erreur est tellement grave qu'elle
exclut le consentement.

a. C'est ce qui arrive, quand une personne reçoit sciemment
le paiement de ce qui ne lui est pas dû : « Le faux créancier,
c'est-à-dire, celui qui se représente faussement comme créancier, commet un *furtum* en recevant une somme d'argent et
les écus ne lui appartiennent pas (3). » Primus a, par exemple,
affirmé faussement qu'il était l'héritier du créancier véritable (4). Au lieu de recevoir un paiement, le faux créancier
peut faire une délégation, en vertu de laquelle un paiement sera
fait au délégataire. C'est ce paiement seul qui peut constituer
le *furtum*, et il le constituera à la charge du faux créancier
déléguant, s'il a lieu en sa présence. Cette présence est assimilée à un maniement des écus ; elle donne une réalité suffisante à la fiction des paiements successifs qui se trouve dans
la délégation (5).

b. Celui qui se présente faussement comme le procureur du

______

(1) L. 61 § 8, ff., *h. t.* — (2) *L'Hypothèque, exposition historique
et dogmatique*, chap. XXXVII. note 32. — (3) L. 43 pp., ff., *h. t.* Cf.
l. 18, ff. *de Condictione indebiti*, XIII, 1, et l. 38 § 1, ff., *de Sol.*,
XLVI, 3. D'après Pothier (*ad h. t.*, n. XXIII, note *k*), il n'y a
furtum que si l'*accipiens* a reçu ce qui était dû à un autre dont il a pris
le nom, ou au nom duquel il a déclaré agir, mais non pas s'il a reçu en
son propre nom, puisqu'il a reçu alors du consentement de celui à qui
appartenaient les écus. — (4) L. 80 § 6, 2ᵉ phrase, ff. *h. t.* — (5) L.
43 § 2, ff. *h. t.*.

créancier est traité comme celui qui se fait passer pour créancier sans l'être. Le paiement qu'il reçoit le constitue *fur*, sauf une distinction sur laquelle nous aurons à revenir (1). Mais, s'il s'est contenté de se faire faire une promesse ou d'en obtenir une pour un délégataire, « je ne puis agir *furti* contre lui, puisqu'il n'y avait pas de chose matérielle, *corpus*, qui fût maniée *furandi animo* (2). »

« Si Titius, au nom duquel un faux procureur a reçu de l'argent indû, a ratifié, il aura lui-même l'action *negotiorum gestorum*, celui qui aura payé l'indû aura la *condictio indebiti* contre Titius, la *condictio furtiva* contre le faux procureur...(3). » Ici le jurisconsulte suppose qu'il n'y avait pas de dette.

c. Un esclave, préposé aux recouvrements de son maître, continue à les opérer après son affranchissement ; un ex-tuteur recouvre les sommes dues à l'ex-pupille devenu pubère (4).

d. Une personne se fait remettre la chose d'autrui à titre de prêt, grâce à l'erreur du prêteur qui la prend pour une autre portant le même nom et parfaitement solvable (5).

e. Une personne donne à un fournisseur l'ordre de remettre une certaine marchandise à celui qui viendra la demander en son nom. Un passant entend cet ordre, se présente, comme s'il était chargé de demander la marchandise, et la reçoit (6).

Les cinq hypothèses ou séries d'hypothèses qui précèdent peuvent être ramenées à trois. L'erreur porte, tantôt sur l'existence d'un rapport juridique antérieur, obligeant à un transport de propriété, entre celui qui transmet la chose et celui qui la reçoit, tantôt sur l'existence d'un rapport antérieur entre celui qui reçoit la chose et celui à qui elle est due, tantôt sur l'identité de la personne qui reçoit la chose. Il peut se présenter des erreurs moins graves, qui n'empêchent pas de regarder le propriétaire de la chose comme ayant donné son consentement, et qui dès lors font écarter l'idée de *furtum*. Nous les retrouverons plus loin.

(1) L. 43 § 1, l. 44 pp., l. 80 § 6, pp. *h. t.* Cf. Savigny, *op. cit*, p. 290, note 1. — (2) L. 75, ff. *h. t.* — (3) L. 80 § 5, ff. *h. t.* — (4) L. 66 § 3, ff. *h. t.*; cf. l. 18, ff., *de Solutionibus*, XLVI, 3. — (5) L. 52 § 21, l. 66 § 4, ff. *h. t.* — (6) L. 52 § 1, ff. *h. t.*

f. C'est encore dans la position de propriétaire que veut se faire mettre, soit celui qui achète au poids avec de fausses balances (1), soit celui qui reçoit sciemment la chose d'autrui, quand le propriétaire pense à tort être tenu de la lui restituer (2). Ce dernier cas avait sans doute souffert quelque difficulté : *Magis est furtum te facere*, dit Pomponius.

95. V. Manier la chose d'autrui, comme si l'on en était le propriétaire, pouvant exercer le droit de propriété dans sa plénitude jusqu'à l'*abusus*, c'est commettre un *furtum*.

On devient un *fur*, quand on applique à son usage l'argent qu'on est chargé de porter à un tiers (3), quand on verse en son propre nom à son propre créancier la somme d'argent qu'on a reçue pour payer la dette d'un tiers (4).

Cette règle s'étend à celui qui, détenant la chose d'autrui, fût-ce en vertu d'une cause juridique, la livre à un tiers, soit à titre de vente, soit à un autre titre, comme pour l'en rendre propriétaire. De là vient que l'usucapion, qui ne peut profiter au possesseur de choses furtives, a lieu si rarement en matière mobilière (5). Il importe peu que le détenteur ait le droit de vendre dans certaines conditions, si c'est en dehors de ces conditions qu'il fait la vente et la livraison ; aussi le créancier gagiste peut-il se rendre coupable d'un *furtum* en vendant l'objet engagé (6).

Il en est de même du percepteur qui, sachant qu'aucun impôt n'est dû, enlève et vend l'esclave d'un contribuable (7).

Celui qui prétend transférer à un tiers la propriété de la chose d'autrui est un *fur* comme celui qui prétend l'acquérir pour son propre compte sans le consentement du propriétaire.

---

(1) L. 52 § 22, ff., *h. t.* — (2) L. 44 § 1, ff., *h. t.* — (3) L. 7, C. *h. t.*; l. 22, § 7, ff. *Mandati*, XVII, 1. — (4) L. 52, § 16, ff., *h. t.* — (5) Gaius, l. II, 50; l. 6 et 16, C. *h. t.*; l. 1 et 7, C. *de Usucap. pro emptore*, VII, 26 ; *Inst.*, II, VI, 3, *in fin.* — (6) L. 73, ff., *h. t.* — (7) L. 8, C. *h. t.*; cette loi se concilie très bien avec la l. 2, C. *Ex quibus causis infamia irrogatur*, II, 12, qui suppose que le percepteur a exigé du contribuable plus qu'il n'était dû, mais non que le premier a mis la main sur des objets appartenant au second. Le contribuable a payé volontairement ce qui était réclamé en trop, il n'y a plus qu'à demander compte au publicain d'un fait de charge. Cf. l. 1 § 3, ff. *de Publicanis*, XXXIX, 4.

96. VI. Indépendamment de ces actes, qui, faits selon les règles par une personne munie de ses droits, transfèreraient la propriété, le *furtum* peut exister par cela seul que le maniement indique l'intention de se conduire comme propriétaire ou même celle de paralyser complètement l'exercice des droits du propriétaire véritable.

Cette idée, que les jurisconsultes Romains n'ont pas exprimée, est celle qui se trouve au fond de nombreuses décisions rendues pour protéger les propriétaires d'esclaves et qui permet de les rattacher à la théorie générale du *furtum*.

Une société où l'esclavage existe, où il acquiert un développement immense, doit prendre des précautions pour garantir le droit qu'elle reconnaît aux maîtres. Le plus grand danger n'est pas encore dans le vol proprement dit ; il ne s'applique guère qu'aux jeunes enfants, et, à partir d'un certain âge, ordinairement, il n'y aura d'esclaves dérobés que ceux qui le voudront bien. Ce que les maîtres ont à redouter par-dessus tout, c'est la fuite ; les esclaves mécontents de leur condition ou las des mauvais traitements qu'ils subissent s'échapperont, soit pour vivre en liberté, soit pour chercher un asile de quelques jours ou pour passer le reste de leur existence chez une personne de laquelle ils attendent moins de rigueur. Le vol proprement dit d'un esclave rentre naturellement dans le premier des cas que nous avons étudiés plus haut. Ce qu'il y a de remarquable, c'est l'assimilation établie entre le *furtum* et l'assistance qu'un tiers donne à la fuite d'un esclave.

On se rend coupable de *furtum*, quand on se fait remettre un esclave fugitif par le duumvir en se présentant comme le maître (1), quand on cache ou que l'on détient l'esclave d'autrui (2). L'ancien droit poussait très loin la sévérité. Térence nous montre un jeune homme refusant de rendre Pamphila à Thrason qui la réclame comme sienne et même de le laisser approcher d'elle, *Prohibebo, inquam*, et le parasite Gnathon s'écrie : *Hic furti se adligat* (3). Nous

---

(1) L. 52 § 12, ff., *h. t.* — (2) Gaius, III, 200 ; l. 36 § 2, l. 48 § 2, ff. *h. t.*; l. 4, 6, C., *h. t.* — (3) L'*Eunuque*, ch. IV, sc. 18, v. 808. Il paraît certain qu'ici Térence a fait allusion au droit Romain et non au droit Attique ; v. M. Baret, *De jure apud Terentium*, Paris, 1868, p. 37.

avons déjà parlé de la décision qui avait condamné comme *fur*
une personne pour avoir dérobé un esclave aux yeux du maître
en étendant sa toge (1). Le droit classique fut moins sévère ;
il n'admit pas que celui qui avait seulement reçu l'esclave,
même malgré le maître (2), que celui qui l'avait aidé à fuir
en lui indiquant le chemin (3) se rendissent coupables de *furtum*. Recevoir est sans doute moins grave que cacher ou
détenir ; indiquer le chemin, ce n'est pas la même chose que
se faire remettre un esclave en trompant le duumvir. Ces derniers actes, d'ailleurs, n'impliquent pas nécessairement le
contact, la *contrectatio*, que les jurisconsultes de l'époque classique sont résolus à exiger. Ajoutons surtout que la rigueur primitive a pu devenir inutile parce que les maîtres trouvent une
garantie dans des moyens spéciaux. Le préteur a prévu le
fait qui consiste à *recevoir* l'esclave d'autrui, c'est-à-dire à lui
fournir un refuge pour le cacher, et il a donné contre l'auteur
une action au double (4), action mixte, tendant à réparer le
dommage causé par la dépréciation d'un esclave désormais
regardé comme fugitif et à infliger une peine. Cette action se
cumulerait du reste avec l'action *furti*, si les circonstances,
reconnues, à l'époque classique, nécessaires pour constituer
le *furtum*, venaient s'ajouter au fait frappé par l'édit (5). A la
protection du préteur s'ajouta celle des empereurs ; Constantin notamment prit des mesures sévères contre quiconque
recevrait dans sa maison ou sur son champ un esclave fugitif
à l'insu du maître (6). Il se passa au sujet de l'assistance
donnée à l'esclave fugitif la même chose qu'au sujet de beaucoup d'autres faits ; on les rattacha, un peu par force, au
furtum, parce qu'ils étaient, au commencement du droit,
dépourvus de sanction propre ; des mesures, des pénalités
spéciales furent établies dans la suite ; elles firent souvent
restreindre, mais elles ne firent pas abandonner d'une manière
complète l'application qui avait été faite anciennement du
furtum.

Quant à l'esclave fugitif lui-même, il n'a certainement ni la

(1) XI, XVIII, 14. — (2) L. 48 § 3, ff., *h. t.* — (3) L. 62, ff., *h. t.*
— (4) L. 1 pp. et § 2, ff. *De Servo corrupto*, XI, 3. — (5) L. 11 §2,
ib. — (6) L. 4, C. *De Servis fugitivis*, VI, 1.

prétention de redevenir en droit un homme libre, ni celle de se donner un autre maître ; il n'en fait pas moins comme un *furtum sui*. Si c'est une *ancilla* qui a pris la fuite, elle peut commettre en outre le *furtum* de son enfant, *partum quoque contrectando* (1).

Au temps de Térence, on commettait un *furtum*, quand on refusait au maître de rendre une esclave, quand on l'empêchait de la ressaisir. A l'époque classique, le refus de restituer un objet quelconque, le fait de s'opposer à ce qu'une personne reprenne ce qui lui appartient sont-ils des *furta?* Ulpien admet, avec une certaine hésitation, l'action *furti* dans l'hypothèse où celui qui a sauvé une brebis de la gueule du loup ne veut pas la rendre au propriétaire. Quelle qu'ait été la pureté de son intention au momont où il l'a sauvée, dès qu'il ne la restitue pas sur la réclamation qui lui est adressée, il est censé la soustraire : *Supprimere et intercipere videtur* (2). Le jurisconsulte, qui semble regarder ici le seul refus de restituer comme suffisant, étend-il les règles ordinaires de l'action *furti?* ou se fonde-t-il sur ce que la garde du bétail suppose nécessairement un maniement quelconque ?

Le maniement, au contraire, fait défaut dans l'hypothèse suivante : un trésor qui m'appartient est dans votre fonds et vous ne me laissez pas faire de fouilles pour l'y trouver ; si vous n'y portez pas la main, je n'ai pas plus l'action *furti* que l'action *ad exhibendum* contre vous ; vous ne l'avez pas possédé, vous n'avez pas cessé par dol de le posséder ; il peut, d'ailleurs, se faire que vous ne sachiez même pas qu'il est dans votre fonds (3).

97. VII. La notion du *furtum* s'étend jusqu'à l'altération d'un écrit qui appartient à autrui (4). L'auteur de cette altération manie une chose de manière à paralyser le droit de celui à qui elle appartient.

---

(1) L. 60, ff. *h. t.* — (2) L. 44 *in fin.*, ff. *De Adq. rer. dom.*, XLI, 1. — (3) L. 15, ff. *ad Exhibendum*, X, 4. — (4) L. 27 § 3, l. 31 § 1, l. 52 § 23, ff., *h. t.*

§ 2. *Furtum usus.*

98. Mentionné en termes généraux par Paul (1) et par Justinien (2), le *furtum usus* consiste en ce qu'une personne qui détient une chose par la volonté du propriétaire en use contrairement à cette volonté, et il reçoit plusieurs applications.

a. Le dépositaire fait un usage quelconque de la chose déposée (3).

b. Le commodataire qui a reçu la chose pour un usage déterminé s'en sert pour un autre : par exemple, il emporte en voyage l'argenterie qu'il avait empruntée pour recevoir ses amis ; il va à la guerre avec le cheval qui lui avait été prêté pour une promenade (4) ; il conduit des bêtes de somme au delà du point convenu (5) ; il prête à un autre ce qui lui a été prêté à lui-même (6).

c. Tout usage constitue un *furtum* de la part du créancier gagiste, qui a le droit de retenir la chose, non celui d'en user (7).

d. Le foulon et le raccommodeur qui ont reçu des vêtements à nettoyer et à réparer, si par hasard ils s'en servent, sont regardés, à raison de ce maniement, comme commettant un vol ; ce n'est pas pour cet usage qu'ils les avaient reçus (8).

99. Le principe était de ceux dans lesquels les anciens jurisconsultes voyaient déjà une extension du *furtum* primitif, comme le prouve ce passage d'Aulu-Gelle : « Labéon, dans son 2ᵉ livre sur les XII Tables, rapporte qu'il y a eu chez les anciens des jugements durs et sévères rendus à propos des *furta* ; d'après lui, Brutus avait l'habitude de dire qu'on avait condamné pour *furtum* un homme qui, ayant emprunté une bête de somme pour la conduire dans un endroit, l'avait menée dans un autre. Voilà pourquoi Scévola, dans le seizième des livres qu'il a écrits sur le droit civil, a

(1) L. 1 § 3, ff. *h. t.* — (2) *Inst.*, IV, I, 1. — (3) Gaius, III, 196 ; *Inst.*, *ib.*, 6. — (4) *Iisd. l.* — (5) L. 40, ff. *h. t.* — (6) L. 54 § 1, ff. *h. t.* — (7) *Inst.*, *l. cit.* — (8) L. 82 pp., ff. *h. t.*

posé cette règle : celui à qui un objet a été donné en dépôt et qui en use, celui qui a reçu un objet pour en faire un usage déterminé et qui en use autrement, se soumettent à l'action *furti* (1). »

100. Le *furtum usus* semble ne pouvoir être commis que par une personne qui détient la chose en vertu d'un titre juridique, d'un contrat conclu avec le propriétaire. L'usage fait par une personne qui n'aurait pas de titre ne pourrait rentrer que dans le *furtum rei*. Ce qui permet de le croire, c'est qu'Ulpien refuse l'action *furti* au maître de *l'ancilla meretrix* qu'un tiers a·enlevée ou recélée *libidinis causa* (2), Paul, il est vrai, donne cette même action, mais sans dire qu'elle soit fondée sur un *furtum usus* (3). Si ce genre de *furtum* avait été admissible dans une telle hypothèse, où l'usage contraire à la volonté du propriétaire n'était pas douteux, la controverse n'aurait même pas pris naissance (4).

§ 3. *Furtum possessionis.*

Dans la loi 5, § 8, ff. *Commodati*, XIII, 6, il est dit que le commodataire se rendra coupable d'un *furtum usus*, quand il effacera sur les tablettes à lui prêtées l'engagement écrit par le débiteur du commodant. Or, c'est là un fait qui constitue un *furtum rei*, quand il est commis par un tiers.

101. Il semble, d'après Scévola (5), que tout *furtum* doive être ramené à un *furtum possessionis*. Mais c'est dans un sens restreint que Paul (6) et Justinien (7) entendent cette expression. Il s'agit d'un *furtum* qu'un propriétaire commet sur sa propre chose, ce qui nuit à autrui : *Qui rem suam furatur, ita demum furti actone non tenetur, si alteri ex hoc non noceatur* (8).

---

(1) *N. Att.*, VII, XV, 1 et 2. — (2) L. 39, ff. *h. t.* — (3) *Sent.*, II, XXXI, 12 ; cf. l. 82 § 2, pp. *h. t.* — (4) V. l. 18, pp. *de Condict, caus. data*, XII, 4 ; l'action *furti* est donnée contre celui qui, ayant reçu l'eslave d'autrui qu'il accuse de vol. pour le mettre à la question, l'a livré au préfet des vigiles et fait condamner à mort : « Quia re aliena ita sit usus, ut sciret se invito domino uti, aut dominum si sciret, prohibiturum esse. » — (5) L. 1 § 15, ff. *Si is qui test.* — (6) L. 1 § 3, ff. *h. t.* — (7) *Inst.*, IV, I, 1. — (8) Paul, *Sent. l, cit.*, 36.

a. Le principal exemple est celui du propriétaire, qui, après avoir donné la chose en gage, la soustrait au créancier (1), ou qui, l'ayant engagée sans la livrer, la vend à un tiers (2).

Celui qui donne en gage du cuivre pour de l'or commet un acte honteux mais non un *furtum*; il y a *furtum* au contraire, de la part de celui qui, après avoir donné de l'or, le redemande sous un prétexte quelconque et y substitue du cuivre, car la chose engagée est dérobée (3). Cette distinction avait été faite par Sabinus (4).

b. Le nu-propriétaire soustrait la chose à l'usufruitier (5).

c. Le propriétaire soustrait la chose au possesseur de bonne foi (6). Celui-ci n'a pas un droit à proprement parler ; mais sa situation mérite et obtient protection.

Au contraire, il n'y a pas *furtum*, quand le propriétaire reprend sa chose au dépositaire ou au commodataire (7). Ni l'un ni l'autre ne possède. Il y a cependant une réserve à faire. Sans doute l'acte du propriétaire n'a pour objet que de remettre sa chose entre ses mains et libère celui qui la détenait auparavant; mais, s'il enlève à celui-ci un avantage précieux, le droit de rétention, la condition du *furtum suœ rei*, le préjudice causé à un tiers, se trouve remplie (8).

Le *furtum* commis par le propriétaire qui, ayant engagé sa chose à une personne sans la lui livrer, la vend à un tiers, et celui qui est reconnu à la charge d'un commodant quand, en reprenant sa chose, il porte atteinte au droit de rétention chez le commodataire, montrent bien qu'il ne faut pas donner au mot *possessio* son sens juridique dans le *furtum possessionis*. D'une part, il manque le *corpus*, la détention physique, au créancier hypothécaire ; d'autre part, cet élément est

(1) Gaius, III, 200 et 204 ; Paul, *Sent., l. cit.,* 19; 1. 19 § 5 et l. 79, ff. *h. t.; Inst.,* IV, 1, 10 et 14. — (2) L. 19 § 6 et 5. 66 pp., ff. *h. t.* — (3) L. 20 pp., ff. *h. t.* — (4) L, 36 pp., *de Pigneratitia actione,* XIII, 7. — (5) L. 15 § 1, 1. 20 § 1, ff. *h. t.* — (6) Gaius, III, 200 ; 1. 20 § 1, ff. *h. t,* v, Vangerow, *l, cit.,* Rem. I, n. II. L'acte du propriétaire, d'après lui, constitue un *furtum,* quand celui à qui la possession de la chose est soustraite a un droit de rétention. — (7) Paul, *Sent., l. cit.,* 21 ; 1. 15 § 2, 1. 59, ff. *h. t.;* 1. 21 pp., ff. *Commodati,* XIII, 6. — (8) L. 15 § 2, 1. 59, ff. *h. t.*

le seul que l'on trouve, chez le commodataire, même intéressé à invoquer le droit de rétention, et il est insuffisant (1).

---

102. Le droit romain n'a pas sur la tentative de théorie générale qui soit applicable dans la matière du *furtum* ; nous fournit-il des décisions spéciales ? Ulpien dit : « Celui qui est entré dans une chambre pour commettre un vol n'est pas encore voleur, quoiqu'il soit entré pour voler. Quoi donc ? de quelle action sera-t-il tenu ? Il sera accusé *injuriarum* ou *de vi*, s'il est entré par force (2). » D'après les idées des Romains sur le maniement, on peut croire que l'action *furti* n'est jamais applicable, quand la réalisation du dessein n'est pas allée jusqu'à mettre la main sur l'objet convoité, qu'elle l'est toujours, quand cet objet a été touché, celui qui le détenait n'en eût-il pas été dessaisi (3). Nous verrons Justinien assimiler, dans un cas déterminé, la tentative au délit consommé.

ART. 3. DE LA FRAUDE.

103. Le maniement de la chose ne constitue le *furtum* que s'il est frauduleux (4), que s'il a lieu *dolo malo* (5).

La fraude elle-même ne se peut concevoir que s'il y a une personne qui ait l'intention de la commettre et une autre qui en soit la victime. Il faut, 1° l'intention de commettre un *furtum*

---

(1) Cf. Savigny, *op. cit.*, p. 43. — (2) L. 21 § 7, ff. *h. t.* — (3) Cf. Rein., p. 307-309. — (4) L. 1 § 3, ff. *h. t.* ; *Inst.*, IV, I. Rein. (*op. cit.*, p. 294 et 295, et p. 314) donne au mot *fraudulosa* une signification qui nous paraît peu vraisemblable. Il aurait été employé par Paul (l. 1, § 3, *cit.*) dans la pensée de restreindre la notion du *furtum*, spécialement d'exclure les cas où étaient employés des moyens violents. Rein fait observer que la notion du *furtum* était très étendue sous la République et jusqu'à l'époque classique, qu'elle embrassait toutes les violations du droit de propriété, mais que, dans la suite, des répressions spéciales ayant frappé un grand nombre de ces violations, elle fut restreinte à la soustraction proprement dite. C'est ce changement que Paul aurait exprimé. Il est vrai que des actions nouvelles furent établies contre des faits rentrant dans le *furtum*, mais il ne semble pas que le sens juridique de ce dernier mot ait jamais été restreint à ce que nous appelons le vol ; les peines du *furtum* purent être poursuivies même contre ceux qui avaient encouru d'autres peines plus récemment établies. La définition de Paul est ordinairement regardée comme donnant au *furtum* un sens large et non restreint ; cette interprétation nous paraît exacte. — (5) Paul, *Sent.. l. cit.*, 1.

chez celui qui met la main sur la chose, 2° le défaut de consentement chez la personne dont le droit est ainsi violé.

§ 1. *Intention de commettre un furtum.*

104. L'intention de commettre un *furtum*, c'est ce que beaucoup de textes appellent *animus* ou *affectus furandi.*

Faut-il regarder, avec certains interprètes (1), le désir de
réaliser un bénéfice comme faisant l'essence même de cette
intention ? Les mots *lucri faciendi gratia* doivent-ils rentrer
dans la définition du *furtum* ? Ils servent souvent, le plus
souvent même, à le caractériser. Mais ne peut-il pas y avoir
des cas où le maniement, quoique destiné à procurer un bénéfice d'un certain genre, ne constitue pas le *furtum*, et d'autres
où le *furtum* existe sans pensée de gain? Nous avons vu
combien la notion du *furtum* est étendue, combien les applications qu'elle reçoit sont diverses ; l'intention de faire un
des actes qui y sont compris constitue l'*animus furandi.*

105. I. L'intention peut consister à se mettre dans la situation de propriétaire, *intercipiendi* (2) ou *intervertendi* (3).

106-110. II. 106. Le *fur* a l'intention d'obtenir, par le maniement, un profit quelconque d'une autre nature. Ce qui montre
quelle étendue il faut donner à cette idée, c'est qu'une personne devient un *fur*, quand elle s'empare d'un titre qui avait
été préparé pour elle, mais qui ne lui avait pas été remis, et
le produit en justice (4). Pourquoi celui qui prête à un tiers la
chose empruntée par lui-même se rend-il coupable de *furtum* ? C'est qu'il fait tourner à son avantage l'usage de la chose
d'autrui ; on ne doit pas s'arrêter devant cette objection qu'il
ne réalise pas de gain ; c'est une espèce de gain que d'être
généreux avec le bien d'autrui et que d'acquérir un obligé
par un bienfait ; celui qui vole pour donner à un autre est
tenu de l'action *furti* (5).

(1) V. not. Rein, pr 305, *note.* — (2) Gaius, III, 195 ; *Inst., l. cit.,*
6 ; l. 1 § 2, ff. *h. t.* — (3) L. 67 pp., ff. *h. t.* — (4) L. 72, ff. *h. t.*
— (5) L. 54 § 1, ff. *h. t.*

107. L'hypothèse suivante montre qu'il ne faut pas exagérer cette idée, dont l'application est déjà si étendue : « Voyons donc si celui qui, ne sachant pas à qui une chose appartient, l'emporte pour la rendre à celui qui la réclamera ou prouvera qu'elle lui appartient, est obligé *furti*. Je pense qu'il ne l'est pas. En général, on fait poser une affiche annonçant qu'on a trouvé la chose et qu'on la rendra à celui qui la réclamera ; on montre bien qu'on n'a pas agi *furandi animo* — Quoi donc ! si l'on réclame εὕρετρα comme on dit, ce qui signifie la récompense de la découverte ? Ce n'est pas non plus commettre un *furtum*, quoiqu'il ne soit pas délicat de demander quelque chose (1). » Si ce genre de profit n'est pas très-délicat, il n'a rien d'illicite : une récompense de ce genre ne saurait être répétée quand elle a été donnée (2) ; il suffit qu'elle ait été promise à une personne, même sans stipulation, pour qu'elle puisse faire l'objet d'une demande en justice, sous la forme d'une action *præscriptis verbis* ou d'une action de dol (3). C'était l'intérêt même des propriétaires qui ne permettait pas de frapper comme *fur* celui qui avait ramassé la chose dans l'espoir d'obtenir une récompense, et un excès de rigueur leur eût fait perdre la seule chance qu'ils eussent peut-être de recouvrer ce qu'ils avaient perdu.

108. Ulpien décide également que celui qui fait entrer dans ses écuries l'âne ou l'étalon d'autrui *geniturœ suscipiendique fœtus gratia* ne commet pas un *furtum*, si à l'intention de réaliser un profit de ce genre ne se joint pas l'*animus furandi* (4). L'espèce présentait quelque difficulté, puisqu'Ulpien avait été consulté par son élève Herennius Modestinus sur l'introduction de l'étalon dans l'écurie ; celui qui se procure l'âne ou l'étalon a bien la pensée de faire un gain ; mais, faute d'un lien juridique antérieur avec le propriétaire, le *furtum usus* ne se présente pas ; d'un autre côté, le jurisconsulte n'ose pas aller jusqu'à reconnaître l'existence d'un *fur-*

____

(1) L. 43, §§ 8 et 9 ff. *h. t.* — (2) L. 4 § 4, ff. *de Condict. ob turp. cons.*, XII, 5. — (3) L. 15 ff. *de Præscr. verbis*, v. Cuj., *Interpr. in Jul. Paul Recept. Sent.*, *l. cit.*, 22, M. Accarias, *Théorie des contrats innommés*, p. 200 *et suiv.* Cf. Plaute, *Cistellaria*, act. IV, sc. 2, v. 466 et 467 ; Pétrone, *Satyr.*, c. 97. — (4) L. 52, § 20, ff. *h. t.*

tum rei, et il accorde au propriétaire de l'animal une action *in factum,* pour se faire tenir compte du loyer qu'il eût sans doute exigé s'il y avait eu une convention préalable (1). Pour qu'il y ait *animus furandi,* il faudra, par exemple, que le propriétaire de l'écurie ait retenu chez lui l'étalon pendant tout le temps propre à la conception (2).

109. Celui qui ravit l'*ancilla* d'autrui, mais pour son propre plaisir : *libidinis causa,* se rend-il coupable d'un *furtum ?* Paul répond affirmativement pour le cas où elle est déjà *meretrix* (3), comme pour celui où elle ne l'est pas encore (4. Ulpien enseigne la doctrine contraire pour le seul cas qu'il examine, celui où elle est *meretrix* : « Ce n'est pas l'action que l'on considère, mais la cause de l'action ; cette cause a été le plaisir, non le *furtum,* » et il ne voit d'autre châtiment pour celui qui *libidinis causa* a fait disparaître l'*ancilla meretrix* que l'ignominie (5). Nous croyons qu'il est inutile de chercher une conciliation entre les deux jurisconsultes ; ils n'entendent pas le mot *furtum* de la même manière (6).

110. On voit qu'il ne faut pas accepter sans réserves les expressions de Paul, « lucri faciendi gratia ». Si Gaius, dans la loi 54 § 1 ff. *h. t.,* se contente du genre de bénéfice qui consiste à obliger quelqu'un, Ulpien, dans la l. 39, ff. *h. t.,* ne trouve pas suffisant celui de l'amoureux qui satisfait ses désirs. Le profit du propriétaire d'une écurie qui se sert de l'étalon d'autrui peut s'évaluer en argent et cependant le même Ulpien ne voit pas de *furtum* dans cette hypothèse. En principe, l'usage contraire à la volonté d'un propriétaire ne constitue à coup sûr un *furtum,* que dans le cas où il est imputé à celui qui détient la chose en vertu d'un titre juridique, et

(1) Pothier, *ad h. t.,* n. XII, note *d,* pense que cette action se donne à raison d'un dommage éprouvé, si par exemple l'étalon ou l'âne tombe malade ou meurt par suite des fatigues qui lui ont été imposées. — (2) Cuj., *Obs.,* XXVII, 26. — (3) *Sent., l. cit.,* 12. — (4) L. 82 § 2, ff. *h. t.* — (5) L. 39, ff. *h. t.* — (4) Cuj., *Interpr. in Jul. Paul. Sent., l. c.* Il lit dans ce paragraphe : « Qui *non* meretricem.. », au lieu de : « Qui meretricem... » *Sic.* Pothier, *ad h. t.,* n. XVI, note *a.* Dans la note *d,* il distingue entre les deux cas : quand l'*ancilla* est *meretrix,* on peut présumer qu'elle a été enlevée *libidinis causa;* quand elle ne l'est pas, l'enlèvement constitue un *furtum,* eût-il eu le plaisir pour cause.

c'est un *furtum* d'un genre particulier. Il semble que les jurisconsultes aient hésité et n'aient pu se mettre d'accord sur les hypothèses où le maniement de la chose d'autrui, fût-il opéré dans l'intention de réaliser un bénéfice, ne tend pas à priver définitivement de cette chose celui à qui elle appartient.

111. III. C'est encore une intention constitutive du *furtum* que l'*animus celandi*, quand on cache l'esclave d'autrui (1), ou l'objet engagé qu'on veut se dispenser de restituer après paiement (2). Le recéleur tend, tout au moins, à paralyser le droit du propriétaire, peut-être, surtout dans le second cas, à se substituer à lui. L'*animus furandi* peut-être distinct de l'intention de faire un bénéfice chez le recéleur de l'esclave.

112. Il n'est pas nécessaire que le voleur sache quel est le propriétaire : « Celui qui trouve la chose d'autrui par terre et la ramasse pour se l'approprier se rend coupable de *furtum*. Il n'y en a pas moins *furtum* parce qu'il ignore à qui appartient cette chose (4). » Règle importante, dont la protection s'étend sur les propriétaires forcés par l'incendie ou par le naufrage de laisser ou de jeter, à la disposition du premier venu, des choses sur lesquelles ils n'entendent nullement abandonner leur droit (4).

113. Quand le maniement porte sur deux choses, l'une principale, l'autre accessoire, cette dernière est comprise dans le *furtum*, quoiqu'elle n'ait pas été l'objet de l'*animus furandi*. Celui qui dérobe un sac renfermant des écus est coupable d'un *furtum*, même par rapport au sac, *quamvis non sit ei animus sacci subripiendi* (5).

114 Là où l'intention frauduleuse, sous ses diverses formes, ne se présente pas, il n'y a pas de *furtum*.

a. Quand on appréhende à titre d'héritier la chose d'une personne que l'on croit morte et qui est vivante, on est couvert par sa bonne foi (6), comme en général, quand on porte la main sur une chose dans la pensée qu'on en est propriétaire.

---

(1) L. 48 § 3, ff. *h. t.*; cf. l. 1 pp., ff. *de Fugitivis*, XI, 4. — (2) L. 52, § 7. ff. *h. t.* — (3) L. 43, § 4, ff. *h. t.* — (4) L. 3 pp., ff. *de Incendio*, XLVII, 9, *Inst.*, II, I, 48. — (5) L. 77, ff. *h. t.* — (6) L. 83 pp., ff. *h. t.*

b. De cette hypothèse on doit rapprocher toutes celles que rapportent Gaius (1) et Justinien (2), pour montrer comment l'usucapion peut par exception s'appliquer aux choses mobilières, celui qui détient la chose d'autrui la livrant de bonne foi en vertu d'une *justa causa*. On y voit que l'erreur de droit est admise comme l'erreur de fait.

c. Celui qui achète de bonne foi la chose d'autrui n'est pas coupable d'un *furtum* ; mais il peut éprouver quelque difficulté à faire reconnaître qu'il était de bonne foi, il doit désigner le vendeur, car on n'achète pas un objet offert par un passant inconnu, quand on tient à sa réputation d'honnête homme (3).

d. Celui qui croit à tort qu'une chose est *res nullius*, qu'elle a été abandonnée, est de bonne foi, et par conséquent, il n'y a pas de *furtum* à lui imputer, s'il l'appréhende (4).

e. Il en est du *furtum usus* comme du *furtum rei*: « Celui qui, en usant de la chose prêtée ou déposée, ne se conforme pas à ce qui a été convenu, quand il l'a reçue, n'est pas tenu *furti*, s'il croit qu'il n'agit pas contre le gré du propriétaire (5). »

115. Une présomption de bonne foi est admise en faveur de personnes dont l'acte peut être interprété, ou comme l'usage d'un droit propre, ou comme un *furtum*, des associés portant les mains sur les choses de la société. C'est la première interprétation qui est adoptée. Il n'en faut nullement conclure que cet acte ne puisse donner lieu à l'action *furti* ; le jurisconsulte se borne à dire que la preuve de la mauvaise foi sera ici plus difficilement accueillie : mais, dès qu'elle aura été fournie, l'associé sera puni comme voleur (6).

116. En revanche, il n'y a pas de *furtum*, quelle que soit

---

(1) II, 50. —(2) *Inst.*, II, VI, 4 à 6.— (3) L. 3, C. *h. t.* Cujas se demande s'il n'est pas contraire aux principes qu'un possesseur soit forcé de faire connaître la cause de sa possession ; mais, 1. c'est dans le cas où le possesseur dit de lui-même qu'il a acheté la chose qu'il sera condamné faute d'indiquer le vendeur ; 2. si le défendeur n'est pas astreint à dire pourquoi il possède sur une pétition d'hérédité ou sur une revendication, l'obligation peut lui en être imposée dans une action *furti* ; 3. l'obligation, même sur une revendication, peut commencer quand le demandeur a établi son *intentio* (ad *h. t.*). — (4) L. 43 §§ 6 et 10, ff. *h. t.* Paul. *Sent.*, *l. cit.*, 37. — (5) L. 76 pp., ff. *h. t.* — (6) L. 51 pp., ff. *Pro Socio*, XVII, 2. Cf. l. 45, *ib.*

l'intention de celui qui porte la main sur une chose, quand, à
son insu, une des conditions essentielles fait défaut. Paul
critique Neratius qui avait admis l'existence du *furtum* dans
un cas où quelqu'un avait dérobé une chose héréditaire sans
en connaître la condition. Choses héréditaires, choses sans
maître, ne peuvent faire les objets d'un *furtum*, et l'erreur de
celui qui les dérobe n'empêche pas d'appliquer cette règle (1).

117. On peut causer avec mauvaise intention à une personne un tort qui n'ait rien de commun avec le *furtum* ; c'est
ce qui arrive, par exemple, quand on brise, *injuriæ causa*, la
porte d'une maison : « Nam maleficia voluntas et propositum
delinquentis distinguit (2). »

§ 2. *Défaut de consentement chez la personne au droit de laquelle
le maniement porte atteinte.*

118. Malgré le propriétaire, — *invito domino*, disent
Gaius (3) et Justinien (4).

Ce n'est pas commettre un *furtum* que de recevoir l'esclave
d'autrui avec le consentement du maître (5). Mais ce consentement ne peut être donné qu'en connaissance de cause, et le
maître qui ne sait ce qu'est devenu son esclave est regardé
comme défendant de le recevoir (6).

119. Du principe qu'il n'y a pas de *furtum*, quand le propriétaire consent à l'acte, Neratius tire une conséquence remarquable, et Ulpien la rapporte, sans l'approuver expressément, mais sans la critiquer. Le faux procureur qui recevra

(1) L. 6, ff. *Expil. hered.*, XLVII, 19. — (2) L. 53 pp.. ff. *h. t.*, V,
1. 41, ff. *ad. leg. Aquil.*, IX, 2, sur un cas d'altération d'écritures. —
(3) III, 195. — (4) *Inst.*, IV, 1, 6. — (5) L. 48 § 2, ff. *h. t.* —
(6) *Ead. l.* § 3, *in fin.* C'est le même paragraphe qui dit : « Qui
igitur suscepit, nec celavit, etsi invito domino, fur non est. » Sans doute
il y avait eu un temps où l'on avait regardé comme *fur* celui qui recevait l'esclave, même sans le cacher, malgré le maître. L'affirmation
d'Ulpien, dans le § 3, ne permet pas de tirer un argument *a contrario*
du § 2 et même des derniers mots de ce § 3, pour soutenir que la même
doctrine soit admise par lui. Mais ce qu'il y a d'un peu embarrassé dans
l'ensemble du texte rappelle qu'elle avait été soutenue et peut-être généralement acceptée avant lui.

un paiement ne sera pas toujours un *fur*; si le débiteur lui-même donne les écus pour les faire porter au vrai créancier qui en doit devenir propriétaire et qu'ils soient soustraits par ce faux procureur, le *furtum* est commis ; le faux procureur ne les a pas reçus pour le compte de celui à qui le débiteur voulait les transmettre et les a touchés sans le consentement du propriétaire ; mais, si le débiteur paie avec la pensée que le procureur deviendra propriétaire des écus, en les recevant comme siens, ce procureur prétendu se conforme à la volonté de celui à qui ils appartiennent ; quoiqu'il n'en fasse pas ensuite l'usage en vue duquel ils lui avaient été transférés, il n'y a pas de *furtum* à lui imputer (1). On voit que cette distinction se rapporte aux principes fondamentaux du droit romain en matière de translation de propriété et de mandat; peut-être, en fait, eut-elle pour objet, comme elle devait avoir pour effet, de restreindre l'application du *furtum*, qui avait reçu tant d'extension.

Il y a bien d'autres cas où le propriétaire peut être induit en erreur et où son consentement n'en existe pas moins; ce consentement exclut le *furtum*, quelles qu'aient été les manœuvres employées pour l'obtenir.

Sans se donner pour un autre, quelqu'un use de fraude : « Il est trompeur plutôt qu'il ne commet un *furtum* ; par exemple, il a dit qu'il était solvable, qu'il placerait en marchandises ce qu'il a reçu, qu'il donnerait de bons fidéjusseurs ou qu'il rendrait immédiatement l'argent : par tous ces moyens il a trompé plutôt qu'il n'a commis un vol, et par conséquent il n'est pas tenu *furti*, mais, comme il a usé de dol, s'il n'y a aucune autre action contre lui, l'action de dol sera donnée (2) ».

De même, « l'esclave qui affirme être homme libre pour se faire prêter de l'argent ne commet pas un *furtum*, il ne fait rien de plus que d'affirmer qu'il est un débiteur capable de répondre d'une dette. Il en est comme de celui qui, étant fils de famille, s'est donné faussement pour *paterfamilias*, afin d'obtenir plus facilement un prêt d'argent (3). »

---

(1) L. 43 § 1, ff. *L. t.* Cf. Savigny, *Traité de la possession*, p. 290, note 1. — (2) L. 43 § 3, ff. *h. t.* — (3) L. 52 § 15, ff, *h. t.*

« Titius vend la chose d'autrui et reçoit de l'acheteur des écus, il n'est pas regardé comme les ayant volés (1). »

Dans tous ces cas, le consentement d'un propriétaire est sans doute déterminé par une erreur, mais il n'en existe pas moins, à la différence des cas où l'erreur porte : 1° sur l'existence d'un rapport juridique antérieur obligeant à un transport de propriété entre celui qui transmet et celui qui reçoit la chose ; 2° sur l'existence d'un rapport antérieur entre celui qui reçoit la chose et celui à qui elle est due ; 3° sur l'identité de la personne qui reçoit la chose.

Celui qui sait qu'une autre personne met la main sur sa chose et qui ne l'empêche pas est-il regardé comme consentant ? A la réponse affirmative de Labéon, conçue en termes absolus, Paul apporte la restriction suivante : « S'il a su qu'on lui enlevait quelque chose et qu'il soit resté tranquille, parce qu'il ne pouvait rien empêcher, il a le droit d'agir *furti*. Mais, s'il a pu empêcher et qu'il ne l'ait pas fait, il n'en agira pas moins *furti*, » dans certains cas. Le jurisconsulte cite celui où un patron dérobe quelque chose à son affranchi, où une personne à la position de laquelle est dû un grand respect soustrait un objet ; le propriétaire n'ose pas résister sur le champ (2). Il y a bien *furtum* alors, mais il ne s'ensuit pas que l'action *furti* puisse être intentée ; la qualité de *patron*, par exemple, s'y oppose (3). En dehors de ces deux séries d'hypothèses, Paul n'admet pas la doctrine de Labéon : *Imo, contra*, dit-il.

120. Celui qui manie la chose d'autrui peut croire à tort soit qu'il agit contre le gré du propriétaire, soit qu'il a le consentement de celui-ci.

a. Dans le premier cas, le consentement existe, peu importe l'erreur de celui qui manie la chose ; c'est en vain qu'il se décide à être coupable, son erreur ne peut l'emporter sur la réalité ; l'opinion sévère de Pomponius qui mettait un *furtum* à sa charge est condamnée par Ulpien (4).

A ce premier cas se rattache une hypothèse prévue par Gaius (5), puis par Justinien, de la part duquel elle a donné

<hr>

(1) *Ib.* § 17. — (2) L. 91 ff. *h. t.* — (3) V. *infra*. — (4) L. 46 § 8, ff. *h. t.* — (5) III, 198.

lieu à une innovation législative (1). Titius veut séduire mon esclave pour qu'il me dérobe quelque objet et le lui porte : cet esclave me fait connaître la proposition et je lui permets de porter l'objet à Titius pour prendre celui-ci en faute. Gaius décide que Titius ne sera tenu, ni de l'action *servi corrupti*, puisque l'esclave n'a pas été corrompu, ni de l'action *furti*, puisque la chose n'a pas été enlevée malgré moi. Cette application d'un principe qui fut contredit par Pomponius avait été contestée elle-même, s'il faut en croire Justinien. Justinien, en effet, parle des doutes des anciens, auxquels il veut mettre un terme, et il donne l'une et l'autre action (2), reconnaissant que « selon les règles du droit, il n'y a pas eu de *furtum* commis, » mais punissant ainsi le dol de Titius (3).

b. Dans le second cas, la fraude fait évidemment défaut ; la bonne foi est entière de la part de celui qui met la main sur la chose d'autrui (4).

———

121. On a vu, d'après ce que nous avons dit sur les éléments constitutifs du *furtum*, combien il diffère du *vol*, tel que nous le comprenons aujourd'hui, combien les cas en sont plus nombreux et plus variés, les uns rentrant sous d'autres qualifications dans notre droit pénal, les autres ne donnant lieu chez nous qu'à une action purement civile. Mais ce n'est pas seulement à la législation française que l'on peut opposer les dispositions du droit Romain relatives aux conditions essentielles du *furtum* ; les législations de l'antiquité que nous avons étudiées plus haut, le droit attique, en particulier, n'ont pas plus que notre Code pénal donné à la notion du vol une extension comparable à celle qu'elle a reçue chez les Romains.

Ce n'est pas de l'avis universel, peut-être même n'est-ce pas de tout temps qu'elle a été restreinte aux meubles ; elle

———

(1) L. 20, C. *h. t.*; *Inst.*, IV, I, 8. — (2) « Mais comment calculera-t-on l'indemnité pour la corruption de l'esclave, puisqu'il n'a pas été corrompu ? On la calculera sur ce qu'elle aurait été, si l'esclave avait été réellement corrompu ? *Tanquam si reipsa fuisset servus corruptus* (M. Ortolan, n. 1722, t. III, p. 419, note). » — (3) V. Théophile, ad *h.* §. D'après lui, il ne suffit pas que le maniement ait lieu contre la volonté du propriétaire, il faut encore que celui-ci s'indigne de ce maniement pour qu'on y puisse voir un *furtum*. — (4) L. 46 § 7, ff. *h. t.*

s'est appliquée certainement à des personnes libres, ne citons plus que le fils de famille et la femme *in manu* ; l'action *furti* a protégé, avant le *crimen peculatus*, la propriété des villes ; il y avait des jurisconsultes, contemporains de Cicéron, qui pensaient que cette protection ne devait pas être refusée à une hérédité jacente, et peut-être serait-il difficile de concevoir comment, à une certaine époque au moins, celle-ci aurait pu s'en passer. Si des choses qui peuvent faire les objets du *furtum* nous passons aux actes par lesquels il s'opère, nous trouvons, à côté de la soustraction frauduleuse pour laquelle notre langue juridique réserve le nom de vol, le détournement par un dépositaire, par une personne qui détient la chose d'autrui en vertu d'un titre juridique, que l'art. 408 du Code pénal fait rentrer dans l'abus de confiance, l'usage de faux noms ou de fausses qualités classé par l'art. 405 parmi les cas d'escroquerie, quand il a eu pour objet de se faire remettre des fonds, des meubles, etc., l'emploi de faux poids que notre art. 423 suppose à la charge du vendeur, l'altération d'écritures appartenant à autrui, que nous ferions tomber sous l'application des art. 147 et 150, la vente faite de la chose d'autrui, que notre législation pénale n'atteint pas, et que le Code civil rangeait seulement parmi les cas de stellionnat, disposition dont l'intérêt a disparu depuis que la loi du 22 juillet 1807 a supprimé la contrainte par corps en matière civile. En prévoyant un *furtum usus*, le droit garantissait contre un abus de jouissance ceux qui confiaient un objet à un dépositaire, qui le prêtaient à un ami ou l'engageaient à un créancier, comme, en prévoyant le *furtum possessionis*, il interdisait au propriétaire lui-même de méconnaître les droits qu'il avait constitués ou une situation que la société protégeait.

D'où vient au *furtum* cette étendue, qui fait l'originalité du droit romain en notre matière ? Pourquoi ne s'est-il pas contenté d'atteindre l'acte qui consiste à soustraire frauduleusement la chose mobilière d'autrui ? Pourquoi a-t-il désigné du même nom tant d'autres actes, dont quelques-uns s'en rapprochent sans doute, mais dont quelques autres paraissent s'en éloigner beaucoup ? Faut-il croire qu'un législateur a voulu comprendre dans une répression identique un grand nombre de faits, qui étaient contraires à la probité et qui portaient atteinte à la propriété ? Ce législateur ou les jurisconsultes auraient-ils été inspirés par une morale sévère, qui ne leur permettait pas de regarder comme suffisante une réparation civile, qui leur prescrivait d'appliquer une peine proprement dite toutes les fois que l'honnêteté était méconnue ? C'est ce que pourrait faire croire un passage d'Aulu-Gelle : « Je ne crois pas devoir passer sous silence la définition si honnête, si religieuse donnée au *furtum* par les hommes les plus savants, de manière à ne pas qualifier de *fur* celui-là seulement qui se cache pour enlever la chose d'autrui ou qui la dérobe secrètement, » et il cite deux définitions de Sabinus (1).

Ce qui est peut-être plus vrai c'est qu'il fallut aux Romains un temps assez long pour protéger les citoyens par des moyens purement civils contre certains genres de fraudes, contre le dol en général. Ce qui fit étendre d'une manière si considérable la notion du *furtum*, c'est la nécessité pratique. Dans les premiers temps de Rome, les institutions juridiques étaient simples on peut dire pauvres ; elles n'offraient pas aux citoyens qui avaient à défendre leurs droits méconnus des moyens en nombre illimité, non pas même en nombre suffisant ; c'est le besoin qui crée l'industrie ; le manque ou l'imperfection des instruments forcent les hommes à devenir ingénieux ; l'esprit des Romains, porté sans doute à l'être, se donna pour tâche d'employer ce qu'ils avaient de ressources juridiques dans des situations pour lesquelles elles n'avaient pas été préparées. Ce qui avait été insuffisant à l'origine le fut bien plus avec le temps. Le droit ne marche jamais aussi vite que la vie sociale ; à Rome surtout il restait fort en retard ; on y respectait et le passé et le présent ; on y tenait à conserver ce qui existait ; les mœurs se modifiaient, la richesse se développait, des rapports nouveaux s'établissaient entre les citoyens, on était forcé de former des conventions auxquelles

_____

(1) XI, XVIII, 19 : « Verba sunt Sabini ex libro juris civilis secundo : qui alienam rem attrectavit, quum id se invito domino facere judicare deberet, furti tenetur (20). Item alio capite : qui alienum tacens lucri faciundi causa sustulit furti obstringitur, sive scit cujus sit, sive nescit. » (21).

pendant longtemps on n'avait pas songé. Changements qu'aperçoit l'histoire seule, insensibles pour ceux parmi lesquels ils s'opèrent, que le législateur surtout ne peut suivre. Il fallait bien garantir ces situations, auxquelles manquait une protection propre, et qui ne pouvaient être troublées sans que toute sécurité publique et privée disparût. L'extension du *furtum* fut alors, si nous ne nous trompons, un des moyens employés, sans parti pris probablement, pour adapter le droit aux besoins renouvelés d'une société qui croissait et se transformait. Le moyen à la longue devint lui-même insuffisant ; des sanctions plus énergiques furent nécessaires ; beaucoup de cas qui avaient été compris dans le *furtum* furent atteints par des lois spéciales qui avaient manqué à l'origine ; quelques-unes des applications purent tomber en désuétude, mais le *furtum* conserva le caractère qu'il avait eu, que la nécessité pratique lui avait fait donner.

Il est vraisemblable que les premiers jurisconsultes qui accordèrent l'action *furti* au propriétaire dépouillé de son immeuble étaient consultés dans un temps où les préteurs n'avaient pas encore protégé la possession par l'établissement des interdits. L'application incontestable de la même action dans le cas où un père de famille s'est vu dérober son fils nous reporte sans doute à une époque qui ne connaissait pas l'interdit *de liberis exhibendis* ; assurément elle devint inutile quand la peine des mines eut été prononcée à raison de ce fait par Constantin (1). Pour les biens des villes, il n'est pas douteux que le *furtum* ne soit antérieur au *crimen peculatus*, qui ne les protégea qu'en vertu de constitutions rendues par Trajan et par Adrien. Nous avons dit pourquoi il ne nous semblait pas impossible qu'un *furtum* fût commis au préjudice d'une hérédité jacente avant la transformation de l'usucapion *lucrativa pro herede;* en tout cas, s'il y avait eu une lacune dans le plus ancien droit Romain, le *crimen expilatæ hereditatis* vint combler celle qui se serait trouvée dans un droit plus récent, lorsqu'Adrien eut rendu inutile cette usucapion sous sa seconde forme.

(1) L. 16, C. *ad Legem Fabiam de Plagiariis*, IX, 20.

Quand il s'agit des actes même, compris sous le nom général de *contrectatio*, ne retrouvons-nous pas aussi le *furtum* servant à protéger des droits qui pourraient avoir une autre protection mieux appropriée et qui ont fini par la recevoir? Rien de plus naturel sans doute que de soumettre à l'action *furti* un dépositaire qui s'approprie la chose déposée ; mais il y avait eu des jurisconsultes, qui avaient accordé cette action pour cela seul que le dépôt était nié ou que la restitution était refusée ; ces jurisconsultes ne se rappelaient-ils pas les leçons de ceux qui avaient écrit avant l'introduction de l'action *depositi* sous ses deux formes? une fois le déposant protégé par un moyen propre au contrat qu'il avait formé, la dénégation ou le refus de restitution ne devaient plus suffire pour faire du dépositaire un voleur; il fallait de plus le maniement. N'est-ce pas de la même manière qu'on doit expliquer le *furtum usus*? C'étaient d'anciens jugements que rapportait à ce sujet Labéon, nous dit Aulu-Gelle ; quand le dépôt, le commodat ne créaient qu'un état de fait, on s'était empressé de faire rentrer l'abus de jouissance, résultant d'un maniement frauduleux, dans le *furtum* ; quand ils devinrent des contrats munis d'actions spéciales, cette application particulière du *furtum* devint inutile et parut trop rigoureuse à quelques uns ; elle se maintint cependant ; la logique des Romains le voulait et, puisqu'il y avait un acte de mauvaise foi à réprimer, on ne pouvait dire que l'équité en souffrit. Le *furtum possessionis* avait été imaginé contre le propriétaire par la même raison que le *furtum usus* en sa faveur, quand il s'agissait d'un gage ; il avait été fort utile au possesseur de bonne foi avant les interdits.

Une doctrine se forma ainsi sous l'empire de la nécessité ; elle subsista tout entière, quand celle-ci eut cessé sur bien des points. D'une part, elle avait sa place dans les habitudes juridiques et pratiques ; elle ajoutait une sanction à d'autres ; on avait pu s'habituer à regarder comme indispensable l'énergique protection qu'elle donnait contre certains actes tels que la vente de la chose d'autrui ou la réception de l'indû, faites sciemment l'une et l'autre. D'autre part, elle satisfaisait l'esprit en lui présentant un ensemble bien coordonné ; ce n'était pas en vain qu'une longue suite d'hommes distingués avaient travaillé à la former. Dans ce travail, des dissentiments avaient dû se produire ; quand les principes eurent été posés, il s'agit de les appliquer ; les scrupules s'élevèrent ; il y avait eu autrefois des besoins qu'on avait perdus de vue ; on s'attachait davantage à la logique des déductions ; de là peut être des subtilités, telles que nous en avons trouvé dans le texte de Nératius sur le faux procureur du créancier. On tendait, d'ailleurs, à renfermer désormais la notion du *furtum* dans des limites mieux déterminées et plus étroites : on laissait les anciens décider seuls que celui qui, par son dol, en appelant le muletier en justice, avait causé la mort des mules, était regardé comme un *fur* ; on voulait que la condition du maniement fût rigoureusement remplie.

ART. 4. QUELLES PERSONNES PEUVENT COMMETTRE UN *furtum*.

122. Toute personne, en principe, peut commettre un *furtum* et doit en répondre devant la justice, les pérégrins comme les citoyens (1).

123. Une seule exception est admise dans le droit classique et dans celui de Justinien ; c'est pour l'impubère qui n'est pas encore capable de dol.

La loi des XII Tables voulait que le préteur appréciât si une peine devait être infligée à l'impubère en cas de vol manifeste, et laquelle : « Prætoris arbitratu » dit Aulu-Gelle (2).

Plus tard on tendit à substituer une règle générale aux décisions individuelles. Ulpien rapporte que, d'après Labéon, un impubère ne saurait être regardé comme complice de vol (3). Gaius (4) dit que, de son temps, on se demandait si l'impubère qui soustrait la chose d'autrui commet un *furtum* : « La plupart décident que, le *furtum* exigeant l'intention, l'impubère ne peut être obligé de ce chef que s'il est *proximus pubertati* et par conséquent comprend qu'il commet un délit. »

Justinien (5) s'approprie cette phrase, en écrivant :

(1) Gains, IV, 37. — (2) *N. Att.*, XI, XVIII, 8. — (3) L. 23, ff. *h. t.* — (4) III, 208. — (5) *Inst.*, IV, I, 18.

« Placet » au lieu de : « Plerisque placet, » et reproduit au Digeste une autre phrase où Gaius déclare le pupille *proximus pubertati* capable de commettre un *furtum* et une injure.

Julien, dont Ulpien rapporte et adopte la décision (1), veut que l'impubère soit *doli capax* pour répondre du *furtum*, comme il doit être *culpæ capax* pour répondre du dommage prévu par la loi Aquilia.

A quel moment l'impubère devenait-il *proximus pubertati* ? Il n'est pas vraisemblable qu'il y ait eu sur ce point une règle générale. Les commentateurs ont quelquefois divisé en deux parties égales les années qui séparent les sept ans considérés comme le terme de l'*infantia* des quatorze ans qui forment celui de l'impuberté, et ils ont fixé à dix ans et demi le moment que nous cherchons. Sans doute les juges avaient à examiner dans chaque cas particulier le développement de l'enfant : c'était un peu plus tôt, un peu plus tard, à raison des différences individuelles, qu'ils décidaient si cet enfant devait être regardé comme *proximus infantiæ* ou *pubertati*. A plus forte raison faut-il croire que l'examen individuel était indispensable, si l'on s'en tient, nous ne dirons pas à l'opinion, mais aux expressions de Julien et d'Ulpien ; l'enfant est-il *capax doli* ?

124. Une autre exception, qui aurait eu un caractère purement relatif, avait été proposée à la règle générale ; Nerva et Cassius enseignaient que la femme mariée ne peut commettre de *furtum* au préjudice de son mari, parce que la vie commune la rend en quelque sorte propriétaire de ce qui appartient à celui-ci. Sabinus et Proculus s'étaient trouvés d'accord pour rejeter cette opinion, et pour reconnaitre qu'il y avait un *furtum*, mais un *furtum* qui ne donnait pas lieu aux actions ordinaires (2). Ils l'avaient emporté. Si l'on trouve encore, après eux, ces expressions : « Quum mulier furtum non faciat » (3), elles signifient seulement que le *furtum* de la femme mariée au détriment de son mari ne produit pas les conséquences habituelles.

---

(1) L. 23 *cit.* — (2) L. 1, ff. *Rerum amotarum*, XXV, 2. — (3) L. 21 § 1, *ib.*

CHAPITRE II

Du droit de légitime défense. — Des sanctions pénales du *furtum*.

SECTION I

DU DROIT DE LÉGITIME DÉFENSE.

125. La huitième des XII Tables contenait cette disposition, conservée par Macrobe : « Si nox furtum factum sit, si im occisit, jure cæsus esto (1). » Elle donnait le droit de tuer le voleur de nuit (2).

Elle décidait de même au cas où le voleur armé pénétrait le jour dans une maison et faisait usage de son arme (3).

Dans l'un et l'autre cas, il fallait que celui qui allait donner la mort au voleur poussât des cris, de manière à attirer quelques personnes ; la présence de témoins, provoqués ainsi par lui-même à se montrer, donnait l'assurance que le meurtre

(1) *Saturnal.*, I, IV, 19, v. M. Giraud, *Novum Enchiridium juris Romani*, p. 18. « Si nox furtum *fax sit...* » (Schœll, *Legis* XII. *Tab. Reliquiæ*. Leipzig, 1866, p. 144). Cf. Cic., ed. Lemaire. *pro Milone*, 3, *pro Tullio fragm.*, 10 ; A. G., *N. Att.*, XI, XVIII. 7 ; l. 4 § 1 ff., *ad leg. Aquil.*; *Coll. leg. Mos.*, VII, III. 2. — (2) V. Rein, p. 398, note 2, sur la manière d'expliquer cette règle et sur la question s'il faut y voir une application de la légitime défense ou du droit de vengeance privée. — (3) Iid., *ll. cit.*; Quint. *Inst. or.*, V, 14. « Le mot *telum* (qui y est employé) comprend le fer, les bâtons, les pierres, en un mot tout ce qu'on porte pour nuire à autrui ». (l. 54 § 2, ff. *h. t.*).

était bien commis dans les conditions, où la loi le permettait (1).

126. Ces dispositions finirent par sembler trop sévères, et, à l'époque classique, on y apporta un tempérament. Pomponius se demandait (2) si elles devaient soustraire à l'application de la loi Aquilia celui qui avait donné la mort, et Ulpien disait : « Si c'est par crainte que l'on a tué le voleur, nous tenons pour certain que la loi Aquilia ne s'applique pas ; mais si, pouvant l'arrêter, on a préféré le mettre à mort, il vaut mieux dire qu'on a agi sans droit, *injuria*; l'on sera même tenu en vertu de la loi Cornelia (*de Sicariis*). » Le même jurisconsulte disait dans un autre ouvrage : « Celui qui a tué le voleur de nuit ne doit obtenir l'impunité que s'il lui a été impossible de l'épargner sans péril pour lui-même (3). » Paul s'écarte moins du droit primitif. Après avoir reconnu le droit de tuer le brigand par lequel on voit sa vie menacée, il dispense de l'application de la loi Cornelia, sans distinction, celui qui tue, soit le voleur de nuit, soit le voleur de jour, quand ce dernier s'est défendu avec une arme, en ajoutant : « Mais il aurait mieux fait de le saisir et de le conduire aux magistrats, pour le faire renvoyer au président (4). »

127. Les empereurs Valentinien II, Théodose et Arcadius consacrèrent le droit de légitime défense, dans les termes suivants : « Nous accordons à tous la liberté entière de résister ; si quelque soldat ou particulier fait invasion la nuit dans les champs pour les ravager ou tend des pièges sur les chemins fréquentés, il est permis à chacun de lui infliger le supplice qu'il mérite; qu'il reçoive la mort dont il menaçait autrui, et qu'il encoure ce qu'il projetait. Car il vaut mieux s'opposer (au crime) en temps utile que de s'en venger après l'événement. Nous vous permettons donc la vengeance, et, comme la punition judiciaire est tardive, nous ordonnons par notre édit de n'épargner pas les soldats au-devant desquels il faut aller

---

(1) Cic., *pro Tullio*, 11 : « *Quod si repugnavexit, endoplorato*, hoc est, conclamato ut aliqui audiant et conveniant. » Cf. 1. 4 § 1, ff., *ad leg. Aquil*. Cf. Heineccius, *op. cit.*, § 9. Schœll., *l. cit.*, p. 145. — (2) *Coll. leg. Mos.*, *l. cit.*; 1. 5 pp., ff., *ad leg. Aquil.* — (3) L. 9, ff. *ad leg. Corn. de Sic.*, XLVIII, 8. — (4) *Sent.*, V, XXIII, 8 et 9.

armé comme au devant des brigands (1). » Il ne s'agit plus, à vrai dire, de *furtum*, mais de brigandage.

SECTION II

SANCTIONS PÉNALES DU FURTUM D'APRÈS LA LOI DES XII TABLES

§ 1. — *Distinction du furtum manifestum et du furtum nec manifestum.*

128. La loi des XII Tables avait distingué deux cas auxquels elle avait attaché des peines différentes, le *furtum manifestum*, le *furtum nec manifestum*. Cette distinction s'est de tout temps conservée dans le droit romain.

I. *Furtum manifestum.*

129. *a.* Il y a un cas dans lequel le *furtum* est certainement *manifestum*. C'est celui où le voleur est pris sur le fait : « Quod dum fit deprehenditur (2). » Il est possible qu'il n'y en ait pas eu d'autre à l'origine.

Ulpien fait observer que « peu importe si le voleur est surpris par le propriétaire de l'objet ou par un autre (3). »

____

(1) L. 1, C. *Quando liceat unicuique sine judice se vindicare*, III, 27. V, Cujas, *Obs.*, XIV, 12. — (2) Gains, III, 184. Cf. Paul, *Sent.*, *l. cit.*, 2. Ulpien, l. 3 pp., ff. *h. t.* Ulpien dit : « Qui deprehenditur cum furto, » ce qui ne peut signifier : *avec l'objet volé*, puisqu'il discute ensuite la question s'il suffit d'être trouvé portant encore l'objet volé pour être regardé comme *fur manifestus*. — (3) L. 3 § 1, l. 7 § 3, ff. *h. t.* Etre vu suffit-il ? A propos des vers de Virgile (Buc., III, 17) : « Non ego te vidi Damonis, pessime, caprum Excipere insidiis, multum latrante Lycisca ? » Servius dit : « Manifesti furti arguit, dicendo vidi. » Heineccius pense qu'il faut plus, que celui qui a vu doit révéler aussitôt le fait en criant et en appelant, et il se fonde sur la loi 7 § 2, ff. *h. t.* (*Op. cit.*, § 5).

A l'époque classique, on se demanda s'il fallait admettre d'autres cas. Il y avait encore au temps de Gaius des jurisconsultes qui ne le croyaient point (1). D'autres se montraient plus larges.

b. D'après le grand nombre, celui qui est surpris dans le champ d'olivier, dans la vigne, dans la maison, en un mot dans le lieu où il vient de commettre un vol, est un *fur manifectus* ; Gaius, qui rapporte leur opinion, ne la condamne pas comme il en va rejeter d'autres, et même il dit que c'est celle qui a réuni le plus d'adhérents (2). Les dissentiments avaient sans doute cessé sur ce point quand Paul écrivait. Pour lui, il décide affirmativement sans signaler de controverse (3) ; Ulpien admet la même doctrine (4).

c. On va plus loin encore, et l'on déclare le *furtum* manifeste, quand le voleur est saisi avec l'objet avant de l'avoir transporté au lieu où il comptait le placer (5). Gaius dit que cette opinion a été rejetée par la raison suivante : fallait-il que le voleur fût saisi le jour même du vol, ou pouvait-il être qualifié *manifestus*, alors même que le transport demandait plusieurs jours, si le lieu de destination, dans la pensée du voleur, était une ville ou une province autre que celle où le vol avait eu lieu ? Cette dernière opinion avait sans doute pour elle la logique, mais elle devait paraître peu raisonnable.

Le système rejeté par les contemporains de Gaius fut admis après lui. Paul l'enseigne encore et il ne parle pas de désaccord sur ce point. Ulpien s'appuie sur l'autorité de Julien et même sur celle de Cassius pour l'adopter, en termes moins décisifs, il est vrai : « *Et magis est* » dit-il (6).

Un texte de Paul, au Digeste, répond à l'objection que les jurisconsultes antérieurs avaient trouvée décisive : le lieu de destination est celui où le voleur avait l'intention de s'arrêter le jour même du vol avec l'objet volé (7).

d. Enfin quelques jurisconsultes proposèrent d'assimiler au *fur manifestus* celui qui avait été vu, à un moment et dans

---

(1) *L. cit.* — (2) *Ib.* — (3) *L. cit.* — (4) L. 3 § 2, et 21 p., ff. *h. t.* — (5) V. A. G. , XI, XVIII, 11 , citant Massurius Sabinus. — (6) L. 3 § 2 et l. 5 pp., ff. *h. t.* Cf. l. 21 pp. et l. 35 pp., ff. *h. t.* — (7) L. 61, ff. *h. t.*

un lieu quelconque, tenant l'objet volé (1). Mais il ne semble pas qu'on soit revenu sur la condamnation qui avait frappé ce système.

Dans les trois premiers cas, les seuls qui aient été définitivement admis, il faut que le voleur ait été saisi, *deprehensus*. Ulpien rapporte et approuve l'opinion de Pomponius, d'après laquelle il n'y a pas *furtum manifestum*, quand l'habitant d'une maison se cache pour sauver sa vie en apercevant le voleur et lui voir commettre le vol (2), mais il pense, avec Celse, qu'une tentative pour saisir le voleur est suffisante : le *furtum* est *manifestum*, dès que le voleur poursuivi s'enfuit en jetant l'objet (3).

Ce n'est point par les mêmes raisons qu'on se décide, quand on recherche ce qui constitue, soit le *furtum* en général, soit le *furtum manifestum* en particulier. Le *furtum* est, pour ainsi dire, continu ; tant que l'objet reste entre les mains du voleur, le maniement frauduleux de la chose d'autrui qui en est le caractère essentiel se reproduit constamment. C'est au moment où la chose est soustraite que le *furtum* prend l'un ou l'autre de ces deux caractères : manifeste ou non manifeste (4).

II. *Furtum nec manifestum.*

130. Tous les auteurs en donnent une définition négative : quand le *furtum* n'est pas *manifestum*, il est *nec manifestum* (5).

131. Cette distinction, qui date au moins de la loi des XII Tables, ne peut-elle pas servir à nous montrer ce qu'a été dans le commencement du droit Romain la notion du *furtum* ? Cette notion n'avait sans doute pas encore toute l'étendue que les textes postérieurs lui donnèrent quand on eut l'idée de recher-

---

(1) Gaius, *l. cit.* — (2) L. 7 § 1, ff. *h. t.* — (3) *Ib.*, § 2. — (4) L. 6, *h. t.* ff. — (4) Gaius, III, 185 ; l. 8. ff. *h. t.* Zumpt (*Die Beamten und Volksgerichte der Rœmischen Republik*, p. 374 et 375) insiste sur cette idée que la distinction entre les deux espèces de *furtum*, simplement posée par les XII Tables, fut éclaircie et développée par les jurisconsultes.

cher si le voleur avait ou n'avait pas été pris sur le fait pour infliger des peines différentes dans les deux cas. Cette distinction ne se conçoit véritablement que si elle est appliquée à la soustraction frauduleuse de la chose d'autrui. Peut-il en être question, par exemple, à propos de la vente de la chose d'autrui ou de la réception de l'indû ?

Quelques jurisconsultes avaient proposé de reconnaître d'autres espèces de *furtum*, mais Gaius ne voit dans les cas entre lesquels ils avaient voulu faire ces distinctions que des espèces d'actions attachées au *furtum* (1) ; il ne s'agit que de moyens donnés pour atteindre le délit lui-même, dans les actions *furti concepti* et *furti oblati*.

§ 2. — *Peines attachées aux deux espèces de furtum.*

132. Gaius (2) et Aulu-Gelle (3) nous font connaître les peines portées par les XII Tables (4).

a La peine du *furtum manifestum* était capitale. L'homme libre était battu de verges et *addictus*, attribué au volé. Quel était l'effet de cette *addictio* ? le rendait-elle esclave ? l'assimilait-elle seulement à l'*adjudicatus* ? « *Veteres quærebant,* » dit

(1) III, 183 ; *Inst.*, IV, I. 3. — (2) III, 189. — (3) *N. Att.*, XX, I, 17. — (4) M. Mommsen (*Histoire Romaine*, trad. de M. Alexandre, liv. I, ch. xi, t. I, p. 206) se demande quelles conséquences le vol entraînait sous les Rois : « Nous ignorons si déjà le vol constituait un délit matériellement réparable ou à quelle époque il a commencé d'être tenu pour tel : nous ignorons de même quelle répétition le volé était en droit d'exercer. Il est bien clair qu'elle était plus forte en cas de flagrant délit, qu'en cas où le fait avait été découvert seulement plus tard. Le dommage a quelque chose de plus criant au moment même où il est commis. Le vol était-il réparable ? Le voleur était-il hors d'état de payer l'indemnité réclamée ou celle allouée par le juge ? Il était aussitôt adjugé lui-même au demandeur et lui demeurait asservi. » Le savant historien ne peut former ici que des conjectures ; encore n'offrent-elles que peu de vraisemblance. Il n'est guère probable que l'*addictio*, dont nous aurons bientôt à parler, n'ait été à l'origine que la conséquence de l'insolvabilité, qu'une espèce de contrainte par corps. Les coups de fouet qui l'accompagnaient ne s'expliquent nullement, si l'on n'a pas voulu infliger au voleur manifeste une peine principale atteignant son corps. On ne peut supposer que cette peine ait été établie par les XII Tables, qui ont dû en général adoucir les pénalités anciennes, M. Mommsen le reconnaît.

Gaius. D'après Aulu-Gelle, le voleur tombait en servitude (1).

L'esclave, également battu de verges, était ensuite précipité du haut d'un rocher (2).

L'impubère pouvait, selon l'appréciation du préteur, être battu de verges et condamné à réparer le dommage (3).

133. *b.* Le *fur nec manifestus* était, sur la poursuite du volé (4), condamné à payer le double de la valeur de l'objet volé (5).

N'y avait-il pas, en cas de *furtum nec manifestum*, une pénalité spéciale pour l'esclave ? Les textes juridiques ne le disent pas. Les comédies de Plaute, écrites à une époque où déjà le droit prétorien avait remplacé la législation des XII Tables en notre matière, nous montrent encore des esclaves convaincus de vol; n'eussent-ils pas été pris en flagrant délit, les verges les attendent, ils doivent, sur l'ordre du préteur, être mis aux ceps chez celui qu'ils ont volé (6). Si ce genre de châtiment était en usage au temps du droit prétorien, il avait dû à plus forte raison être employé sous l'empire des XII Tables.

134. Les Romains avaient appliqué aux deux espèces de vol des peines singulièrement inégales, et leur législation primitive nous paraît dure, étrange, inconséquente. Elle paraît dure : tout vol manifeste entraînait l'esclavage ou une condition analogue pour l'homme libre, la mort pour l'esclave, et

______

(1) XX, I, 7. M. Giraud (*Des Nexi ou de la condition des débiteurs chez les Romains*) s'occupe, au § 5, de la condition faite à l'*addictus*. Il pense (p. 99) que cette condition n'avait pas d'analogie avec celles qui servent à classer les personnes, et que l'*addictus* subissait l'emprisonnement avec contrainte au travail. — (2) D'après Heineccius (*op. cit.*, § 7), l'habitude des châtiments corporels ayant endurci les esclaves, il ne fallait pas moins qu'une si terrible peine pour contenir leur penchant au vol. — (3) A. G., *N. Att.*, XI, XVIII, 8. — (4) « Si adorat furti quod nec manifestum erit. » disaient les XII Tables : les mots « si adorat » signifient que le procès est intenté (Schœll, *l. cit.*, p. 147). — (5) Gaius, III, 190. On sait avec quelle rigueur étaient traités les débiteurs dans l'état primitif du droit Romain. Le recouvrement était donc assuré par les moyens les plus énergiques. S'il était tout-à-fait impossible, les conséquences ordinaires de l'insolvabilité, jusqu'à la vente au-delà du Tibre, jusqu'à la mort, devaient se produire. — (6) V. *Amphitryon*, act. I, sc. 1. *Aulularia*, acd. IV, sc. 10. Dans l'*Asinaria*, act. III, sc. 2, c'est de vol manifeste qu'il est question.

cela sans distinction, si faible que soit la valeur de l'objet volé. Elle paraît étrange : de si graves sanctions sont attachées, non à des circonstances qui augmentent la gravité intrinsèque du mal, non à l'importance du dommage causé, mais à ce fait purement fortuit que le voleur a été surpris en flagrant délit. Elle paraît inconséquente : la peine est toujours la même au cas de vol manifeste, elle varie selon la gravité du dommage au cas de vol non manifeste.

Suffit-il de dire que les Romains se montrèrent rigoureux à l'excès pour le vol manifeste parce que l'évidence de la culpabilité rassurait leur conscience et qu'ils pouvaient infliger le châtiment tout entier qui était mérité par le délit, sans craindre de commettre une injustice (1)? L'évidence peut être obtenue autrement (2). D'ailleurs, nous ne trouvons nulle part cette explication ; les textes ne permettent même pas de supposer qu'on ait songé à la présenter. A vrai dire, ils n'en contiennent aucune. La distinction était, au temps des jurisconsultes, si ancienne, elle avait toujours été si fondamentale qu'elle ne semble avoir été jamais ni discutée ni justifiée. Peut-être doit-on la rattacher à une modification introduite ou consacrée par les décemvirs dans la répression du vol. Sans doute, il est singulièrement rigoureux de voir l'homme libre réduit en esclavage ou condamné pour un certain temps à un état analogue, mais cette rigueur ne serait-elle pas un adoucissement ? D'après les décemvirs, il n'était permis de tuer que le voleur de nuit en tous cas, le voleur de jour, s'il pénétrait dans la maison avec une arme dont il faisait usage ; avant eux le droit de tuer n'avait-il pas pu être plus étendu ? n'avait-il pas pu s'appliquer à tout voleur surpris en flagrant délit ? Par leur législation, l'homme libre pris sur le fait n'aurait-il pas été ainsi *servatus*, en devenant *servus* ou *loco servi* ! Quant à l'esclave, il restait bien passible de mort, mais à la suite d'une sentence judiciaire. En limitant le droit de défense, en sauvant dans bien des cas la vie de l'homme libre, en exigeant l'intervention de

_____

(1) C'est à cette explication que se range Zumpt, *op. cit* , p. 376. — (2) Paul, *Sent.*, *l cit.*, 2 : « Nec manifestus fur est qui in faciendo quidem (*vel*) cum (*re*) deprehensus non est, sed furtum fecisse negari non potest. »

la justice, les décemvirs avaient déjà fait beaucoup ; ils n'allaient pas jusqu'à supprimer toute autre sanction que la sanction pécuniaire ; la sécurité publique exigeait que d'autres peines fussent toujours à redouter pour les voleurs qui n'étaient jamais sûrs de n'être pas surpris en flagrant délit. Une certaine vraisemblance peut-elle faire passer par-dessus ce que cette explication a de conjectural ?

Cæcilius, dont Aulu-Gelle raconte la conversation avec Favorinus (1), demandait à ce dernier s'il ne fallait pas regarder comme digne de la peine capitale l'intolérable audace du *fur manifestus*, ainsi que les embûches et la violence du brigand qui attaque pendant la nuit. L'auteur du *furtum manifestum* mériterait plus de sévérité que celui du *furtum nec manifestum*.

D'après Cujas (2), la distinction tiendrait à ce que, aux yeux des décemvirs, ce serait la victime du *furtum manifestum* qui mériterait plus d'intérêt. N'est-ce pas elle qui a montré plus de vigilance dans la garde de son bien, plus d'ardeur à le poursuivre ? « Le vol dont nous sommes les victimes est imputé à notre faute et non au cas fortuit comme le brigandage. » C'est pour la même raison que l'action de dol n'est pas donnée au double et n'est pas perpétuelle ; la faute est plus lourde de la part de celui qui se laisse tromper que de la part de celui qui se laisse voler.

Pothier (3) répète l'explication de Cujas, en ajoutant que celui qui ne se cache pas pour voler montre plus d'audace et doit être plus sévèrement puni. Heineccius (4) la critique ; il observe que c'est bien souvent le hasard et non la vigilance du volé qui fait surprendre le voleur en flagrant délit ; il pense que la loi a pu montrer une certaine indulgence pour celui qui vole avec plus d'adresse, et ce qu'il regarde comme vraisemblable, c'est que le *fur manifestus* a paru plus dangereux que le voleur dont tout l'espoir est dans la fuite.

Les interprètes contemporains ont préféré en général les explications tirées de la psychologie à celles qui sont fondées

____

(1) XX. I, 8. — (2) *Obs.*, XIX, 12. — (3) Ad *h. t.*, LXXV. note *b*. — (4) *Op. cit.*, § 12.

sur des raisonnements juridiques : « La loi Romaine, dit M. Ortalon (1), suit l'instinct grossier des pénalités primitives, qui est de frapper avec plus d'emportement le coupable pris sur le fait, soit parce que le culpabilité est alors plus évidente, soit parce que l'esprit de vengeance est encore dans toute son ardeur.» On lit aussi dans l'ouvrage de M. de Ihering (2) : « C'est que l'un s'est heurté contre l'emportement et l'impétuosité du premier sentiment, tandis que l'autre profite de l'influence apaisante du temps et de la joie du propriétaire de retrouver une chose qu'il devait déjà plus ou moins considérer comme perdue... C'est la voix du lésé seule qui dicte à l'ancien droit ses dispositions ; c'est la justice au point de vue unilatéral de celui qui a souffert une lésion de son droit. »

Mais ici, comme ailleurs, la psychologie elle-même cède à l'histoire dans plus d'un système. C'est une idée généralement admise, et, croyons-nous, avec raison, que la loi des xII Tables, si dure, non seulement à nos yeux, mais à ceux des Romains, dès la fin de la République, adoucit sensiblement et sur beaucoup de points le droit antérieur. Les peines qu'elle réserva au *furtum manifestum* auraient été auparavant celles de tout *furtum* : « Ce délit était autrefois capital, dit Walter (3), et chaque vol comportait incontestablement une poursuite publique. Mais précisément à cause de la rigueur d'une peine dont la sévérité disproportionnée était calculée pour produire une grande intimidation, on exigeait que la preuve du délit fût indubitable, et le voleur pris sur le fait. En l'absence de cette condition, la loi des XII Tables n'imposait pas d'autre peine que le paiement du double de la valeur de l'objet volé pour compenser le dommage causé. » Ces derniers mots montrent que, d'après Walter, l'action *furti nec manifesti* était dans la loi des XII Tables destinée uniquement à indemniser d'une manière large et uniforme la victime du délit. M Mommsen signale de même « l'atténuation de la peine du vol et la faculté donnée au délinquant non surpris en flagrant délit

(1) N. 1919. — (2) *L'Esprit du Droit Romain*, trad. de M. de Meulenaere, t. I, p. 129. — (3) *Histoire du Droit criminel chez les Romains.* trad. de M. Picquet-Damesme, § 793. Cf. Rein, p. 293, Zumpt, *op. cit.*, p. 376.

de désintéresser la partie lésée par l'indemnité du double (1).

Signalons enfin un récent travail de M. Dareste, où il est dit : « Le sens de cette vieille loi était déjà perdu au temps de Gaius, qui la traite de ridicule. Peut-être s'en serait-il moins égayé, s'il avait pu se reporter aux temps héroïques, à l'époque où, pour la première fois, le législateur était intervenu pour faire cesser les guerres privées et maintenir la paix entre les membres de l'État. Il aurait compris que la peine se substituait à la vengeance de la partie lésée et que, dès lors, elle avait dû se mesurer moins à la culpabilité de l'agent qu'au ressentiment de la victime (2). » Ici la physiologie et l'histoire sont réunies.

Appendice

134. Les XII Tables avaient prévu deux faits, qui, distincts du vol par eux-mêmes, l'impliquaient presque nécessairement, et elles y avaient attaché des peines spéciales.

a. Elles avaient établi une action *arborum furtim cæsarum*, contre celui qui avait coupé les arbres d'autrui, secrètement, à l'insu du maître, ce qui pouvait à la rigueur se faire sans *furtum*, comme disaient plus tard, Pedius et Ulpien (3). La peine était de vingt-cinq pièces de monnaie (4). Le préteur donna plus tard une action au double, qui remplaça la sanction légitime (5), et la loi Aquilia fut en outre appliquée dans ce cas (6).

b. D'après le témoignage de Pline l'Ancien (7), celui qui avait, pendant la nuit, fait paître ou coupé furtivement les fruits de la terre obtenus au moyen de la charrue, s'il était pubère, était immolé à Cérès ; plus sévèrement traité que l'homicide, il était pendu ; s'il était impubère, il dépendait du préteur de le faire fouetter, ou de le condamner, soit à la simple réparation du dommage, soit au double. Le sacrifice du coupable pubère à Cérès montre que dans ce cas on poursuivait le sacrilége (7).

---

(1) Liv. II, ch. VIII, t. II, p. 257.— (2) *Journal des savants, mémoire sur les anciennes lois suédoises*, 1880, p. 618.— (3) L. 7 § 1, ff. *Arborum furtim cæsarum*: XLVII, 7. — (4) Pline, *Hist. nat.*, XVIII, 1, 7.— (5) L. 7 § 7, ff. *Arborum furtim cæs.* — (6) L. 1, *ib.* — (7) *L. cit* , XVIII, III, 3. — (8) V. Sur le caractère religieux de l'expiation, spécialement quand la

Peut-être la disposition des XII Tables fut-elle d'abord étendue ; sur ce vers de la troisième églogue de Virgile ,

Atque mala vites incidere falce novellas (1),

Servius dit que c'était un crime capital de couper les arbres d'autrui, et Gaius, dans un texte, dont l'authenticité laisse place au doute (2), déclare que ceux qui coupent lés arbres et surtout les vignes d'autrui sont punis comme des brigands. Il ne s'agissait plus de charrue et de moissons. Mais, à l'époque classique, cette punition ne semble plus appliquée ; il n'en est pas question ailleurs que dans cette loi un peu suspecte. L'action prétorienne au double et l'action de la loi Aquilia suffisent à tous les cas. On ne songe plus à venger la majesté de Cérès.

§ 3. — *De l'instruction et du jugement.*

135. I. La loi des XII Tables avait pourvu à la recherche de l'objet volé au moyen de sanctions pénales qui avaient pour objet d'en assurer la représentation.

Elle avait établi deux actions qui faisaient condamner le défendeur convaincu au triple de la valeur de l'objet volé, les actions *furti concepti* et *furti oblati* (3). Aulu-Gelle renvoie au livre de Sabinus *de Furtis* ceux de ses lecteurs qui voudront savoir ce qu'il faut entendre par ces expressions (4). Nous en trouvons des définitions dans Gaius (5) et dans Paul (6). L'action *furti concepti* est donnée contre celui chez qui l'objet volé a été cherché et trouvé (7) ; la personne à laquelle le voleur est

peine de mort est prononcée, Walter, § 788. Cf. Rein, p. 33 et 201. D'après Zumpt (*op. cit.*, p. 379), la peine de mort ne devait s'appliquer qu'au coupable pris en flagrant délit, hors de ce cas, le fait ne devait donner lieu qu'à une amende, peut-être un peu plus forte que celle des autres vols ; ce qu'il y avait d'excessif dans le châtiment disparut avec le temps, par suite de l'usage que l'on fit du pacte, sans doute admis même dans ce cas, pour soustraire le coupable aux conséquences de son acte.

(1) III, 11. — (2) L. 2, ff. *Arborum furtim cæs.* — (3) Gaius, III, 191. — (4) XI, XVIII, 12. — (5) Gaius, III, 186 et 187 ; *Inst.*, IV, I, 4. — (6) *Sent.*, *l. cit.*, 3 et 5. — (7) Sur le sens du mot *concipere*, v. Vangerow, *De furto concepto*, 1845, Heidelberg. Cette dissertation contient l'histoire développée des systèmes auxquels a donné lieu l'action *furti concepti*. Paul lui-même a traduit ces mots, quand il a dit (*l. cit.*) : « ...Apud quem furtum *quæsitum et inventum* est. »

allé offrir l'objet pour qu'on le trouvât chez elle a contre lui
à son tour une action *furti oblati*, si cet objet a été découvert
dans sa maison (1).

136. Les textes nous parlent aussi du *furtum per lancem
liciumque conceptum* (2). Le droit de faire des recherches dans
la maison d'autrui s'exerçait, ou toujours, ou dans certains
cas, à peu près comme à Athènes ; on tenait un plat à la main
et l'on était couvert d'un vêtement très léger, *linteo*, tel que
l'exigeait la décence. Gaius trouve, sur ce point, la loi des
XII Tables absolument ridicule. Que, en astreignant l'auteur
de la perquisition à tenir un plat, on veuille l'empêcher d'apporter avec soi la chose qu'il prétend volée ou lui permettre
de la remporter, s'il l'a trouvée, la précaution est également
absurde : la chose peut être de telle taille ou de telle nature
qu'il soit impossible de l'apporter en cachette ou de l'emporter sur un plat. La critique de Gaius s'exerce aussi sur la
sanction ; quand la recherche ainsi faite avait amené la découverte de la chose volée, l'habitant de la maison était *fur manifestus*. Mais il n'y a pas deux espèces de *furtum manifestum*,
l'un naturel, l'autre légal, la loi ne pouvant faire qu'un vol soit
manifeste quand il ne l'est pas, mais seulement qu'un homme
soit puni comme s'il avait commis un vol manifeste. A quoi
servait enfin cette disposition ? Celui qui ne veut pas laisser
faire de perquisition à une personne habillée n'en permettra
pas davantage à celle qui aura ôté ses vêtements ; elle s'y opposera même d'autant plus qu'elle aura une peine plus sévère
à redouter (3).

Le motif des formes singulières dont nous venons de parler
est-il un de ceux que donne et que raille Gaius ? Festus en
indique un troisième : l'auteur des perquisitions devait tenir
le plat devant les yeux, parce qu'il pouvait rencontrer des
mères de famille ou des jeunes filles (4).

Vangerow (5) regarde le passage de Festus comme ne pou-

---

(1) V. Théophile, ad *l. cit.*, *Inst.* L'action *furti oblati* n'est pas donnée
contre celui qui a bien apporté la chose, mais sans que ce fût pour qu'elle
fût découverte ailleurs que chez lui. — (2) A. G., XI, XVIII, 9.
— (3) Gaius, III, 192-194. — (4) Festus, v° *Lance et licio.* — (5) *Op.
cit.*, p. 6.

vant être authentique et le trouve dénué de sens ; si le plat était exigé dans l'intérêt de la décence, c'était devant les yeux des femmes qu'il aurait dû être placé. Il comprend qu'on ait forcé l'auteur des perquisitions à enlever ses vêtements, pour qu'il ne pût rien cacher dans les plis du costume antique, à tenir un plat, pour que les mains ainsi occupées ne pussent rien dérober.

D'après d'autres auteurs (1), si l'on s'est moqué de ces formes, c'est parce qu'on ne les a pas comprises ; anciens et modernes se sont trompés ; ils n'y devaient voir que des rites, une cérémonie sacrée, servant à placer la perquisition sous la protection des dieux, à qui l'on demandait de faire connaître la vérité.

Mais une grave difficulté s'élève à propos de la sanction. Gaius dit au § 191 que la peine du *furtum conceptum* est du triple, et au § 192 que celui chez qui l'objet cherché est trouvé *per lancem liciumque* est coupable de *furtum manifestum* et par conséquent en subit la peine. Ce n'est pas seulement le texte de Gaius qui mentionne ces deux pénalités différentes. On trouve dans les *Sentences* de Paul (2) la première règle, et la seconde dans Aulu-Gelle (3). Comment se concilient-elles ensemble ? Y avait-il deux hypothèses distinctes, différemment traitées ? faut-il croire qu'il y ait eu un seul cas, auquel se soient appliquées successivement deux peines, l'une du droit civil, l'autre du droit prétorien ?

D'après Vangerow (4), la connaissance de Gaius ne permet plus guère de croire à la succession de deux règles différentes pour une seule hypothèse. Cette distinction que, dans les paragraphes qui précèdent ou qui suivent, il fait avec tant de soin entre le droit civil et le droit prétorien, il n'eût pas manqué de la faire ici ; il rapporte, au contraire, de la manière la plus expresse, les deux règles à la loi des XII Tables. Aussi Vangerow et la plupart des auteurs modernes pensent-ils qu'il faut distinguer deux hypothèses, celle où la perquisition a été faite sans les formes solennelles, l'habitant d'une maison

_____

(1) V. Schœll, p. 42 et 46. — (2) *L. cit.*, 14. — (3) *L. cit.*, 9. — (4) *Op. cit.*, p. 19 et 29, cf. Walter, § 795.

n'y ayant fait aucune opposition, et celle où les formes ont dû être observées pour triompher de la résistance qu'on avait rencontrée ; dans la première, la peine du triple ; dans la seconde, l'assimilation au *furtum manifestum*. Gaius, dans le § 192, où il semble identifier le *furtum per lancem liciumque conceptum* avec le *furtum prohibitum*, dit bien : « Prohibiti actio quadrupli ex edicto prætoris introducta. » Mais, trouvant l'assimilation précédemment établie par les XII Tables entre cette hypothèse et celle du *furtum manifestum*, l'innovation du préteur s'est bornée à modifier la pénalité pour l'une et pour l'autre en établissant la peine du quadruple.

Schœll, qui rejette l'explication de Vangerow, se demande comment Gaius, s'il y avait deux hypothèses, n'aurait pas marqué ce qui les distingue essentiellement l'une de l'autre, l'opposition ou le défaut d'opposition de la part du maître de maison. Bien plus, ne dit-il pas que la loi des XII Tables n'avait pas établi de peine contre celui qui mettait obstacle à la perquisition (1)? Cette loi ne prévoyait donc pas l'opposition du maître de maison. Si elle l'avait prévue et punie, c'eût été en termes très généraux, et pourquoi Gaius aurait-il dit : *Qui vestitum quærere prohibet, is et nudum quærere prohibiturus est,...* pour montrer qu'elle est ridicule parce qu'elle n'a point pourvu au second cas ? Il faut donc reconnaître que les xii Tables ont traité de même tous les cas de perquisition, qu'il n'y avait qu'une seule espèce de *furtum conceptum*, que les formalités devaient toujours y être observées, que la sanction était toujours la peine du *furtum manifestum*. Il faut revenir à l'opinion généralement admise avant la découverte de Gaius et soutenue même depuis lors par quelques savants, d'après laquelle le *furtum conceptum*, assimilé au *furtum manifestum* par le droit civil, ne fut plus puni que pécuniairement de l'amende du triple, par le droit prétorien. Schœll n'hésite pas à dire que Gaius s'est trompé en attribuant aux décemvirs ce qui fut l'œuvre d'une jurisprudence postérieure (2).

Quelle que soit la force des arguments invoqués à l'appui de cette seconde opinion, il est grave de mettre une telle confu-

______

(1) 192. — (2) P. 42-46.

sion à la charge de Gaius. Nous croyons que le système de Vangerow est encore le plus vraisemblable. Gaius a pu dire que la loi des XII Tables n'avait point porté de peine en cas d'empêchement, parce qu'elle s'était contentée d'établir une assimilation, et peut-être en des termes qui prêtèrent à une critique peu respectueuse quelques siècles plus tard. Ce fut bien le préteur qui donna à une action le nom de *furti prohibiti*, mais cette action, qui entraînait une pénalité nouvelle, s'appliquait à un cas prévu par les décemvirs, et le préteur, en l'établissant, se conforma à l'esprit de ceux-ci, puisqu'il maintint l'identité de peine qu'ils avaient fait résulter d'une assimilation un peu forcée.

137. Les diverses règles que nous venons d'étudier aggravaient souvent la position du *fur nec manifestus*. S'il gardait chez lui l'objet, il s'exposait à la peine du triple, pour *furtum conceptum*; s'il réduisait le propriétaire à faire des perquisitions *per lancem liciumque*, il était assimilé au *fur manifestus*. L'action *furti oblati* était donnée à celui chez qui il avait voulu que la chose fût découverte. Encore ces diverses actions se cumulaient-elles peut-être avec celle du *furtum nec manifestum* lui-même.

138. II. Il n'était pas, dans bien des circonstances, besoin d'une longue procédure pour le *furtum manifestum* : « Non judicium, quippe in manifestos, sed pœnam », dit plus tard Tacite (1). Il en était à Rome comme à Athènes. L'évidence n'empêche pas de nier, mais le voleur, pris sur le fait, qui l'essaierait, serait immédiatement confondu par le témoignage des voisins accourus au secours (2). On doit cependant comprendre que l'évidence, que les témoignages assez dignes de foi pour être crus sans examen peuvent faire défaut et qu'alors un procès véritable devient nécessaire. En tous cas, il ne semble pas que le procès ait pu rentrer dans le système de procédure civile qui a reçu le nom *d'actions de la loi*. Si le voleur avait été arrêté, il pouvait être conduit aussitôt devant le magistrat, sans être cependant soumis à la *manus injectio* pro-

(1) *Annal.*, XI, 6, — (2) Bethmann-Hollweg, *Der Rœmische civil prozess*, § 47, t. I, p. 171.

prement dite. S'il avait échappé ou s'il était impossible de trouver ce magistrait, on recourait à la *vocatio in jus* de droit commun. Le magistrat devait juger lui-même. Le pouvoir de prononcer une *addictio* appartient au magistrat, et c'est une *addictio* qui rend esclave ou met dans une situation analogue l'homme libre pris sur le fait; la punition des impubères est laissée à l'*arbitratus prœtoris* (1) : « On ne peut penser, dit Bethmann-Hollweg (2), qu'un ou plusieurs citoyens Romains aient prononcé sur la personne et sur la vie d'un autre. Mais aussi je ne doute pas que, en cas de peine capitale, il n'ait été possible d'en appeler au peuple de la sentence rendue par le magistrat (3). »

139. Le même auteur enseigne que, dans l'action *furti nec manifesti*, on devait sans doute employer la procédure ordinaire du *sacramentum*, à moins que, par suite de l'aveu, le magistrat ne prononçât immédiatement la peine. Le rapport d'obligation qui résultait du délit avait une précision suffisante pour faire l'objet du pari essentiel dans cette procédure. Le procès pouvait, d'ailleurs, être jugé par le magistrat lui-même ou renvoyé à un juge (4).

---

(5) A. G., *l. cit.*, 8. — (2) *L. cit.*, p. 170. — (3) Cf. Mommsen, *op. cit.*, liv. II, ch. viii, t. II, p. 261 : « En matière criminelle, la justice populaire, jusqu'alors juridiction gracieuse, devient un second ressort régulier (après les XII Tables). » — (4) Bethmann-Hollweg, p. 170-173. Cf. sur les deux actions, Keller, *op. cit.*, p. 63 et 83.

SECTION III

SANCTIONS PÉNALES DU FURTUM D'APRÈS LE DROIT PRÉTORIEN

ART. 1. NATURE DES SANCTIONS PÉNALES

§ 1. — *Objet de l'action* furti. — *Actions au quadruple, au triple et au double.*

140. Les peines du *furtum manifestum* parurent trop rigoureuses et pour l'homme libre et pour l'esclave : le peuple Romain les laissa tomber en désuétude et le préteur les remplaça par une condamnation pécuniaire au quadruple (1).

Des jurisconsultes ont enseigné que ce changement devait être rattaché à la loi Porcia, qui défendit de fouetter et d'enchaîner les citoyens, et à la loi Pœtelia, qui défendit de les réduire en servitude ou, par l'*addictio*, en quasi-servitude (2). Il paraît avoir été plutôt l'œuvre des mœurs. Il n'était pas encore accompli du temps de Caton l'Ancien, qui disait : « Fures privatorum furtorum in nervo atque in compedibus ætatem agunt : fures publici in auro atque in purpura. (3). » La loi Pœtelia avait été portée en l'an 429 de la ville, 323 av. Jésus-

____

(1) Gaius, III, 189 ; A. G., *l. cit.*, 10, et XVI, X, 8. — (2) Heineccius, *l. cit.*, § 10 ; Pothier, ad *tit. de Extr. crim.*, IX, note *b*. Cf. Hotman, *l. cit.*, c. 716. — (3) A. G., XI, XVIII, 18. Il est vrai que, dans un fragment du même Caton, *de Re rustica, procemium*, on lit : « Posuerunt furem duplo condemnari, fœneratorem quadrupli. » Si l'on s'en tenait strictement à ce texte, on ne l'accorderait pas plus facilement avec le système du droit prétorien qu'avec celui des XII Tables ; le *furtum nec manifestum* était en pratique et de beaucoup le plus fréquent, surtout avec l'extension que prenait la notion du *furtum*.

Christ, la loi Porcia en l'an 453 de la ville, 299 ans av. Jésus-Christ, et Caton vécut de 232 à 147 av. Jésus-Christ. Il ne faut pas, d'ailleurs, exagérer la portée de la loi Pœtelia : « Elle n'interdit directement, dit M. Giraud (1), que cette clause de la mancipation consistant dans la promesse des services serviles pour le cas de non-paiement du capital ou des intérêts » Il admet, avec M. de Savigny, que, sauf pour les condamnés à mort, « la loi Pœtelia prohibait, de la manière la plus absolue, l'emploi des moyens violents de cohibition, tels que celui des chaînes et du *nervus*, » mais elle ne touchait à l'*addictio* que par la prohibition rapportée plus haut. Tite-Live dit formellement qu'elle n'avait excepté que les auteurs de délits : « Nisi qui noxam meruissent (2), » en défendant de mettre un citoyen dans les fers. Les diverses lois dont nous venons de parler n'exercèrent leur influence que sur les mœurs qui agirent à leur tour sur le droit (3).

Plusieurs auteurs voient dans la substitution d'une peine pécuniaire à la peine capitale la conséquence du caractère même donné à celle-ci par la loi des XII Tables. Keller (4) range l'action *furti manifesti* dans « cette catégorie d'actions qui semblent avoir été établies en vue d'amener entre les parties une composition, un arrangement, et qui, à raison même de leur but, livraient, en apparence, le défendeur à la merci de son adversaire, laissant au préteur ou au *judex* le soin d'empêcher tout abus ou tout excès. »

La même idée est exprimée avec plus de détail par Zumpt (5), qui en tire toutes les conséquences. La peine capitale n'était pas nécessairement infligée au *fur manifestus*, d'après les XII Tables ; il n'est même pas sûr que cette nécessité ait existé dans le droit antérieur. Le *fur manifestus* avait, en premier lieu à supporter un châtiment corporel, en second lieu à travailler pour indemniser la victime du délit. Si le châtiment cor-

______

(1) *L. cit,*, § 6, p. 112 et 114. — (2) VIII, 28. — (3) D'après Bethmann-Hollweg § 96, t. II, p. 306, on pourrait induire d'un passage de Plaute (*Curculio*, act. V, sc. 2, v. 626) que l'action prétorienne *furti manifesti* existait avant la loi Æbutia. — (4) *De la procédure civile et des actions chez les Romains*, trad. de M. Capmas, p. 395, note 1022, — (5) *Op. cit.*, p. 377 et 378.

porel avait dû être regardé comme une expiation du tort fait
à l'État, il aurait été très difficile d'y soustraire le coupable, au
moins sans faire passer celui-ci par quelque cérémonie religieuse. Mais c'était, selon toute vraisemblance, un moyen d'intimidation ; aussi les décemvirs permirent-ils de le mettre de
côté au moyen d'un pacte, non d'un simple pacte privé, pour
lequel une permission spéciale eût été inutile, mais d'un pacte
qu'il était loisible au magistrat lui-même de négocier. On
arriva au même résultat, à l'intimidation, en imposant au *fur
manifestus* une amende double de celle que supportait le *fur
nec manifestus*. Le changement se fit d'autant plus facilement
que les magistrats y trouvaient l'avantage de supprimer l'appel au peuple en supprimant la peine capitale à laquelle il
était attaché. Il dut être d'ailleurs insensible ; et des cas les
moins graves il passa sans doute à ceux dans lesquels il aurait d'abord paru plus choquant.

Les éléments qui font défaut à l'appui de ce système manquent également pour le critiquer ; ce que l'on peut dire d'une
manière certaine, c'est que la loi des XII Tables avait elle-même
appliqué le système des peines pécuniaires à divers cas de
furtum ; ce fut ce système qu'étendit naturellement le préteur ;
pour maintenir une gradation conforme à l'esprit du droit civil, il adopta un multiple supérieur à ceux qui avaient déjà été
fixés.

141. Quant à la peine du *furtum nec manifestum*, le double
de la valeur, Gaius croit nécessaire de dire que le préteur la
conserva (1).

142. Il en fut de même des deux actions données au triple,
furti concepti et *furti oblati* (2).

143. Il remplaça l'ancienne procédure de la perquisition *per
lancem liciumque*, inutile et incomprise, en établissant l'action
furti prohibiti, au quadruple (3) ; il maintenait l'assimilation

______

(1) Gaius, III, 190. — (2) *Ib.*, 191. — (3) Des formalités nouvelles
ont-elles été substituées aux anciennes ? Faut-il dire que, en vertu de
l'autorité du préteur, on ait recherché des choses volées par l'intermé-
diaires des hérauts et des esclaves publics ? C'est ce qu'enseigne Heineccius (*Antiq. Rom.*, IV, I, 2 ; cf. Pothier, ad *h. t.*, n. XLIV, note *b*). Les
passages de Plaute (*Mercator*, act. III, sc. 4, *in fin.*, v. 648 et 649), et

des XII Tables entre celui qui met obstacle aux recherches et le *fur manifestus* (1).

144. Enfin Justinien rapporte que l'édit du préteur établit une action *furti non exhibiti* contre celui qui n'avait pas exhibé la chose furtive cherchée et trouvée chez lui (2), mais il n'ajoute rien sur le montant de l'action ; le fait de ne pas exhiber était moins grave que celui d'empêcher ; à vrai dire, c'était ce fait même qui donnait lieu à l'action *furti concepti* ; ne serait-ce pas la même sous un autre nom, sous un nom plus nouveau ? S'il était vrai, on s'expliquerait pourquoi il n'en est fait aucune mention par aucun auteur autre que Justinien.

On peut, sans doute, croire qu'au fait de ne pas exhiber devaient s'ajouter certaines circonstances. Quintilien dit que celui chez qui est trouvée une chose volée doit déclarer qu'elle a été apportée dans sa maison à son insu, qu'elle a été déposée ou qu'elle lui a été donnée (3). Serait-ce à propos de l'action *furti non exhibiti* qu'aurait été exigée une telle déclaration, que les textes juridiques ne mentionnent pas à propos des autres actions, et une sanction spéciale aurait-elle été établie contre celui qui aurait refusé de la faire ? Théophile, d'un autre côté, explique le texte de Justinien en le complétant : il suppose que celui chez qui la chose a été cherchée et trouvée ne veut pas la laisser emporter.

Heineccius affirme que l'action *furti non exhibiti* était donnée au double (4), et Rudorff pense qu'elle pouvait être donnée au quadruple (5).

145. En ce qui concerne la pénalité, ce ne fut plus le droit civil qui fut regardé comme étant en vigueur, ce fut le droit prétorien. Celles mêmes des dispositions de la loi des XII Tables qui continuèrent à être suivies eurent besoin d'une

---

de Pétrone (*Satyr.*, c. 97), sur lesquels se fonde cette opinion, se rapportent à la recherche d'esclaves fugitifs, et il y est question d'une investigation à laquelle l'autorité publique prête son concours, non de formalités ayant un caractère officiel et légal. Zumpt (*op. cit.*, p. 375) pense qu'il a pu se former avec le temps un système fondé uniquement sur les mœurs pour donner à la recherche un caractère officiel.

(1) Gaius, III, 192. — (2) *Inst.*, IV, VI, 4. — (3) *Inst. or.*, V, 13. — (4) *L. cit.*, § 24 ; il rapporte à cette action plusieurs passages de Plaute. — (5) Rudorff, *l. cit.* § 36, note 5.

confirmation nouvelle : « Prætor conservat... — a prætore servatur, » dit Gaius (1). Le fond du droit retenait cependant quelque chose de son origine. Les actions demeurèrent perpétuelles, parce qu'elles avaient été établies, les unes dans les XII Tables, les autres à l'imitation des XII Tables (2).

Un titre de l'Édit perpétuel fut consacré aux *furta* (3).

§ 2. — *Forme de l'action* FURTI.

146. Les diverses actions créées ou maintenues par le préteur empruntent leur forme au système de procédure désormais usité en matière civile, au système formulaire. Rien ne s'y oppose, puisqu'elles aboutissent toutes à des condamnations exclusivement pécuniaires.

Gaius rapporte les termes de la formule, pour nous faire connaître la fiction au moyen de laquelle une action « nostris legibus constituta » peut être exercée contre un étranger (4). Nous savons pourquoi cette expression : « nostris legibus constituta » peut être employée, même quand on parle des actions qui entraînent une pénalité déterminée par le préteur. La qualification, le droit d'agir sont d'origine civile.

La formule donnée par Gaius est ainsi conçue : « Judex esto. Si paret (ope) consiliove Dionis Hermæi filii furtum factum esse pateræ aureæ, quam ob rem eum, si civis Romanus esset, pro fure damnum decidere oportere, *et reliqua* ».

147. Nous reviendrons sur les mots *(ope) consiliove*; nous voyons dès maintenant qu'ils ne semblent point particuliers aux complices ; c'est un auteur principal que Gaius suppose poursuivi : *« veluti si furtum faciat peregrinus et cum eo agatur. »*

148. Les mots *pateræ aureæ* nous montrent que l'objet volé était indiqué dans la formule.

Ulpien trace les règles suivantes : « Dans l'action *furti*, il suffit que la chose soit indiquée de manière à pouvoir être

______

(1) Gaius, III, 190 et 191. — (2) *Id.*, IV, 111 ; *Inst.*, IV, XII, pp. — (3) V. not. l. 195 § 3, ff. *de Verb. sign.* Cf. Rudorff, *l. cit.*, § 134, note 1. — (4) IV, 37.

reconnue. — Il n'est pas nécessaire de parler du poids des vases ; il suffit de dire : un plat, un disque ou une patère, mais il faut spécifier la matière, or, argent ou autre (ce qui s'accorde bien avec le texte de Gaius). — Si l'on réclame de l'argent non travaillé, il faut dire : un lingot d'argent et en indiquer le poids. — Quand il s'agit de monnaie, il faut indiquer le nombre des écus et dire qu'il manque, par suite du vol, tant ou tant de pièces d'or. — Quand il s'agit d'un habit, faut-il en indiquer la couleur ? Oui, certainement ; de même que, à propos de vases, on doit dire : une patère d'or, on dira de quelle couleur est l'habit. Cependant, si quelqu'un jure qu'il ne peut indiquer la couleur avec certitude, il doit être dispensé de donner cette indication (1). » Ce serment doit évidemment être prêté devant le magistrat qui délivre la formule.

149. Les mots: « pro fure damnum decidere oportere, » expriment la conséquence juridique du délit, une fois qu'il est vérifié. Mais ils ont singulièrement embarrassé les commentateurs.

Decidere est-il dans le langage antique des XII Tables synonyme de *transigere*, « id est, de *furto pacisci*, » comme disait Cujas (2) ? Si tel est le sens du mot, il ne se comprend guère dans la formule, où il ne peut être parlé de transaction. Parmi les diverses explications proposées, Bethmann-Hollweg adopte celle qui consiste à dire que le voleur doit payer le tort causé au demandeur par la violation du droit (3). Pour Rudorff (4), « *pro fure damnum*, c'est la peine pécuniaire que le voleur doit payer pour être renvoyé ».

« Ici, dit M. de Savigny (5), *damnum decidere* signifie satisfaire la personne volée, la désintéresser ; aussi cette expression s'applique-t-elle également à la transaction (6) ; on l'applique même à l'acte de la personne volée qui reçoit satisfaction (7). Néanmoins une acception ordinaire était celle que nous trouvons dans la formule et relative à l'obligation du voleur.

______

(1) L. 19, ff. *h. t.* Cf. l. 52 § 25, ff. *h. t.* — (2) *Obs.*, X, 11 ; cf. Rudorff, *op. cit.*, § 134, note 5. — (3) § 95, note 32. — (4) *Op. cit.*, § 134, note. — (5) *Traité de Droit Romain* (*système du Droit Romain moderne*), trad. de M. Guenoux, App. XIV, n. XX. — (6) L. 9 § 2, ff. *de Min.*, IV, 5 ; l. 13, C. *h. t.* — (7) L. 46 § 5, ff. *h. t.*

Cette locution avait évidemment un sens plus général que *dare*, car elle pouvait comprendre l'*addictio* du *fur manifestus*, ce que ne comportait pas le mot *dare* ». M. de Savigny revient plus loin sur cette dernière idée : « Il y avait encore dans l'ancien droit un autre motif et un motif grave pour ne pas appliquer à la *furti actio* le *dare facere oportere*. D'après les XII Tables, le *fur manifestus* encourait, non une peine pécuniaire, mais la perte de la liberté ; il devait souffrir l'*addictio*. On ne pouvait appliquer ici ni *dare* ni *facere*, mais l'expression indéterminée *decidere* embrassait sous une même formule toutes les espèces de *furti actio*. Ce motif cessa d'exister quand le préteur eut établi pour ce *furti manifesti* la peine pécuniaire du quadruple de la valeur (1). »

Nous nous permettrons d'exprimer nos doutes sur la pensée développée ici à deux reprises par l'illustre jurisconsulte. Les peines rigoureuses de la loi des XII Tables n'étaient-elles pas tombées en désuétude quand le système formulaire s'établit ? Dès lors le magistrat qui rédigeait la formule eut-il jamais à chercher un mot assez large pour les comprendre ? Le juge du nouveau système pouvait-il prononcer des peines capitales ? se serait-on servi du mot *addictio* pour indiquer le pouvoir qu'il aurait eu de réduire l'homme libre en esclavage ? Le mot *damnum decidere* aurait-il jamais embrassé le droit de condamner l'esclave à mort ? Le dernier supplice a-t-il rien de commun avec l'idée de désintéresser celui qui a subi un dommage ? Cette idée, au contraire, ne semble-t-elle pas ne s'accorder qu'avec le système des peines pécuniaires ?

L'expression *damnum decidere* soulève une autre difficulté. Si elle signifie exactement réparer le dommage, et si cependant nous la retrouvons dans la formule d'actions qui tendent, non à obtenir une indemnité, mais à faire prononcer des peines, faut-il croire qu'il y ait eu un temps où les deux choses n'étaient pas distinguées, au moins quand la pénalité était pécuniaire ? où par exemple, la condamnation au double contre le *fur nec manifestus* comprenait l'indemnité (2) ? Le préteur, en

(1) *L. cit.*, *ib.*, XXVI. — (2) *Sic*. M. de Savigny, *Traité*, § 211, note *l*. Nous avons même vu qu'elle était regardée par Walter et par M. Mommsen comme destinée à compenser le tort causé par le délit.

généralisant le système des peines pécuniaires et en posant désormais la distinction des deux classes d'actions, *rei* et *pœnæ persequendæ causa*, aurait conservé une expression consacrée par l'usage. Ce qui donnerait quelque vraisemblance à cette conjecture, c'est le passage où Aulu-Gelle dit que les impubères pris en flagrant délit sont, suivant l'appréciation du préteur, fouettés de verges et condamnés à réparer le dommage causé (1); il n'est point question de deux actions distinctes. Pourquoi une seule action n'eût-elle pas suffi, dans le cas de *furtum nec manifestum*, où la peine par son caractère pécuniaire, offrait tant de ressemblance avec une réparation civile? Sans doute, l'objet lui-même devait toujours être restitué ou pouvait être revendiqué, tant qu'il existait (2), mais aurait-on pensé qu'une autre satisfaction civile pût être demandée par une voie séparée?

Ce qui nous paraît vraisemblable, c'est que les expressions *pro fure damnum decidere oportere* durent être employées d'abord pour le *furtum nec manifestum*. Il est difficile de croire qu'elles n'impliquent pas l'idée d'une satisfaction pécuniaire. Mais il s'agissait d'une peine et non d'une simple satisfaction. On peut répondre d'abord que l'action embrassait l'une et l'autre, si elle devait exclure toute satisfaction autre que la revendication ou que la restitution de l'objet en nature. Ajoutons que ce cas n'eût pas été le seul où la loi des XII Tables ait employé *damnum decidere* pour une action entraînant une condamnation au multiple : « Fructus duplione damnum decidito, » était-il dit dans la XIIe Table, à propos d'une tout autre matière. Enfin, si ces expressions sont dans une partie de la formule, la fixation de l'amende peut se trouver dans une autre, dans la *condemnatio*. Le demandeur commence par établir le fait du vol et l'obligation qui en résulte ; de là résultera la condamnation à une amende dont le montant sera facilement déterminé au moyen d'une multiplication (3).

<hr>

(1) XI, XVIII, 8, — (2) Bethmann-Hollweg, *l. cit.*, p. 173. — (3) Walter, § 793, donne à la formule, dont le texte est rapporté par Gaius, le sens suivant: « Sous le régime de l'édit, il fut établi que la demande d'une indemnité pécuniaire considérée comme action civile devrait précéder l'action prétorienne pour le quadruple ou le double. »

150. Gaius range l'action *furti* parmi celles dont la formule était *in jus concepta*, parce que le juge avait à statuer *de jure* : c'étaient les mots : « pro fure damnum decidere oportere », qui lui donnaient ce caractère (1). Faut-il restreindre cette décision à l'action *furti nec manifesti*, ce qu'il n'a pas fait lui-même ? Mais comment douter de l'analogie qui existait entre les deux actions (2) ? On peut, d'après certains auteurs, rattacher l'action *furti manifesti* à cette classe d'actions, dites fictices, où le préteur imitait le droit civil (3).

151. Avec les éléments certains que fournit Gaius sur l'action *furti* et avec ceux que l'on peut trouver, soit chez cet anteur, soit chez d'autres, sur les actions en général, on a plusieurs fois essayé de reconstruire les formules complètes qui devaient être employées dans les divers cas.

D'après Bethmann-Hollweg (4), voici quelle serait celle de l'action *furti nec manifesti* : « Quod N^{us} N^{us} A° A° furtum fecit pateræ aureæ, qua de re agitur ; — si paret ob eam rem N^{um} N^{um} A° A° pro fure damnum decidere oportere ; — quanti paret eam rem fuisse, tantæ pecuniæ duplum judex N^{um} N^{um} A° A° condemna : si non paret absolvito. »

Celle du *furtum manifestum* est ainsi présentée par le même auleur : « Quod N^{us} N^{us} A_0 A° furtum manifestum fecit pateræ aureæ ; — tum si ob eam rem N^{um} N^{um} A_0 A_0 ex lege verberari itemque A° A° *adjudicari* (5) oporteret ; — Quanti ea res fuit, tantæ pecuniæ judex N^{um} M^{um} A_0 A° quadruplum condemnato ; s. n. p. a. : (6). » L'auteur, nous l'avons dit, regarde cette action comme fictice.

Rudorff suit de beaucoup plus près la formule de Gaius ; « Si paret ope consilio N^i N^i A_0 A° furtum factum esse pateræ aureæ, quam ob rem eum pro fure damnum decidere oportet (oporteret, si civis Romanus esset), quanti eam

<hr>

(1) IV, 45. — Savigny, *Système*, App. XIII, VIII. — (3) Bethmann-Hollweg. § 96, III, p. 306. — (4) *Id.*, 96, p. 300 et 301. — (5) Si ce mot avait été employé, il eût levé tous les doules sur l'état de *l'addictus*. Sans doute l'écrivain le prend ici de préférence au mot propre *addici*, parce que celui-ci, désignant un acte qui rentre dans la compétence exclusive du magistrat, n'aurait pu servir de base à une fiction sur laquelle on eût fondé la compétence du juge. — (6) § 96, p. 306.

rem paret esse, tantæ pecuniæ quadrupli judex N^{um} N^{um} A° A₀ condemna. Si non paret, absolvito (1). »

Bethmann - Hollweg supprime les mots *ope consiliove* qu'il regarde comme se rapportant exclusivement au complice. Si Rudorff les reproduit, ce n'est pas qu'il les entende autrement ; il nous avertit en note (2) que le *furtum manifestum* ne donne pas lieu à une action contre le voleur lui-même. C'es une idée que nous avons déjà rencontrée. Mais il faut se garder de l'exagérer. En cas d'aveu et conformément aux principes généraux du droit Romain, en cas d'évidence même, si le coupable était non seulement surpris en flagrant délit, mais pris et aussitôt conduit au magistrat, celui-ci pouvait souvent prononcer lui-même. Encore devait-il y avoir non moins souvent à faire apprécier par un juge la valeur qui devait être multipliée. Mais que de fois les faits eux-mêmes ne pouvaient-ils pas être contestés, surtout avec l'extension que l'opinion de quelques jurisconsultes, que, dans certains cas, l'opinion générale donnait au *furtum manifestum* ? Gaius dit : « si furtum faciat peregrinus et *cum eo agatur...* » C'est bien le voleur lui-même qu'il suppose poursuivi ; c'est contre lui qu'une formule est délivrée, contenant les mots : « ope consiliove. » A moins de récuser le témoignage formel de Gaius, il faut admettre que ces mots entraient dans la formule de toute action *furti*. Ils étaient regardés sans doute comme assez larges pour embrasser l'auteur principal en même temps que les complices.

Le témoignage de Cicéron vient fortifier celui de Gaius. Cicéron, en effet, parle de cette action, *ope consilioque tuo furtum aio factum esse*, dans un passage où il est impossible de croire qu'il songe au complice et non à l'auteur principal (3).

(1) § 35. — (2) Note 2. Cf. M. Maynz , § 354, note 27. — (3) *De Nat. Deor.*, III, 30. En ce sens, Keller, *op. cit.*, note 220. Cujas (ad lib. XII, *Quæst. Pap.*, ad 1. 80 § 3, *h. t.*) pensait que la loi des XII Tables avait donné contre le complice une action au double, dont il trouvait la formule, avec les mots *ope consilio*, dans la loi 27 § 21, ff. *ad leg. Aq.*

§ 3. — *De la Représentation.*

152. En principe, dans l'ancien droit Romain, il n'était pas permis de se faire représenter devant la justice ; le besoin de punir les coupables fit déroger à cette règle par la loi Hostilia en faveur du demandeur. On put exercer l'action *furti* au nom de ceux qui étaient captifs chez les ennemis, ou qui étaient absents pour le service de la république, et au nom de ceux qui étaient sous la tutelle des uns ou des autres (1). La représentation, d'abord interdite, finit par se faire admettre. Les défendeurs à l'action *furti* en usèrent sans doute très largement de leur côté, parce qu'elle leur fournit le moyen d'échapper à l'infamie, nous le verrons plus loin.

ART. II. COMMENT SE DÉTERMINE LA VALEUR A MULTIPLIER.

153. Les actions sont données au quadruple, au triple, au double, mais quelle est la valeur qu'il s'agit de multiplier ? On doit rechercher d'abord quel est l'objet du *furtum*, puis comment il sera estimé, enfin en quel temps il faudra se placer pour faire cette estimation.

§ 1. — *De l'objet du* FURTUM.

154. I. On considère l'objet réellement volé, le voleur se fût-il trompé sur la valeur ou en eût-il pris un pour un autre : « Si quelqu'un a volé du cuivre, croyant voler de l'or, ou à l'inverse, d'après le livre VIII de Pomponius sur Sabinus, s'il a cru qu'il y avait moins quand il y avait plus, il a commis le *furtum* dans la mesure de ce qu'il a dérobé, et Ulpien décide de même (2). » Malgré l'erreur, les conditions essentielles du *furtum* ont existé par rapport à l'objet dérobé. Tant pis pour le voleur, si l'objet du vol a plus d'importance qu'il ne le croyait. On ne peut dire que l'*animus furandi* fasse

(1) *Inst.*, IV, X, pp. — (2) L. 21 § 2, d'Ulpien, ff. *h. t.*

défaut dans la mesure où la valeur dépasse son appréciation ou son attente.

L'objet est regardé comme volé tout entier, alors même que les conditions essentielles du *furtum* font défaut à l'une des parties intégrantes.

« Le voleur a cru que l'anse d'une coupe lui appartenait ou même elle lui appartenait réellement : Pomponius décide que le *furtum* porte sur toute la coupe (1). »

155. II. Quand, étant donnés plusieurs objets distincts, le *furtum* a porté sur un seul, on ne doit pas tenir compte des autres dans la valeur à multiplier.

a. Il y avait dans le même lieu plusieurs objets, par exemple, dans le même cellier plusieurs amphores de vin ; chacune de ces amphores fera l'objet d'un *furtum* spécial, ce ne sera pas le cellier tout entier qui sera volé ; il en sera comme du cas où, plusieurs objets mobiliers se trouvant réunis dans un grenier, un seul est dérobé (2).

b. Ce n'est pas toujours *l'animus furandi* qui inspire la *contrectatio.* Celui qui brise un objet sans avoir l'intention de se l'approprier n'est pas tenu *furti* de ce chef (3), mais, quand il se propose ainsi de dérober un objet différent, quand, par exemple, c'est pour prendre des perles qu'il brise un coffre, la connexité des deux actes pourrait motiver une décision différente. Le jurisconsulte n'en décide pas moins que les perles seules seront regardées comme faisant l'objet du *furtum* (4).

c. Les deux objets distincts ont, comme dans l'hypothèse précédente, été maniés, mais un seul avec l'intention de commettre un vol : « Si quelqu'un a soustrait deux sacs, contenant, l'un dix, l'autre vingt pièces, croyant que l'un lui appartenait et sachant que l'autre était à autrui, il est certain qu'il n'a commis un *furtum* que par rapport au second de ces sacs, comme, dans le cas où l'on dérobe deux coupes, l'une que l'on croit sienne, l'autre que l'on sait être la chose d'autrui, le *furtum* ne porte que sur la première (5). »

---

(1) *Ead.* l. § 4. Cf. l. 22 § 2, ff. *h. t.* — (2) *Ead.*, l. § 6. — (3) L. 22 pp., ff. *h. t.* — (4) *Ead.* l. § 1. — (5) L. 21 § 3 *cit.*

Le principe que nous avons posé reçoit une exception, quand, de deux choses soustraites, l'une est principale et l'autre accessoire. Nous avons vu que celui qui vole un sac d'argent est regardé comme ayant volé, non seulement l'argent auquel il a pensé, mais encore le sac dont il ne se souciait aucunement.

156. III. Quand il s'agit d'une certaine quantité d'objets qui se comptent, se pèsent ou se mesurent, le vol de la partie est-il regardé comme le vol du tout ?

Les jurisconsultes ont hésité sur cette question ; ils ont fini par répondre négativement.

« Celui qui vole un boisseau dans un tas d'avoine vole-t-il le tas ou le boisseau ? Le tas, d'après Ofilius, comme celui qui touche l'oreille de quelqu'un, dit Trebatius, est censé l'avoir touché tout entier : par conséquent, celui qui a ouvert un tonneau pour emporter une petite quantité de vin est censé avoir volé, non-seulement ce qu'il a emporté, mais le tout. La vérité est qu'ils sont tenus de l'action *furti* dans la mesure de ce qu'ils ont emporté. Car, si quelqu'un ouvre une armoire qu'il ne peut emporter, touche à tous les objets qui s'y trouvent, puis s'en va, revient et en emporte un, et qu'il soit saisi avant d'être arrivé au lieu de sa destination, il sera voleur manifeste et non manifeste de la même chose. De même celui qui, dans le jour, coupe la moisson et y porte la main ensuite, est voleur à la fois manifeste et non manifeste de ce qu'il coupe (1). »

De ce texte, il résulte que, d'après Ulpien, c'est la partie volée qui devra être multipliée. Dans un autre paragraphe de la même loi, il décide de même sur des hypothèses analogues, en se bornant à dire : « Et magis est (2). »

La fin du texte n'est pas claire. Il semble que le *furtum* soit *nec manifestum* à l'égard de tout ce que le voleur a touché d'abord, et de plus, *manifestum* à l'égard des objets ou de la

(1) L. 21 pp., ff. *L. t.*: « Vulgaris est quæstio, » dit Ulpien, en commençant ; ce texte a beaucoup embarrassé les interprètes, et ils en ont donné des explications très diverses. V. Rein, p. 308, note. — (2) § 5. Pothier, ad *h. t.*, VIII, notes *f* et *g*.

partie de là moisson saisis sur lui, qui ont été maniés à deux reprises.

Quand le tout est soustrait, mais qu'une des conditions essentielles du *furtum* fait défaut relativement à une partie, il faut la mettre de côté pour arriver à l'estimation : « Si celui qui avait remis en dépôt un sac contenant vingt pièces d'or reçoit par suite de l'erreur du dépositaire un autre sac dans lequel il sait que se trouvent trente pièces d'or, mais avec la pensée que ses vingt pièces y sont contenues, on décide qu'il n'est tenu *furti* que pour dix pièces (1). »

Il fallut un sénatus-consulte pour qu'une règle contraire fût applicable en cas de naufrage (2).

157. IV. Si l'objet dérobé a subi une transformation depuis le vol, le demandeur peut également exercer l'action *furti* à raison de ce qu'il était sous sa première forme comme à raison de ce qu'il est devenu. C'est un lingot d'argent, c'est du raisin qui a été volé ; le premier a été transformé en coupes, avec le second on a fait du vin ; l'action *furti* est donnée à raison du lingot ou des coupes, du raisin ou du vin (3).

Si le changement de forme avait produit quelque hésitation, elle devait disparaître devant cette idée que les faits postérieurs au vol ne sauraient porter atteinte au droit du propriétaire, qu'ils peuvent seulement lui profiter.

158. V. Si plusieurs faits, dont chacun constituerait un *furtum*, sont commis relativement à la même chose, sans que l'intérêt du propriétaire subisse une lésion plus grave, il n'y a lieu qu'à une action *furti* et la peine reste la même. Il en est comme d'un seul *furtum* qui se prolonge. Celui qui a volé les tablettes est tenu dans la mesure de l'intérêt du propriétaire ; si, après les avoir dérobées, il efface ce qui s'y trouve écrit, il n'encourt pas une peine plus élevée (4). Ce n'est pas pour faire croître indéfiniment le bénéfice de la personne volée que les jurisconsultes ont étendu la notion du *furtum ;* c'est pour frapper sûrement certains faits d'improbité.

(1) *Ead.* 1. § 1. — (2) L. 3 § 8, ff. *de Incendio*, XLVII, 9. Cf. Voet, ad *h. t.*, 11. — (3) L. 52 § 4, ff. *h. t.* — (4) L. 28, ff. *h. t.*

§ 2. — *Comment est estimé l'objet du* FURTUM.

159. Ce qu'il faut multiplier, c'est, non la valeur vénale de l'objet, mais l'intérêt qu'avait la personne volée à ce que le vol ne fût pas commis.

« Celui qui soustrait des tablettes ou des obligations est tenu par l'action *furti*, non-seulement à raison de la valeur des tablettes elles-mêmes, mais encore à raison de l'intérêt lésé par le vol (*ejus quod interfuit*) : ce qui se rapporte au montant de la somme inscrite sur les tablettes, si l'intérêt est égal ; par exemple, c'était un *chirographum* de dix pièces d'or qui était porté sur les tablettes ; on doublera ce chiffre. Mais, si elles étaient inutiles parce que le paiement avait eu lieu, ne va-t-on pas s'en tenir seulement à la valeur des tablettes ? Quel est l'intérêt de celui à qui elles appartiennent ? On peut dire encore qu'il y en a un, car les débiteurs demandent quelquefois la restitution des tablettes, ou ils chicanent (*calumniantur*) en alléguant qu'ils ont payé sans devoir, et les créanciers ont intérêt à conserver leurs tablettes pour prévenir tout débat de ce genre. Il faut dire, d'une manière générale, que c'est l'intérêt qui est doublé (1). »

Le maître d'un esclave qui avait été institué héritier et qui a été volé fera entrer dans l'estimation la valeur de l'hérédité dont l'addition n'a pas eu lieu (2). Le débiteur qui encourt une clause pénale parce qu'on lui a volé l'objet qu'il devait livrer comprendra également la peine dans son calcul (3).

Mais Ulpien, à qui appartiennent les deux textes dont nous avons reproduit les décisions, semble professer ailleurs une doctrine opposée : « Dans l'action *furti*, ce n'est pas l'intérêt qui est quadruplé ou doublé ; c'est la valeur réelle de la chose, *rei verum pretium* (4). » Le même jurisconsulte veut qu'on s'en tienne à la valeur vénale de l'esclave affranchi conditionnel-

---

(1) L. 27 pp., ff. *h. t.*, d'Ulpien. Les §§ 1 et 2 traitent de la même hypothèse, mais en ajoutant des circonstances qui font disparaître l'intérêt du créancier. — (2) L. 52 § 28, ff. *h. t.* — (3) L. 17 § 1. *h. t.*, de Celse. — (4) L. 50 pp., ff. *h. t.*

lement, s'il est volé et que l'action soit exercée avant l'événement de la condition (1).

D'après Papinien, il n'y a lieu d'estimer l'intérêt que dans les cas où, l'action *furti* étant exercée par un autre que le propriétaire d'un objet volé, il est absolument impossible de multiplier la valeur même de cet objet (2).

Comment expliquer cette contradiction, non seulement entre divers jurisconsultes, mais encore entre les divers textes d'un même auteur, Ulpien ?

Il semble bien qu'il y ait eu sur la question une véritable controverse : « Alioquin diversum probantibus statui facile quantitas non potest » dit Papinien. Ceux qui n'admettent jamais d'autre base de calcul que l'intérêt ont en certains cas beaucoup de peine à le déterminer. C'est contre un système absolu que se prononce Papinien, dont nous reprenons le texte en son entier. 1. Il admet l'intérêt comme base, quand l'action *furti* est exercée par un autre que le propriétaire. 2 Il s'en tient à la valeur vénale, quand l'action est exercée par le propriétaire et que celui-ci n'a pas un intérêt supérieur à cette valeur : « Idque et in statuliberis et in legato sub conditione relicto probatur. » Il ne veut pas qu'on descende au-dessous de la valeur vénale, en tenant compte de la réduction qu'elle souffre par suite de la condition qui peut apporter la liberté à l'esclave, un droit définitif au légataire ; cette réduction lui paraît trop difficile à calculer. 3 Si le propriétaire a un intérêt supérieur à la valeur vénale, c'est l'intérêt qui devient le *simplum* : « ad destinationem corporis, *si nihil amplius intersit*, utilitas mea referenda est. »

C'est la seconde de ces hypothèses qu'Ulpien prévoit dans la loi 52 § 29 ; il cite les mêmes exemples que Papinien, l'esclave *statuliber*, la chose léguée sous condition, et il arrive à la même conclusion : il veut qu'on s'attache à la valeur vénale ; il n'ajoute pas : « dans cette hypothèse déterminée, » mais il nous est permis de l'ajouter pour le mettre d'accord avec lui-même.

La valeur vénale de la chose serait un *minimum* au profit

---

(1) L. 54 § 29, ff. *h. t.* — (2) L. 80 § 1, ff. *h. t.*

du propriétaire, quand c'est lui qui exerce l'action. Il faudrait
entendre en ce sens ce que dit Ulpien, l. 50 pp. *h. t.*: « Ce n'est
pas l'intérêt qui est quadruplé ou doublé ; c'est la valeur réelle
de la chose (1) »

Paul fait connaître une difficulté soulevée au sujet de la
doctrine qui prend l'intérêt pour base du calcul et il la résout :
« Quelques-uns croient que dans l'action *furti* il faut se borner
à estimer les tablettes ; car, si l'on peut prouver devant le
juge de cette action le montant de la dette, on fera aussi bien
cette preuve dans le procès qui aura pour objet le paiement
de la dette, et, si la preuve ne peut être fournie dans l'action
furti, il est impossible d'établir l'intérêt ; mais il est possible
que, après le *furtum* commis, le demandeur ait recouvré ses
tablettes, ce qui lui permet de prouver quel eût été son intérêt, s'il ne les avait pas retrouvées. — Le demandeur avait
prêté de l'argent sous condition et les témoins, dont il aurait
invoqué l'attestation, peuvent mourir pendant que la condition est pendante. Supposons encore que j'aie demandé de l'argent prêté et que j'aie perdu mon procès, parce que je n'ai
pu représenter les témoins et ceux qui avaient certifié l'affaire
par l'apposition de leurs sceaux ; quand j'agirai *furti*, je pour-
rai profiter de leur présence et invoquer leurs souvenirs pour
prouver le prêt (2) ». La difficulté de la preuve dans un cas
déterminé n'empêche pas la doctrine d'être exacte.

(1) M. de Savigny dit que, dans la pensée d'Ulpien, « le contraste
porte sur les différentes époques où peut se faire l'estimation, non sur la
différence entre la valeur vénale et l'intérêt, » qu'il faut, par conséquent
s'attacher à la valeur vénale de la chose au moment du vol, cette valeur
eût-elle diminué ensuite (*Système, App.*, XII, VII). Après avoir rapporté cette opinion. M. Demangeat dit : « Je suis plutôt disposé à croire
qu'Ulpien veux dire qu'il n'y a pas à tenir compte d'un préjudice qui ne
résulte pas certainement et directement du *furtum* ou qui n'est pas facilement appréciable en argent. » (*L. cit.*, p. 39). M. Ortolan se borne à
dire : « Cette règle (d'après laquelle c'est l'indemnité du préjudice qui
doit être doublée ou quadruplée) doit être tenue pour vraie et incontestable, malgré la contradiction apparente que présente à ce sujet un texte
d'Ulpiens, lequel d'ailleurs reconnaît et applique lui-même la règle dans
d'autres exemples. » (n. 1727). — (2) L. 32 pp. et § 1 ff. *h. t.* Cujas,
in lib. XII, *Quæst. Pap.*, ad. 1. 80 § 1, *h. t.* Faber, *Rat. ad Pand.*,
ad l. 3 *de Cond. furt.*, enseigne que c'est le *verum rei pretium* et non
le *quod interest* qui doit être multiplié. D'après Duaren (in *h. t.*, c.
VII), si le propriétaire agit, c'est le *verum rei pretium*, si tout autre
a l'action, c'est le *quod interest* qui doit être doublé.

§ 3. — *En quel temps il faut se placer pour faire l'estimation.*

160. I. L'action *furti* ne s'éteint pas parce que la chose volée vient à périr (1), à plus forte raison parce qu'elle perd de sa valeur (2). C'est au temps où le vol a été commis qu'on se place dans le second cas, pour apprécier le *simplum* (3), et il en est nécessairement de même dans le premier.

Cette décision est-elle absolue ? Le texte qui la contient est celui où Ulpien déclare que c'est la valeur vénale qui doit être multipliée. L'appliquera-t-on également dans les cas où c'est l'intérêt de la personne volée qui sert de *simplum* ?

Celui qui étudie le vol d'un objet dû sous une clause pénale ne comprend dans le *simplum* que la peine réellement encourue : « ideoque eam sufferre necesse fuit (4), » et Ulpien suppose que l'esclave institué est mort sans avoir fait adition quand il embrasse dans le calcul le montant de l'hérédité (5).

Telle n'est pas, d'un autre côté, la doctrine de Paul, dans la loi 32 pp.ff. *h. t.*, que nous traduisions tout à l'heure : le créancier a recouvré ses tablettes, quand il les produit devant le juge pour établir le montant de l'intérêt lésé par le vol, et il s'en sert aussi pour faire la preuve de sa créance contre son débiteur.

S'il y a eu divergence entre les jurisconsultes, l'opinion de Paul semble plus conforme à la nature même de l'action *furti* que celle de Celse et d'Ulpien. Il ne s'agit pas de faire réparer un dommage, mais de faire subir une peine. Pourquoi le voleur, dont la culpabilité se détermine au moment du vol, profiterait-il d'un événement postérieur ? Il n'en profite pas, c'est Ulpien qui le décide, quand cet événement est la perte, la dépréciation ou la détérioration de la chose et qu'on prend la valeur vénale de celle-ci pour la multiplier.

A la rigueur, cependant, la décision peut se comprendre, lorsque l'action *furti* est exercée par le propriétaire et, en cas de *furtum rei*, s'il est admis que le *simplum* ne puisse jamais

(1) L. 4 p. et l. 50 pp., ff. *h. t.*, l. 9 C. *h. t.* — (2) L. 50, *pp. cit.* — (3) *Ib.* — (4) L. 67 pp. ff. *h. t.* — (5) L. 52 § 28 *cit.*

alors être inférieur à la valeur vénale qu'avait la chose au moment du vol. Du moins, il y aura toujours une base sérieuse pour la multiplication. Mais, quand on est forcé de s'en tenir à l'intérêt, quand ce n'est pas le propriétaire qui agit, ou même quand le propriétaire se plaint d'un *furtum usus* et non d'un *furtum rei*, que restera-t-il de l'action *furti*, si la multiplication s'opère sur un intérêt qui peut s'être évanoui depuis le *furtum* commis? Que celui qui a volé la chose entre les mains d'un commodataire la lui restitue le lendemain sans l'avoir détériorée, que deviendra la peine?

161. II. Si la chose a augmenté de valeur après le vol, on prendra la plus haute valeur qu'elle ait atteinte, ne l'eût-elle pas gardée jusqu'à la délivrance de la formule ou jusqu'à la sentence : « Car il faut admettre (*verius est*) que même à ce moment il y a un *furtum* commis (1). » Le *furtum* est un délit qui se renouvelle sans cesse, tandis que l'objet demeure dans les mains du voleur. Un petit esclave grandit chez celui qui l'a volé ; après avoir été volé comme *infans*, il continue à l'être comme adolescent ; il n'y a qu'un *furtum*, mais on calculera le double d'après la plus haute valeur que l'esclave ait eue chez le voleur : « Quoi de plus ridicule, en effet, que de soutenir que la prolongation du *furtum* peut améliorer la condition du voleur (2) ? »

162. Les contradictions des jurisconsultes, qu'on ne peut regarder toutes comme simplement apparentes, trahissent une doctrine peu précise en elle-même et mal affermie. Il est probable que, même à l'époque classique, elle n'était pas unanimement adoptée ; il est possible qu'elle ne fût pas professée depuis longtemps. Elle est un peu trop compliquée pour être très-ancienne.

Les jurisconsultes classiques, à propos de cette question, si importante cependant, ne citent plus ceux qui les ont précédés, Sabinus, par exemple, qui avait écrit sur le *furtum* en particulier et dont l'ouvrage avait tant d'autorité. A mesure que la notion du *furtum* se modifia et s'étendit, peut-être la manière de déterminer la base de la peine subit-elle aussi un changement. Le nombre des actes que l'on comprenait dans

(1) L. 50 pp., *cit.* — (2) L. 67 § 2, ff. *h. t.*

le *furtum* parce qu'ils violaient le droit et lésaient l'intérêt
des propriétaires était de plus en plus grand ; on voulut aussi
étendre la protection à tous les genres d'intérêt que blessait
la violation du droit ; les éléments qu'une autre législation
ferait rentrer dans le calcul de l'indemnité réclamée par une
action civile servirent à déterminer le montant de la somme
obtenue au moyen d'une action pénale.

ART. III. A QUI APPARTIENT L'ACTION Furti.

164. Gaius pose (1) et Justinien reproduit (2) la règle suivante : « L'action *furti* appartient à celui qui est intéressé à ce
que la chose soit conservée, ne fût-il pas le propriétaire. C'est
pourquoi elle n'appartient au propriétaire que s'il est intéressé à ce que la chose ne soit pas perdue. »

Nous aurons à nous demander si cette règle permet d'expliquer toutes les décisions données par les jurisconsultes à
propos de l'action *furti*. Dans le droit classique comme dans
celui de Justinien, elle est en termes absolus (3).

Ceux qui ont posé la règle n'ont pas dit en même temps de
quel genre d'intérêt il s'agit.

Il faut que le vol expose la personne à subir une perte, non
à manquer un gain (4).

Le droit Romain, du reste, ne se préoccupe pas plus ici qu'en
beaucoup d'hypothèses de ce genre de perte qui consiste dans
la privation d'un objet déterminé ; il recherche si le patrimoine d'une personne subit une diminution appréciable en
argent.

Enfin il est nécessaire que l'intérêt dont se prévaut le demandeur dans l'action *furti* ait une cause honnête (5).

Quatre situations différentes peuvent se présenter :

1. Le propriétaire détenait la chose volée ;

2. Le propriétaire ne détenait pas la chose et c'est le détenteur qui l'a volée ;

(1) III, 203. — (2) *Inst.*. IV, I, 13. — (3) V. 1. 10 ff., *h. t.*, 1. 22
pp., C. *h. t.* — (4) « Interesse autem ejus videtur qui damnum passurus
est : non ejus, qui lucrum facturus esset, » l. 71 § 1, ff. *h. t.* Cf. 1. 76
§ 1 *ib.* — (5) L. 12 § 1, ff. *h. t.*

3. Le propriétaire ne détenait pas la chose et c'est un autre que le détenteur qui l'a volée.

4. Le propriétaire ne détenait pas la chose et c'est lui-même qui l'a volée.

§ 1. — *Le propriétaire détenait la chose volée.*

164. Dans ce cas, qui naturellement est le plus fréquent, l'action *furti* appartient au propriétaire. Mais l'action est-elle donnée toujours au propriétaire ? Ne peut-elle jamais l'être à un autre ?

165. L'action *furti* est donnée au propriétaire.

« Si la propriété de la chose volée passe d'une personne à une autre par une cause quelconque, l'action *furti* appartient au propriétaire nouveau : par exemple, à l'héritier, au *bonorum possessor,* à l'adoptant et au légataire (1). »

Dans les trois premiers cas, il s'agit d'une acquisition *per universitatem* (2) ; dans le quatrième, d'une acquisition à titre singulier.

Ce dernier cas fait encore l'objet du texte suivant : « Si celui à qui la chose a été volée me l'a léguée pendant qu'elle était chez le voleur, aurai-je l'action *furti, en supposant qu'il y ait ensuite un maniement par le voleur?* D'après Octavenus, à moi seul appartient l'action, l'héritier ne l'ayant pas de son chef, *suo nomine*; car il est certain que l'action *furti* appartient au propriétaire, pour quelque cause qu'il y ait un changement de propriétaire (3). » Ici le jurisconsulte semble ne s'occuper plus du vol commis avant l'ouverture de l'hérédité, mais seulement du fait postérieur et distinct ; peut-être a-t-il voulu dire que l'action *furti* naîtrait au profit du nouveau propriétaire, quoique la chose ne fût pas possédée par lui au moment où ce second fait s'est passé ; mais il n'a pas dû songer à refuser au légataire le droit sur l'action *furti,* née au profit du défunt et liée à la propriété de l'objet volé.

(1) L. 47, ff. *h. t.* — (2) L. 4 § 1, ff. *h. t.* — (3) L. 66 § 1, ff. *h. t.* Cujas, *In lib. XXX Paul. ad Ed..* ad. l. 11, *de Cond. furt.* Pothier, ad *h. t.,* n. X, note *b*, donne l'action à l'héritier à raison du premier maniement, au légataire à raison du second.

166. L'action *furti* est-elle toujours donnée au propriétaire ?

« Si j'ai vendu un esclave et que je ne l'aie pas livré, qu'il soit volé sans faute de ma part, il vaut mieux dire que j'ai l'action *furti*, et mon intérêt paraît engagé dans l'affaire, parce que je suis tenu de fournir les actions (à l'acheteur) (1). »

Le vendeur n'a commis aucune faute ; il a veillé sur la chose avec le soin que doivent avoir des hommes scrupuleux et attentifs (2) ; il n'a pas encouru la responsabilité de la *culpa levis in abstracto* qui pèse éventuellement sur lui (3) ; il ne peut être condamné sur l'action *empti*, les risques de la chose étant, dès qu'il a ainsi rempli l'obligation de garder, à la charge de l'acheteur (4).

Il est probable que certains jurisconsultes refusaient au vendeur l'action *furti*, parce que le voleur ne lui faisait rien perdre. Papinien semble les réfuter, et encore est-ce avec mesure : « Magis est, » dit-il seulement ; il n'affirme pas que le vendeur soit intéressé : « Et videtur interesse, » dit-il encore ; et quel est le fondement de cet intérêt ? Nous avons le choix entre le droit de propriété dont est encore investi le vendeur et l'obligation où se trouve celui-ci de céder ses actions à l'acheteur. Mais le droit de propriété sans intérêt ne suffisait pas, d'après la règle posée par Gaius, et l'obligation de céder des actions auxquelles le fait même du vol donne naissance ne pouvait faire considérer le vol comme diminuant le patrimoine du vendeur.

En pratique, la décision que Papinien justifiait avec tant

---

(1) L. 80 pp., ff. *h. t.* La loi 21 ff. *de Her. vel. act. vendita*, XVIII, 4, dit cependant : « Et si vi dejectus, vel propter furti actionem duplum abstulero, nihil hoc ad emptorem pertinebit. » Mais cette décision s'applique au cas où la chose était déjà volée quand elle a été vendue ; le vendeur en doit en tous cas la valeur à l'acheteur et ne doit jamais autre chose (Cujas, *In lib., XII, Quæst. Pap.*, ad l. 80. *h. t.* — (2) L. 11 ff., *de Periculo et commodo rei venditæ*, XVIII, 6. — (3) L. 23 ff., *de Regulis juris*, L, 17. — (4) L. 14 pp., ff. *h. t.* Cf. l. 35 § 4, ff., *de Contrahenda emplione*, XVIII, 1 : « Si la chose vendue a disparu par vol, il faut d'abord examiner ce qui a été convenu relativement à la garde de cette chose ; s'il n'y a pas eu de convention, le vendeur doit la garder avec le même soin qu'un bon père de famille garde ce qui lui appartient. Si, malgré ce soin, elle a disparu, il doit être en sûreté, sous cette réserve qu'il doit céder à l'acheteur la *rei vindicatio* et la *condictio...* »

d'hésitation avait une réelle importance. L'acheteur à qui la chose n'avait pas été livrée n'avait pas l'action *furti*, nous le verrons ; si elle avait été aussi refusée au vendeur, le voleur eût été impuni.

167. L'action *furti* ne peut-elle jamais appartenir à un autre que le propriétaire ?

a. Le vol peut rendre le volé insolvable ; il préjudicie à ses créanciers ; toutefois ceux-ci n'ont pas l'action *furti*.

« Il arrive quelquefois que l'action *furti* n'appartienne pas à celui qui a intérêt à ce que la chose soit conservée. Ainsi le créancier ne peut agir *furti* à raison de la chose volée à son débiteur, quoique le vol le mette dans l'impossibilité de recouvrer ce qui lui est dû ; nous ne parlons que d'une chose qui n'est pas soumise à un droit de gage (1). »

b. La situation du créancier à qui est dû un corps certain n'est pas la même ; aura-t-il l'action *furti*, si ce corps certain est volé ? Le genre d'intérêt qu'il pourrait faire valoir est précisément celui dont le droit Romain tient souvent peu de compte ; il consiste, non pas à maintenir l'intégrité du patrimoine considéré en général, mais à avoir une chose déterminée. Aussi l'action *furti* est-elle refusée à ce créancier, et dans plusieurs hypothèses différentes.

(*a.* Celui qui a stipulé d'une personne qu'elle n'apporterait aucun obstacle à ce que l'esclave lui fût transféré a intérêt à ce qu'Eros ne soit pas volé, puisque, dans ce cas, le promettant n'est tenu à rien, et cependant, il n'a pas l'action *furti*, d'après Paul (2).

Le même jurisconsulte nous dit : « Celui à qui un esclave est dû en vertu d'une stipulation ou d'un testament n'a pas l'action *furti*, malgré son intérêt ; il en est de même de celui qui s'est porté fidéjusseur pour le fermier (3). » D'après les premiers mots du texte, le jurisconsulte semble fonder cette décision sur ce que, pour exercer l'action, il faut avoir détenu la chose.

---

(1) L. 49 pp., ff. *h. t.* — (2) L. 66 § 5, ff. *h. t.* — (3) L. 85, ff. *h. t.*; v. l. 80 § 7, ff. *h. t.*, où l'action *furti* est refusée à celui pour le compte duquel une somme d'argent a été payée à un faux procureur.

Nous devons rapprocher de ces textes d'autres fragments qui indiquent ou même énoncent une doctrine contraire.

Paul nous dit, dans un ouvrage différent de ceux auxquels sont empruntées les deux lois citées plus haut : « Celui auquel une chose est due en vertu d'une stipulation n'a pas l'action *furti*, si cette chose est volée, quand il a dépendu du débiteur que la propriété ne lui en ait pas été transférée (1). » La perte de la chose n'éteint point l'obligation, quand l'inaccomplissement de celle-ci est imputable au débiteur (2). Le débiteur s'est rendu responsable du vol postérieur à son fait ; il peut toujours être poursuivi par l'action du contrat ; dans ce cas, le créancier n'a donc pas d'intérêt à ce que la chose soit conservée, au moins en tant qu'il s'agit de maintenir entier son patrimoine. Paul semble lui refuser pour ce motif l'action *furti* ; la lui accorderait-il dans l'hypothèse inverse, ce qui serait absolument contraire aux décisions absolues que lui-même a données ailleurs ?

Nous empruntons à M. Pellat la traduction d'un texte d'Africain, plus explicite (3) : « Si j'ai ordonné à mon débiteur de payer à Titius et qu'ensuite j'aie défendu à Titius de recevoir, et que mon débiteur, ignorant cette défense, ait payé, le jurisconsulte a pensé que le débiteur est libéré, si Titius n'a pas reçu ces écus dans l'intention d'en faire son profit : autrement, comme il commettra un vol, ces écus resteront la propriété du débiteur ; en conséquence, la libération ne pourra pas arriver au débiteur par le droit même ; mais pourtant il est équitable de venir à son secours par une exception, s'il est prêt à me céder la conduction furtive qu'il a contre Titius :... . dans l'espèce proposée, l'action de vol me compètera (*après le divorce*, mots à retrancher), puisque j'ai intérêt à ce que les écus ne soient pas interceptés. »

« Cette décision d'Africain, qui accorde au créancier l'*actio furti*, est à noter, dit M. Pellat (4) ; car, dans la doctrine habituelle des jurisconsultes, il faut, pour obtenir cette action, non

---

(1) L. 13, ff. *h. t.* — (2) L. 23, ff. *de Verb. obl.*, XLV, 1. — (3) L. 38 § 1, ff. *de Solut.*, XLVI, 3, de M. Pellat, *Textes choisis des Pandectes*, p. 97. — (4) P. 102.

seulement avoir intérêt, mais encore avoir eu, au moment
du vol, la propriété, ou au moins, la possession de la chose
volée (1). »

Peut-être le jurisconsulte avait-il une raison pour se montrer plus facile dans cette dernière hypothèse ; le propriétaire
des écus s'en était dessaisi avec l'intention d'en faire passer,
directement ou indirectement, la propriété au créancier. Le
fait qui a eu lieu cause en outre au créancier ce grave préjudice de paralyser son action ; l'acheteur agit utilement
contre le vendeur quand l'objet a été volé, au moins pour se
faire céder les actions ; dans l'espèce prévue par Africain, le
débiteur qui a de bonne foi remis les écus à Titius a une
exception contre le créancier.

(b. Une chose a été vendue ; elle est volée avant la tradition.
Celse, Julien, Ulpien donnent l'action *furti* au vendeur seul,
mais celui-ci doit céder à l'acheteur et cette même action et
les actions *rei persequendæ causa*, ou, s'il les exerce lui-même,
lui transférer tout ce qu'il en retire (2).

Toutefois Paul (3) dit que, si la chose est volée avant la tradition, acheteur et vendeur peuvent tous deux agir *furti*, étant
intéressés l'un et l'autre à la tradition de cette chose (4).

(c. La femme est créancière éventuelle de la restitution de la
dot ; les corps certains constitués en dot sont à ses risques ;
ce n'est pas elle, c'est le mari, propriétaire, qui a l'action *furti*,
quand un de ces objets est volé (5).

---

(1) Nous reviendrons sur ce point. — (2) L. 14 pp., ff. *h. t.* —
(3) *Sent.*, *l. cit.*, 17. — (4) Cujas, *In librum III Inst. Just.*, tit.
XXIII, à propos de la dernière phrase où il est dit que le vendeur doit
céder à l'acheteur les actions *furti* et *damni injuriæ* nées à l'occasion
de la chose vendue, s'exprime ainsi : « In furti (actione) ambigo, quia
et hœc sine cessione emptori competere potest. » Dans ses *Obs.*, XXI,
19, il incline à résoudre l'antinomie des textes, en donnant à l'acheteur
une action *furti* utile, « ut in aliis fcausis plerumque ubi ex cessione est
directa, sine cessione competit utilis. » — (5) L. 49 § 1, ff. *h. t.* Cf. l.
11, C. *de Jure dotium*, V, 12.

§ 2. — *Le propriétaire ne détenait pas la chose et c'est le détenteur
qui l'a volée.*

168. Ce vol est, soit un *furtum rei*, soit un *furtum usus*. Il y
a lieu à l'action *furti* pour le propriétaire contre la personne
qui abuse de ce qu'elle détient ou a détenu la chose à un titre
juridique quelconque pour se l'approprier et contre celle qui
en use ou qui en fait tel usage déterminé sans y être autorisée.

Le propriétaire peut employer d'autres moyens contre le
détenteur : « Le tuteur administre les biens du pupille; mais il
n'a pas le pouvoir de les dérober ; et, par conséquent, s'il
soustrait quelque objet dans l'intention de voler, il commet
un *furtum ;* l'objet ne peut être *usucapé*, bien plus, le tuteur
est tenu de l'action *furti*, quoiqu'il puisse aussi être poursuivi
par l'action de tutelle. Ce qui est écrit du tuteur s'applique
au curateur du mineur de vingt-cinq ans et aux autres curateurs (1). »

« Si celui à qui une chose est prêtée la vole, il peut être poursuivi par les actions *furti* et *commodati ;* s'il prend l'action
furti, l'action *commodati* est éteinte ; s'il exerce l'action *commodati*, une exception pourra être opposée à l'action *furti* (2). »

Le déposant, dans un cas semblable, aurait aussi les actions
depositi et *furti* (3), le locateur les actions *locati* et *furti* (4).

L'intérêt du propriétaire était garanti, dans ces diverses
hypothèses, par les actions *tutelæ, negotiorum gestorum, commodati, depositi, locati,* qui lui permettaient de faire rétablir
l'intégrité de son patrimoine. L'action *furti* lui était cependant
accordée ; si elle ne l'avait pas été, le vol eût été nécessairement impuni.

____

(1) L. 33, ff. *h. t.* — (2) L. 71 pp., ff. *h. t.* — (3) L. 29 pp., ff. *Depositi.* XVI, 3. — (4) L. 42, ff. *Locati conducti*, XIX, 2.

§ 3. — *Le propriétaire ne détenait pas la chose et c'est un autre*
que le détenteur qui l'a volée.

169. Il y a une première série d'hypothèses, où le détenteur
exerce l'action *furti* en vertu d'un droit propre.

a. La chose était grevée d'un droit d'usufruit. Le nu-propriétaire et l'usufruitier auront tous deux l'action *furti*, chacun
dans la mesure de son intérêt : « L'usufruitier agira au double
à raison des fruits (*de fructibus*) ou dans la mesure de l'intérêt
qu'il avait à ce que le vol n'eût pas lieu ; le nu-propriétaire de
même dans la mesure de l'intérêt qu'il avait à ce que la propriété ne fût pas dérobée (1). »

Le vol peut porter, non sur la chose elle-même, mais sur
les fruits qu'elle produit. L'usufruitier ne devient propriétaire des fruits que s'ils sont perçus par lui-même ou en son
nom ; aussi Julien lui refuse-t-il la *condictio furtiva* contre le
voleur qui les a détachés, mais il ne lui en donne pas moins
l'action *furti* (2).

Un usufruitier peut-il avoir l'action *furti* quand la chose est
dérobée avant qu'il l'ait détenue ? Julien semble l'admettre ;
il s'agit d'un esclave dont l'usufruit a été légué, et qui est
volé, avant d'avoir été ni possédé par l'héritier ni détenu par
l'usufruitier ; l'héritier ne saurait agir au sujet d'un bien
héréditaire dont il n'a pas encore pris possession ; quant à
l'usufruitier, l'action lui est donnée, « ut fructuarius poterit
uti frui, » c'est-à-dire, d'après Cujas (3), dès qu'il sera en droit
de jouir, dès que, le *dies cedit* du legs étant arrivé, il aura
pris l'engagement nécessaire et que l'esclave sera à sa disposition ; dans le membre de phrase suivant, le jurisconsulte
parle de l'usufruitier qui est déjà en jouissance, quand le vol
est commis, et il admet alors l'action à la fois pour cet usufruitier et pour l'héritier nu-propriétaire. La décision du juris-

(1) L. 46 § 1, ff. *h. t.* — (2) L. 12 § 5, ff., *de Usufructu,* VII, 1.
— (3) Ad l. 35, *de Usurp. et usuc. In Salv. Jul. lib. III, ad Ur-*
seium Ferocem.

consulte s'explique par le vif désir qu'on devait avoir d'atteindre les voleurs des choses héréditaires.

Il en est, pour le vol de la chose même, du cas où elle est grevée d'un simple droit d'usage comme de celui où elle est soumise à un usufruit (1).

b. Le bien est loué : « Les fermiers ont aussi l'action *furti*, quoiqu'ils ne soient pas propriétaires, parce qu'ils sont intéressés (2). »

Le vol ne peut, dans l'opinion générale et à l'époque classique, porter sur la chose même qui est immobilière, mais seulement sur les fruits. Encore faut-il supposer qu'ils ne soient pas détachés du sol : *stantes,* dit Paul (3). Le fermier devient propriétaire des fruits par la perception faite conformément à la volonté du propriétaire du sol, et dès lors il n'y a même pas de question à poser sur l'action *furti* qu'il peut et que lui seul peut exercer. Tant que la perception n'a pas eu lieu, il n'a qu'un droit éventuel sur ces fruits; Paul admet que le propriétaire du vol et le fermier peuvent tous deux agir, étant intéressés tous deux (4). Le propriétaire s'est vu dérober une partie de sa chose, le fermier a été privé du moyen d'acquérir une propriété sur laquelle il comptait légitimement, la propriété d'objets qui faisaient partie du bien détenu par lui.

Mais, s'il ne s'agit plus des fruits, le fermier perd tout droit à l'action *furti,* quelque soit son intérêt et quoiqu'il détienne la chose. Un homme vient prendre de la terre dans un champ où sont des mines de soufre; le propriétaire seul agira et le fermier pourra seulement obtenir par l'action *conducti* la cession de l'action *furti* ou du bénéfice qu'elle aura rapporté (5). Le fermier, d'ailleurs, ne détient que l'immeuble et non les mottes de terre, en tant qu'elles peuvent être détachées, transformées en meuble, et par suite volées.

c. La chose est détenue par un acheteur de bonne foi. Il « a

---

(1) *Ib.* § 3. — (2) L. 14 § 2, ff. *h. t.* — (3) L. 26 § 1. ff. *h. t.* — (4) L. 82 § 1, ff. *h. t. Sent., l. cit.,* 30. Voet (ad *h. t.,* n. 13) pense que le fermier devient propriétaire des fruits même quand ils sont détachés par un voleur. Cette opinion est généralement écartée aujourd'hui. — (5) L. 52 § 8, ff. *h. t.*

toujours l'action *furti*, quoiqu'il ne soit pas propriétaire (1). »

D'après Javolenus, l'acheteur et le vrai propriétaire peuvent tous deux agir (2).

d. « Comme le créancier, » ajoute Justinien, c'est-à-dire le créancier gagiste.

« Il est donc certain, dit Gaius (3), que le créancier peut exercer l'action *furti* à l'occasion du gage dérobé, » et Justinien, après avoir reproduit ce passage, le complète en disant : « Eût-il un débiteur solvable, parce qu'il est plus avantageux de se payer au moyen du gage que d'agir contre la personne (4). »

Le créancier gagiste est toujours intéressé à conserver le gage, d'après Pomponius et Papinien, comme d'après Julien, et Ulpien donne raison aux jurisconsultes qu'il vient de citer, en disant cependant : *verius est* (5). Ces termes et le soin qu'il met à citer les autorités montrent que la question n'était pas définitivement tranchée en son temps.

Le créancier gagiste est mieux traité, au moins par certains jurisconsultes, que l'usufruitier, que le fermier, que l'acheteur de bonne foi. Ce n'est pas seulement, d'après Paul (6), dans la mesure de son intérêt qu'il agit, il exerce l'action tout entière, sauf à tenir compte au débiteur de ce qui excède la créance. Mais Ulpien dit que le propriétaire et le gagiste auront tous deux l'action, étant tous deux intéressés (7).

D'après Papinien, le créancier gagiste ne peut plus agir, dès qu'il a obtenu une somme égale au montant de sa créance (8) ; si le même esclave, par exemple, lui est volé deux fois de suite, le succès de la première action rendra une seconde impossible pour lui.

170. Dans une autre série se trouvent les personnes qui, répondant envers le propriétaire d'une chose qu'elles détiennent, ont intérêt à ce qu'elle soit conservée ; elles ont à ce titre l'action *furti*. « Je pense, dit Ulpien (9), que tous ceux

----

(1) *Inst.*. IV, I, 15. Cf. 1. 52 § 10, *cit.* — (2) L. 74, ff. *h. t.* — (3) III, 204. — (4) *Inst.*, *l. cit.*, 14. — (5) L. 12 § 2, ff. *h. t.* V. *infra* sur ce texte. Telle paraît être la pensée de Papinien, dans la 1. 14 § 5, ff. *h. t.* — (6) L. 15 pp.. ff. *h. t.* — (7) L. 12 § 2, ff. *h. t.* Cf. 1. 46 § 4 *ib.* — (1) L. 14 §§ 6 et 7, ff. *h. t.* — (9) L. 14 § 16, ff. *h. t.*

aux risques desquels sont les choses d'autrui, par exemple en cas de commodat, de louage, de gage, ont tous les actions *furti*, quand ces choses sont volées. »

Le créancier gagiste reparaît ici avec un intérêt nouveau, celui qui résulte de la responsabilité envers le propriétaire. M. Jourdan dit même : « C'est principalement la responsabilité du créancier comme détenteur qui légitime l'action *furti ;* aussi peut-il l'exercer même après qu'il a été désintéressé, tant qu'il a la chose dans les mains (1). » Ce motif est-il bien le principal ? Ce n'est pas celui que les jurisconsultes mettent en avant, il ne semble se présenter à eux qu'à défaut de celui qui est tiré de la garantie réelle.

171 A. Les hypothèses suivantes sont les principales :

a. La règle posée plus haut est d'abord appliquée par Gaius et Justinien au louage de services.

« Si le foulon a reçu des vêtements à nettoyer ou à soigner, si le raccommodeur en a reçu à réparer, moyennant un salaire fixé, et que l'un ou l'autre les ait perdus par suite d'un vol, c'est lui qui a l'action *furti,* ce n'est pas le propriétaire ; celui-ci n'a pas d'intérêt à ce que les objets soient conservés, puisque l'action *locati* lui fera obtenir du foulon ou du raccommodeur ce qui doit lui revenir (2). »

Mais la responsabilité n'est sérieuse que si le foulon est solvable. Qui n'a rien ne risque rien : « Qui non habet quod perdat ejus periculo nihil est, » dit Ulpien (3). Si le foulon est insolvable, l'action *furti* fait retour au propriétaire (4). Justinien complète la décision du jurisconsulte sur ce point, en l'appliquant au cas où le foulon n'est solvable que pour partie (5).

Le foulon perd tout intérêt dans le vol et par suite tout droit à exercer l'action *furti*, dès qu'il ne peut plus être poursuivi par l'action *locati*. Eût-il déjà fait venir le voleur devant le juge, si l'action *locati* contre lui s'éteint avant que la sentence soit prononcée, le voleur est absous (6).

---

(1) *Op. cit.*, chap. XLIV, note 3. — (2) Gaius, III, 205 ; *Inst.*, *l. cit.*, 15. — (3) L. 12 pp., ff. *h. t.* — (4) Gaius, *l. cit.*; Ulpien, *l. cit.* — (5) *L. cit.* — (6) L. 90, ff. *h. t.*

b. Le *conductor rei* a aussi l'action *furti* (1).

c. « Ce que nous avons dit du foulon et du raccommodeur s'applique aussi au commodataire ; ceux-là contractent l'obligation de garder en recevant un salaire, et celui-ci s'engage également à raison de l'avantage que lui procure l'usage de la chose (2). »

Les accessoires de la chose prêtée, quoiqu'ils ne fassent pas l'objet du prêt, n'en donnent pas moins lieu, s'ils sont dérobés, à l'action *furti* pour le commodataire qui en répond : par exemple, les vêtements d'un esclave (3).

Les textes de l'époque classique ne nous laissent apercevoir aucune controverse sur le droit du commodataire. Justinien dit cependant que les anciens interprètes se demandaient s'il avait l'action *furti*, à raison de ce qu'il est lui-même tenu envers le commodant ; il ajoute, il est vrai, que l'affirmative avait été presque généralement admise : « Et hoc quidem pene jam fuerat confessum. » Mais un doute s'élève pour le cas où le commodataire, solvable au début, avait cessé de l'être avant d'exercer l'action *furti* : cette action devait-elle rester entre ses mains ou retourner au propriétaire ? Une autre difficulté se présentait dans l'hypothèse où le commodataire n'était solvable que pour partie (4). L'empereur n'ajoute rien sur les solutions proposées ni sur les motifs donnés par les jurisconsultes (5). Lui-même va, dit-il, faire disparaître toutes les difficultés, en adoptant une règle plus simple. Il sera au pouvoir du propriétaire d'exercer, soit l'action *commodati* contre le commodataire, soit l'action *furti* contre le voleur, sans pouvoir revenir sur le choix qu'il aura fait entre les deux ; est-ce au voleur qu'il s'adresse ? le commodataire est libéré ; est-ce au commodataire ? celui-ci aura seul désormais l'action *furti*. Il faut supposer toutefois que le propriétaire connaissait le vol quand il a exercé l'action *commodati* (6) ; sinon, il pourra

(1) L. 14 §§ 12 et 16, l. 58, l. 85, ff. *h. t.* — (2) Gaius, III, 206 ; *Inst.*, *l. cit.*, 16. — (3) L. 14 § 15, ff. *h. t.* — (4) Cependant Javolenus disait : « Solvendo esse nemo intelligitur, nisi qui solidum potest solvere, » l. 114, ff. *de Verb. sign.*, et ce fragment est tiré d'un livre où Javolenus traitait du vol (v. Pothier, ad *h. t.* n. LIII). — (5) L. 22 pp.; C. *h. t.* — (6) *Ib.*, § 1.

encore, une fois que le vol sera porté à sa connaissance, renoncer à celle-ci pour s'adresser au voleur, ce qui libérerait le commodataire ; cette faculté ne sera perdue pour lui que quand il aura été désintéressé par le commodataire : à partir de ce moment, il n'y a plus d'action *furti* pour le propriétaire ; le commodataire seul a des droits à exercer contre le voleur. Le propriétaire a deux procès à intenter sous alternative ; le choix de l'un lui enlève l'autre, quelle que soit l'issue du premier ; s'il poursuit par exemple le commodataire, celui-ci ne fût-il solvable que pour partie, le voleur n'en est pas moins libéré à son égard (1).

d. Ulpien se demande si celui qui détient une chose à titre de précaire a droit à l'action *furti*. Il n'y a pas contre lui d'action civile, puisque le précaire est analogue à une donation ; l'action lui sera refusée. Mais, une fois l'interdit délivré, la situation change : « Je pense qu'il répond de sa faute, et qu'en conséquence il peut agir *furti* (2). »

e. A Rome, il arrivait souvent que le propriétaire d'un objet le remit à un tiers qui devait l'examiner, *rem inspiciendam*. Si les risques sont à la charge de ce tiers, l'action *furti* lui est accordée (3).

f. L'héritier, grevé d'un legs d'option, répondant des choses sur lesquelles peut porter le choix, a l'action *furti*, quand l'une d'elles est volée (4).

g. Il ne suffit pas d'être responsable pour avoir droit à l'action : « Celui qui s'est offert pour gérer les affaires d'autrui ne l'a pas, la chose eût-elle péri par sa faute, mais il doit être condamné sur l'action *negotiorum gestorum*, si le propriétaire lui cède l'action *(furti)*. Il en est de même de celui qui gère les affaires *pro tutore*, et de ce tuteur qui doit se montrer diligent, *diligentiam præstare*, par exemple, de l'un de plusieurs tuteurs testamentaires qui a offert des fidéjusseurs et a eu seul l'administration (5). » Dans une autre loi du même jurisconsulte, Paul, nous trouvons ce passage : « Celui qui de

---

(1) *Ib*, § 4 ; *Inst.*, *l. cit.*, 16. — (2) L. 14 § 11, ff. *h. t.* — (3) L. 78, ff. *h. t.* — (4) L. 80 § 2, ff. *h. t.* ; cf. l. 47 § 5, ff. *de Leg.* 1, XXX. —
(5) L. 53 § 3, ff. *h. t.*

sa seule volonté *pro tutore* gère les affaires d'autrui, le tuteur ou le curateur n'a pas l'action *furti* à raison de la chose dérobée par sa faute (1). »

h. « Le dépositaire n'est pas astreint à la garde de la chose et ne répond que de son dol. C'est pourquoi, si la chose qu'il devait restituer lui est dérobée, il n'est pas tenu à titre de dépositaire, et il n'a pas d'intérêt à ce que la chose soit conservée ; il ne peut donc pas agir *furti* ; c'est au propriétaire qu'appartient l'action (2). » Il est vrai que, si le dépositaire a commis un dol, il devient responsable ; il serait dès lors intéressé, mais une autre raison l'empêche d'agir, le dol ne saurait lui procurer une action (3).

i. Le texte suivant réunit diverses hypothèses et permet d'embrasser l'ensemble de la doctrine que nous étudions dans cet article.

« Si la lettre que je vous ai écrite est volée, qui aura l'action *furti* ? Il faut d'abord chercher à qui appartient la lettre : à celui qui l'a écrite ou à celui pour qui elle a été écrite ? Si je l'ai remise à votre esclave, elle vous a été acquise immédiatement ; à un mandataire, de même, puisque la possession peut être acquise par l'intermédiaire d'une *persona libera*, et surtout dans le cas où vous avez intérêt à en être propriétaire ; si j'ai envoyé la lettre pour qu'elle me fût renvoyée, la propriété reste mienne ; je n'ai voulu ni la perdre ni la transférer. Celui qui avait intérêt à ce que le vol ne fût pas commis aura l'action *furti*, c'est-à-dire celui à qui l'écrit était utile. Que dire de celui à qui on a donné la lettre à porter ? S'il a la *custodia*, oui ; s'il avait intérêt à remettre la lettre, oui ; par exemple, la lettre portait qu'une chose lui fût rendue ou fût faite pour lui ; ou bien il s'est chargé de la garde, il a reçu un salaire pour porter la lettre ; il en sera de lui comme de l'aubergiste et du capitaine, qui, ayant

(1) L. 85, ff. *h. t.* — (2) Gaius, III, 207; *Inst., l. cit.*, 17. — (3) L. 14 § 3, ff. *h. t. Coll. leg. Mos.*, X, II, 16 : « Res deposita si subripiatur, dominus duntaxat habet furti actionem, quamvis ejus, apud quem res deposita est, intersit, ob impensas in rem factas, rem retinere. »

les choses à leurs risques ont l'action *furti*, s'ils sont solvables (1). »

172. B. Dans tous les cas où le droit à l'action *furti* est fondé sur l'obligation de répondre de la chose, il faut évidemment exiger ce qui est dit en termes formels de quelques-uns : la solvabilité de celui qui est responsable est nécessaire pour rendre son obligation sérieuse, pour désintéresser le propriétaire, pour permettre au premier de poursuivre le voleur : « Ici, dit M. Jourdan à propos du créancier-gagiste (2), la condition requise pour que le détenteur soit admis à exercer l'action de vol, à savoir qu'il soit solvable, se trouve naturellement remplie, puisque le propriétaire débiteur pourra toujours compenser avec le créancier qui aura obtenu contre le voleur une indemnité en argent. » Nous ne croyons pas que cette idée très ingénieuse soit celle des jurisconsultes romains. Quand le gagiste prétend agir *furti* parce que le vol lèse son intérêt de créancier, on n'a pas à rechercher s'il est solvable, la question ne doit être posée que dans les cas très rares où il détiendra encore le gage après avoir été désintéressé, et où son intérêt sera celui de tout détenteur responsable envers le propriétaire.

173. Comment se doit entendre cette responsabilité? Quand Ulpien parle (3) de « tous ceux aux risques desquels sont les choses d'autrui, » et cite le locataire, le commodataire, le créancier-gagiste, veut-il mettre en tous cas le vol à leur charge ? ou faut-il ajouter, soit l'une, soit l'autre de ces deux conditions, qu'il y ait une faute de leur part, qu'ils se soient spécialement engagés à garder la chose ?

a. Le détenteur répond incontestablement du vol, n'eût-il commis aucune faute, quand il a pris un engagement de ce genre : « Si la chose vendue (qui est restée entre les mains du vendeur) a été perdue par un vol, il faut d'abord chercher ce qui a été convenu entre les parties quant à la garde de la chose (4). » — « Si l'esclave vendu s'est enfui ou a été volé, sans dol ni faute du vendeur, il faut chercher si le vendeur

---

(1) L. 14 § 17, ff. *h. t.* — (2) *Op. cit.*, p. 593. — (3) L. 14 § 16, cit. — (4) L. 35 § 4, ff. *de Contr. empt.*, XVIII, 1.

s'est chargé de la garde (*an custodiam... susceperit*) jusqu'à la tradition ; s'il s'en est chargé, ce cas est à ses risques ; s'il ne s'en est pas chargé, il n'a rien à craindre (1). »

Ce n'est pas seulement dans la vente qu'on trouve des conventions de ce genre. On en faisait, au moins du temps d'Africain, dans le contrat de commodat : « Si je vous ai prêté une chose pour que vous en usiez et à vos risques, *si tibi rem periculo tuo utendam commodavero,* » dit-il (2). On en fait encore au temps d'Ulpien dans le contrat de mandat (3), dans celui de louage (4).

b. D'un autre côté, il y a certainement des cas où, à défaut d'une convention spéciale, le vol n'est point par lui-même à la charge du détenteur, si celui-ci n'a commis une faute.

« Le vol est assimilé à la faute, dit Cujas (5) ; car on n'en peut commettre au détriment d'un bon et prudent père de famille, et l'on comprend que dans certains pays, ce ne soit pas seulement le voleur qui soit puni, mais encore le volé à qui on fait perdre la chose. » Ce raisonnement justifie mal la confiscation des choses volées. En réalité, la proposition générale de Cujas est démentie par un grand nombre de textes.

Si le *furtum* impliquait nécessairement une faute, pourquoi la faute ferait-elle souvent l'objet d'une mention expresse ? Ulpien dit, en termes généraux, que l'action *furti* appartient à toute personne « tenue à raison d'une chose dans le cas où celle-ci serait perdue par sa faute (6). » Il ne manque pas de décisions particulières où l'on retrouve l'application de cette idée. Nous la rencontrons dans les textes relatifs au vendeur entre les mains duquel la chose est volée avant la tradition (7).

---

(1) *Inst.*, III, XXIII, 3. Il faut sous-entendre une convention de ce genre dans la 1. 14 § 1, pp. *de Periculo et comm.*, XVIII. 6. — (2) L. 21 § 1, ff. Commodati, XIII, 6. — (3) L. 14 § 17 *in fine*, ff. *h. t.* — (4) L. 4. C. *de Locato,* IV, 65.—(5) *Comm. in Cod. h. t.* ad 1. 21. Cf. *Obs.*, XIX, 12. Il dit ailleurs, d'une manière moins absolue : « Furtum *plerumque* culpæ aut negligentiæ annumeratur. » (*In lib. XII, Quæst. Pap.*, ad 1. 80 § 1, ff. *h. t.*). — (6) L. 14, § 10, ff. *h. t.* Les lois 53 § 3 et 85, ff. *h. t.*, semblent faire une situation particulière à la personne obligée pour s'être spontanément offerte à gérer les affaires d'autrui, en décidant qu'elle n'aura pas l'action *furti*, le vol eût-il été rendu possible par une faute de sa part. — (7) L. Cf. 1. 21 *in f.*, ff. *de Hered. vel. act. vend.*, XVIII, 4.

Quand le précariste devient responsable, c'est également à la condition d'être en faute (1).

Nous croyons qu'il en est de même pour le locataire de chose. Si les lois 14, § 16, 58 et 85, ff, *h. t.*, ne parlent pas de la faute à propos de lui, elle est formellement exigée par la loi 14, § 12, ff. *h. t.* Nous devons, ce nous semble, compléter les premières au moyen de la dernière ; il ne s'agit même pas ici de concilier des fragments contradictoires entre eux, mais seulement d'aller chercher dans un passage les conditions d'une responsabilité dont le principe est posé ou rappelé dans d'autres.

Sur le louage de services, il y a aussi des textes qui gardent le silence, ceux qui sont relatifs au foulon et au raccommodeur, mais Ulpien nous fournit un argument qui paraît décisif. Il constate que le préteur déploie une rigueur exceptionnelle à l'égard de l'armateur et de l'aubergiste, quand ils ne restituent pas ce qui leur a été remis, après avoir pris l'engagement formel de restituer en parfait état ; ne devrait-on pas leur appliquer les règles du louage ? « Dans l'action *locati conducti*, on est tenu de la faute ; dans l'action *depositi*, du dol ; or, cet édit oblige celui qui a reçu dans tous les cas, la chose eût-elle péri ou le dommage eût-il été causé sans sa faute, à moins qu'il n'y ait eu un mal fatal (causé par le destin, *nisi si quid damno fatali contingit*). Aussi Labéon écrit-il que, si la perte de la chose est causée par un naufrage ou par une attaque des pirates, il ne sera pas inique d'accorder une exception. Il faudra décider de même, s'il est arrivé quelque cas de force majeure dans l'auberge ou dans le cabaret (2). » L'aggravation consiste à rendre l'armateur et l'aubergiste responsables de la perte arrivée sans leur faute, en dehors des cas de force majeure ; le contrat de louage de services ne crée donc point par lui-même une responsabilité si étendue (3).

---

(1) L. 12 §11, ff. *h. t.* — (2) L. 3 § 1, ff. *Nautæ, campones*, IV, 9. — (3) « A qui, dit M. Demangeat (*Cours élémen.*, t. II, p. 394), appartient l'action *furti* (en cas de *locatio operarum*)? Elle appartient à l'ouvrier, s'il y a *quelque faute à lui reprocher* et si, de plus, il est solvable. »

La faute est encore nécessaire pour que le créancier gagiste soit responsable du vol (1).

c. La faute est exigée dans beaucoup de cas ; mais l'est-elle dans tous ? Ulpien n'en parle pas, en énonçant le principe général de la responsabilité imposée aux détenteurs (2). Il y a tels de ceux-ci à l'occasion desquels elle n'est jamais mentionnée ; tout au contraire il semble qu'on l'exclue, soit en les déclarant engagés par le seul fait du vol, soit même en établissant une antithèse entre leur situation et une autre, où ce fait ne suffit pas.

Un associé ne répond pas envers les autres des cas de force majeure, du brigandage ou de l'incendie, qui ne lui permettent pas de représenter le bétail à lui remis sur estimation, pourvu que ces accidents n'aient pas été précédés d'une faute de sa part ; mais le vol est à sa charge : « quia custodiam præstare debuit, qui æstimatum accepit (3), » et il n'est plus question de faute.

Le mandataire qui s'est chargé de porter une lettre répond de la soustraction, s'il avait la *custodia*, et quand l'a-t-il ? « S'il avait intérêt à remettre la lettre, par exemple la lettre portait qu'une chose lui fût rendue ou fût faite pour lui ; ou bien il s'est chargé de la garder, il a reçu un salaire pour porter la lettre, il en sera de lui comme de l'aubergiste et du capitaine, qui, ayant les choses à leurs risques, ont l'action *furti*, s'ils sont solvables (4). » L'assimilation est décisive pour faire exclure toute idée de faute.

(1) L. 14 § 6, ff. *h. t.* : « Le gagiste, tenu de la *custodia*, est responsable du *furtum*. au moins quand il a eu lieu par sa faute, » dit M. Machelard, en citant cette loi (*Des Obligations naturelles en droit Romain*, p. 375). Pothier supprime la condition en disant : « Creditor, quum extraneus rem pignoratam ipsi surripuit, tenetur ob illud furtum contraria actione pigneratitia, eo quod rem, ut debebat, non custodierit (ad *h. t.*, n. XLIX, note *e*). » Cujas avait distingué nettement le cas où le gagiste a commis une faute et celui où l'on ne peut lui en imputer une. (*In lib. IX, Quæst. Pap.*, ad l. 22 pp. *de Pign. act.*). La l. 6, C. *de Pign. act.*, IV, 24, dit que dans aucune action de bonne foi l'on ne répond des cas fortuits, mais, comme exemple, elle cite une attaque de brigands, cas qui est toujours rattaché à la force majeure par les jurisconsultes. — (2) L. 14 § 10, ff. *h. t.* — (3) L. 52 § 3, ff. *Pro Socio.* XVII, 2. — (4) L. 14 § 17, ff. *h. t.*

Il n'est pas aussi facile de se prononcer en ce qui concerne le commodataire et l'*inspector*, c'est-à-dire celui qui a reçu une chose pour l'examiner.

Commodataire. D'après Gaius, le commodataire ne répond pas des cas de force majeure arrivés sans sa faute (1), mais le vol n'est pas rangé parmi ces cas, et, dans le fragment où ce principe est posé, Gaius ne cite à titre d'exemples que l'incendie, la ruine, le naufrage. Dans un autre texte (2), il est vrai, il ajoute la fuite de l'esclave, qui se rapproche davantage du vol. Mais c'est ailleurs qu'il faut chercher les éléments d'une décision.

La responsabilité du commodataire est, en principe, la même que celle du vendeur avant la tradition : « Le vendeur doit garder la chose comme le commodataire, avec plus de soin qu'il n'en met à ses propres affaires (3). » Or, le vendeur exempt de faute ne répond pas du vol envers l'acheteur à défaut d'une convention spéciale. C'est aussi avec le créancier gagiste que le commodataire est comparé : « Venit autem in hac actione (pigneratitia) et dolus et culpa, ut in commodato ; venit et custodia (4). » On pourrait même croire, à la lecture de ce texte, que l'obligation spéciale de garde est imposée au gagiste, quand elle ne l'est pas au commodataire. Mais nous avons vu que, en cas de vol, la faute est la condition de la responsabilité pour le premier ; ne faut-il pas décider de même au sujet du second ? Ainsi s'expliquerait l'utilité d'une convention spéciale mettant les risques à la charge du commodataire ; nous en avons trouvé un exemple dans Africain (5).

D'un autre côté, pourquoi ce silence constamment gardé sur la faute dans les textes nombreux qui rendent le commodataire responsable du vol ? Ulpien cherche s'il faut lui demander compte et de son dol et de sa faute et de tous les risques, *an et omne periculum*, et, se fondant sur ce que le plus souvent le commodat se forme dans son intérêt, admet avec Mucius qu'il doit répondre et de sa faute et de son dé-

____

(1) L. 1 § 4, ff. *de Oblig. et act.*, XLIV, 7. — (2) L. 18 pp., ff. *Commodati.* — (3) L. 3, ff. *de Periculo et comm.*, XVIII, 6. — (4) L. 13 § 1, ff. *Commodati.* — (5) L. 21 § 1, *ib.*

faut de vigilance, *culpam præstandam et diligentiam* (1). Ne faire disparaître la responsabilité qu'en cas de force majeure, n'est-ce pas indiquer qu'elle subsiste tout entière au simple cas fortuit ?

Il est permis de croire que les jurisconsultes n'ont pas été toujours d'accord. Ulpien, en adoptant l'opinion de Mucius, se contente de dire qu'elle est *verior*. Comment expliquer la convention spéciale que nous avons rencontrée dans un texte d'Africain, si la responsabilité absolue du commodataire avait été unanimement reconnue à l'époque où ce texte fut écrit ? Cette convention, comme beaucoup d'autres, finit peut-être par être sous-entendue. On le comprend sans peine. Si, en principe, le commodataire répond seulement de la faute *in abstracto*, comme le vendeur et le locataire par exemple (2), ne peut-on pas être sensible, comme Ulpien, à la différence qui résulte de ce que la vente et le louage se font dans l'intérêt des deux parties, le commodat dans celui du commodataire seul, au moins pour l'ordinaire (3) ?

L'*inspector*, celui qui a reçu une chose pour l'examiner, n'a l'action *furti* que si elle est à ses risques, nous dit Papinien (4). Ulpien cite (5) un passage emprunté au même jurisconsulte et au même ouvrage ; deux cas y sont distingués : l'examen a-t-il lieu, soit dans l'intérêt de celui qui le fait, soit dans l'intérêt des deux parties ? l'*inspector* répond et de son dol et de sa faute ; a-t-il lieu dans l'intérêt du propriétaire seul ? il ne répond que de son dol ; ni dans l'un ni dans l'autre cas, les risques ne sont à sa charge : » De cette distinction, dit

---

(1) L. 5 § 2, *ib.* — (2) L. 23 pp., ff. *de Regulis juris*, L, 17. — (3) Cujas rend le commodataire responsable du vol en tous cas (*In lib. XXXIV Pauli ad Ed.*, ad l. 53 § 1, *h. t.*). M. Demangeat dit : « Pour que l'action *furti* soit refusée au commodant, il faut supposer d'abord qu'il y a eu faute de la part du commodataire qui a laissé voler la chose, ou, en d'autres termes, que, par suite du *furtum*, il est tenu de l'action *commodati directa*... (*De la condition du fonds dotal en droit Romain*, p. 7).» Ailleurs (*Cours élémentaire*, t. II, p. 393) il s'exprime un peu autrement : « Dans l'ancien droit, on faisait la même distinction (reposant sur la faute) en ce qui concerne le commodataire; lui aussi est tenu de la faute même légère... » — (4) L. 78, ff. *h. t.* — (5) L. 17 § 2, ff. *de Præscriptis verbis*, XIX, 5.

M. Accarias (1), découle la conséquence suivante : la chose est-elle volée par un tiers entre les mains de l'*inspector* responsable seulement de son dol ? C'est au propriétaire que compète l'action *furti*. Est-elle volée entre les mains de l'*inspector* tenu même de sa faute ? A lui-même appartient alors l'action *furti*, parce que, dans ses rapports avec le propriétaire, il répond du *furtum* que je suppose imputable à sa négligence, par conséquent commis sans violence... » Nous ferons observer que tout vol commis sans violence n'est pas nécessairement imputable à la négligence. Il est encore à remarquer que la loi 17, § 2, ff. *de Præscriptis verbis*, oppose la responsabilité des risques à celle de la faute et regarde la première comme ne suivant pas, nécessairement au moins, la seconde. Il semble qu'il y ait trois situations à distinguer : l'*inspector* ne répondant que de son dol, l'*inspector* répondant de son dol et de sa faute, ces deux situations faisant le sujet de la loi 17, § 2, *de Præscr. v.*, l'*inspector* tenu même des risques, situation pour laquelle est faite la l. 78, ff. *h. t.* Dans quels cas l'*inspector* sera-t-il tenu des risques de manière à avoir l'action *furti* ? Dès le temps de Papinien, quand il aura commis une faute ou quand il aura pris expressément à sa charge la garde de la chose. Peut-être faut-il ajouter un troisième cas au temps d'Ulpien. Papinien assimile complètement l'hypothèse où l'examen a lieu dans l'intérêt du seul *inspector* et celle où elle intéresse les deux parties ; Ulpien, dans la loi 10, § 1, ff. *Commodati*, passe cette dernière sous silence et, opposant l'examen qui intéresse l'*inspector* seul à celui qui intéresse le propriétaire seul, dit : « Si sui, et custodiam (præstabit), et ideo furti habebit actionem. »

Il semble bien que, du temps d'Ulpien comme dans le droit de Justinien, la garde de la chose soit mise en principe à la charge de la personne qui détient celle-ci dans son intérêt, et qu'elle réponde du vol commis même sans sa faute (2).

d. On peut se demander si les textes ne fournissent pas un *criterium* en notre matière, par l'emploi du mot *custodia*. Dès

---

(1) *Théorie des contrats innommés*, p. 284 et 285. — (2) Cf. Théophile, ad *Inst.*, IV, I, 13.

qu'une personne est tenue de la *custodia*, ne répond-elle pas du vol commis même sans sa faute?

Il est vrai que tel est le sens de l'obligation expresse ajoutée à certains contrats : « Custodiam... susceperit (1), » est-il dit à propos du vendeur. Il faut bien donner un sens aux conventions de ce genre et en déterminer la portée. Le sens et la portée sont les mêmes dans certains textes : « Si sui, et custodiam, et ideo furti habebit actionem, » dit Ulpien à propos de l'*inspector* (2). Mais il faut observer que le mot *custodia* n'a pas toujours une signification si précise ; il implique seulement l'absence de faute dans la loi 14 pp., ff. *h. t.*, où il est dit: « Et sane periculum rei ad emptorem pertinet, dummodo custodiam venditor ante traditionem præstet. » Il en est de même dans la loi 28, C. *de Locato*, IV, 65, si l'on veut là mettre d'accord avec les textes cités plus haut sur le louage de choses (3).

174. III. La règle dangereuse d'après laquelle un *furtum* ne peut être commis au préjudice d'une hérédité jacente, parce que la chose n'est pas possédée, se trouve écartée, nous l'avons vu, quand, à la mort du propriétaire, cette chose est entre les mains d'un usufruitier (4), d'un créancier gagiste ou d'un commodataire (5). Il faut évidemment appliquer cette décision dans tous les cas où, à la mort du propriétaire, une autre personne détient l'objet à un titre qui lui permet d'exercer l'action *furti*, que ces cas appartiennent à la première ou à la seconde des séries que nous avons distinguées.

Si c'est à l'inverse un détenteur responsable qui vient à mourir, son hérédité ne saurait avoir l'action *furti ;* ce sera le propriétaire qui l'exercera (6) ; son intérêt était seulement relégué au second plan par celui du détenteur; l'action *furti* était donnée à celui qui courait risque d'être en perte; la responsabilité de l'hérédité envers le propriétaire n'est pas dégagée, mais l'action *furti*, ne pouvant naître de son chef, retourne à ce propriétaire et le vol n'est pas impuni.

---

(1) *Inst.*, III, XXIII, 3. — (2) L. 10 § 1. ff. *Commodati;* cf. l. 52 § 3, ff. *pro Socio*, et l. 14 § 17. ff. *h. t.* — (3) V. sur cette question Vangerow, § 105. — (4) L. 69. ff. *h. t.* — (5) L. 68, ff. *h. t.* — (6) L. 14 § 14. ff. *h. t.*

175. IV. Quand plusieurs personnes ont simultanément l'action *furti*, le droit de chacune est absolument distinct et indépendant de celui qui appartient aux autres : « Les actions qui leur appartiennent sont tellement différentes que, si quelqu'un d'eux a transigé avec le voleur, il faut décider qu'il a éteint seulement l'action qui lui appartient, mais que les autres survivent. Car, si vous.supposez le vol d'un esclave indivis et une transaction faite par l'un des propriétaires, celui qui n'aura pas transigé aura l'action *furti* (1). »

Le calcul de la peine se fera sur chaque action pour chaque ayant-droit, qui en aura naturellement le bénéfice : «Je possédais de bonne foi une esclave volée que j'avais achetée deux pièces d'or, Attius me la soustrait ; le véritable maître et moi, nous intentons l'action *furti*. Je demande comment on calculera pour chacun. Le jurisconsulte a répondu : Pour l'acheteur, on doit calculer en doublant le montant de son intérêt ; pour le maître, on doublera le prix de la femme ; nous ne devons pas nous arrêter, parce que la peine du vol sera fournie à deux personnes ; si c'est à raison de la même chose, le titre de l'acheteur est sa possession, celui du maître, sa propriété (2). »

Mais il est possible qu'une seule action *furti* ait pris naissance, c'est ce qui arrive dans les hypothèses de la seconde série, et il y a des jurisconsultes qui décident de même à propos du gage. Il y aura un règlement à faire entre les propriétaires et les détenteurs.

« Ce qui a été touché à titre de peine par un débiteur doit profiter au créancier (3). »

L'application de ce principe général est faite au créancier gagiste : « Sur l'action *pigneratitia*, il rendra au débiteur ce qui excède la dette (4). » Celui qui est ici traité de débiteur,

---

(1) L. 46 § 5, ff. *h. t.* — (2) L. 74 ff. *h. t.* — (3) L. 74 ff. *de Solut.* — (4) L. 15 pp. ff. *h. t.* Cf. l., 25 pp. ff. *de Pign. act.* V. M. Jourdan, *op. cit.*, p. 75. Cujas se demande si le créancier gagiste obtient par l'action *furti* le double calculé d'après la chose volée ou d'après la créance. Il distingue avec raison ; ce créancier agit-il, non seulement à raison de son droit propre, mais encore parce qu'il est responsable envers le propriétaire, c'est-à-dire quand le vol a été commis par sa faute ? C'est le double de la chose qui doit lui être payé. S'il est exempt de

par rapport à l'obligation principale, est celui qui, d'après le texte précédent, devait être qualifié de créancier, en ce qu'il a droit à la restitution de l'objet engagé.

Justinien suppose que le commodataire a fait condamner le voleur, non seulement *in rem furtivam*, mais encore à la peine du vol; le propriétaire ne se contente pas de réclamer sa chose, il veut se faire remettre la somme touchée par le commodataire à titre de peine, parce qu'elle a été perçue à l'occasion de ce qui lui appartient. Les anciens ont varié, dit Justinien; Papinien lui-même a changé d'avis; c'est à la seconde de ses opinions que s'attache l'empereur; le profit ne doit pas être attribué au propriétaire de la chose, il reste là où étaient les risques; le commodataire ne doit pas être seulement exposé à une perte; il faut qu'il compte aussi sur les profits (1).

Nous avons à constater une différence; mais est-ce bien entre deux contrats? N'est-ce pas plutôt entre deux époques? Nous n'avons pas de raison pour récuser le témoignage de Justinien sur l'existence d'une ancienne controverse; quoi d'étonnant si les jurisconsultes romains n'ont pas été d'accord sur un point de doctrine? La matière du vol est une de celles sur lesquelles il a toujours régné le plus de confusion. Mais, si les auteurs ont discuté, si Papinien a varié, comment est-ce seulement sur le commodataire et non sur tous les détenteurs responsables? ou, puisqu'une règle très nette a été posée à propos du gage, pourquoi n'aurait-elle pas été commune à tous les contrats qui avaient pour conséquence de faire passer une chose entre les mains de tiers détenteurs obligés à la restituer plus tard? Si l'on avait voulu traiter le commodat plus favorablement que le gage, ce n'est certes pas à cause d'une différence de nature entre les deux contrats; on fût arrivé à une conclusion contraire; le premier se forme ordinairement

faute, s'il n'a pas de responsabilité envers le propriétaire, s'il n'exerce que l'action fondée sur son droit propre, c'est le double de la créance, et, quant à l'excédant de la valeur de la chose sur le montant de la créance, il fera l'objet de l'autre action, directement exercée par le propriétaire. (*In lib.* IX, *Quæst. Pap.*, ad l. 22 pp. *de Pign. act.*)

(1) L. 22 § 3, C. *h. t.*

dans l'intérêt du commodataire, le second intéresse surtout
le propriétaire qui ne remet l'objet au créancier que pour
obtenir du crédit. Ce n'était point pour dépouiller le propriétaire qu'on avait attribué l'action *furti* aux détenteurs; c'était
au contraire pour l'assurer, en mettant à la charge de ceux
qui répondaient envers lui de la restitution de la chose les
risques de l'insolvabilité du voleur, sans compter l'ennui et la
difficulté de le rechercher, de le rejoindre et de le poursuivre.
Il est vrai qu'on pouvait trouver ce résultat peu équitable;
les bonnes chances n'auraient-elles pas dû se trouver là où
étaient les mauvaises ? A une époque où l'esprit des institutions
était oublié, où l'équité l'emportait souvent sur les principes
juridiques, Justinien n'hésita pas à consacrer un système que
d'anciens auteurs avaient soutenu. Il ne parla au Code que du
commodataire, comme les textes conservés par lui pour être
insérés au Digeste ne parlaient que du gagiste. Mais, à toute
époque, dans le droit Romain, ou trouve [les difficultés de
principe soulevées et les solutions données à propos de cas
particuliers.

176. V. La personne qui, détenant la chose d'autrui, avait
intérêt à ce que le vol ne fût pas commis, n'a pas toujours
l'action *furti*.

Elle est refusée à celle dont l'intérêt n'est pas fondé sur une
cause honnête (1) et en premier lieu au possesseur de mauvaise foi (2), personne ne pouvant se prévaloir de son improbité pour obtenir une action. Parmi les possesseurs de mauvaise foi, citons le voleur, volé à son tour; la règle s'étend à
tous ceux qui sont *fures* dans l'acception la plus étendue de
ce mot (3). Le voleur est bien intéressé à n'être pas volé lui-
même et intéressé juridiquement, puisqu'il est tenu par la
condictio furtiva de restituer l'objet au propriétaire ; mais cet
intérêt vient d'une cause qui n'est pas honnête. Les jiscon-
sultes n'admettent même pas le tempérament de Servius,
d'après lequel le premier voleur pourrait agir contre le second,
si le propriétaire ne se présentait pas et ne devait pas se pré-

____

(1) L. 11, ff. *h. t.* — (2) L. 12 § 1, ff. *h. t.* — (3) L. 14 § 4. ff.
h. t.

senter. En somme, l'intérêt du voleur dans ce cas consisterait à réaliser un bénéfice, non à éviter une perte (1).

Cependant, si le voleur avait donné la chose volée en commodat ou en dépôt, il la pourrait réclamer par les moyens ordinaires, par les actions *commodati* ou *depositi*, il serait admis au *juramentum in litem* (2). Mais alors l'action lui vient d'un contrat ; on ne peut dire qu'elle prenne naissance dans un fait immoral, comme l'intérêt lui-même qui servirait à fonder l'action *furti*. Faut-il ajouter que la perfidie, qui méconnaît l'engagement contracté, est plus grave que le dol dont le voleur se rend coupable (3)?

Ulpien cite un cas où le voleur pourra agir *furti* ; il est vrai que c'est seulement une personne qui a commis un *furtum usus*. Je vous ai chargé, moyennant salaire, de nettoyer un vêtement, vous le prêtez à mon insu et il est volé à l'emprunteur ; d'une part, vous répondez de la chose envers moi et vous avez l'action *furti*, d'autre part, je puis l'exercer contre vous à cause de votre *furtum usus* (4). Ce genre de mauvaise foi qui consiste à prêter la chose d'autrui à l'insu ou contre le gré du propriétaire constitue bien la fraude nécessaire dans le *furtum* ; mais ce n'est pas toujours en soi un dol, un acte malhonnête, qui doive entraîner la privation de l'action *furti* ; le *furtum usus* n'avait été introduit que pour combler une lacune du droit ancien, qui ne garantissait pas suffisamment le prêteur ; il ne fallait pas lui faire produire les conséquences rigoureuses du *furtum* véritable.

L'action *furti* ne serait plus refusée, si le refus devait produire lui-même des conséquences immorales : « Un esclave volé vole le voleur ; on décide que le voleur aura de ce chef une action contre le maître : il ne faut pas que les forfaits commis par de tels esclaves restent impunis et même profitent à leurs maîtres, car le plus souvent ils augmentent le pécule (5). »

<hr>

(1) L. 76 § 1, ff. *h. t.* — (2) L. 64, ff. *de Jud.*, V, 1. — (3) Faber. *Ration. ad Pand.*, ad *h. l.* — (4) L. 48 § 4, ff. *h. t.* — (5) L. 67 § 4, ff. *h. t.* D'après Cujas (*Obs.*, liv. XVI, chap. 30, *Quando fur furti agere possit*), le voleur peut agir *furti* dans les cas où sa situation par elle-même lui en donnerait le droit et où l'obstacle ne viendrait que de son propre *furtum*, ainsi s'explique la décision de la loi 48 § 4; l'action, au contraire, est refusée quand l'intérêt du voleur ne vient que de son vol même ou de son dol. Cujas

Le principe que nous avons posé s'applique au dépositaire, par le dol duquel le vol est arrivé, et qui peut bien prendre ainsi les risques à sa charge, non acquérir une action (1), au commodataire (2) et au mandataire chargé de porter un objet (3), coupables de dol.

§ 4. — *Le propriétaire ne détenait pas la chose et c'est lui-même qui l'a volée.*

178. Quand le propriétaire vole la chose entre les mains du créancier gagiste, celui-ci voit son intérêt lésé comme par tout autre vol; dans ce cas, le montant de l'action *furti* se calculera seulement d'après la somme due et les intérêts (4). Mais, quand le débiteur se fera restituer le gage, il ne recouvrera pas ce qu'il aura été forcé de payer comme voleur (5).

Le donataire de bonne foi, volé par le propriétaire, n'a, d'après Julien et Paul, l'action *furti* que s'il a un intérêt spécial à obtenir la possession, par exemple, s'il s'agit d'un es-

rattache à la première pensée de sa distinction un passage de la loi 12 § 2 ff. *h. t.*, qui, après avoir supposé le vol d'un objet engagé, faisant naître l'action *furti* au profit du gagiste, même contre le propriétaire, ajoute : « necnon et ipsi domino dari placet, et sic fit ut non teneatur furti et agat. » Il faudrait supposer un second vol commis entre les mains du propriétaire qui s'est rendu coupable d'un premier envers le créancier gagiste, et l'on devrait supprimer la négation dans le second membre de phrase, pour lire : « et sic fit ut teneatur furti et agat. » Peut-être est-il permis de trouver et l'addition et la suppression arbitraires. Pothier (ad *h. t.*, n. XLIX, note) ne les accepte pas. Il rapporte ce second membre de phrase au cas où le propriétaire a volé l'objet engagé ; le gagiste alors n'est pas tenu et peut agir. Ce qui rend difficile d'accepter cette explication, c'est que le premier membre de phrase suppose manifestement un vol commis par un autre que le propriétaire, puisqu'il donne une action à celui-ci. Peut-être, selon les jurisconsultes qui admettent que le vol de l'objet engagé donne lieu à deux actions *furti*, l'une au profit du propriétaire, l'autre au profit du gagiste, le premier perd-il le droit de demander compte du vol au second, s'il agit directement contre le voleur; le gagiste n'est pas tenu envers le propriétaire et il agit *furti* pour son propre compte. V. encore Cujas, *in lib. XXII, Dig. Salv. Jul.*, ad l. 14 § 4, *h. t.* et ad *Inst.*, IV, I, 14.

(1) L. 14 §§ 3 et 4, ff. *h. t.* — (2) *Ib.* § 8. — (3) *Ib.* § 9. — (4) L. 87 ff. *h. t.* Cf. Gaius, III, 204. — (5) L. 79 ff. *h. t.* Cf. l. 22 pp., ff. *de Pign. act.*

clave du chef duquel il a été poursuivi *noxaliter* ou qu'il a soigné dans une maladie (1).

Le commodataire, dans le même cas, doit pouvoir invoquer le même genre d'intérêt; il faut que le vol lui fasse perdre la rétention qui garantissait le remboursement de ses impenses et lui donnait comme un droit de gage sur la chose prêtée (2).

Le vol peut être commis, non par le prêteur, mais par son esclave; si le commodataire volé est solvable, il répondra bien de la chose sur l'action *commodati*, mais lui-même pourra agir *furti* contre le maître, du chef de l'esclave (3).

---

179. En résumé, l'action *furti* est avant tout donnée au propriétaire; elle peut toutefois lui être refusée quand le vol est commis entre les mains d'un tiers qui répond envers lui de la garde de la chose; elle s'exerce contre lui-même, quand il a commis un *furtum possessionis*.

L'usufruitier, dont le droit, démembré de la propriété, a une nature analogue avec une étendue moindre, agira également *furti*, dans la mesure de ce droit.

Pour le gagiste, sa situation est double. D'une part, il a sur la chose un droit propre; d'autre part, il est astreint à la garder pour le propriétaire. Au premier titre, il peut réclamer l'action *furti* par la même raison que l'usufruitier; on ne doit jamais oublier d'ailleurs que le gage prit la place de l'ancienne aliénation avec fiducie, et que l'on avait dû conserver autant que possible au gagiste les avantages inhérents à celle-ci; au second titre, et ce serait le seul qui subsisterait dans le cas où le gagiste n'aurait pas rendu la chose immédiatement après avoir été désintéressé, il rentre dans la catégorie de ceux qui détiennent la chose d'autrui et qui en répondent. L'un et l'autre titres, du reste, le supposent intéressé à la conservation de la chose.

(1) L. 53 § 4, ff. *h. t.* — (2) L. 15 § 2, 1. 59, ff. *h. t.* — (3) L. 53 § 1, ff. *h. t.* Cf. 1. 21 § 1, ff. *Commodati.*

Dans les autres cas, c'est sur l'intérêt que se fonde l'action *furti*. Mais cet intérêt suffit-il ? « Dans la doctrine habituelle des jurisconsultes, dit M. Pellat (1), il faut, pour obtenir cette action, non seulement avoir intérêt, mais encore avoir eu, au moment du vol, la propriété ou au moins la possession de la chose volée. »

Dans la loi 17 § 5, ff. *de Præscriptis verbis*, Ulpien refuse, contrairement à l'avis de Sabinus, les actions qui naissent du vol, au cas où, deux personnes ayant parié, le gagnant ne peut se faire remettre par le dépositaire l'objet qu'avait remis le perdant : « Comment le gagnant pourrait-il agir *furti* à raison d'une chose dont il n'avait ni la propriété ni la possession? » Après avoir étudié ce texte, M. Accarias dit : « La vraie formule est celle-ci : l'action *furti* appartient, en règle, au propriétaire; quand elle appartient à un autre, c'est toujours à une personne qui avait ou la possession *animo domini* ou au moins la détention physique de la chose (2). »

Cette doctrine, comme la plupart de celles que nous avons étudiées, ne s'est pas établie sans difficulté. Ce n'est pas seulement l'ancien juriconsulte Sabinus qui ne la connaissait pas ou ne l'admettait pas. Africain s'en écartait, quand il donnait l'action au créancier contre le mandataire révoqué qui avait reçu un paiement, et Paul, quand il l'accordait à l'acheteur, en cas de vol commis avant la tradition de la chose (3). Enfin la possession et la détention ont dû être entendues très largement, puisque l'usufruitier et le fermier ont pu exercer l'action à raison des fruits détachés par le voleur, fruits dont ils ne sont pas propriétaires, dont ils n'ont jamais été possesseurs, dont ils n'ont pas eu davantage la détention distincte. Il ne semble pas qu'il ait dû y avoir un principe dont les jurisconsultes aient déduit les conséquences. A

---

(1) *Textes choisis*, p. 102. — (2) *Théorie des contrats innommés*, p. 292, note; cf. *Précis*, t. II, p 621. C'est ainsi qu'on explique encore la décision contenue dans la loi 52 § 18, ff. *h. t.* : « L'un de deux associés de tous biens a reçu en gage une chose volée : Mela a décidé que celui-là seul qui avait reçu la chose en gage aurait l'action *furti* et non son associé. » — (3) Cependant Paul lui-même, dans la loi 85 ff. *h. t.*, paraît exiger la détention.

l'origine, ils ont admis assez facilement l'article *furti* dans un grand nombre de cas isolés, où l'intérêt la justifiait d'une manière suffisante : de là les expressions générales dont se sert encore Gaius : « L'action *furti* appartient à celui qui est intéressé à ce que la chose soit conservée, ne fût-il pas le propriétaire. » Mais la plupart de ces cas offraient un caractère commun ; c'était la nature même des choses qui voulait que le plus souvent la personne intéressée fût celle contre laquelle était commis le fait matériel du vol, entre les mains de laquelle l'objet était dérobé. Avec le temps, quand le *furtum* fut soumis à des règles plus précises, quand on chercha plutôt à en restreindre qu'à en étendre l'application, les ressources nouvelles du droit l'ayant désormais rendue inutile dans beaucoup de cas, on s'attacha à ce caractère, on le regarda comme essentiel et l'on exclut les hypothèses où on ne le rencontrait pas.

5. — *Du vol commis entre les mains d'un fils de famille
ou d'un esclave.*

180. Si l'on suppose qu'une chose appartenant au père de famille est volée entre les mains d'un fils ou d'un esclave, le père a l'action *furti* et peut seul l'exercer, conformément aux principes du droit Romain.

Il y a cependant un cas où le fils peut agir lui-même : « Si le fils de famille veut agir à raison d'un délit qui ouvre une action à son père, nous le lui permettons à condition qu'il n'y ait personne qui agisse au nom de celui-ci. Julien décide ainsi que, si le fils de famille qui s'absente pour s'acquitter d'une légation ou pour faire des études est victime d'un *furtum* ou d'un *damnum injuria factum*, il peut exercer une action utile ; il ne faut pas que, en attendant l'arrivée du père, on laisse les méfaits impunis, soit que celui-ci ne vienne pas, soit que le coupable se dérobe pendant son voyage (1). » Les jurisconsultes ont toujours pensé à ne pas laisser les délits impunis.

(1) L. 18 § 1, ff. *de Judiciis*, V. 1.

Le fils de famille paraît avoir comme un droit propre à raison du *furtum* commis entre ses mains ; les principes du droit Romain sur la condition dans laquelle il est placé ne lui permettent pas de s'en prévaloir, mais, que cette condition vienne à cesser, tout obstacle disparaissant, il peut agir, Julien le déclare expressément (1). Ce n'est pas à titre héréditaire qu'il exercera une action, et il ne la verra pas divisée entre ses cohéritiers et lui.

Julien ajoute : « Si c'est une chose louée qui a été volée, devenu père de famille, il pourra également agir. »

Julien se borne-t-il ici à reconnaître un droit propre que le fils pourra exercer quand il sera devenu *sui juris*? Veut-il dire autre chose? Faut-il croire que l'action, accordée au fils pour être exercée après la cessation de la puissance paternelle sera, pendant que cette puissance durera, refusée au père ?

« On demande, dit Ulpien (2), si le père, au fils duquel une chose a été prêtée, a l'action *furti*. Julien dit que le père ne peut l'avoir, parce qu'il n'est pas tenu à la garde de la chose. C'est ainsi, dit-il, que celui qui s'est porté fidéjusseur pour le commodataire n'a pas l'action *furti*. Ce n'est pas toute personne intéressée à ce que la chose soit conservée qui a l'action, mais celle qui est tenue à raison de cette chose, dans le cas où elle serait perdue par sa faute; c'est l'avis qu'approuve Celse au livre XII de son Digeste. »

Mais il faut rapprocher de ce texte une autre décision d'Ulpien : « Quand votre esclave ou votre fils a reçu des vêtements à nettoyer, on demande si vous avez l'action *furti* ; le pécule de l'esclave est-il solvable? vous pouvez l'avoir ; ne l'est-il pas? Il faut dire qu'elle ne vous appartient pas (3). » Devons-nous croire qu'Ulpien, qui rapporte dans le premier passage l'opinion de Julien et de Celse, nous donne la sienne dans le second? N'est-ce pas le second qui doit l'emporter? Sans doute le père ou le maître n'est pas tenu de la garde ; mais il en supporte les conséquences dans la mesure où le pécule est solvable ; or, pour donner l'action *furti*, on s'attache moins

_____

(1) L. 58, ff. *h. t.*— (2) L. 14 § 10. ff. *h. t.* — (3) L. 52 § 9, ff. *h. t.*

au principe qu'aux conséquences pratiques de la responsabilité, puisqu'on examine, non seulement si le détenteur
répond en droit de la perte de la chose, mais encore si en fait
il pourra payer. Peut-être la décision contenue dans la loi
14 § 10 doit-elle s'entendre du seul cas où les personnes
alieni juris n'ont point de pécule sur lequel le créancier
puisse trouver de satisfaction.

ART. 4. CONTRE QUI EST DONNÉE L'ACTION *furti?*

181. En principe tout auteur d'un *furtum* peut être poursuivi par l'action *furti :* nous aurons à étudier les cas exceptionnels où il n'y a pas lieu à cette action.

Le vol peut avoir été commis par un ou par plusieurs auteurs principaux, soit seuls, soit à l'instigation ou avec l'aide
de complices.

Le vol commis par une personne *alieni juris* au détriment
d'un tiers donne lieu à une poursuite contre celui qui l'a en
sa puissance.

Même à défaut d'un lien de ce genre, certaines personnes
répondent pénalement du vol que d'autres ont commis.

§ 1. — *Dans quels cas l'auteur d'un* FURTUM *ne peut être
poursuivi par l'action* FURTI?

182. C'est un fils de famille ou un esclave qui a commis
un vol au préjudice de son père ou de son maître.

« Ceux qui sont sous la puissance d'un père ou d'un maître,
s'ils lui volent une chose, commettent bien un *furtum* contre
lui ; la chose devient furtive et ne peut être usucapée par
personne avant d'être rentrée en la puissance du propriétaire ;
mais l'action *furti* ne prend pas naissance, parce qu'aucune
action ne peut naître entre ces personnes, pour quelque cause
que ce soit (1). » — « Ce n'est pas une règle de droit, c'est la
nature des choses qui s'oppose à ce qu'un père puisse agir

(1) *Inst.*, IV, I, 12.

furti contre son fils en puissance ; nous ne pouvons pas plus agir contre ceux qui sont en notre puissance que contre nous-mêmes (1). »

Ulpien donne encore une autre raison à l'appui de la règle : « Celui qui peut punir lui-même le voleur n'a pas besoin de plaider contre lui (2). »

L'action *furti* ne prendrait même pas naissance si le fils ou l'esclave sortait de la puissance après le vol commis ; l'action qui n'est pas née au moment où l'acte a eu lieu ne peut naître ensuite (3). Nous ne faisons ici qu'appliquer au vol un principe général (4). Il est vrai que le maniement des choses volées postérieur à l'émancipation ou à l'affranchissement donnerait ouverture à l'action *furti* (5). Le fils émancipé et l'esclave affranchi seront donc exposés à la poursuite, quand ils ne se seront pas dessaisis de l'objet.

Si l'acquisition d'un esclave est résolue, s'il est *redhibitus*, *redemptus*, l'action n'en est pas moins refusée quant au vol commis avant que la propriété ait été retransférée (6) ; l'acheteur peut seulement faire tenir compte du vol sur l'action *redhibitoria* (7).

L'action *furti* s'ouvre, au contraire, au profit de l'héritier, volé par un esclave qui a fait l'objet d'un legs *per vindicationem* au profit d'un tiers, que le vol ait lieu avant ou après l'adition de l'hérédité, avant ou après l'acceptation du légataire, la propriété de l'esclave n'ayant jamais appartenu à l'héritier, dit Pomponius (8), étant passée directement du testateur au légataire, dit Neratius (9).

---

(1) L. 16, ff. *h. t.* : « Ici encore c'était l'obligation civile qui seule faisait défaut ; mais il y avait au moins une obligation naturelle qui se manifestait sous plus d'un rapport (M. Machelard, *des Obligations naturelles*, p. 155). » Citons la loi 4 § 4, ff. *de Peculio*, XV, 1 : « Si vous m'avez volé avec le secours de mon esclave, il faut déduire du pécule de celui-ci ce que je n'aurai pu obtenir (de vous) à raison du vol. » — (2) L. 17 pp., ff. *h. t.* — (3) *Ead.* l. § 1. — (4) Gaius, IV, 78 ; *Inst.*, IV, VIII, 6. — (5) L. 1. C. *de Noxal. act.*, III, 41. — (6) L. 17 § 2, l. 67 § 3, ff. *h. t.* V. M. Bufnoir, *Théorie de la condition dans les divers actes juridiques suivant le Droit Romain*, p. 144. notes 2 et 157. note 2. — (7) *Ead.* l. 17 § 2. — (8) L. 44 § 2, ff. *h. t.* — (9) L. 64, ff. *h. t.* On sait que les jurisconsultes ne s'accordaient pas sur la détermination du moment où le légataire *per vindicationem* devenait propriétaire (Gaius, II, 195).

183. En ce qui concerne le fils de famille, faut-il réserver un cas, celui où il a un pécule *castrense* ? Il n'est pas impossible que des actions prennent naissance entre son père et lui à l'occasion de ce pécule. Le fils est alors protégé par un respect des convenances analogue à celui qui empêche de donner l'action *furti* à un époux contre l'autre ; si le vol était commis par un esclave compris dans le pécule *castrense*, l'obstacle disparaîtrait. Après avoir donné ces deux décisions, Ulpien va plus loin ; on peut, d'après lui, soutenir que le père aura une action utile contre son fils, même auteur du vol (1).

184. Quant au vol commis par l'esclave, le préteur donnait une ressource au maître dans un cas particulier, dans celui où un tiers avait été l'instigateur du délit. Le tiers avait ainsi causé un préjudice au maître, car il avait diminué la valeur de l'esclave, et il était tenu d'une action au double, l'action *servi corrupti*, donnée en général contre toute personne qui avait corrompu un esclave (2). Que ce tiers eût vraiment corrompu un esclave jusqu'alors honnête, qu'il eût seulement indiqué les moyens d'exécution à celui qui était déjà perverti, qu'il se fût contenté d'approuver celui qui était déjà décidé, la peine était toujours encourue ; il avait, dans le premier cas, rendu mauvais celui qui était bon, dans les deux derniers, rendu plus mauvais celui qui l'était déjà (3). Il n'y avait pas non plus à distinguer si les objets volés avaient été portés chez lui ou chez une autre personne ; c'était lui qui était responsable comme auteur principal, *princeps delicti* (4).

L'action est mixte ; elle comprend l'estimation du dommage causé que l'on double à titre de peine (5).

Pour apprécier le dommage, le juge évalue la dépréciation de l'esclave (6), mais à cette évaluation, qui se fait dans tous les cas où un esclave a été corrompu, s'ajoute, dans celui d'un vol, celle des objets dérobés (7). La peine, on le voit, est efficace contre les tiers.

---

(1) L. 52 §§ 4 et 5, ff. *h. t.* — (2) L. 1 pp. et § 5, ff. *de Servo corrupto*, XI, 3. — (3) *Ead.* l. § 4. — (4) L. 10, *ib.* — (5) L. 14, § 5, *ib.* — (6) L. 9 § 3 et l. 14, § 18, *ib.* — (7) L. 10, *ib.*

L'action est perpétuelle; l'héritier du maître peut l'exercer, celui du coupable n'en est pas tenu (1).

Du reste, l'action *furti* n'en peut pas moins être exercée contre le tiers, comme complice, si les conditions exigées sont remplies, et la complicité peut dériver du simple conseil (2). Bien plus, les deux actions s'exercent cumulativement (3), car elles sont destinées à punir deux délits différents. La *condictio furtiva* elle-même ne serait pas exclue.

Les dispositions de l'édit ne sont pas faites pour le fils de famille ; n'étant pas dans le commerce, il n'est pas susceptible de dépréciation ; mais on accorde, même de son chef, une action utile (4).

L'action *servi corrupti* n'est donnée qu'au véritable maître et non au possesseur de bonne foi (5).

185. En ce qui touche le *furtum* commis par un esclave de son propre mouvement, le possesseur de bonne foi est, au contraire, dans une meilleure situation que le maître. Il n'y a qu'un obstacle relatif et temporaire qui empêche le premier d'agir; mais, si jamais l'esclave retourne chez le maître véritable, cet obstacle ayant disparu, l'action noxale s'exercera au profit de celui qui a perdu la possession contre celui qui l'aura recouvrée (6).

186. Un père a commis un vol au préjudice de son fils.

C'est ce qui peut arriver même au père ayant son fils en sa puissance, quand il s'agit d'un objet compris dans le pécule *castrense* : « Mais voyons, dit Ulpien (7), si le père est tenu envers le fils, quand il a dérobé une chose comprise dans le pécule *castrense* de celui-ci ? Je penserais qu'il est tenu ; non seulement il aura commis un *furtum* contre son fils, mais encore il sera tenu *furti*. »

----

(1) L. 13 pp., *ib*. — (2) « Ope enim consilio sollicitatoris videntur res abesse. » (L. 11 § 2, *ib*.). Cf. l. 36 § 2, ff. *h. t.* La femme chez laquelle l'esclave intendant porte l'argent qu'il dérobe est tenue, même après l'affranchissement, et de l'action *servi corrupti* et de l'action *furti*. — (3) V. Sur ce point Cujas, *Comm. in Cod. h. t.*—Savigny, § 234. — (4) L. 14 § 1, ff. *de Servo Corr*. — (5) L. 1 § 1, *ib*. — (6) L. 21, C. *h. t.* — (7) *Ead.* l. 52 § 6.

Voet fait observer (1) que le fils ne saurait intenter contre le père l'action *furti* qui est infamante (2), mais qu'il doit obtenir par une action *in factum* le double ou le quadruple.

Sans doute la décision d'Ulpien devrait être appliquée au père émancipateur et il faudrait l'interpréter de même.

187. III. Javolenus suppose un *furtum* commis par un patron au détriment de son affranchi. Il en parle même comme d'un fait habituel (3). Le patron serait certainement traité comme le père. Bien plus, « si un affranchi ou un client a volé son patron, un mercenaire celui qui a loué ses services, l'action *furti* ne prend pas naissance (4). » Il est difficile de croire que le vol reste impuni et qu'une action autrement qualifiée ne permette pas au patron ou à celui qui emploie le mercenaire d'obtenir une condamnation égale à celle qui serait prononcée sur l'action *furti*.

188. IV. L'action *furti* n'est pas donnée à un époux contre l'autre époux, ni durant le mariage, ni même quand le mariage est dissous, soit à l'un des anciens époux, soit à sa succession contre l'autre. Ainsi le veut l'honneur du mariage (5). Le vol ne donne lieu qu'à une réparation civile, réclamée au moyen de l'action *rerum amotarum*, que nous étudierons plus loin.

§ 2. — *Des coauteurs et des complices.*

189. I. Le vol peut être commis par plusieurs personnes à la fois. Chacune d'elles sera coupable de *furtum*.

On avait imaginé une subtilité ; une poutre qui est trop lourde pour être enlevée par une seule personne l'est par deux ou plus ; à la rigueur on aurait pu dire que personne n'était tenu, parce qu'on ne pouvait imputer à personne d'avoir

---

(1) Ad *h. t.*, n. 2. — (2) L. 6 § 1, ff. *De Ibis qui notantur*, III, 2 ; ll. 1, 5 § 1, 7, ff. *de Obsequiis parentibus*, XXXVII, 15. — (3) L. 91, ff. *h. t.* — (4) L. 89, ff. *h. t.* — (5) L. 2, ff. *de Act. rer. am.*, XXV, 2. Cf. l. 17, ff. *de Servo corr.*

enlevé la poutre (1), ou que chacun avait volé pour partie seulement (2). Le bon sens et la nécessité pratique n'avaient pas permis à des raisonnements si subtils de se produire ou de se soutenir.

Chacun des coauteurs est regardé comme ayant commis le vol pour le tout et tenu de l'action *furti* pour le tout (3).

L'un d'eux peut, à raison d'une qualité personnelle, être exempt de l'action, tandis qu'un autre y est soumis. Elle est donnée contre celui qui a commis le vol avec la femme au préjudice du mari (4).

190. II. Le droit Romain n'a pas d'expressions qui répondent aux mots français *complicité, complice,* en matière de délits publics ou privés en général, ni de vol en particulier. Il dit seulement qu'il y a des personnes qui peuvent être tenues de l'action *furti* sans avoir commis elles-mêmes le *furtum.* Quelles sont-elles ?

« Quelquefois celui qui n'a pas commis lui-même le vol est tenu de l'action *furti,* par exemple, celui qui a aidé avec intention à commettre le vol, *cujus ope consilio furtum factum est;* dans le nombre est celui qui a fait tomber les écus de votre main pour qu'un autre les dérobât (5), qui s'est placé devant vous pour qu'un autre dérobât votre chose, qui a mis vos brebis ou vos vaches en fuite pour qu'un autre s'en saisît : les anciens ont décidé de même au sujet de celui qui a mis un troupeau en fuite avec une étoffe rouge ; mais, quand c'est par plaisanterie et non dans l'intention d'aider à commettre le

---

(1) L. 51 § 2, ff *ad Leg. Aq.* IX, 2. — (2) L. 21 § 9, ff. *h. t.* — (3) Cette décision n'était pas admise sans difficulté du temps de Quintilien : « Illa quoque (quæstio), quæ ex numero ducitur pendet ex jure.... *quum duo fures pecuniam abstulerunt, separatim quadruplum quisque an duplum debeat (Inst. or.,* VII, 4 ; cf. *ib.,* 6). Mais elle n'est plus contestée à l'époque classique ; v. l. 55 § 1, ff. *de Adm. et per. tut.,* XXVI, 7 ; l. 1 § 18, ff. *Si is qui test.;* l. 1, C. *de Condict. furt.,* IV, 8. — (4) L. 52 § 1, ff. *h. t.* — (5) Cette hypothèse est fréquemment prévue par les jurisconsultes. Cf. l. 27 § 21, ff. *ad leg. Aquil.* Après avoir dit que celui qui a fait tomber les écus sera regardé comme complice du vol, s'il a voulu les faire ramasser par un tiers, et tenu de l'action *damni injuriæ* dans le cas contraire, Ulpien ajoute : « Quod et antiquis placuit. » V. aussi l. 14 § 2, ff. *de Præscr. verbis.*

vol qu'on a agi, nous nous demanderons si ce n'est pas l'action utile de la loi Aquilia qui doit être donnée, puisque la loi Aquilia, relative au dommage, punit même la faute (1). »
Justinien, après avoir reproduit ce passage de Gaius, en changeant la fin pour donner une action *in factum* qu'il ne qualifie pas, ajoute : « Le vol paraît encore commis *ope consilio* avec l'aide donnée intentionnellement de celui qui a, par exemple, appliqué les échelles aux fenêtres, brisé les fenêtres même ou les portes pour qu'un autre commît le vol, qui a prêté des fers pour les briser, des échelles qui devaient être appliquées aux fenêtres, sachant pourquoi il les prêtait (2). »

191. Nous avons déjà rencontré les mots *ope consilio* dans la formule de l'action *furti* et nous avons exprimé l'opinion que le texte de Gaius ne permettait pas de restreindre au complice cette formule ainsi rédigée, qu'elle avait dû être délivrée dans ces termes même contre l'auteur principal. Le préteur avait sans doute voulu embrasser tous les cas où une personne était tenue de l'action *furti* à un titre quelconque ; ainsi le défendeur ne pouvait échapper en réduisant devant le juge son rôle à celui d'un complice après avoir été poursuivi comme auteur principal. Il faut, d'ailleurs, reconnaître que le texte de la formule, si nous l'interprétons bien, est le seul qui applique les mots *ope consilio* même à l'acte de l'auteur principal.

Ulpien les explique ainsi : « Celui-là est regardé comme donnant le *conseil, consilium*, qui pousse, persuade, dresse par son conseil à commettre le vol. Celui-là donne l'aide, *opem*, qui fournit son ministère et son assistance pour dérober les choses (3). »

Le sens auquel Ulpien entend ici *consilium* n'est pas le plus ordinaire, au moins dans la locution juridique *ope consilio* : « Celui qui prête sciemment des fers pour briser la porte ou l'armoire, celui qui prête sciemment l'échelle pour monter,

____

(1) Gaius, III, 202. Cf. 1. 50 § 4, ff. *h. t.*, où Ulpien rapporte que Labéon refusait déjà l'action *furti* et donnait seulement l'action *in factum* contre celui qui, par plaisanterie, avait mis en fuite un troupeau, et avait ainsi, sans le vouloir, permis à des voleurs de s'en saisir. —
(2) *Inst.*, IV, I, 11. — (3) L. 50 § 3, ff. *h. t.*

alors même qu'il n'a pris l'initiative d'aucun conseil pour l'accomplissement du vol, n'en est pas moins tenu de l'action *furti*, » dit Gaius (1). Les exemples que le même jurisconsulte propose dans le passage cité plus haut et ceux qu'ajoute Justinien donnent au mot son véritable sens, celui d'*intention*. Paul dit (2) que, d'après l'autorité des anciens, on en est venu à décider « ut nemo ope videatur fecisse, nisi et consilium malignum habuerit. » Le *consilium* n'est plus cette influence active et décisive, ce *conseil* écouté, auquel pensait Ulpien, c'est l'*intention* mauvaise, le dol, la connaissance du fait auquel on concourt, *sciens*. *Ope consilio* peut se traduire : *aide donnée avec intention*.

Le *consilium* ne peut être toute intention mauvaise : « Celui qui a brisé une porte *injuriæ causa* n'est pas tenu *furti*, quand des objets ont été enlevés de la maison par d'autres personnes ; on distingue les délits par la volonté et l'intention des délinquants (3). » Il faut s'associer à l'*animus furandi*.

Les mots *ope consilio* semblent ne former qu'une seule expression.

Faut-il les entendre *separatim?* se demande Paul (4). Il répond affirmativement avec Labéon, c'est-à-dire qu'il voit là deux conditions différentes, mais qui doivent être réunies. La même opinion est adoptée par Gaius et par Justinien dans les passages cités plus haut. Elle a rencontré quelques contradicteurs jusqu'à l'époque classique : ainsi Pomponius permet d'agir *furti* contre celui qui a donné la chasse à un paon échappé, si ce paon a été dérobé par un tiers, et le jurisconsulte n'exige nullement que le premier ait eu la pensée de faciliter le délit au second (5). Malgré ce dissentiment, la doctrine de Paul est bien la doctrine romaine ; l'acte matériel fait sans connaissance de cause n'est pas incriminé ; tout au moins ne donne-t-il pas lieu à l'action *furti ;* si d'anciens jurisconsultes, disposés à étendre cette action dans un temps où certains droits demeuraient sans protection, en avaient décidé autre-

---

(1) L. 54 § 4, ff. *h. t.* — (2) L. 53 § 2, ff. *de Verb. Sign.* — (3) L. 53 pp., ff. *h. t.* — (4) L. 53 § 2, ff. *de Verb. Sign.* — (5) L. 37, ff. *h. t.* Cf. 1. 36 pp. *in fin..* ff. *h. t.*

ment, leur opinion avait été rejetée, Labéon l'avait condamnée, Pomponius semble avoir été seul, de son temps, à l'appliquer encore dans certains cas ; la loi Aquilia et l'extension qu'elle avait reçue à son tour l'avaient rendue inutile. D'un autre côté, l'intention mauvaise qui ne se manifestait par aucun fait extérieur ne pouvait être atteinte, ni par l'action *furti*, ni par aucune autre.

Mais le *consilium* pris au premier sens, le *conseil*, ne suffit-il pas sans assistance matérielle ? Certes il y a ici quelque chose de plus que l'intention mauvaise. Quand le conseil a été suivi d'exécution, non seulement cette intention s'est manifestée, mais encore elle s'est réalisée (1). On comprend que le fait soit punissable ; les Romains l'ont-ils déclaré tel ?

Il faut répondre affirmativement, si l'on s'en rapporte à Ulpien, peut-être devons-nous dire que telle est la décision des jurisconsultes à l'époque classique.

D'après Ulpien, celui qui a donné le conseil de voler est tenu, dès que le vol est réalisé par le maniement (2) : « Si quelqu'un persuade à mon esclave, dit-il (3), d'effacer son nom d'un acte de vente, Méla écrit et je pense qu'il y a lieu à l'action *furti*. » Si celui qui conseille à l'esclave d'autrui de prendre la fuite n'est pas regardé comme un voleur, c'est que donner un mauvais conseil n'est pas commettre un *furtum ;* il en est comme du cas où l'on conseille à un esclave de se donner la mort ; la fuite en effet n'est pas complètement assimilée à un *furtum* (4). Mais, que le conseil ait été donné pour permettre à un tiers de dérober cet esclave, l'action *furti* est accordée. Sur ce point encore, Pomponius accorde l'action plus facilement que les autres jurisconsultes ; il la donne contre l'auteur du conseil, par cela seul et dès que l'esclave fugitif est volé, sans exiger que l'intention de faciliter le vol ait existé au moment du conseil (5).

On comprend qu'Ulpien ait pu à plusieurs reprises se servir

(1) L. 52 § 19, ff. *h. t.* — (2) *Ib.* — (3) *Ead*. 1. § 23. Cf. 1. 36 § 2, ff. *h. t.*, 1. 11 § 2, ff *de Servo Corr. —* (4) « Qui servo fugere consilium dedit furti quidem actione non tenetur, sed servi corrupti. » Paul, *Sent.*, (*l. cit.*, 33*). —* (5) L. 36 pp., ff. *h. t.*, v. cep. Pothier, *ad h. t.*, n. LXXI, note *m.*

des mots *ope consilione* (1).On les retrouve même chez Paul (2). Le mot *ope* indique l'aide, qui, d'ailleurs, ne peut être incriminée que si elle a été donnée en connaissance de cause ; le mot *consilio* doit s'entendre dans ces passages du conseil proprement dit, et non, comme dans ceux où il est joint par la conjonction *et* au premier, de la mauvaise intention. Dans le dernier texte que nous avons reproduit, Ulpien ne considère-t-il pas le *sollicitator* comme ayant fourni *opem* et *consilium* en même temps ?

Aux *Institutes*, nous trouvons une décision différente : « Mais celui qui n'a fourni aucune aide pour commettre le vol, qui a seulement donné un conseil et exhorté à voler, n'est pas tenu *furti* (3). »

On a cherché à concilier les décisious contenues au Digeste avec la règle posée aux Institutes. Celle-ci serait faite, soit pour un avis indéterminé, donné à une personne qui se plaindrait de sa pauvreté (4), soit pour une exhortation, une approbation adressée à quelqu'un dont la résolution serait déjà arrêtée (5). Le conseil qui pousserait à l'action, qui serait accompagné d'instructions, d'indications, donnerait lieu à l'action *furti*. Rien ne permet d'ajouter ainsi aux différents textes

(1) L. 6 ff., *de Condictione furtiva*, XIII, 1; l. 52 pp. et § 19, ff. c. *h. t.*—
(2) *L. cit.*, 10.—(3) *Inst.*, *l. cit.*, 11.— (4) Vinnius, ad *h. t.*, aux *Inst.*, n. 2.—(5) Pothier, ad *h. t.*, n. LXVII, note *n*. M. Demangeat, *l.cit.*, p. 386, fait les distinctions suivantes : « Ce mot signifie-t-il exhortation ou encouragement ; alors, en principe, il faut dire qu'on n'est point complice *consilio tantum*... Seulement, il y a des cas où le conseil devient une véritable assistance donnée au voleur... Que si nous prenons le mot *consilium* comme signifiant les instructions, les renseignements donnés à une personne et qui lui permettent d'accomplir un *furtum*, ici encore le *consilium* constitue une assistance effective, et celui qui le donne doit être tenu de l'action *furti*... Enfin le mot *consilium* signifie souvent la connaissance ou la conscience qu'on a du caractère véritable d'un certain acte... « M. Ortolan (n. 1724) admet qu'il n'y a de complicité qu'autant qu'on a coopéré au vol en donnant assistance (*ope*) et à dessein *(consilio)* Dans l'hypothèse de la loi (36 pp. et § 2, ff. *h. h.*) il s'agit de quelqu'un qui a conseillé et persuadé à un esclave de prendre la fuite, afin qu'un autre pût le voler. Il sera tenu de l'action *furti*, dit le jurisconsulte; en effet, il a coopéré activement, il a donné une assistance de fait au vol, puisqu'il s'est employé à détourner l'esclave, à le faire fuir afin qu'on pût le voler et il l'a fait à dessein ; il y a donc pris part *ope et consilio*. »

des circonstances dont il n'y est pas fait mention. On peut
croire que Justinien décide dans un sens, ce qui ne l'empêche
pas de rapporter des textes conçus dans un autre esprit. Peut-
être la confusion produite par le double sens du mot *consilium* a-t-elle dissimulé à ses propres yeux son innovation et lui
a-t-elle fait croire qu'il reproduisait simplement une ancienne
et unanime doctrine.

192. Qu'il s'agisse d'assistance ou de conseil, nulle responsabilité ne peut être mise à la charge de celui qui est incapable
de commettre lui-même un *furtum*, parce qu'il ne saurait en
concevoir l'intention (1). L'action ne saurait non plus être
donnée pour complicité contre une personne qui n'y serait
pas sujette comme auteur principal, par exemple, contre une
femme, en cas de vol commis au préjudice du mari (2).

193. Le complice est tenu *furti* comme l'auteur principal,
mais ce n'est pas nécessairement par la même espèce d'action
ni dans la même mesure : « Celui qui fournit son aide au voleur n'est jamais *manifestus* ; aussi il arrive quelquefois que
celui qui a fourni l'aide soit tenu *furti nec manifesti*, quand
l'auteur principal qui a été saisi est tenu *furti manifesti* à raison du même objet (3). »

194. Il arrive au contraire, que le complice est seul punissable, quand la qualité de l'auteur principal, sans faire disparaître le *furtum*, exempte celui-ci de l'action *furti* ; cette
exemption ne profite pas à ceux qui l'ont aidé ou conseillé ; il
s'agit, par exemple, d'un vol commis par un esclave au détriment du maître, par un fils au détriment du père de famille,
par une femme au détriment du mari (4). L'exemption est toute
personnelle. Il n'y aurait pas de complicité possible, si c'était
le *furtum* lui-même qui disparaissait. Titius, ne sachant pas
qu'on le prenait pour un autre, a reçu de l'argent ; il n'y a
pas de *furtum*. Celui qui l'a présenté de mauvaise foi au *sol-
vens* ne peut être regardé comme complice, mais il sera tenu
d'une action *in factum* (5). C'est pour un cas spécial que

---

(1) L. 90 §1, ff. *h. t.* — (2) L. 52 § 2, ff. *h. t.* — (3) L. 34, ff. *h. t.*
— (4) L. 36 § 1, l. 52 pp., ff. *h. t.* ; *Inst.*, IV, 1, 12 ; cf. l. 11 § 2, ff.
de Servo corr. — (5) L. 66 § 4, ff. *h. t.*

Justinien a introduit une règle différente, quand il a frappé comme complice d'un vol consommé celui qui avait conseillé à l'esclave d'autrui de voler son maître et dont l'esclave avait, d'accord avec celui-ci, paru suivre le conseil.

195. III. Le recel était atteint par cette ancienne action au triple, appelée *furti concepti*, que le préteur avait trouvée dans la loi des XII Tables et qu'il avait maintenue. Ce n'était pas qu'elle eût été instituée pour le frapper directement ; elle fournissait un moyen énergique de recherche à la victime du vol ; elle s'appliquait à celui qui avait reçu de bonne foi la chose volée. Le recours exercé au moyen de l'action *furti oblati* permettait indistinctement à la personne qui avait connu le vol comme à celle qui l'avait ignoré de se faire indemniser par le voleur.

Dans le droit de Justinien, les deux actions dont nous venons de parler ont disparu, ainsi que les actions *furti prohibiti* et *furti non exhibiti*. C'est ce qui résulte, d'après l'empereur, de ce que la recherche des choses volées ne se fait plus d'après les anciennes règles, mais « il est très évident que tous ceux qui auront sciemment reçu et recélé le chose volée seront tenus *furti nec manifesti* (1). » Et ce n'est pas là une innovation de Justinien. Dioclétien et Maximien disaient déjà que l'action pénale *furti* pouvait s'exercer contre ceux qui avaient reçu sciemment les objets dérobés par un esclave (2).

Il semble que ces empereurs eux-mêmes se bornent à rappeler une règle déjà établie (3).

Un autre genre de recel entraîne les mêmes conséquences ; l'action *furti* est donnée contre celui qui cache le voleur ; mais il ne suffirait pas, pour y être exposé, d'avoir gardé le silence sur l'endroit où celui-ci est réfugié, quand on le connaît (4).

---

(1) *Inst.* IV, 1, 4. — (2). L. 8, C. *h. t.* — (3) Cf. l. 8, C. *ex quib. causis inf. irr.* III, 14 : l'infamie n'atteint pas celui chez qui a été trouvé l'objet volé, mais qui ignorait le vol. Cette constitution est des empereurs Sévère et Antonin. — (4) L. 48 § 1, ff. *h. t.*

§ 3. — *Du vol commis par un fils de famille ou par un esclave au préjudice d'une personne autre que le père de famille ou le maître.*

196. Si l'on n'avait pas en général plus à craindre des fils de famille que des personnes *sui juris*, les vols des esclaves étaient très fréquents : « Le mot *fur*, qui passa au voleur, dit M. Wallon (1), appartint tout d'abord à l'esclave (2). Virgile le lui donne encore par un archaïsme qui ne convient pas mal à ses églogues, dans le langage de ces bergers comme on n'en voyait plus :

Quid domini faciant, audent quum talia fures (3).

Mais depuis longtemps les esclaves ne le retenaient plus que comme *qualité*. C'est à ce titre que Plaute voudrait le reporter spécialement à la gent culinaire ; il voudrait qu'on nommât place *furine* le marché où on la louait, le *forum coquinum*, la place *coquine* (4) : le changement se fit, non pas dans le nom du lieu, mais dans la valeur du nom ; et notre langue, en le prenant au latin vulgaire, ne lui connaît plus d'autre sens. » D'innombrables témoignages des poètes comiques, sous la république, des jurisconsultes sous l'empire, nous montrent l'habitude du vol comme aussi générale qu'invétérée chez les esclaves (5).

(1) *Histoire de l'esclavage dans l'antiquité*, t II, p. 268. — (2) S'il en est ainsi, les étymologies rapportées plus haut tombent toutes également. Cf. Heineccius, in *Inst.* IV. I, 1. — (3) III, 16. M. E. Benoist, le savant éditeur de Virgile, entend et le mot *fures* et le vers entier d'une tout autre manière : « Servius, suivi par Heyne, entend *fures* par *servi* en général. Mais ce n'est que dans les comiques seulement, et par plaisanterie, que ces deux mots sont synonymes... D'ailleurs Damœtas n'est pas un esclave... Aussi le sens est-il: Quelles garanties suffisantes pourraient maintenant trouver les propriétaires lorsque des voisins mêmes ont dans le vol une audace égale à la tienne ? » — (4) *Pseudol*, III, 2, v. 779. — (5) Citons seulement la loi 50 ff., *de Pactis*, II. 14, qui nous apprend qu'on insérait dans les contrats de dépôt, de commodat, de louage et autres semblables, ce pacte : « Ut facias furem servum meum, hoc est ne sollicites ut fur fiat, ut fugitivus

Il y avait une différence juridique de la plus haute importance entre les fils de famille et les esclaves. Les premiers
seuls pouvaient être poursuivis en justice.

Nous nous occuperons d'abord du cas où le vol a été commis sans la participation et à l'insu du père ou du maître, puis
du cas où ceux-ci ont donné leur assentiment, pris une certaine part au fait, en ont au moins eu connaissance.

197. I. Toutes les actions pénales qui naissent de délits sont
données contre le père de famille et contre le maître qui ont en
leur puissance le fils et l'esclave coupables, mais elles deviennent noxales, c'est-à-dire que le père et le maître peuvent, à
leur choix, payer le montant de la condamnation ou faire
abandon du fils et de l'esclave (1) : « Il était inique, dit Gaius,
que la scélératesse de ceux-ci nuisît au père et au maître, en
dehors de leurs propres personnes. » L'abandon place le fils
de famille *in mancipio*, et il n'y a pas de contrat de fiducie qui
impose l'obligation de l'affranchir ; mais, quand les acquisi-
tions faites par son intermédiaire atteignent le montant du
dommage qu'il a causé, l'affranchissement est imposé par le
préteur (2). Quant à l'esclave, il doit être transféré au demandeur, en gardant la situation qu'il avait antérieurement, celle
de *statuliber*, par exemple (3) ; la règle de l'affranchissement,
faite pour le fils de famille, lui est appliquée par Justinien (4).
Cette application paraît assez singulière, puisqu'elle donne à
l'esclave coupable un droit exceptionnel ; elle appartient à un
temps où l'on écoutait l'humanité plus qu'on ne se piquait de
logique.

Justinien supprime l'abandon noxal en ce qui touchait le
fils, faisant observer que celui-ci pouvait être poursuivi per-

---

fiat, ne ita negligas servum, ut fur efficiatur…» L'usage d'insérer dans
les ventes d'esclaves la clause de garantie contre un tel vice était si général que nous la trouvons dans un acte relatif à une petite fille
de six ans. (*Instrumentum emtionis puellæ sportellariæ emtæ*, M. Giraud, *Novum Enchiridion juris Romani*, p. 652). — v. aussi M. Labatut. *Revue générale du Droit*, 1879 p. 243, L'*Edit des Ediles, la
vente des esclaves.*

(1) Gaius, IV, 75 ; *Inst.*, IV, VIII, pp. — (2) *Coll. leg. Mos*, II, 3,
Papinien. — (3) L. 61 § 9, ff. *h. t.* — (4) *Inst.*, IV, VIII, 3.

sonnellement à raison de ses délits (1) ; aussi dans ses recueils est-ce à propos de l'esclave qu'il est parlé de l'action noxale, mais, pour celui qui se reporte au temps de la jurisprudence classique, ce qui est dit de l'un doit être étendu à l'autre.

Pour qu'une action soit exercée *noxaliter*, il faut que la qualité de personne *alieni juris* soit constante ; si elle était niée, le procès devrait s'arrêter ; il y aurait une question préjudicielle à trancher sur l'état de la personne ; l'action noxale serait délivrée si le voleur était reconnu esclave et deviendrait inutile dans l'hypothèse inverse (2).

198. C'était spécialement pour le vol que la loi des XII Tables avait admis des actions noxales (3). Le droit classique nous montre, en effet, les actions, soit *furti manifesti*, soit *furti nec manifesti*, données contre le maître (4), dans tous les cas où a été reconnue l'existence du *furtum* (5) et seulement dans ces cas (6).

A l'égard du maître, l'action n'a rien d'infamant. Aussi peut elle être donnée contre une personne qui de son chef ne pourrait être poursuivie à raison d'un *furtum* ; le mari l'aura contre sa femme, quand il aura été volé par l'esclave de celle-ci (7).

199. Le propriétaire n'est tenu de l'action noxale que quand il possède l'esclave, parce qu'il le possède, tant qu'il le possède. Il en est libéré, s'il aliène ou affranchit l'esclave, si même il le laisse *pro derelicto* (8).

L'action est donnée dans les deux premiers cas, soit contre le nouveau maître, soit contre l'affranchi lui-même, *Noxa caput sequitur*. A l'inverse, l'action directe née contre un homme

---

(1) *Inst.*, *ib.*, 7. — (2) L. 42 pp. ff. *de Nox. act*, IX, 4. — (3) Schœll, p. 160. — (4) L. 38 § 1, ff. *h. t.* — (5) *Ead.* l. §§ 2 et 3. Cependant « si votre esclave a volé la chose qui vous avait été prêtée, il n'y aura pas lieu à l'action *furti*, puisque la chose est à vos risques, mais seulement à l'action *commodati* (l. 53 § 2, ff. *h. t.*) » Cujas pense que, si le commodataire n'était pas solvable, il y aurait lieu à l'action *furti* ; celle-ci ferait au moins obtenir le transfert de l'esclave (*In lib. XXXIX Pauli ad Ed. ad h. t.*). — (6) Elle ne peut appartenir à l'héritier, quand l'esclave légué *per vindicationem* a volé, avant l'adition d'hérédité, une chose héréditaire, l. 40, ff. *de Nox. act.* — (7) L. 52 § 3 ff, *h. t.* — (8) L. 38 § 1. ff. *de Nox. act.*

libre deviendrait noxale, s'il tombait en servitude, et serait
exercée à ce titre contre son maître (1).

« Quelquefois l'affranchi et le *manumissor* sont tenus du *furtum*. Le maître a affranchi l'esclave pour se soustraire à l'action *furti* ; mais Sabinus a répondu que l'action exercée contre
le maître libère de plein droit l'affranchi, comme ferait une
transaction (2). » L'action exercée contre le maître ne pourrait
plus être noxale ; ne s'est-il pas retiré lui-même la faculté
de faire l'abandon (3) ? Du reste, c'est en général si le maître
a cessé par dol de posséder qu'il devient passible de l'action
pour le tout (4).

L'esclave peut tomber en la puissance de celui au préjudice
duquel il a commis un délit ; l'action s'éteint aussitôt; d'après
les Sabiniens, elle ne peut renaître ; d'après les Proculiens, elle
est seulement suspendue par une impossibilité d'agir qui peut
cesser, et, si l'esclave passait, par un nouveau changement de
propriété, sous la puissance d'un troisième maître, celui-ci
s'y trouverait assujetti (5). C'est l'opinion des Sabiniens qui est
consacrée par Justinien (6). En matière de vol, les textes du
Digeste, peut-être choisis exclusivement ou arrangés par cet
empereur, nous la montrent appliquée sans difficulté (7). Mais
il faut supposer que l'aliénation qui a fait tomber l'esclave
sous la puissance du volé a eu lieu avant la *litis contestatio*
sur l'action *furti* dirigée contre le premier maître ; une fois le
procès arrivé à ce point, celui-ci ne pourrait échapper ainsi à
la condamnation (8).

La crainte d'être évincé ne suffit pas pour dispenser le propriétaire actuel de l'action noxale ; il a, par exemple, acheté
un esclave précédemment donné en gage et repris par le débiteur au moyen d'un *furtum possessionis*, et il est menacé
de l'action Servienne ; la vente, faite par un mineur de
vingt-cinq ans, peut donner lieu à une restitution *in inte-*

---

(1) *Inst.*, *l. cit.* Gaius, IV. 77, applique la règle au fils et à l'esclave.
Cf. sur l'esclave, 1. 4, C. *An servus pro suo facto post manumissionem
teneatur*, IV, 14. — (2) L. 42 § 1. ff. *h. t.* — (3) Cf. 1. 39 pp. *de Nox.
act.* — (4) L. 2 § 1, ff. *Si ex noxali causa*, II, 9. — (5) Gaius, IV, 78.
— (6) *Inst.*, IV, VIII, 6. — (7) L. 18, ff. *h. t.*; 1. 37 ff. *de Nox. act.*
— (8) L. 37 *cit.* et 1. 38 pp., *ib.*

grum ; elle a été opérée en fraude des droits des créanciers, qui auront l'action Paulienne ; dans tous ces cas, l'acheteur n'en sera pas moins poursuivi pour le vol commis par l'esclave (1).

200. Le possesseur est soumis à l'action noxale à l'égard de tous (2), même dans certains cas du véritable maître. Un esclave, après avoir pris la fuite, a volé chez celui-ci, qui le retrouve plus tard entre les mains d'un tiers, et qui agira contre ce tiers. Le maître n'est regardé comme continuant à posséder son esclave fugitif qu'en ce qui touche l'usucapion, non en ce qui touche le vol (3).

En revanche, si l'esclave, après avoir volé, pendant qu'il était chez le possesseur de bonne foi, retourne chez son maître, ce dernier répondra du vol, soit envers tout tiers qui en aurait été victime, soit envers l'ancien possesseur lui-même (4).

Le bénéfice de l'abandon noxal ne peut être refusé au possesseur de bonne foi, mais celui-ci ne saurait transférer une propriété qu'il n'a pas. Celui à qui l'abandon sera fait sera mis *in causa usucapiendi*, eût-il su que le défendeur n'était pas propriétaire et eût-il par suite manqué lui-même de bonne foi (5), et il repoussera la revendication du vrai maître au moyen de l'exception de dol ou se fera rendre indemne par l'*officium judicis* (6).

201. C'est une règle remarquable que celle qui prescrit à la victime du délit commis par un esclave d'attaquer celui qui possède, et celui qui possède au jour du procès, non celui qui possédait au jour du délit. Il n'y a pas, ce semble, de reproche à faire au premier ; si quelqu'un a péché, ne fût-ce que par défaut de surveillance, c'est le second. Laisser de côté celui qui a commis une faute, au moins par omission, pour s'en prendre à celui qui en est absolument exempt, n'est-ce pas aussi contraire à l'équité qu'à la logique?

Nous remarquerons d'abord que celui qui possédait l'esclave au jour du délit n'en évite pas absolument ni toujours la responsabilité. On devait assurément avoir quelque peine à se dé-

---

(1) L. 36, *ib.* — (2) L. 11-13, *ib.* — (3) L. 17 § 3, ff. *h. t.* — (4) V. l. 21, C. *h. t.* — (5) L. 28, ff. *de Nox. act.* — (6) L. 11, *ib.*

faire d'un esclave, nous ne dirons pas convaincu, mais même
soupçonné; les maîtres étaient forcés de veiller sur la conduite de leurs esclaves par la crainte de leur voir subir une dépréciation. Fussent-ils parvenus à dissimuler complètement le
délit commis, on avait fini par admettre qu'ils devaient livrer l'esclave *furtis noxisque solutum* et c'était sur eux que
l'acheteur faisait en définitive retomber l'action noxale, en
exerçant lui-même l'action *empti* (1). Mais il y avait un avantage d'un tout autre genre que les Romains retiraient de la
règle dont il s'agit, peut-être sans l'avoir cherché. C'était un
commerce dangereux que celui des esclaves, et il était de l'intérêt de tous les maîtres, par conséquent de la société, qu'il
fût tel. Ou ne pouvait s'entourer de trop de précautions, quand
on en achetait un; non seulement on était exposé à se voir
plus tard voler par lui, mais dès le lendemain on avait à craindre une ou plusieurs actions noxales, provenant de délits
commis antérieurement. Il fallait vérifier son origine, se faire
présenter comme un établissement de propriété et s'informer
autant que possible des antécédents. A plus forte raison, devait-on accueillir avec une extrême méfiance celui qui était
abandonné ou fugitif, qui cherchait un asile et qui, pour le
trouver, était intéressé à cacher d'où il venait et ce qu'il avait
fait. Toutes ces difficultés qui devaient faire hésiter à acheter
ou à recevoir les esclaves étaient autant de garanties pour les
maîtres. Ils n'était pas facile à ceux-ci de maintenir toujours
en leur puissance ces objets de propriété, à qui on laissait d'ordinaire l'usage de leurs membres et une certaine liberté de
mouvement, à qui l'on ne pouvait ravir la raison, le sentiment
souvent pénible de leur situation et le goût de l'indépendance.
C'était beaucoup qu'un esclave ne pût être bien vendu que
par celui qui était son vrai maître, qui fournissait sur son
compte des renseignements précis et complets.

202. L'esclave qui a commis le vol peut appartenir par indivis à plusieurs personnes; chacune d'elles est tenue pour
le tout de l'action noxale, et celle qui sera poursuivie ne

____

(1) L. 11 § 8, ff. *de Act. empti*; v. cep. l. 3 pp., ff. *Si familia furtum*,
XLVII, 6.

pourra se dispenser de payer la condamnation tout entière qu'en abandonnant l'esclave tout entier. Mais un tel abandon ne saurait être fait qu'avec le consentement des copropriétaires. Si, par leur refus, ils contraignent le défendeur à subir la condamnation pour le tout, ils devront l'indemniser. Avant la *litis contestatio*, l'abandon partiel suffit, quoiqu'il fasse perdre au demandeur, devenu copropriétaire, le droit d'agir *furti* et le réduise aux actions en partage (1).

Si tous les propriétaires avaient par dol cessé de posséder l'esclave, le préteur n'en délivrerait pas moins une action contre celui d'entre eux qu'aurait choisi le volé et l'abandon ne serait même plus possible (2).

203. Le vol peut être commis par un esclave commun au préjudice de l'un de ses maîtres. C'est une règle générale qu'on ne peut exercer une action noxale à raison du fait commis par une personne du chef de laquelle on pourrait soi-même en subir une (3). Le volé n'a pas l'action pénale contre les autres ; il peut seulement obtenir la réparation du tort qui lui est fait au moyen de l'action *communi dividundo* ou de l'action *familiæ erciscundæ* ; mais celles-ci qui ne deviennent pas pénales, puisqu'elles tendent seulement à une condamnation au simple (4), prennent alors un certain caractère noxal, puisque le défendeur se fait tenir quitte en cédant sa part de copropriété. L'application de la règle *noxa caput sequitur* n'est pas ici sans difficulté ; sans doute le copropriétaire volé peut agir contre le cessionnaire d'un de ses copropriétaires comme il aurait agi contre celui-ci, c'est-à-dire par une action *communi dividundo* devenue, pour ainsi dire, noxale. Mais il n'a plus aucune ressource si l'esclave devient libre, et celui-ci sera exempt de toute poursuite, comme l'esclave qui est affranchi après avoir commis un vol au préjudice d'un maître unique: cette décision tient à ce qu'il n'y a pas eu d'action *furti* qui ait pris naissance au moment du vol. Enfin l'esclave peut mourir ; d'une part, plus de chose commune, rien à partager ; d'autre part, plus d'abandon possible pour les coproprié-

---

(1) L. 8, ff. *de Nox. act.* — (2) L. 39 pp., *ib.* — (3) L. 21, C. *h. t.*
— (4) L. 16 § 6, ff. *Fam. ercisc.*, X, 2. Cf. 1. 41, ff. *de Nox. act.*

taires ; ceux-ci ne pourraient être poursuivis que s'ils avaient recueilli quelque profit du vol (1).

204. Un contrat peut rendre une personne responsable envers une autre du vol dont un esclave est l'auteur. Cette responsabilité sera dans certains cas, mais non dans tous, tempérée par le droit de faire l'abandon noxal.

Africain fait trois groupes. Il y a des personnes qui peuvent abandonner l'esclave quand elles sont simplement en faute, non quand elles ont un dol à se reprocher. Le créancier gagiste, victime d'un vol commis par l'esclave qui lui a été donné en gage, intente l'action *pigneratitia contraria* ; il faut que le propriétaire répare le dommage ou fasse abandon de l'esclave. La même faculté est donnée comme la même obligation est imposée au vendeur à réméré, quand l'esclave vendu a volé un objet appartenant à l'acheteur. Mais, si le propriétaire a donné sciemment en gage un esclave qui avait l'habitude du vol, il doit absolument indemniser le créancier ; il n'en est de même du vendeur que s'il a expressément garanti la probité de l'esclave (2).

Il y a des personnes qui ne peuvent faire l'abandon, alors même que c'est une simple faute qui leur est imputable ; c'est ce que décide Africain à propos du mandant, mais non sans avoir hésité. Celui qui a donné mandat à un autre d'acheter un esclave, eût-il ignoré que l'habitude du vol existait chez cet esclave, n'en est pas moins tenu à la réparation du dommage ; le mandataire alléguerait très justement qu'il n'eût souffert aucun préjudice, s'il n'avait reçu le mandat. La même décision doit être, à plus forte raison, appliquée au cas de dépôt ; si, en principe, l'équité ne permet pas de faire supporter par une personne un dommage supérieur à la valeur de son esclave, elle permet encore bien moins de faire retomber un préjudice sur quelqu'un à cause de l'*officium*, du devoir dont il s'était chargé dans le seul intérêt du cocontractant. il faut punir le dol en cas de gage, de vente, de louage ; ici c'est à ceux dans l'intérêt desquels le contrat a été formé à payer leur

---

(1) L. 61 pp., ff. *h. t.*. V. Cujas, *ad Africanum Tract.* VIII, ad *h. t*. Cf. l. 8, ff. *de Nox. act.* — (2) *Ead.* l. 61 §§ 1-4.

faute, et le mandant ou le déposant qui n'a pas eu l'attention de faire connaître le vice de l'esclave a certainement commis une faute (1).

Il faut, il est vrai, supposer qu'aucune faute n'est imputable au mandataire ou au dépositaire ; si l'un ou l'autre a spontanément confié de l'argenterie à l'esclave, le maître qui n'en eût jamais fait autant cesse d'être tenu (2).

Enfin le commodant est placé à l'autre extrémité de la théorie ; il a toujours le droit de faire abandon, même en cas de dol, le contrat étant formé dans l'intérêt exclusif du commodataire ; on doit même se montrer peu sévère à l'égard du commodant quand il s'agit d'examiner s'il a commis un dol (3).

205. II. Un délit peut être commis *sciente domino*, soit que le maître y ait participé d'une manière plus ou moins active, soit que, en ayant eu connaissance, il ait pu et n'ait pas voulu l'empêcher. Il est alors tenu pour le tout, et il ne cesse pas de l'être, quand l'esclave cesse de lui appartenir (4).

Telle n'avait pas toujours été la règle : « Celse fait une distinction entre la loi Aquilia et la loi des XII Tables ; dans l'ancienne législation, si l'esclave a commis un *furtum* ou tout autre délit *sciente domino*, celui-ci est tenu du chef de l'esclave par l'action noxale et non de son propre chef ; mais, quand il s'agit de la loi Aquilia, dit-il, le maître est tenu de son chef et non de celui de l'esclave. Il explique ainsi les deux lois : celle des XII Tables a voulu que les esclaves n'obéissent pas à leurs maîtres en de telles matières ; la loi Aquilia a pardonné à l'esclave qui a obéi à son maître sous la crainte de perdre la

---

(1) *Ead.* 1. § 5. — (2) *Ead.* 1. § 7. — (3) *Ead.* 1. § 6 : « Itaque eum, qui commodaverit, *sicut in locatione, si dolo quid* fecerit, non ultra pretium servi quid amissurum. » Nous avons suivi cette version, qui est celle de la Florentine. Il faut reconnaître que les mots : *sicut in locatione*, n'ont alors aucun sens et doivent être effacés ; dans le paragraphe précédent, le jurisconsulte assimile le louage au gage et à la vente. La Vulgate porte : « Si *non* dolo quid fecerit, » ce qui s'accorde beaucoup mieux avec les mots *sicut in locatione,* mais beaucoup moins avec le développement des idées dans la loi 61 et en particulier avec cette raison tout à fait propre au commodat, que le contrat est formé dans l'intérêt seul de celui contre qui le vol est commis. C'est cette seconde leçon qu'adopte Pothier (*ad tit. Mandati*, n. LX). — (4) LL. 2 pp. et § 1, 3, 4, 5 § 1, ff. *de Nox. act.*

vie. Mais, si l'on admet ce qu'écrit Julien, liv. 86, que le vol
ou tout autre délit commis par les esclaves doit être régi par
les lois postérieures, on pourra dire aussi que l'action noxale
sera toujours ouverte du chef de l'esclave, l'action de la loi
Aquilia étant donnée contre le maître pour le charger et non
pour décharger l'esclave. Nous nous rangeons à l'avis de
Julien, qui est raisonnable en soi et qui est approuvé par
Marcellus, dans Julien (1). »

De ce texte, il résulte : 1° que, à l'origine, le cas où le vol était
commis par l'esclave *sciente domino* n'était pas distingué de
celui où le maître l'avait ignoré ; 2° que la distinction se géné-
ralisa, après avoir été introduite par la loi Aquilia ; 3° que la
personne au détriment de laquelle un délit a été commis par
un esclave, *sciente domino*, a le choix entre l'action directe
pour le tout et l'action noxale contre le maître.

Ce n'était pas en vertu des règles relatives à la complicité
que le maître *sciens* était condamné à répondre du vol commis
par l'esclave. Savoir et ne pas empêcher ne constitue pas en
principe la complicité. La responsabilité du maître est engagée à ce titre pour une double raison ; il lui était plus facile
qu'à tout autre de mettre obstacle au délit, et il doit en profiter. Sans doute on présumait une véritable complicité de sa
part et même un ordre.

206. III. Le vol peut être commis par plusieurs esclaves
appartenant au même maître ; nous supposons d'abord que
celui-ci a ignoré le fait.

« Le préteur a affiché cet édit fort utile afin de protéger les
maîtres contre les délits de leurs esclaves ; il n'a pas voulu
que plusieurs esclaves, en commettant un vol, ruinassent un
maître, ce qui serait arrivé, si celui-ci avait été forcé ou de les
abandonner tous ou de payer la peine du chef de chacun. L'é-
dit lui donne le choix entre ces deux partis : ou abandonner
comme coupables tous les esclaves qui ont participé au vol,
ou, s'il préfère offrir le montant du procès, offrir ce qui aurait été
dû, si c'était un homme libre qui eût commis le vol, et garder sa

____

(1) L. 2 § 1 *cit.*

familia (1). » Le bénéfice de l'édit est accordé même à celui qui est condamné parce qu'il a cessé par dol de posséder (2) ; il ne peut plus faire l'abandon, mais il ne paie qu'une seule condamnation.

L'hypothèse où la victime du vol était morte laissant plusieurs héritiers avait souffert des difficultés. On finit par reconnaître qu'ils avaient le droit d'obtenir à eux tous ce qu'aurait obtenu leur auteur et rien de plus (3).

Il est important de remarquer les expressions employées par le préteur pour déterminer ce que doit payer le maître : « Ce qui aurait été dû, si c'était un homme libre qui eût commis le vol, *tantum offerre quantum si unus liber furtum fecisset.* » Elles ne comprennent pas seulement le double, qui fait l'objet de l'action pénale *furti nec manifesti*, mais encore le simple qui, en cas de vol commis par un homme libre, fait l'objet de la *condictio* (4). Tant que le total ainsi formé n'est pas obtenu, la victime du vol peut agir, et, malgré la *litis contestatio* faite du chef d'un premier esclave, renouveler le procès du chef d'un autre (5). D'un autre côté, en supposant que le maître a opté pour l'abandon des esclaves voleurs, il est possible que la victime du vol ne se trouve pas dans la position où elle serait si ce vol eût été commis par un homme libre : la valeur de ces esclaves n'est pas égale au double, plus le simple, qui eût fait l'objet de la *condictio ;* le maître demeure tenu de l'excédent (6). Paul adopte cette opinion déjà enseignée par Sabinus et Cassius, puis approuvée par Pomponius. On ne peut se dissimuler qu'elle dénature singulièrement le caractère d'une action noxale.

La règle *noxa caput sequitur* s'applique au vol commis par une *familia* comme au vol dont un seul esclave est l'auteur, mais cette application est délicate à faire quand l'un des esclaves sort de la puissance du maître.

Si le maître a payé ce qui aurait été dû par un homme libre, toute action cesse, non seulement contre lui, mais encore

---

(1) L. 1 pp., ff. *Si familia furtum fecisse dicatur*, XLVII. 6. — (2) L. 3 § 2, *ib.* — (3) LL. 4 et 6, *ib.* — (4) L. 2, *ib.*; l. 31, ff. *de Nox. act.* — (5) L. 1 § 3, ff. *Si familia,* — (6) L. 31, ff. *de Nox. act.*

contre celui qui aurait acquis l'un des esclaves et contre ceux-ci, une fois affranchis.

Si l'un des esclaves voleurs est affranchi et qu'il fasse le paiement, comme il n'entend faire autre chose que se libérer lui-même, le maître reste tenu pour la *familia*.

Si l'un des esclaves voleurs est vendu et que le paiement soit fait par l'acheteur, le vendeur est au contraire libéré ; ne peut-il pas en effet être recherché lui-même par l'acheteur pour ce motif, par exemple s'il a promis que l'esclave était exempt de *furtum* et de *noxa* ? Cette raison manquant lorsqu'un des esclaves est légué ou donné, l'action peut être exercée contre l'héritier et contre le donateur (1).

Sans doute les jurisconsultes veulent que celui qui garde la *familia* supporte une sanction ; c'est lui qu'on a eu en vue, dans l'édit, et, si on l'a protégé, c'est en lui imposant une obligation, dont il ne saurait être relevé par ce fait que la règle *noxa caput sequitur* a contraint un tiers à faire un paiement.

C'est au temps du vol qu'il faut se placer pour examiner si les esclaves qui l'ont commis appartiennent à la même *familia*; l'édit ne s'applique pas quand ils sont réunis après coup sous la puissance d'un seul maître (2) ; chacun d'eux est suivi par son propre délit, qui donne lieu à une action noxale distincte contre le maître désormais commun.

L'édit n'est fait que pour les maîtres qui n'ont ni connu ni pu empêcher le délit de leurs esclaves. Quand ils en ont eu connaissance, ils peuvent être poursuivis, soit en leur propre nom et pour le tout, soit du chef des esclaves et *noxaliter* (3).

207. IV. Un seul esclave ou une *familia* peut avoir plusieurs maîtres ; l'un d'eux a connu le vol et ne l'a pas empêché, l'autre l'a ignoré.

Le premier, d'après Paul, est tenu pour le tout du chef de tous; la poursuite dirigée contre lui libère le second, et celui-ci ne sera sujet à aucun recours ; le coupable supporte seul la peine qu'il a méritée. Si le second est poursuivi, il supporte, comme tout maître demeuré étranger au vol, les conséquences de

(1) L. 3 pp. et § 1, *Si familia.* — (2) L. 31 *in fin*, ff. *de Nox. act.* — (3) L. 1 § 1, ff. *Si familia.*

l'action, mais il recourra pour la moitié contre le copropriétaire et se fera même indemniser par celui-ci du dommage que lui a causé la corruption de l'esclave (1).

Dans le cas où le vol est commis par une *familia* qui appartient par indivis à plusieurs maîtres et où l'action est exercée contre celui qui a été *sciens*, Marcellus lui ouvre un recours contre le copropriétaire *ignorans*, mais recours limité à la moitié de ce qui aurait été payé du chef d'un seul esclave (2).

Cujas propose de concilier les deux textes en distinguant plusieurs degrés de *scientia*. Il y a *scientia* : 1º quand on a ordonné ; 2º quand on a su et qu'on a pu empêcher ; 3º quand on a su et qu'on n'a pas pu empêcher. Dans le premier cas, on n'a pas de recours ; dans le second, on en a un, tel que l'indique Marcellus ; dans le troisième, on est traité comme si l'on avait été dans une entière ignorance (3). Mais les deux premiers cas ne sont pas distingués dans les textes ; il vaut mieux reconnaître un dissentiment entre les jurisconsultes. La suite du second texte est rédigée dans des termes qui montrent une doctrine encore incertaine.

Marcellusy pose cette question : Quand on a commencé par poursuivre le copropriétaire *ignorans*, a-t-on perdu le droit d'agir contre le copropriétaire *sciens* pour obtenir tout ce que celui-ci aurait dû payer de plus que celui-là ? Il hésite, mais penche visiblement du côté de la sévérité contre celui qui s'est fait le complice des esclaves.

L'hypothèse sur laquelle porte cette partie du texte n'est pas tout à fait celle d'une *familia* commettant un vol ; le jurisconsulte suppose deux esclaves communs, et il donne contre le copropriétaire *ignorans* une seule action au double, il ne suppose pas l'application de l'édit ; quand il s'occupe d'une seconde action à exercer contre le copropriétaire *sciens*, il demande si elle permettra d'agir du chef d'un autre esclave. Le mot *familia* signifie en effet des esclaves vivant ensemble, sous une autorité commune ; la dernière hypothèse prévue par Marcellus nous met en présence d'esclaves, sur lesquels

______

(1) LL. 9 et 10, ff. *de Nox. act.* — (2) L. 5, ff. *Si familia.* — (3) *In lib.* XXXIX *Pauli ad Edictum. ad* l. 9 *de Nox. act.*

sans doute deux personnes ont une copropriété, mais du reste
sans autre relation entre eux. Il semble qu'alors l'édit cesse
de s'appliquer.

---

208. On peut se demander si le système de répression que
nous venons d'étudier et qui avait une grande importance
chez les Romains, à en juger par le détail minutieux dans
lequel entrent leurs jurisconsultes, et par le grand nombre des
cas différents sur lesquels ils se prononcent, devait être efficace et quelle application il pouvait recevoir.

Les peines corporelles atteignent sans difficulté les personnes *alieni juris*. Dans le droit des XII Tables, le fils de famille, coupable de *furtum manifestum*, pouvait être frappé de
verges et *addictus;* l'esclave était précipité du haut d'un rocher,
après avoir été aussi battu de verges. Les peines pécuniaires
ne frappent que ceux qui ont un patrimoine : ni le fils ni
l'esclave n'en ont ; peut-on rendre le père ou le maître
responsables ? D'une part, c'est un châtiment infligé au père
et au maître innocents ; d'autre part, c'est l'impunité accordée
au fils et à l'esclave coupables, au moins dans la plupart des
cas ; la tendresse du père et l'intérêt du maître leur feront
craindre d'employer des moyens trop rigoureux, soit pour
punir un acte immoral, soit pour témoigner le ressentiment
d'une condamnation pécuniaire peut-être fort lourde.

L'action noxale offrira l'avantage de mettre le coupable dans
une situation où il pourra être châtié, où il le sera vraisem-
blablement, toutes les fois que le défendeur s'arrêtera au
parti de l'abandon. Celse expliquait que la loi des XII Tables
eût donné cette action, au cas de vol commis par l'esclave,
même contre le maître *sciens*, en disant : « Elle a voulu que
les esclaves n'obéissent pas à leurs maîtres en de telles matières. » Ce passage montre que l'on considérait l'abandon
comme devant effrayer les esclaves ; il les livre en effet à la
personne lésée; celle-ci usera de sa puissance dominicale pour
punir ; elle frappera, comme le maître, volé lui-même par son
esclave : «Neque enim qui potest in furem statuere, necesse

habet adversus furem litigare (1). » Le fils de famille donné
in mancipio est *loco servi* ; il pourra, lui aussi, recevoir un
châtiment. Si, après le châtiment infligé, celui à qui a été fait
l'abandon ne se soucie pas de garder dans sa maison un
voleur et un voleur en qui il ne doit voir qu'un ennemi, qu'il
le laisse pro *derelicto* ; justice aura été faite ; si, au contraire,
le nouveau maître croit pouvoir employer utilement le travail de son nouvel esclave et réparer ainsi le préjudice subi,
il le gardera : l'indemnité aura son tour ; une fois qu'elle sera
complète, les effets de l'abandon cesseront, dès l'époque classique, à l'égard du fils donné *in mancipio*, et, dans le droit
de Justinien, l'esclave lui-même se fera affranchir.

Le père ou le maître tient à garder son fils ou son esclave ;
il n'a qu'à payer le montant de l'action pénale ; il n'y a là rien
de contraire aux principes d'une législation qui admet les
peines pécuniaires ; on peut même dire que c'est le droit
commun qui retrouve son application. C'est à lui qu'il appartient de voir si et dans quelle mesure il corrigera celui pour
qui il fait un scrifice et dont les récidives compromettraient
sa fortune.

§ 4. — *De l'action donnée contre les armateurs et aubergistes* (2).

209. C'est sur le principe de la responsabilité que repose
l'action donnée par le préteur contre les armateurs et aubergistes, à raison des vols commis sur les navires et dans les
auberges.

210. I *a.* Il s'agit d'abord des vols dont les auteurs sont
employés par les armateurs et par les aubergistes (3), sans
distinguer, en principe, entre les personnes libres et les esclaves (4). Quand le matelot coupable est un esclave, il est

______

(1) L. 17 pp. ff. *h. t.* — (2) FF. *Furti adversus nautas, caupones,
stabularios*, XLVII, 5. *Caupo* et *stabularius* signifient tous deux aubergistes. La *caupona* paraît être l'hôtel, le *stabulum* l'auberge. Sur la
différence entre les deux termes, v. Noodt, *Comm.* ad lib. IV, tit. 9, ff.
Nautæ, caupones. — (3) L. *un.* pp., §§ 1 et 6, ff. *Furti adversus.* —
(4) L. 7, ff. *Nautæ, caupones.*

toutefois fort important de savoir. s'il appartient à l'armateur ou à un tiers ; dans le premier cas, en effet, il peut être abandonné *noxaliter* ; le jurisconsulte se demande pourquoi on accorde cette faveur à celui qui a placé sur le bâtiment un si mauvais esclave, quand on le rend responsable pour le tout du fait commis par un homme libre : « C'est peut-être, répond-il (1), parce que celui qui prend au service un homme libre doit savoir quel il est ; on lui pardonne son esclave, comme un mal domestique, s'il est prêt à en faire l'abandon noxal. » Au contraire, il répond de l'esclave d'autrui qu'il emploie comme de l'homme libre.

Par voie de conséquence, l'action est accordée, mais seulement comme action utile, quand le vol a été commis par un esclave appartenant à l'un des employés de la navigation, sans être employé lui-même (2).

Mais l'armateur n'est pas soumis à l'action du chef des passagers (3). L'aubergiste l'est-il du chef de ceux qu'il reçoit ? Il faut distinguer entre ceux qui habitent dans l'auberge et ceux qui ne font qu'y passer ; les premiers sont choisis, pour ainsi dire, par l'aubergiste qui deviendra responsable de leur fait ; les seconds ne peuvent être repoussés quand ils se présentent au milieu d'un voyage ; ni choix ni responsabilité (4).

b. En principe, l'armateur n'est responsable qu'envers les passagers ; il ne l'est pas envers ceux qu'il emploie, à moins qu'il ne s'agisse de quelqu'un qui est à la fois marchand et employé au service de la navigation, qui paie de son travail le transport de ses marchandises (5).

c. Il faut que le vol ait eu lieu sur le bâtiment même (6) ou dans l'auberge.

211. II. L'action est donnée au double (7), comme l'action *furti nec manifesti.* Elle est qualifiée *in factum* (8) ; elle appartient complètement au droit prétorien (9).

Si le navire a plusieurs armateurs, chacun d'eux en est tenu

___

(1) L. *un. cit.* § 5 ; cf. l. 7 § 3, ff. *Nautæ, caupones.* — (2) *Ead.* l. 7 § 3. — (3) L. *un. cit.* §§ 1 et 6. — (4) *Ib.* § 6 ; l. 6 § 3, ff. *Nautæ, caupones.* — (5) L. 7 § 2. ff. *Nautæ, caupones.* — (6) *Ead.* l. pp. — (7) L. *un. cit.* § 2 ; cf. l. 7 § 1, ff. *Nautæ, caupones.* — (8) *Ead.* l. 7, *ib.* — (9) L. *un. cit.* § 3.

pour sa part (1). L'action n'en a pas moins un caractère pénal et au même titre que l'action *furti* proprement dite ; comme celle-ci, elle est perpétuelle, malgré son origine exclusivement prétorienne ; elle ne peut davantage être exercée contre les héritiers, mais elle est donnée pour le tout contre le père et le maître, avec le consentement desquels le fils et l'esclave se sont faits armateurs, quoique le caractère pénal ne permette pas de la donner *depeculio* à défaut de ce consentement (2). Ce caractère pénal ne tenant plus à la personne du voleur lui-même, la mort n'éteint pas l'action (3).

Le propriétaire de l'objet a du reste le choix entre l'action *furti* contre le voleur et l'action *in factum* contre l'armateur (4), il ne peut les cumuler ; s'il opte pour cette dernière, il doit céder à l'armateur les droits que lui avait donnés le vol ; une exception lui serait opposée, dans le cas où, battu sur l'une des deux actions, il voudrait encore intenter l'autre (5).

212. III. Une convention expresse peut modifier les règles qui viennent d'être exposées.

L'armateur ou l'aubergiste pouvait prendre l'engagement formel (6) de rendre la chose saine et sauve : « Ait prætor, nautæ, caupones, stabularii, quod cujusque salvum fore receperint, nisi restituant, in eos judicium dabo (7). » Un titre du Digeste est consacré à l'explication de cette clause : « L'utilité de cet édit est très grande, » dit Ulpien (8). Elle imposait des obligations plus étendues à l'armateur ; il répondait des passagers ; l'aubergiste qui prenait le même engagement répondait des voyageurs (9) ; la responsabilité s'étendait même au cas où aucune faute ne pouvait leur être reprochée, et il fallait la force majeure pour les y soustraire (10) ; aussi n'avaient-ils pas besoin de se faire céder l'action *furti* qui leur appartenait toujours à cause de cette responsabilité même (11) ; l'action était seulement *rei persecutoria* et donnée contre l'héritier du débiteur aussi bien qu'à l'héritier du créancier (12).

---

(1) L. 7 *cit.* § 5. — (2) *Ead.* l. § 6. — (3) *Ead.* l. § 4. — (4) L. *un. cit.*, § 3. — (5) L. 6 § 4, ff. *Nautæ. caupones.* — (6) V. Noodt, *l. cit.* — (7) L. 1 pp., *ib.* — (8) *Ead.* l. § 1. — (9) *Ead.* l. § 8 et l. 2, *ib.* — (10) L. 3 § 1, *ib.* — (11) L. 4 pp., *ib.* — (12) L. 3 § 4, *ib.*

Il faut sans doute étendre au *furtum* ce qu'Ulpien dit du *damnum* ; une convention expresse peut dispenser l'armateur d'en répondre (1).

ART. 5. COMMENT S'ÉTEINT L'ACTION *Furti*.

213. I. Il y a des cas où l'extinction s'opère de plein droit.

a. L'action *furti* est pénale ; à ce titre, elle s'éteint par la mort du coupable : « Tant que vit l'auteur du vol, elle ne périt pas ; ou il est *sui juris*, et c'est contre lui qu'elle est donnée ; ou il est *alieni juris*, et elle s'exerce contre celui qui l'a sous sa puissance, ce qu'on exprime en disant : *Noxa caput sequitur* (2). »

Il faut supposer, pour que l'action s'éteigne, que le coupable meurt avant la *litis contestatio* (3).

La moisson et les vendanges ne suspendent pas le cours de la justice pour les actions qui s'éteignent par la mort du défendeur et par conséquent pour l'action *furti* (4). C'est bien le moins que le demandeur puisse user du temps qui lui est mesuré et qui peut être inopinément abrégé.

La mort du volé ne saurait avoir le même effet que celle du voleur ; les héritiers poursuivent les délits commis contre le *de cujus* (5).

Il en est du cas où le voleur est fait prisonnier par les ennemis comme de celui où il meurt, mais le *jus postliminii* fait revivre l'action le jour où il sort de leurs mains (6).

214. *b.* « Déjà les XII Tables, dit M. de Savigny (7), à propos de la *furti* et de l'*injuriarum actio*, faisaient cette réserve expresse que le simple pacte suffisait pour écarter la peine, d'où même dans le dernier état du droit le pacte éteignait dans ces cas l'action *ipso jure*, non (comme dans les autres cas) seulement *per exceptionem*. »

---

(1) L. 7 pp., *ib.* — (2) L. 41 § 2, ff. *h. t.*; l. 1 pp., ff. *de Privatis delictis*, XLVII, 1. — (3) L. 164, ff. *de Reg. juris.* — (4) L. 3 pp., ff. *de Feriis*, II, 12. — (5) L. 1 § 1, ff. *de Priv. del.* — (6) *Ead.* l. § 3. — (7) *Le Droit des Obligations*, trad. par MM. Gérardin et Jozon, § 88, note *b.*

C'est en effet la loi des XII Tables qui avait permis de transiger sur l'action *furti* (1), et Ulpien rappelle cette disposition pour montrer que, si la transaction est interdite quand la chose publique est lésée, elle est permise lorsqu'il ne s'agit que d'intérêts privés (2). On voit comment le vol est considéré par le jurisconsulte et comment il l'avait été par ceux dont il explique la pensée.

Le législateur avait eu le pouvoir d'attacher un plein effet à la transaction qu'il autorisait, et, d'ailleurs, il n'était pas encore question d'exceptions au temps où fut rédigée la loi des XII Tables. L'extinction devait donc se produire et elle se produisit toujours de plein droit (3).

Le pouvoir de transiger en cette matière rentre dans celui d'administrer. Il appartient au tuteur ou au curateur, gérant le patrimoine d'un pupille ou d'un insensé (4), même à l'esclave qui a la libre administration de son pécule (5). La réserve indiquée à propos de celui-ci doit évidemment être étendue aux autres administrateurs ; il faut que la transaction soit faite sans esprit de donation.

Mais, si le même vol donne ouverture à plusieurs actions au profit de différentes personnes, leurs droits sont indépendants l'un de l'autre ; la transaction faite par le nu-propriétaire n'éteint pas celle de l'usufruitier ; l'un des copropriétaires par indivis ne peut traiter que pour sa part et ce qu'il fait ne nuit pas aux autres (6).

Le pacte permet d'éteindre les actions qui naissent du vol commis, chacun étant maitre de disposer à son gré des droits purement privés qui lui appartiennent ; mais il ne serait pas permis d'en conclure à l'avance un qui empêcherait d'agir, si le vol était commis plus tard : «Ne furti agam vel injuriarum, si feceris. » L'immoralité de la cause ferait regarder une telle

(1) Schœll. *op. cit.*, p. 40, combat l'idée qu'il y aurait eu, dans la loi des XII Tables, une disposition sur la transaction, distincte et séparée, des autres dispositions sur le vol : « Omnino autem credibile non est pactis de furto singulari præcepto prospectum fuisse in lege : ubi breviter soleat inseri *rem ubi pacunt orato ni pacunt*, e. q. s. et, *si membrum rupit. ni cum eo pacit, talio esto.* » — (2) L. 7 § 14, ff., *de Pactis*, II, 14. — (3) L. 17 § 1, *ib.* — (4) Ll. 54 § 5 et 56 § 4, ff. *h. t.* — (5) L. 52 § 26, ff. *h. t.* — (6) L. 46 § 5, ff. *h. t.*

convention comme nulle : « Pacta quæ turpem causam continent non sunt observanda (1) .»

Il faut que le pacte soit fait librement ; Ulpien suppose qu'une personne surprise en flagrant délit de vol (2) a donné quelque chose ou s'est obligée ; il approuve la décision de Pomponius, d'après laquelle elle peut invoquer l'édit du préteur sur la violence : « Quod metus causa gestum erit ratum non habebo. » Elle a voulu éviter la mort ou les fers ; sans doute on n'a pas le droit de tuer tout voleur, à moins qu'il ne se défende avec une arme, mais la crainte d'être tué illégalement *vel non jure* est une juste crainte qui donne lieu à l'application de l'édit. Il faut aller plus loin et dire avec Favre (3), qu'il y a juste crainte permettant d'invoquer l'édit, même dans les cas où il est licite de tuer le voleur, le législateur ayant autorisé la défense ou excusé le ressentiment, non admis un marché, une extorsion qui montrent la personne lésée si prompte à s'apaiser pour de l'argent. L'obligation tomberait, mais l'action *furti* pourrait s'exercer.

215. *c.* Si le vol a été commis par une personne qui tombe ensuite sous la puissance du propriétaire, l'action, qui ne pourrait plus se concevoir entre un père et un fils, entre un maître et un esclave, s'éteint nécessairement (4), nous l'avons vu. Justinien a donné raison aux Sabiniens, qui déclaraient l'extinction définitive, contre les Proculiens, qui, la regardant comme provisoire, admettaient que la rupture du lien ainsi formé fît revivre l'action ainsi paralysée.

216. *d.* Dans le cas exceptionnel où l'action est donnée à la fois contre l'esclave affranchi après le vol et le maître qui ne lui a donné la liberté que pour n'être pas poursuivi, le premier est de plein droit libéré dès que le procès est dirigé contre le second, comme s'il y avait eu une transaction (5). La dérogation au droit commun cesse naturellement, puisque le résultat auquel le maître a voulu échapper par fraude est atteint.

---

(1) L. 27 § 4, ff. *de Pactis.* — (2) « Vel in adulterio, vel in alio flagitio, » l. 7 § 1, ff. *Quod metus causa,* IV, 2. — (3) *Ration. ad Pand.,* ad *h. l.* — (4) L. 43 § 12, ff. *h. t.* — (5) L. 42 § 1, ff. *h. t.*

217. II. Dans d'autres cas, l'extinction s'accomplit *exceptionis ope*.

a. Une personne jure qu'elle n'a pas commis le vol ; les actions ne peuvent plus être exercées contre elle, mais il faut qu'elle invoque l'exception *jurisjurandi* (1). Tel est l'effet du serment que le maniement postérieur de la chose volée ne donne pas le droit d'agir *furti* (2). Sans doute on craindrait que le caractère continu du vol ne forçât, en constatant le fait, de remonter au temps couvert par l'autorité indiscutable du serment.

Le serment déféré au prétendu voleur ne peut être référé par lui (3).

218. *b.* L'exception *furti una facti* ne permet pas d'agir successivement à raison de divers objets qui ont été compris dans un même vol.

Mais elle ne reçoit son application que si les deux actions étaient dirigées contre la même personne, soit comme auteur unique du vol, soit comme maître de l'esclave par lequel il a été commis. Si, au contraire, on suppose que deux esclaves, ou qu'un maître et son esclave avaient en même temps volé des objets différents, l'action exercée à raison d'un de ces objets n'empêchera pas l'exercice postérieur d'une nouvelle action à raison d'un autre (4). En principe, tous les coauteurs peuvent être successivement poursuivis par l'action pénale et pour le tout ; dans le cas où le vol est commis par une *familia*, le maître ne peut se dispenser d'abandonner tous les voleurs qu'en payant le montant de la condamnation qui aurait été prononcée contre un homme libre ; dans la première des deux hypothèses que nous indiquons, deux actions réunies n'aboutissent pas à un résultat plus onéreux pour lui.

219. *c.* L'action *furti* est ouverte contre une personne déjà obligée par un contrat à la restitution de la chose. Elle ne peut se cumuler avec l'action qui naît de ce contrat.

(1) L. 13 § 2, ff. *de Jurejurando*, XII, 2. — (2) L. 52 § 27, ff. *h.t.* — (3) L. 11 § 3 et l. 12, ff. *Rer. amot.* XXV, 2. — (4) LL. 56 § 5 et 83 § 1, ff. *h. t.*: v. Cujas, *Obs.* liv. XXVI, C, 18, et *In lib. I Resp. Neratii*, ad. 1. 83 ff. *h. t.*

Le commodataire use de la chose prêtée ; il faut que le commodant opte entre les deux voies qui lui sont offertes ; a-t-il pris l'action *furti* ? l'action *commodati* est éteinte, et, comme, par sa nature, elle est de bonne foi, cette extinction semble s'opérer de plein droit. A-t-il choisi l'action *commodati* ? C'est l'action *furti* qui sera paralysée par une exception (1) : sans doute l'emploi de ce dernier moyen est nécessaire parce que l'action *furti* se rapproche des actions de droit strict.

Sur le mandat d'un esclave et sans le consentement du maître, une personne achète un fonds de terre avec l'argent de ce dernier ; il peut choisir entre l'action *furti* et la *condictio* d'une part, et l'action *mandati* de l'autre. Mais « l'équité ne nous permet pas de poursuivre un délit et de réclamer (en même temps) l'accomplissement d'un contrat de bonne foi (2). »

220. III. Il faut signaler enfin, avec les jurisconsultes, des cas où l'on pourrait croire à tort que l'action *furti* s'éteint et où elle peut être exercée.

a. En principe, les événements qui font disparaître l'intérêt de la personne investie de l'action *furti* n'éteignent pas son droit.

Par exemple, l'objet est restitué volontairement (3) ; les deux parties ne s'accordent pas sur le poids du vase volé, le voleur le produit et le propriétaire l'enlève ; la condamnation au double n'en sera pas moins prononcée (4).

« Il est admis par tous que, malgré la perte de la chose volée, l'action *furti* n'en subsiste pas moins contre le voleur. Par conséquent, l'esclave volé fût-il mort, elle garde sa force. L'affranchissement ne l'éteint pas non plus ; il produit le même effet que la mort, en ce qu'il enlève l'esclave au maître. Ainsi, de quelque manière que l'esclave soit enlevé au maître, il est évident que l'action *furti* subsiste contre le voleur, et c'est le droit que nous appliquons ; car l'action est donnée, non parce que l'objet manque actuellement au propriétaire, mais

---

(1) L. 71 pp. ff. *h. t.* Cf. 1. 53 § 1, ff. *h. t.* — (2) L. 1, C. *h. t.* — (3) L. 65, ff. *h. t..* en tout ou en partie. Sur ce dernier cas, 1. 13, C. *h. t.* — (4) L. 48 pp., ff. *h. t.*

parce qu'il lui a manqué à un moment quelconque, le voleur se l'appropriant... Il faut décider de même, quand l'objet est tombé en la puissance des ennemis ; il est certain qu'on peut agir *furti* à propos de cet objet. Le propriétaire le laissât-il *pro derelicto*, l'action *furti* n'en pourrait pas moins avoir lieu (1). »

Cette règle s'accorde très bien avec celle que nous avons étudiée, en recherchant quelle était la somme à multiplier pour obtenir le montant de l'action *furti*. On ne tient pas compte de ce que la valeur de la chose diminue après le vol ; tant pis pour le voleur ; la valeur qu'avait la chose, au moment où le vol a eu lieu, est un *minimum* ; elle n'est susceptible que d'augmentation, par suite de plus-values postérieurement acquises ; comprendrait-on que l'extinction totale anéantit l'action quand la détérioration ne fait pas baisser l'estimation ? Aussi Ulpien rattache-t-il ces diverses règles l'une à l'autre et en forme-t-il un système parfaitement coordonné (2).

On ne pourrait soutenir que l'action cesse quand l'intérêt sur lequel elle était fondée disparaît, en argumentant de la décision suivante : le foulon ne peut plus agir *furti* quand il lui est fait remise de l'action *locati ;* le voleur devrait même être absous, si cette remise arrivait après le procès engagé, mais avant la sentence rendue, car dès lors le foulon n'aurait plus aucun intérêt à ce que le vol n'eût pas été commis (3)• Dans de telles hypothèses, il s'agit de savoir, non si l'action *furti* aura lieu, mais à qui elle appartiendra ; le foulon perdra son procès, mais le propriétaire agira, et l'exception qui serait nécessaire pour paralyser l'action *furti* ne lui sera pas opposable.

L'esclave du commodant vole l'objet prêté dans les mains du commodataire ; l'action *commodati* est donnée au premier contre le second, et l'action noxale au second contre le premier ; mais celle-ci est éteinte dès que le commodant restitue au commodataire l'argent déjà versé par lui ou lui fait remise de l'action *commodati* (4). D'une part, on s'occupe ici de rela-

---

(1) L. 46 pp., ff. *h. t.* — (2) L. 50 pp., ff. *h. t.* — (3) L. 98 pp., ff. *h. t.* — (4) L. 53 § 1, ff. *h. t.*

14

tions créées entre deux personnes par un contrat de bonne foi; d'autre part, cette remise de l'action ou cette restitution de la somme déjà reçue présentent tous les caractères de la transaction.

L'argument qui a été tiré d'un autre texte (1) ne nous paraît pas plus décisif : « Si un esclave *statuliber* ou une chose léguée sous condition a été volé, et que la condition se réalise avant l'adition de l'hérédité, l'action *furti* ne peut plus être exercée parce que l'héritier a perdu son intérêt... » Disons plutôt qu'il n'en a jamais eu ; il n'a jamais été le maître de l'esclave ni le propriétaire de la chose ; il ne s'agit même pas, dans ce texte, de l'effet rétroactif qui serait attaché à la condition, on peut le laisser de côté (2) ; ce qui est décisif, c'est que la condition est arrivée avant que l'adition eût conféré à l'héritier le droit dont il aurait pu se prévaloir pour exercer l'action *furti* (3).

221. *b.* Une même personne peut être poursuivie deux fois à raison du même objet, si, par exemple, elle a volé une seconde fois la chose qui, à la suite d'un premier vol, commis par elle, était retournée dans les mains du propriétaire, soit qu'elle y fût restée, soit qu'elle en fût passée dans celles d'un tiers, commodataire ou acheteur (4). Il y a deux actions absolument distinctes à exercer à raison de deux faits qui n'ont rien de commun, si ce n'est qu'ils se rapportent au même objet.

ART. 6. DE L'INFAMIE.

222. Le préteur avait attaché l'infamie au vol, soit que le voleur eût subi une condamnation, soit qu'il y eût échappé en transigeant (5), sans distinction entre le *furtum nec manifestum* et le *furtum manifestum* (6).

223. La condamnation devait être définitive ; quand l'appel

(1) L. 52 § 29, ff. *h. t.* — (2) L. 1 § 4, ff. *de Sc. Silaniano*, XXIX, 5. — (3) V. cependant M. Accarias, *Précis*, t. II, p. 624, texte et note 2. — (4) L. 56 pp., ff. *h. t.* — (5) L. 1 pp., ff. *de His qui notantur infamia*, III. 2. Cf. l. 4 § 5, *ib.* V. Sénèque le Rhéteur, liv. V, contr. 35. — (6) L. 6 pp., *ib.*

eut été introduit à Rome, il suspendit l'infamie, et elle ne fut encourue qu'à partir de la sentence qui confirmait le premier jugement. Le simple délai d'appel n'avait pas d'effet suspensif; quand il était expiré, l'infamie remontait au jour où le voleur avait été condamné (1).

224. Mais le préteur supposait que le défendeur à l'action *furti* avait été condamné *suo nomine*; l'infamie n'atteignait pas les procureurs, les tuteurs, curateurs, héritiers; une décision contraire eût été inique. On comprend moins pourquoi le voleur lui-même était dispensé de l'infamie quand il s'était fait représenter dans le procès depuis le début. Était-ce parce que l'on s'en tenait aux propres termes de l'édit : « qui furti... suo nomine damnatur, » ou, parce que la culpabilité du voleur paraissant moins certaine, quand il n'avait pas comparu personnellement, on gardait pour lui quelques ménagements (2) ? « Le résultat naturel de cette disposition, dit M. de Savigny (3),fut de désarmer la loi, dès que les procureurs furent généralement admis; car il suffisait à l'accusé de se faire représenter pour éviter l'infamie. »

225. Il ne dépendait pas du magistrat de supprimer cette conséquence que l'édit avait attachée à la condamnation prononcée sur l'action *furti* (4).

226. La transaction semblait un aveu du voleur (5). Sans doute cet aveu manquait lorsque c'était sur l'ordre du préteur qu'une personne payait une certaine somme à ce titre : aussi n'encourait-elle pas l'infamie (6). Ulpien trouvait inhumaine la décision du préteur qui atteignait la transaction (7). Gaius (8) et Justinien (9) l'approuvaient au contraire. En tout cas il ne fallait pas l'étendre ; aussi la remise gratuite de l'action *furti* ne rendait-elle pas infâme celui à qui elle était accordée (10).

---

(1) *Ead.* l. § 1. — (2) *Ead.* l. § 2. — (3) *Système*, § 77, t. II, p. 172. — (4) L. 63, ff. *h. t.* — (5) L. 5, ff., *de His qui not.* V. Cic., *pro Q. Roscio comœdo, 9 in fin* : « Pactionem enim inquit (Fannius), mecum fecerat. Idcirco (reprend ironiquement Cicéron) videlicet ne condemnaretur. Quid erat causæ, cur metueret ne condemnaretur ? Res erat manifesta ; furtum erat apertum ». — (6) L. 6 § 3, *ib.* — (7) *Ib.* — (8) IV. 182.— (9) *Inst.*, IV, XVI, 2. — (10) L. 18 C. *Ex quibus causis infamia irrogatur*, II, 12.

Les jurisconsultes romains comparaient souvent le serment
à une transaction, mais ici l'assimilation n'eût pas été con-
cevable. Celui qui avait juré qu'il avait commis le délit
avait ainsi prouvé son innocence ; il ne pouvait être noté d'infamie (1).

SECTION IV

SANCTIONS PÉNALES EN DEHORS DE L'ACTION *Furti.*

227. Le système que le droit prétorien avait substitué à la
législation des XII Tables était moins efficace, par cela même
qu'il était moins sévère, et il y eut bien des cas où il dut paraître insuffisant.

Les hommes libres qui avaient commis des vols n'étaient plus
soumis qu'à des peines pécuniaires. S'ils étaient solvables, le
châtiment était sérieux ; mais était-ce le cas le plus fréquent ?
Dans aucun temps ce ne sont les gens aisés qui sont le plus
portés à commettre des actes contraires à la probité. L'action
furti eût été complètement illusoire à l'égard des insolvables,
s'ils n'avaient pas été sous le coup des mesures générales
d'exécution établies contre les débiteurs qui refusaient ou
qui étaient hors d'état d'acquitter leurs dettes. L'*addictio* n'avait
pas été supprimée à l'égard de ceux qui avaient été condamnés en justice et qui ne payaient pas (2); la *bonorum cessio*,
établie par la loi Julia pour permettre aux débiteurs d'éviter
l'emprisonnement et l'infamie, ne [devait peut-être profiter
qu'aux personnes de bonne foi, et il est permis de croire
qu'elle ne pouvait être accordée à celles qui avaient été con-
damnées sur l'action *furti*. Si en droit l'emploi des moyens
violents était interdit dans la prison, en fait les mauvais trai-

____

(1) *Ib.*, et l. 6 § 4, ff. *De His. qui notantur.* — (2) M. Giraud, *Des
Nexi*, not. p. 117, p. 135 *et suiv.*

tements n'y manquaient pas (1). Mais il faut observer que l'application des mesures générales de contrainte personnelle au voleur insolvable ne nous est spécialement indiquée par aucun texte ; nous ne pouvons savoir jusqu'où elle allait, si elle aboutissait à une transformation de l'amende en une véritable peine d'emprisonnement ou à un recouvrement de cette même amende par le moyen d'un travail imposé à l'insolvable, et, si nous ne savons rien, c'est peut-être qu'il n'y avait rien de spécial à nous dire. En tous cas, il semble que l'emploi des sanctions empruntées au droit commun ne devait pas suffire pour rendre la peine efficace.

Quant aux esclaves, l'abandon noxal permettait à l'intéressé de sévir contre eux, et leur nouveau maître était d'autant plus porté à le faire que l'objet du vol avait une plus haute valeur ; mais il faut reconnaître que cette sanction indirecte offrait bien des inconvénients ; il était fort désagréable d'avoir chez soi un esclave adonné au vol ; si l'on ne prenait pas le parti de le laisser *pro derelicto* immédiatement après l'avoir châtié, quelle surveillance ne fallait-il pas exercer sur lui ? Celui qui avait l'habitude de voler devait être aussi enclin à s'enfuir, et l'on avait besoin d'autant de précautions pour l'empêcher de se dérober lui-même. Le nouveau maître pouvait être un homme sans fortune qui n'avait pas le moyen d'entretenir un esclave. Sans doute, pour se soustraire à tout embarras comme à toute charge, on devait être tenté de vendre l'esclave, mais on s'exposait au recours de l'acheteur (2), et ordinairement celui-ci prenait soin de se faire promettre que l'esclave vendu n'était pas voleur (3). Quand le maître ne faisait pas l'abandon noxal, la peine pécuniaire était bien payée à la personne lésée, mais qu'importait à l'esclave coupable ? Sans doute il pouvait trouver son châtiment dans la maison même à laquelle il n'avait pas cessé d'appartenir : mais ne devait-il pas être ménagé par celui qui, pour le conserver en sa puissance, n'avait pas hésité à payer le montant de l'action *furti ?* N'était-

____

(1) V. not. l. 8, C. *qui bonis cedere possunt*, VII, 71. — (2) L. 4 pp., ff. *De act. empti*, XIX, 1. — (3) L. 31 § 1, l. 52, ff. *De Æd. edicto*, XXI, 1.

il pas à craindre, d'ailleurs, que ce sacrifice ne s'expliquât par une complicité du maître qui n'avait pu être prouvée? N'était-il pas possible que l'esclave eût obéi à un ordre demeuré secret, après avoir reçu l'assurance qu'il ne serait pas livré à la personne lésée par le vol?

A vrai dire, on peut croire que les châtiments corporels ne disparurent jamais complètement pour les esclaves ; nous les avons encore trouvés dans Plaute (1), les textes de l'époque classique montrent que le magistrat pouvait les infliger. Quelquefois un maître attestait faussement qu'un coupable était homme libre pour l'y soustraire ; mais l'affranchissement ne résultait pas de cette attestation, s'il n'avait pas été dans l'intention de celui qui la faisait (2).

Pour les hommes libres eux-mêmes, une peine corporelle avait été maintenue là où il avait été impossible d'en établir d'autres qui fussent sérieuses, et nécessaire d'avoir une sanction très énergique, à l'armée ; le soldat qui volait dans le camp était battu de verges (3).

Dès un temps bien ancien, une certaine police exista à Rome. Les *Tresviri*, dont parle Plaute, faisaient arrêter au moins les esclaves soupçonnés de vol ; Pomponius (4) dit que, peu de temps après l'institution de la préture, furent créés les *Triumviri capitales*, qui avaient la garde des prisons, pour que les châtiments nécessaires fussent infligés par leur intervention.

228. Il fallut enfin, dans une société qui ne se sentait pas suffisamment protégée par le système des peines pécuniaires, revenir d'une manière générale à un genre de répression qu'avaient fait abandonner une réaction excessive contre la

---

(1) Rappelons surtout ce passage d'*Amphytrion* (act. I, sc. 1, v. 3 *et suiv.*).

« Quid faciam, nunc si tresviri me in carcerem compegerint
Inde cras e promptuaria cella deponas ad flagrum,
Nec causam liceat dicere mihi, neque in sero quidquam auxilii siet? »

(2) L. 17 § 1, ff. *Qui et a quibus manumissi liberi non fiant*, XL, 9. — (3) Polybe. VI, XXXVII, 9. — (4) L. 2 § 30, ff. *de Orig. juris*, I. 2, v. Rein, t. II, p. 122 *et suiv.*; M. Labatut, *Essai sur le système pénal des Romains*, *Rev. crit.*, 1873, p. 643.

rigueur de la législation ancienne, et un respect exagéré pour les droits de l'individu (1). On s'y décida peut-être d'autant plus facilement que certaines circonstances aggravantes faisaient déjà tomber le vol sous le coup d'un *judicium publicum* ou d'un *crimen extraordinarium* (2).

Du temps de Julien (3), celui qui a été victime d'un vol a le choix entre l'action *furti*, que nous avons étudiée, et une action criminelle. Chose remarquable ! C'est à cette dernière qu'on recourt le plus souvent, dit Ulpien (4), et cependant bien peu de textes en parlent ; les plus longs développements sont pour le moyen le moins usité. Cette bizarrerie s'explique peut-être ; c'est le vol proprement dit, le vol véritable, qui donne lieu à l'action criminelle ; mais l'application du système prétorien est encore très importante et offre beaucoup de questions délicates quand il s'agit des cas rattachés au *furtum*, en dehors de la soustraction d'une chose appartenant à autrui.

229. Celui qui se plaint d'avoir été volé accuse, à Rome, devant le préfet des vigiles, qui renverra au préfet de la ville, s'il trouve le fait trop grave et l'accusé déjà trop flétri pour prononcer lui-même, en province, devant le président (5). Il signe son accusation, non parce qu'il engage un *judicium publicum*, mais parce qu'il doit répondre d'un acte aussi important ; il sera châtié *extra ordinem* par le magistrat, s'il agit témérairement (6) ; il subira ainsi l'application d'un principe général (7).

230. Le magistrat peut condamner le voleur à la seule restitution de l'objet volé, mais sans doute il s'assurera qu'elle a eu lieu effectivement avant de le renvoyer (8) ; il peut, soit à

______

(1) Doneau, *Comm. de jure civ.*, n. 15, citant la l. 9 § 5, ff. *De Publicanis*, XXXIX, 4. — (2) V. Ant. Matthæus, *De Criminibus*, ad lib. 47 et 48. *Dig.*, *Proleg.*, C. I, 1. — (3) L. 56, ff. *h. t.* — (4) L. 92, ff. *h. t.* M. Maynz, § 353, note 9, révoque en doute l'authenticité des deux textes, et croit que Justinien a mis sous le nom de Julien et d'Ulpien des décisions qui ne conviennent pas au temps où écrivaient ces jurisconsultes. — (5) L. 56, ff. *h. t.* V. sur ce texte Noodt. *Probabil. jur. civ.*, II, 5, et Bynkershoek, *Obs. jur. Rom.*, II, 8. Cf. l. 3. §§ 1 et 4, ff. *De Off. præf. vig.*, I, 15. — (6) L. 92 *cit.* — (7) L. 3, ff. *ad Sc. Turpillianum*, XLVIII, 16. — (8) L. 56 § 2, ff. *h. t.*

défaut de restitution, soit en sus, prononcer la peine des verges (1), celle des fers, même à perpétuité (2), celle du travail, au moins à temps (3), enfin le dernier supplice ; nous trouvons la peine capitale infligée à un esclave par le préfet des vigiles (4).

231. La condamnation pénale prononcée sur une accusation de ce genre n'entraîne pas l'infamie ; la peine des verges, par exemple, étant par elle-même plus grave que l'amende, doit suffire (5). C'était, d'ailleurs, le préteur qui, dans son édit, avait déterminé les cas et les conséquences de l'infamie, comme il avait organisé le système des peines privées en vue du vol ; les deux parties du droit honoraire cessaient en même temps de recevoir leur application. Ulpien pose une règle générale : « Une peine supérieure à celle de la loi conserve l'*existimatio*, comme l'ont décidé et les constitutions et les réponses ;... il faut considérer cette sentence plus sévère comme contenant une transaction au sujet de l'*existimatio*. Mais, en notre matière, ce ne serait pas assez que la peine du quadruple fût prononcée au lieu de celle du double ; il faut une peine corporelle substituée à la peine pécuniaire (6). »

232. En revanche, de graves conséquences pèsent sur l'esclave atteint par la sentence du magistrat. S'il est condamné aux fers à perpétuité, il ne peut jamais être affranchi ; la peine est-elle temporaire ? il ne saurait, tant qu'elle dure, recueillir ni legs, ni hérédité, il n'obtient pas l'affranchissement qui lui aurait été laissé ; il faut qu'elle expire pour qu'il recouvre son aptitude à profiter de telles dispositions (7).

233. Les vols domestiques ne peuvent donner lieu à une accusation de ce genre, quand ils n'ont pas d'importance ; par vols domestiques il faut entendre ceux que commet un

---

(1) L. 3 § 1, *cit.*, *de Off. præf. vig.*: l. 10 § 2, ff. *de Pœnis*, XLVIII, 19 ; l. 8, C. *Ex quib. causis infamia irrogatur*, II, 12. — (2) L. 1, C. *Qui non possunt ad libertatem pervenire*, VII, 12. — (3) L. 10 § 2 *cit.*, *de Pœnis*. — (4) L. 15, ff. *de Condict. causa data*, XII, 4. — (5) L. 10 § 2 *cit.*, *de Pœnis* ; l. 6 *cit.*, C. *Ex quib. causis*. — (6) L. 13 § 7, ff. *de His. qui notantur*. On ne peut induire de ce texte que le magistrat ait le droit de soustraire à son gré le voleur à l'infamie ; v. cep. Duaren, ad *h. t.*, cap. VII. — (7) L. 1, *cit.*, C. *Qui non possunt*.

esclave au préjudice de son maître, ou un affranchi au préjudice de son patron, ou un mercenaire au préjudice de celui
qui l'emploie (1). Cette disposition fut étendue à tous les vols
sans importance (2).

234. C'est une option seulement qu'a la personne lésée par
le vol ; elle ne pourrait exercer cumulativement l'action prétorienne et le *crimen extraordinarium*. Bien plus, celui-ci
remplace les actions *rei persecutoriæ* comme l'action *pœnæ
persecutoria* (3). Nous reviendrons sur ce point.

235. Ce n'était pas seulement pour le vol qu'une telle option avait été établie ; Ulpien nous apprend qu'elle est accordée à quiconque a été lésé par un délit (4). « Sous le gouvernement impérial, dit **M.** de Savigny (5), il s'introduisit un
notable changement dans le système des peines privées ; ce
changement paraît même avoir commencé un peu plus tôt,
car, au temps des jurisconsultes classiques, il nous apparaît
comme bien arrêté. Les peines privées durent se montrer
souvent inefficaces, notamment lorsque l'offenseur était une
personne sans honneur ni fortune (l. 35, *de Injur.*) ; en même
temps, le motif qui les avait fait établir, la crainte des ven-
geances privées, dut paraître moins puissant, à mesure que
l'influence de l'État se développa davantage et que les mœurs
devinrent généralement plus douces. De là vint la nouvelle
règle suivante, à la place de celle exposée jusqu'ici et qui
avait régné dans les temps anciens. Toute personne qui pouvait, par suite d'un délit, réclamer une peine privée, avait
maintenant le choix ou de faire valoir cette action, comme
antérieurement, devant le juge civil, ou de se présenter devant
le juge criminel comme accusateur dans un *extraordinarium
crimen.* »

236. Il ne fallait pas confondre cet *extraordinarium crimen*

---

(1) L. 11 § 1, ff. *de Pœnis.* — (2) L. 8, C. Th., *de Jurisd.*, II, 1. —
(3) L. 56 § 2, *cit.*, ff. *h. t.* Cette loi suppose que le volé a commencé
par conduire le voleur devant le magistrat pour le faire punir criminellement. Mais le *crimen extraordinarium* ne pourrait certainement non
plus être intenté après un premier procès sur l'action *furti.* V. Vinnius,
ad *Inst.*, IV, I, 19. — (4) L. 3, ff. *de Privatis delictis.* — (5) *Droit des
Obligations*, § 83.

avec un *judicium publicum*, quoique, dans l'un et dans l'autre, l'accusateur fût astreint à engager sa responsabilité par la *subscriptio* (1), quoique l'un et l'autre pussent aboutir à des peines corporelles. La liste des *judicia publica* paraît avoir été limitativement dressée (2), et le vol n'y figure pas plus que les autres délits qui, pendant longtemps, n'avaient donné lieu qu'à des peines privées. C'était au législateur lui-même qu'il appartenait d'instituer un *judicium publicum* pour réprimer certains délits (3), et l'introduction du *crimen extraordinarium* pour le vol fut l'œuvre des magistrats obéissant au pressant besoin de maintenir l'ordre. Il était en général permis à toute personne d'engager le *judicium publicum* (4), fondé avant tout sur l'intérêt public ; il ne semble pas que le *crimen extraordinarium* ait pu être intenté à raison d'un vol par un particulier autre que l'intéressé ; celui-ci avait seul à faire, entre deux moyens d'agir, le choix dont l'inévitable conséquence était de lui en retirer un ; l'intérêt public fut, d'ailleurs, toujours relégué au second rang par l'intérêt privé, puisqu'il dépendit du volé d'écarter le *crimen extraordinarium* en optant pour l'application du système prétorien.

237. Le vol est compris parmi les faits qui provoquent une répression d'office. Le président n'est pas tenu d'attendre une accusation ; il peut, il doit rechercher, dans la province, certaines classes de malfaiteurs et les voleurs en particulier, pour les punir ; ses recherches doivent même s'étendre aux recéleurs (5) ; ce qui est dit du président doit sans nul doute s'entendre aussi du préfet des vigiles ; c'était sur les attributions des magistrats de Rome qu'étaient calquées celles des magistrats de province, et nulle part le besoin d'une police vigilante ne se faisait mieux sentir que dans la grande ville. Peut-être est-ce cette répression d'office, établie sous l'empire d'une absolue nécessité, qui a fini par donner naissance au *crimen extraordinarium* On ne voit pas comment les magistrats seraient passés de l'action *furti* à ce genre de pour-

<hr>

(1) L. 92 *cit.*, ff. *h. t.* — (2) *Inst.*, IV, XVIII, 3. — (3) L. 1, ff. *de Publicis judiciis*, XLVIII, 1. — (4) *Inst.*, *l. cit.* — (5) L. 13 pp., ff. *de Off. præsidis*, I, 17.

suite ; ce n'était pas devant les mêmes qu'il fallait aller demander la formule ou signer l'accusation. Au contraire, on conçoit très bien que le fonctionnaire qui avait à rechercher et à châtier les voleurs ait accueilli celui qui lui en signalait un, qui l'amenait devant lui, et ait fini par l'autoriser à déposer une accusation régulière.

238. Nous verrons, dans notre livre II, que d'autres mesures avaient encore été prises pour remédier à l'insuffisance du système prétorien ; un certain nombre de circonstances aggravantes faisaient du vol un autre délit, objet d'une répression spéciale.

239. Dans le Bas-Empire, beaucoup de délits étaient punis de la manière la plus rigoureuse. Justinien, dans une de ses Novelles (1), se proposa de modérer des peines qu'il trouvait hors de proportion avec les faits coupables et contraires à l'humanité, « quia nos oportet humani generis infirmitatem protegere. » Il s'occupa en particulier du vol, c'est-à-dire de la soustraction commise d'une manière occulte et sans armes. Il défendit d'en mettre à mort ou d'en mutiler les auteurs ; on ne devait plus aller au delà des peines pécuniaires ou de l'exil. Les anciens châtiments n'étaient maintenus que pour les agressions violentes, dans les maisons, sur les routes, sur la mer.

____

(1) Nov. CXXXIV, ch. 13. Matthæus (*l. cit.*, cap. II, 5) se demande si Justinien a bien fait en supprimant la peine de la mutilation infligée aux voleurs. Sans doute il est conforme à la raison d'atteindre un coupable dans la partie de son corps qui a péché, mais un législateur sage étudie les maladies morales et se demande d'où est venue la pensée du crime, non quel est le membre qui en a été l'instrument.

APPENDICE

DES CAS OU UN FAIT UNIQUE DONNE LIEU A L'ACTION furti ET A UNE AUTRE ACTION PÉNALE.

240. I. Le fait, qui rentre dans la définition très étendue du *furtum*, peut constituer en même temps un autre délit, par exemple un *damnum injuria datum*. A ce dernier titre, il donne naissance à une autre action, par exemple, à celle de la loi Aquilia. C'est ce qui arrive quand il s'agit d'actes altérés, de tablettes dont l'écriture a été effacée (1).

Il faut distinguer de ce cas celui où l'on trouve deux faits distincts dont chacun donne lieu à l'application d'une peine différente. Une personne dépouille l'esclave d'autrui de ses vêtements et il meurt de froid ; elle est tenue *furti* à raison des vêtements, et elle est soumise à l'action utile de la loi Aquilia à raison de la mort (2).

Dans ce second cas, il semble bien que le maître n'ait pas seulement à choisir entre deux actions ; il peut les exercer cumulativement (3). En est-il de même dans le premier ? On sait quelle controverse s'est élevée, peut-être entre les jurisconsultes romains, certainement entre les interprètes modernes, sur la question générale si, un même fait ayant donné naissance à plusieurs actions pénales, elles peuvent être toutes exercées et si elles peuvent l'être pour le tout. Nous n'avons pas à traiter cette question générale ; les textes spéciaux auxquels nous avons renvoyé ne nous fournissent aucune indication. Bornons-nous à une observation ; il est dur d'appliquer cumulativement deux lois pénales pour un fait unique, surtout pour un fait qu'on n'a peut-être originairement rattaché à l'une de ces lois que parce que l'autre n'existait pas encore, afin de trouver à tout prix une sanction, en forçant un peu la nature des choses et le sens des mots.

____

(1) Ll. 27 § 3, 30, 31 pp., ff. *h. t.* — (2) L. 14 § 1, ff. *de Præscr. verb.* — (3) V. M. Accarias, *Théorie des contrats innommés*, p. 340.

241. II. L'action *furti* peut concourir avec l'action *de ratio-nibus distrahendis* (1).

La loi des XII Tables (2) donna au pupille une action au double contre le tuteur pour infidélité dans les comptes, *de rationibus distrahendis* (3). Peut-être fut-ce la seule ressource qu'elle lui offrit pour le moment où cessait une administration étrangère, et l'action *tutelæ*, plus modérée et plus étendue à la fois, ne fut-elle établie que par le préteur (4).

L'action *de rationibus distrahendis* a pour objet de faire payer par l'ex-tuteur le double de ce qu'il devrait restituer et de ce qu'il ne restitue point par fraude (5). Elle n'était pas exclusivement pénale ; c'est à titre d'action *rei persecutoria* qu'elle est exercée pour le simple (6). Le simple se calcule d'après la valeur vénale de la chose et non d'après l'intérêt du pupille (7). L'action est perpétuelle, ce qui est tout naturel, puisqu'elle appartient au droit civil, et passe aux héritiers ou autres successeurs universels du pupille, mais, étant pénale, elle n'est pas donnée contre les héritiers ou autres successeurs universels du tuteur (8), tenus, d'ailleurs, de l'action *tutelæ* (9). S'il y avait plusieurs tuteurs, quel que fût leur titre à la tutelle (10), et qu'ils eussent tous participé au fait coupable, ils seraient tous tenus ; mais pourraient-ils être poursuivis successivement ou le paiement fait par l'un libère-t-il les autres ? Les coauteurs d'un vol sont tous astreints à payer toute la peine ; mais les cotuteurs ont plutôt agi avec perfidie qu'ils n'ont manié la chose malgré le propriétaire ; c'est pour cette raison que l'action est mixte et non purement pénale (11). Le paiement fait par l'un libérera les autres.

Le fait qui donne lieu à l'action *de rationibus distrahendis* ferait aussi bien l'objet de l'action *tutelæ*, mais, dès que l'une

***

(1) FF. XXVII, 3, *de Tutelæ et rationibus distratendis.* — (2) L. 55 § 1, ff. *de Adm, et per. tut.*, XXVI, 7. Schœll et M. Giraud placent cette disposition dans la huitième Table sous le n. 20. — (3) Sur ies mots *rationibus distrahendis*, v. Bynkershoek, *Obs. jur. Rom.*, VI, 8. — (4) Bethmann-Hollweg, *op. cit.*, § 46. — (5) L. 2 pp. ff. *de Tutelæ et rat.* — (6) *Ead.* l. § 2. — (7) L. 1 § 20, *ib.* — (8) *Ead.* l. § 23. — (9) *Ead.* l. § 16. — (10) *Ead.* l. § 19. — (11) L. 55 § 1, ff. *de Adm. et per. tut.*

de ces deux actions a été exercée, l'autre ne peut plus l'être (1).

242. Quand le tuteur a eu l'intention de commettre un *furtum*, il peut être poursuivi par les actions qui naissent du *furtum*, soit *pœnæ*, soit *rei persecutoriæ* (2). Si la *condictio furtiva* a été intentée la première et que le pupille ait obtenu ce qui lui avait été enlevé, il n'y a plus lieu à l'action *de rationibus distraenis*, le pupille étant rentré dans ce qui lui appartient (3). Au contraire, les deux actions *furti* et *de rationibus distrahendis* peuvent être exercées cumulativement (4), la cause de l'obligation n'étant pas la même dans l'une et dans l'autre, dans la première, le vol, dans la seconde, la tutelle (5). Selon Voet (6) et Pothier (7), cette décision doit s'entendre en ce sens que, l'action *furti* ayant été intentée la première, l'action *de rationibus distrahendis* permettra encore de réclamer la réparation du préjudice, non une peine, que, si l'action *de rationibus distrahendis* a précédé, l'excédant que procure l'action *furti* pourra être encore obtenu. C'est le cumul complet qu'adopte M. de Savigny : « Il n'y a là, dit-il (8), ni inconséquence ni interpolation, car les anciens jurisconsultes ne regardaient pas comme une action pénale l'action contre le tuteur infidèle. » — « Le double de la valeur, écrit-il ailleurs (9), n'est là que pour suppléer un intérêt possiblement très supérieur à la valeur de la chose. » Il n'y a rien dans les textes, ni en faveur de la réserve faite par Voet et Pothier, ni en faveur du motif donné par **M.** de Savigny.

243. L'action *de rationibus distrahendis* semble n'être autre chose que l'action *tutelæ*, peut-être sous sa première forme, en tous cas avec un autre nom et un effet de plus. La cause de l'obligation est, non le fait illicite du tuteur, mais le fait de tutelle. Aussi, quand le pupille a commencé par l'action *tutelæ*, ne réserve-t-on pas l'action *de rationibus distrahendis*, même pour l'excédent.

---

(1) L. 1 § 21, ff. *h. t.* — (2) L. 33, ff. *de furtis.* — (3) Voet (ad *h. t.*, 19) admet encore que l'action *de rationibus distrahendis* peut être exercée après l'action *tutelæ* ou après la *condictio* pour l'avantage qu'elle fait obtenir en sus. — (4) L. 2 § 1, ff. *de tutelæ.* — (5) L. 1 § 22, *ib.* — (6) *Ad eumd. tit.*, 19. — (7) *Ad eumd. tit.* n. LXIII, note *f.* — (8) *Système*, § 234. — (9) *Ib.* § 212.

244. C'est la valeur vénale de la chose, non l'intérêt du pupille que le juge prendra pour base de son calcul. Il est, en effet, difficile de croire que la loi des XII Tables ait pensé à autre chose qu'à la valeur intrinsèque d'un objet, quand elle astreignait une personne à en payer le double. C'est là ce qui se présente naturellement à l'esprit. L'idée de prendre en considération la valeur d'intérêt ne peut venir que plus tard et dans des esprits éclairés par une longue pratique du droit et des affaires.

245. L'application des actions *furti* au tuteur qui a détourné des objets appartenant au pupille n'a dû être admise que dans un temps où déjà la notion du *furtum* avait reçu une certaine extension et embrassait des faits autres que le vol proprement dit. On dut se dire que la protection du droit commun ne devait pas être refusée à ceux qui, dès l'origine, avaient obtenu une protection particulière, mais qui, s'ils avaient été réduits à celle-ci, se seraient trouvés avoir une position désavantageuse (1).

246. III. Faut-il regarder l'action *oneris aversi* comme une action *ex delicto*, exercée à raison d'un fait qui pourrait aussi produire l'action *furti* ?

Cette action est donnée contre un capitaine pour détournement de chargement ; il n'en est fait mention que dans un texte (2) et sans aucun détail.

« Nous en sommes réduits aux conjectures, dit M. Pellat (3). —Voici celle de Cujas (4), développée et complétée par Bynkershoek (5). — L'action *oneris aversi* aurait été une action *in factum* pénale, amenant une condamnation au double de la valeur du chargement détourné, instituée par le préteur à l'imitation de l'action *furti*. Le fait qui y donne lieu constituant souvent un vol, *furtum*, cette action prétorienne peut alors paraître superflue, *supervacua*, l'action civile suffisant ;

---

(1) Bynkershoek, *l. cit.*, explique autrement l'origine et la portée de l'action *de rationibus distrahendis.* — (2) L. 31, ff. *Locati*, XIX, 2. — (3) *Textes choisis*, p. 52. — (4) *Obs.*, liv. VII, ch. 39, et *Comm. in tit. locati conducti.* — (5) *Obs. jur. Rom.* VIII, 1 à 8.

mais, si tout *furtum* d'une cargaison peut être un détournement, *onus aversum*, tout détournement n'est pas un vol. Pour
qu'il y ait *furtum*, il faut qu'il ait *contrectatio fraudulosa rei
alienæ lucri faciendi causa.* Or, un détournement peut avoir
lieu, non seulement par fraude ou dol, *fraudulenter, dolo,*
mais encore par simple faute, par négligence, *culpa* : par
exemple, quand on rend à un chargeur les balles ou caisses
appartenant à l'autre, faute d'avoir bien examiné les marques
ou adresses ; il peut même avoir lieu par dol, mais par un dol
qui n'a pas pour but de procurer à son auteur un profit personnel, mais simplement de nuire à un des chargeurs ou d'en
favoriser un autre. — Je le répète, tout cela est pure conjecture. »

CHAPITRE III

Des Conséquences civiles du FURTUM

247. L'action *furti* est exclusivement pénale ; mais il faut faire reconnaître et rétablir le droit du propriétaire ; il faut faire réparer le dommage causé. Celui qui a été volé peut se rendre justice à lui-même en reprenant l'objet entre les mains du voleur ; il peut diriger une revendication contre toute personne qui le détient, sans avoir à craindre l'usucapion ; il peut enfin agir comme créancier du voleur, soit en restitution de la chose, soit en dommages-intérêts par une action *in personam*.

« La *furti actio*, dit M. de Savigny (1), était originairement une action mixte. Le double ou le quadruple de la valeur de la chose servait, non seulement à en réparer la perte, mais aussi à garantir l'intérêt supérieur du propriétaire, et, en outre, à lui procurer un bénéfice ; voilà ce qu'indique l'ancienne expression : *pro fure damnum decidere oportere*. Plus tard, la *condictio furtiva* eut pour objet de faire restituer la chose même, ou d'indemniser complètement le propriétaire (non plus de lui rendre la valeur de la chose) et dès lors la *furti actio* devint sans doute une action purement pénale. »

Cette doctrine nous paraît incontestable en ce qui touche

(1) *Système*, § 211, note *l*.

l'action *in personam*. Faut-il croire que, par le recours aux voies pénales, le propriétaire se soit aussi enlevé le droit de reprendre ou de revendiquer sa chose ? C'est ce qu'il serait bien difficile d'admettre en se plaçant dans l'hypothèse d'un *furtum manifestum* et en se reportant à la législation des XII Tables. Le voleur, s'il était homme libre, était *addictus* ; s'il était esclave, il était mis à mort ; pourquoi l'objet ne serait-il pas rentré dans les mains du propriétaire ? L'action au quadruple ne fit que se substituer aux peines primitives, jugées trop sévères. Celui qui surprend un voleur en flagrant délit aura-t-il la patience ou la naïveté de ne reprendre pas sa chose ? Nul texte ne nous dit que, dans le cas où il l'aurait reprise, l'action ne fût pas la même. Tout au contraire, Ulpien s'exprime ainsi : « Celse ajoute encore au fait de surprendre le voleur : si vous l'avez vu commettant le vol et que vous soyez accouru pour l'arrêter, qu'il ait pris la fuite, *après avoir jeté l'objet volé*, il est *fur manifestus*(1). » Pourquoi enfin la loi des XII Tables aurait-elle interdit l'usucapion des choses volées, si le propriétaire avait perdu le droit de les revendiquer, par cela seul que le voleur aurait été puni ? ne trouverait-on pas dans les textes une trace quelconque d'une exception qui se serait sans doute fréquemment présentée dans la pratique ?

C'est l'emploi du *crimen extraordinarium* qui a fait perdre le droit de recourir aux voies civiles.

(1) L. 7 § 2, ff, *h. t.*

SECTION I

DU DROIT DE REPRENDRE LA CHOSE VOLÉE ENTRE LES MAINS DU VOLEUR.

248. Il paraît naturel que le propriétaire, à qui le fait illicite du vol n'a enlevé aucun de ses droits, puisse reprendre la chose volée, dès qu'il la retrouve.

Cette faculté lui était encore reconnue à l'époque classique. Ulpien suppose que, dans un procès sur l'action *furti*, les deux parties ne s'accordant pas sur le poids d'un vase d'argent qui aurait été volé, le voleur représente ce vase et que le propriétaire s'en saisit ; l'action n'en suit pas moins son cours sans qu'aucun reproche soit adressé à celui-ci (1).

Le propriétaire qui employait la violence n'était pas soumis à l'action *vi bonorum raptorum* (2). Le *judicium publicum* établi par la loi Julia *de vi privata* était donné contre celui qui, avec le concours d'autres personnes, avait chassé de son champ un usurpateur (3); on ne peut affirmer que celui qui aurait repris par force un meuble volé y eût été soumis.

Il fallait que ce fût l'objet volé lui-même qui fût repris ; s'il avait été vendu, le propriétaire n'avait nul droit sur les écus payés par l'acheteur et il n'aurait pu les prendre sans s'exposer lui-même à l'action *furti* ou à l'action *vi bonorum raptorum* (4).

Entre les mains d'un tiers, la possession eût été, au moins après un certain temps, protégée par l'interdit *utrubi*. Elle n'était pas vicieuse à l'égard du propriétaire.

Le droit que celui-ci pouvait exercer contre le voleur présentait des inconvénients, on peut dire des dangers quand,

(1) L. 48 pp., ff, *h. t.* — (2) L. 2 § 18, ff. *Vi bon. rapt.*, XLVII, 8 ; les mots, *sed aliter multabitur*, ont été interpolés dans ce texte. — (3) L. 5, ff, *ad leg. Jul. de vi privata*, XLVIII, 7. — (4) L. 48 § 7, ff. *h. t.*; l. 35 § 2, ff. *de Nox. act.* Quand l'objet volé est vendu, ce n'est pas de cet objet, c'est de la vente que provient l'argent, l. 21, ff. *de Hered. vel. aat. vend.*

pour le faire valoir, il recourait à la force. Les empereurs Valentinien II, Théodose et Arcadius déclarèrent que, dans ce cas, le propriétaire devrait rendre à son tour la chose au possesseur et serait déchu de la propriété même (1).

Quand la chose a été reprise par le propriétaire, les actions *rei persecutoriæ* n'ont plus à s'exercer : « Le voleur manifeste ne sera tenu de la *condictio* que si la possession de l'objet n'a pas été reprise par le propriétaire. Il n'y a pas de voleur qui soit tenu de la *condictio*, quand le propriétaire a appréhendé la possession ; aussi, pour que la *condictio* s'exerce contre le voleur manifeste, Julien suppose-t-il que celui-ci a tué, ou brisé, ou répandu ce qu'il avait soustrait (2). » Le jurisconsulte ne prévoit ici que le cas du *furtum manifestum* ; c'est évidemment celui où le propriétaire trouvera d'ordinaire l'occasion de reprendre sa chose ; mais la décision s'appliquerait au cas du *furtum nec manifestum*. Dans l'un et dans l'autre, il n'y aurait pas plus lieu à la revendication qu'à la *condictio*.

Quand la chose est recouvrée, de quelque manière que ce soit, il en est de même (3).

APPENDICE

DE L'ORDRE DE RESTITUER DONNÉ PAR LE MAGISTRAT.

249. De quelque manière que le magistrat fût saisi, il pouvait ordonner à celui qu'il tenait pour coupable de restituer l'objet volé ; aucune action *rei persecutoria* ne pouvait plus être exercée ensuite. L'ordre, en constatant le délit, couvrait de honte celui à qui il était donné (4).

______

(1) L. 7, C. *Und. vi*, VIII, 4. *Inst.*, IV, II, 1. De là l'interpolation des mots : *sed aliter multabitur*, dans la loi 4 § 18, *vi bonorum raptorum*. — (2) L. 10 pp., *de Condictione furtiva*, XIII, 1. — (3) L. 54 § 3, ff. *h. t.* — (4) « Quid est turpius ingenuo, quid minus libero dignum, quam in conventu maximo cogi a magistratu furtum reddere ? » (Cic., *in Verr.*, 2e action, II, 24).

SECTION II

DE LA REVENDICATION. — DE L'IMPOSSIBILITÉ D'USUCAPER LES CHOSES
VOLÉES. — DU *tignum junctum.*

§ 1. *De la Revendication.*

250. La revendication ne peut être naturellement exercée
que par le propriétaire d'un objet, et elle l'est contre la personne qui le possède, que ce soit le voleur lui-même ou un
tiers.

Quant aux fruits de la chose volée, il faut faire une distinction. Le propriétaire garde le droit de les réclamer contre le
voleur et contre tout possesseur de mauvaise foi, mais non
contre le possesseur de bonne foi; ce dernier les fait siens, qu'il
s'agisse du lait qu'on aura trait chez lui, ou de la laine, si
c'est chez lui que les brebis ont été tondues (1). Sur le croît
des animaux s'était élevée une difficulté, que nous retrouverons plus loin.

A la revendication il faut naturellement ajouter l'action *ad
exhibendum* (2).

§ 2. *De l'impossibilité d'usucaper les choses volées.*

251. Aucune possession, dans quelques conditions qu'elle
eût été acquise et de quelque durée qu'elle fût, ne saurait
mettre obstacle à la revendication. Les choses volées ne
peuvent être usucapées.

----

(1) L. 48 § 2, ff. *de Adq. rer. dom.*, XLI, 1 ; l. 4 § 19, ff. *de
Usurp.*, XLI, 3 — (2) L. 7 § 1, ff. *de Cond. furt.*, XIII, 1, l. 29, ff.
h. t. V. aussi l. 4, ff. *de Rei vind.*, VI, 1, et sur cette loi Favre, *Rat.
ad Pand* ; M. Pellat, *De la propriété*, p. 125.

252. I. C'était la loi des XII Tables qui avait établi cette règle (1), et une loi Atinia la confirma, probablement au milieu du vi° siècle de la ville (2). On peut se demander à quoi servit cette seconde loi. La première disposition était-elle tombée en désuétude ? Il est d'autant plus difficile de le croire que Gaius rapporte exclusivement aux XII Tables la prohibition. La loi Atinia aurait-elle eu pour objet principal d'établir un moyen qui permît de purger le vice (3), et n'aurait-elle fait que rappeler en passant un principe toujours respecté ? Nous ne croyons pas non plus qu'on puisse admettre cette explication ; Aulu-Gelle rapporte une difficulté soulevée sur le sens de la loi : « Quod subreptum erit, ejus rei æterna auctoritas esto ? » avait-elle dit. Ces expressions ne devaient-elles pas se rapporter à l'avenir seulement ? Cependant, à ce que disait Q. Scævola, son père, Brutus et Manilius s'étaient demandé, si, en se servant des mots *quod subreptum erit*, le législateur n'avait pas embrassé les vols antérieurement commis, et un très savant homme, P. Nigidius, traita de cette difficulté dans un grand ouvrage de grammaire, mais, paraît-il, d'une manière fort obscure (4). La difficulté devait présenter un intérêt pratique ; la disposition de la loi Atinia était nécessaire pour mettre obstacle à l'usucapion des choses volées. Il est permis de croire que, la notion du vol ayant pris une grande extension depuis la loi des XII Tables, on éprouvait quelque hésitation à faire dans les cas nouveaux l'application de la règle relative à l'usucapion, et que la loi nouvelle vint, non rétablir un principe tombé en désuétude, mais déterminer le caractère général d'un principe resté en vigueur.

253. II. Tout *furtum* met-il obstacle à l'usucapion ?

L'usucapion est possible, quand la chose a fait l'objet d'un *furtum possessionis*, commis par le propriétaire au préjudice d'un possesseur de bonne foi, d'un usufruitier (5), d'un créan-

---

(1) Gaius, II, 45. — (2) L. 33 pp., ff. *de Usurp. et usuc.* ; *Inst.*, II, VI, 2 ; Aulu-Gelle, XVII, VII, 1. — (3) L. 2 § 6, ff. *de Usurp.* ; l. 215, ff. *De verb. sign.* D'après Unterholzner, *Die Lehre von der Verjährung,* § 15, la loi Atinia put servir 1° à rendre imprescriptible l'obligation de garantie au profit des acquéreurs ; 2° à établir un moyen de purger le vice. — (4) A. G., *ib.*, 1-5. — (5) L. 20 § 1, ff. *h. t.*

cier gagiste (1). La chose peut passer ensuite entre les mains d'un possesseur qui, s'il a juste titre et bonne foi, en deviendra lui-même propriétaire par le temps requis.

Une telle décision se comprend sans peine. La règle de la loi des XII Tables et de la loi Atinia est faite pour protéger le propriétaire, mais contre les tiers, et non pour lui donner le moyen de soustraire à jamais sa chose à l'usucapion en commettant un acte contraire à la probité. Les personnes qui méritent une protection dans le cas présent, sont l'usufruitier et le créancier gagiste ; mais leurs droits ne seraient pas anéantis par l'usucapion qui s'accomplirait au profit d'un tiers (2), et, quant au possesseur de bonne foi, il ne peut se plaindre de ce qu'un tiers est mis dans une situation analogue à la sienne par un fait semblable à celui qui lui avait donné sa qualité : il n'a d'ailleurs aucun intérêt à ce que l'usucapion de la chose devienne impossible.

Cette explication si naturelle n'est pas celle que donne Paul dans les deux textes auxquels nous avons renvoyé ; il dit : «Car, si un autre vole une chose et qu'elle revienne ensuite en ma puissance, elle sera usucapée (3). » — « La chose (engagée) est regardée comme revenant en la puissance du propriétaire qui l'a donnée en gage (4). » Le jurisconsulte signale une circonstance qui purge le vice, ce qui suppose que le vice a pu naître. Sans doute il tient à mettre son explication d'accord avec le texte même des deux lois; celles-ci ne faisaient pas d'exception pour le genre de *furtum* dont nous nous occupons, tout au contraire, il rentrait dans ces expressions générales : *Quod subreptum erit;* de quel droit aurait-on distingué là où la loi n'avait pas distingué ? Mais une autre disposition de la loi Atinia permettait de tourner la difficulté; le vice se purgeait dans le même moment où il naissait, puisque la chose se trouvait entre les mains du propriétaire au même moment où elle était volée.

Il y avait un autre cas sur lequel s'étaient produites des hésitations et des contradictions. C'est un possesseur et non

(1) L. 4 § 21, ff. *de Usurp.*; cf. 1. 36, ff. *De Nox. act.* — (2) L. 44 § 5, *de Usurp.* ; 1. 17 § 2. ff. *de Usuf.*, VII, 1. — (3) L. 20 § 1 *cit.*, ff. *h. t.* — (4) L. 4 § 21 *cit.*, ff. *de Usurp.*

un propriétaire qui, après avoir remis une chose en gage, la dérobe au créancier : l'usucapion sera-t-elle interdite aux personnes qui tiendraient de lui la chose avec juste titre et bonne foi? Marcien décide qu'elle pourra s'accomplir (1), mais nous trouvons une décision contraire donnée sur un ton plus affirmatif par l'empereur Philippe (2). Celle-ci est peut-être plus conforme au texte général des lois anciennes, mais leur esprit était-il de protéger le propriétaire contre les conséquences civiles d'un *furtum* qui n'avait pas été commis entre ses mains ? C'était toutefois ce qui arrivait certainement dans certaines hypothèses, par exemple dans celle où la chose était volée à un possesseur de bonne foi par un tiers (3).

Paul, annotant un texte où Labéon rapportait la règle générale d'après laquelle nulle chose volée ne peut être usucapée avant d'être revenue en la puissance du propriétaire, fait une réserve : « Si vous dérobez l'objet que vous m'avez donné en gage, il devient furtif : il ne pourra être usucapé que lorsqu'il sera revenu en ma puissance (4). » C'est donc en la puissance du créancier gagiste que devrait revenir l'objet volé pour être susceptible d'usucapion. S'il faut supposer un contrat réel de gage formé entre le propriétaire de l'objet et le créancier, la loi que nous venons de citer contredit celles où il est dit que le vice est purgé immédiatement par ce fait même que l'objet est entre les mains du propriétaire qui le dérobe ; comme ces lois sont également de Paul, il est difficile d'admettre la contradiction. On peut croire (5) que Paul suppose

______

(1) L. 5, ff. *Pro emptore*, XLI, 4. — (2) L. 6, C. *de Usucap. pro emptore*, VII, 26. Dans ces deux textes, il est question d'un simple possesseur, car on suppose que celui qui, après avoir donné l'objet en gage, le dérobe, le vend à un tiers qui a besoin de l'usucaper. D'ailleurs, ni le jurisconsulte ni l'empereur n'émettent, le premier à titre d'argument, le second sous forme d'objection, l'idée que la chose est revenue *in potestatem domini*. Cujas (*ad lib. LIV Pauli ad Ed.*, ad *h. t.*) suppose que dans la loi 6 C. *de Usucap. pro emptore* il s'agit d'un objet simplement hypothéqué, qui devient furtif par le fait même de la vente, et désormais ne peut être usucapé, tandis que les lois 4 § 21, ff. *De usurp.*, et 5, ff. *Pro emptore* se réfèrent au cas où, le débiteur ayant volé l'objet détenu par le créancier gagiste, le vice a été purgé *ipso facto*, ce qui permet au tiers qui devient possesseur de la chose de l'usucaper. — (3) L. 74 ff. *h. t.* — (4) L. 49, *de Usurp.* — (5) V. Vangerow, § 317, *Rem.*

ici le gage constitué par un simple possesseur et que, embrassant l'opinion d'après laquelle l'usucapion devient impossible dans ce cas, il considère le retour entre les mains du créancier qui remet les choses dans l'état antérieur au vol comme levant l'obstacle qui ne saurait subsister indéfiniment.

Julien examine les hypothèses où l'objet engagé par un simple possesseur est volé, soit par l'esclave d'un créancier, soit par celui du débiteur lui-même. On sait que le créancier détient pour le compte de celui qui lui a donné l'objet en gage après avoir commencé à l'usucaper. Si le vol est commis par l'esclave du créancier, comme un esclave ne peut priver son maître de la possession, aucun changement ne se produit et l'usucapion continue. C'est l'esclave du débiteur qui dérobe l'objet ; cette fois le créancier cesse de posséder pour le compte du débiteur, mais il n'est pas mis obstacle à l'usucapion : « En ce qui touche l'usucapion, la soustraction commise par un esclave ne peut rendre la condition de son maître pire. » Il en serait du cas où le débiteur tiendrait à bail la chose engagée comme de celui où elle reste entre les mains du créancier, et la même décision serait donnée à plus forte raison, si c'était en précaire que cette chose eût été remise au débiteur, qui alors en serait vraiment possesseur (1).

254. III. Si tout *furtum* n'entraîne pas l'impossibilité d'usucaper, en revanche, il est nécessaire qu'un *furtum* soit commis pour que la règle de la loi des XII Tables reçoive son application. Une chose héréditaire y échappera par conséquent, à moins qu'une circonstance particulière ne permette de regarder le droit et l'intérêt d'un tiers comme suffisamment lésés pour lui donner droit à l'action *furti* ; par exemple, l'usufruit de l'objet volé été légué et l'usufruitier avait le droit d'entrer en jouissance (2).

La fuite d'un esclave n'est pas en principe assimilée à un vol, mais l'intérêt des maîtres a fait chercher le moyen de comprendre cette hypothèse parmi celles où l'usucapion est inter-

---

(1) L. 33 § 6, *ib.* — (2) L. 60, ff. *h. t.*

dite : « L'*ancilla* fugitive est regardée en quelque sorte comme se volant en elle-même, » dit Africain. Le langage de Dioclétien et de Maximien est plus affirmatif : « Il est manifeste que l'esclave fugitif se vole lui-même et par conséquent ne peut être l'objet ni d'une usucapion, ni d'une *longi temporis præscriptio*; il ne faut pas que la fuite des esclaves nuise à leurs maîtres pour quelque cause que ce soit (1). »

255. IV. Quelles sont les choses qui ne peuvent être usucapées à cause du vol commis?

En principe l'impossibilité d'usucaper ne porte que sur les choses mêmes; elles seules sont furtives; ce caractère ne se communique pas, par exemple, à l'argent qu'en aura donné un acheteur (2). Mais elles peuvent avoir subi une transformation par suite d'un travail quelconque, peut-être les questions que soulevait la spécification par rapport au changement de propriété se posaient-elles ici; Paul, dont la décision rappelle le principe des Sabiniens (3), dit : « Si vous avez fait des vêtements avec de la laine volée, il vaut mieux décider que nous considérerons la substance, et par conséquent ces vêtements seront furtifs (4). »

256. V. Ce n'est pas contre le voleur lui-même qu'est établie la défense de la loi des XII Tables : à son égard, elle eût été inutile; étant de mauvaise foi, il ne pouvait usucaper. C'est tout possesseur de bonne foi entre les mains duquel peut venir la chose volée qui est atteint par la prohibition (5). Voilà pourquoi l'usucapion des meubles est si rare, ajoutent Gaius (6) et Justinien : la notion du *furtum* avait pris tant d'extension qu'elle embrassait tous les cas où une chose mobilière était livrée sciemment par un autre que le propriétaire; la mauvaise foi du *tradens* ne permettait pas à la bonne foi de l'*accipiens* de produire les effets ordinaires. Ainsi étaient corrigés les inconvénients de la courte durée assignée à l'usucapion des meubles.

Il y a toutefois, dans certaines hypothèses, un sérieux inte-

---

(1) L. 1, C. *de Servis fugitivis*, VI, 1. — (2) L. 48 § 7, ff. *h. t.* — (3) L. 7 § 7, ff. *de Adq. rer. dom.*, XLI, 1. — (4) L. 4 § 20, ff. *de Usurp.* — (5) Gaius, III, 49; *Inst.*, II, VI, 3. — (6) *Ib.*, 50.

rèt à rechercher si le possesseur de l'objet volé est le voleur ou une personne de bonne foi. Nous l'allons voir.

257. VI. L'enfant qui naît d'une *ancilla* volée, le croît des animaux volés sont-ils eux-mêmes regardés comme volés? Que deviennent-ils?

a. Il y a un premier point sur lequel on est nécessairement d'accord. Il faut d'abord supposer que, la conception ayant eu lieu, soit avant le vol, soit après, l'enfant ou l'animal est né chez le voleur ou chez son héritier. L'usucapion est toujours interdite au voleur et à son héritier; la bonne foi et le juste titre manquent l'un et l'autre au commencement de la possession qu'a acquise le premier (1) ou continuée le second (2); il ne servirait même pas à celui-ci d'être de bonne foi (3). Tout possesseur de mauvaise foi est également incapable d'usucaper (4).

b. Mais celui qui achètera du voleur, soit le petit esclave, soit l'animal nouveau-né, un veau par exemple, pourra-t-il usucaper? La réponse négative semblait ne faire aucun doute au sujet du petit esclave, puisque Marcellus en tirait argument pour déclarer impossible l'usucapion du veau. Scévola, au contraire, admettait l'usucapion, non seulement pour le veau, mais même pour le petit esclave; l'enfant et le croît ne faisaient point partie de la chose volée, disait-il; autrement ils ne pourraient être usucapés, même s'ils naissaient chez un acheteur de bonne foi (5). L'opinion de Scévola paraît n'avoir trouvé aucune adhésion; elle est en contradiction flagrante avec le système tout entier qui a prévalu et si, dans le texte d'Ulpien où elle est rapportée, elle ne fait l'objet d'aucune critique, il suffit que ce système soit celui du même Ulpien.

c. La conception a eu lieu chez le voleur, la naissance chez un possesseur de bonne foi. D'après Ulpien, l'usucapion est

___

(1) Il en est de même du maître qui, pour affranchir son propre esclave, reçoit de lui une *ancilla* qu'il sait volée (l. 4 § 16, ff. *de Usurp.*). — (2) L.11 § 2, ff. *de Publiciana*, VI, 2. — (3) L. 4 § 15, ff. *de Usurp.* — (4) L. 4, § 17, *ib.* Ce qui montre que, dans les §§ 16 et 17, il faut supposer la mauvaise foi, quoiqu'elle ne soit pas énoncée, c'est que le § 18 commence ainsi : « Si, antequam pariat, alienam esse rescierit emptor, *diximus non posse usucapere.* » Voir toute la suite du texte. — (5) L. 10, § 2, *ib.*

encore interdite, quoiqu'il n'y ait pas lieu, à raison de l'enfant ou du croît, qui n'a jamais fait l'objet d'un maniement frauduleux, à l'action *furti* (1).

La décision de Paul est différente : il admet l'usucapion pour l'enfant de l'*ancilla*, s'il est né chez un acquéreur de bonne foi et si celui-ci n'a pas su avant l'accouchement que cette *ancilla* eût été volée (2). Quant au croît des animaux, c'est un fruit, et, à ce titre, il devient immédiatement la propriété de l'acheteur de bonne foi (3).

d. Enfin la conception et la naissance ont lieu toutes deux chez le possesseur de bonne foi ; Ulpien lui-même reconnaît que tout obstacle disparaît. Il fait seulement, comme Paul, une différence entre l'enfant de l'*ancilla* et les petits des animaux ; c'est pour devenir propriétaire du premier que le possesseur de bonne foi a besoin de l'usucapion ; quant aux seconds, ils lui appartiennent immédiatement en qualité de fruits (4).

« Reconnaissons, dit M. Pellat (5), qu'Ulpien prenait en considération l'époque de la conception du croît, et que Paul pensait qu'il ne fallait pas s'en occuper. Cette dernière opinion, qui est plus en harmonie avec celle qu'on admet pour les autres fruits (6), est préférable, et c'est celle qui paraît avoir prévalu (7). »

258. VII. Le vice qui s'oppose à l'usucapion peut être purgé, quand la chose volée retourne au pouvoir du propriétaire (8). Cette règle était formellement posée par la loi Atinia (9). Peut-

______

(1) L. 48 § 5, ff. *h. t.*; cf. l. 11 § 2, ff., *de Publiciana*, et l. 33 pp. ff. *de Usurp.*—(2) L. 4 § 18, ff. *de Usurp.* Dans la loi 10 § 2, *ib.*, la seule circonstance de la naissance chez l'acheteur de bonne foi est signalée par Scévola comme excluant le caractère furtif. — (3) L. 4 § 20, ff. *ib.*, dernière phrase. Tout le monde reconnaît qu'il y faut effacer les mots : « Si consumpti sint. » (M. Pellat, *Exposé des principes généraux du droit Romain sur la propriété*, p. 547). — (4) L. 48 § 6, ff. *h. t.* — (5) *L. cit.*. p. 548. — (6) « Paul ne s'inquiète pas plus du moment de la conception pour le croît des animaux qu'on ne s'inquiète, pour les autres fruits, comme le lait et la laine, du moment où ces produits ont commencé à se former. » (*Id.*, p. 545). — (7) Il est peut-être difficile de dire quelle est celle des deux doctrines qui a prévalu. Ni le nombre des textes ni l'autorité des jurisconsultes ne permettent de décider. — M. Pellat adopte, du reste, l'opinion de Cujas qui cherche à mettre Ulpien d'accord avec Paul, *Obs.*, liv. XV, ch. 20. — (8) *Inst.*, II, VI, 8. — (9) L. 4, § 6, ff. *de Usurp.*

être, en consacrant de nouveau l'impossibilité d'usucaper établie par les XII Tables, en lui reconnaissant toute l'étendue qu'elle devait avoir après l'extension prise par la notion du *furtum*, avait-on jugé nécessaire de la faire cesser, dès que le besoin de protéger le propriétaire contre les conséquences d'un vol avait lui-même pris fin.

C'était le retour entre les mains du propriétaire qu'exigeait la loi Atinia ; il n'aurait pas suffi que la chose revînt à celui qui la détenait en vertu d'un titre légal quand elle avait été volée au créancier gagiste, au commodataire (1). Cependant Proculus et Labéon admettaient que le dépositaire qui avait vendu à son profit la chose déposée pouvait se repentir et la racheter, et que le vice était ainsi purgé, sans qu'on eût à rechercher si tous ces faits avaient été connus ou ignorés du déposant (2).

Le propriétaire devait savoir et que la chose était entre ses mains et qu'elle lui avait été volée ; sinon, celui qui en serait devenu par la suite acquéreur de bonne foi n'aurait pu l'usucaper (3). Il ne suffirait même pas qu'elle fût recouvrée à l'insu du propriétaire par son procureur.

Mais les deux conditions peuvent être, pour ainsi dire, remplies par équivalents.

Il n'est pas toujours nécessaire que la chose revienne matériellement dans les mains du propriétaire. L'usucapion devient possible, quand il a la faculté de revendiquer (4), quand, après avoir revendiqué, il se laisse payer le montant du procès, *litis æstimatio* (5), quand il ordonne que la chose soit

______

(1) *Ib.* N. o. l. 49, *ib.*, de Paul, qui, supposant le vol commis par le propriétaire lui-même, exige le retour en la puissance du créancier gagiste. Cf. Vinnius, ad *Inst.*, II, VI, 8. Vangerow, *l. cit.*, pose en principe que la chose volée entre les mains du gagiste ou du commodataire doit y rentrer pour cesser d'être furtive ; il faut que ce soit la victime du vol qui la recouvre ; la loi 4 § 6 devrait être comprise comme supposant que le rapport créé par le gage ou le commodat a cessé après le vol commis ; c'est dans ce cas seulement que le retour entre les mains du propriétaire serait suffisant. — (2) L. 4, § 10, ff. *de Usurp.* — (3) *Ead.* l. § 12, l. 36, ff. *h. t.* Il faut supposer que ce n'est pas le propriétaire qui transmet la chose à un acquéreur de bonne foi, car alors celui-ci deviendrait propriétaire immédiatement sans avoir besoin d'usucaper. — (4) L. 215, ff. *de Verb. Sign.* — (5) L. 4 § 3, ff. *de Usurp.*

remise à un tiers (1), quand il traite avec le voleur lui-même auquel il est censé la livrer (2).

D'un autre côté, ce n'est pas le propriétaire lui-même qui recouvre toujours la chose, il est possible que ce soit l'administrateur de sa fortune ou de la partie de sa fortune dans laquelle elle est comprise. La chose volée appartenait à un pupille ou à un fou ; il suffira que le tuteur ou le curateur en opère sciemment le recouvrement (3). Un objet compris dans le pécule d'un esclave a été dérobé à l'insu du maître ; dès qu'il rentre en la puissance de l'esclave, il est censé rentrer dans celle du maître. Mais, si celui-ci avait connu le vol, il faudrait que le recouvrement fût aussi porté à sa connaissance. Encore, pour que ces décisions reçoivent leur application, doit-on supposer que l'esclave a gardé son pécule et que la chose n'a pas cessé d'y être comprise entre le moment du vol et celui où elle est recouvrée. S'il en était autrement, c'est au pouvoir du maître lui-même qu'elle devrait rentrer (4).

Quand l'esclave, après avoir volé une chose au patrimoine de son maître, la restitue, il faut faire la même distinction que dans l'hypothèse précédente. Le maître peut ignorer ou doit connaître la restitution, selon qu'il a ignoré ou connu le vol (5). Si l'esclave, après avoir volé une chose, qui n'était pas comprise dans son pécule, l'y a fait rentrer, le vice n'est pas purgé ; la chose doit reprendre dans le patrimoine du maître la condition qu'elle y occupait avant le vol, ou il faut que le maître consente, en connaissance de cause, à ce qu'elle soit désormais comprise dans le pécule (6). Il était singulièrement important de protéger la propriété des maîtres contre les conséquences des vols commis par leurs esclaves.

Le vice est purgé quand, d'une manière quelconque, la chose cesse d'être furtive (7).

(1) L. 4 *cit.* § 14. On peut rapprocher de ce cas celui où la personne qui a vendu la chose volée succède comme héritier au propriétaire, l. 42, ff. *de Usurp.* — (2) L. 32 pp., *ib.* Ces diverses hypothèses sont rassemblées dans la loi 84, ff. *h. t.* — (3) L. 4 *cit.* § 11 ; l. 56 § 4, ff. *h. t.* — (4) L. 4 *cit.* § 7 ; l. 56 § 2, ff. *h. t.* — (5) L. 4 *cit.* § 8. — (6) *Ead.* l.. § 9. — (7) L. 42, *ead. tit.*

§ 3. Du *Tignum junctum*.

259. L'action *ab exhibendum* permet en principe de faire apparaître les choses jointes ou confondues avec d'autres, pour les revendiquer (1).

« La loi des XII Tables ne permet ni de détacher les matériaux volés, *tignum furtivum*, qui ont servi à une maison ou à une vigne, ni de les revendiquer; défense prévoyante, qui empêche que les édifices ne soient démolis et la culture des vignes troublée sous ce prétexte : mais elle donne une action au double contre celui qui est convaincu d'avoir employé ainsi ces matériaux (2). »

Le *tignum* n'est pas toujours défini de la même manière. Ulpien donne au mot un sens tantôt large, tantôt étroit : « Par le mot *tignum* nous entendons toute matière dans la loi des XII Tables, comme quelques-uns le pensent avec raison, » dit-il (3), en commentant l'édit. Il s'exprime autrement dans un autre livre du même ouvrage : « Le mot *tignum* comprend tous les matériaux dont se compose un édifice ou qui sont nécessaires pour une vigne... (4). » Ce second sens est évidemment le vrai; c'est celui qui s'accorde avec le motif attribué aux XII Tables; Gaius l'adopte, en parlant des édifices (5), et l'a fait adopter à Justinien (6).

260. Il y a deux règles posées dans la loi des XII Tables, l'une, qui défend de détacher les matériaux, l'autre, qui défend de les revendiquer.

Comment faut-il entendre la première? A-t-elle pour objet d'interdire la démolition au constructeur? Une disposition de

---

(1) L. 23 § 5, ff. *de rei vind.* — (2) L. 1 pp., ff. *de tigno juncto*, XLVII, 2. Sur le texte de la loi des XII Tables, v. M. Giraud, *Novum Enchiridion* p. 13. C'était dans la sixième Table que se trouvait cette disposition, cf. Huschke. *Ad. leg. XII Tab. de tigno juncto commendatio*, p. 5. — (3) L. 7, pp., ff. *ad exhibendum*, X, 4. — (4) L. 1 § 1, ff. *de tigno juncto*. Le reste du paragraphe entre dans le détail sur l'origine du mot et sur ce qu'il y faut faire rentrer. — (5) L. 7 § 10, ff. *de Adq. rer. dom.*; l. 62, *de Verb. sign.* — (6) *Inst.*, II, I, 29.

ce genre peut se comprendre ; la liberté du propriétaire serait
sacrifiée à l'intérêt et au goût publics. Un édit de Vespasien et
un sénatus-consulte défendirent de démolir les édifices et
d'en détacher les marbres pour en trafiquer; il n'était permis
que de transporter certains matériaux d'une habitation dans
une autre, et encore à la condition qu'un transport de ce genre,
en portant atteinte à l'intégrité des maisons, n'altérât pas
l'aspect général de la cité (1); une amende, fixée au double
du prix, était portée contre le vendeur et la vente était
nulle (2). Un sénatus-consulte avait spécialement prohibé le
legs de choses incorporées à des édifices (3). Les préoccupa-
tions artistiques auxquelles sont dues ces mesures de préser-
vation, en faveur de matériaux et d'objets précieux qui avaient
souvent subi une première dégradation pour être adaptés aux
domaines des riches Romains, étaient étrangères aux rédacteurs
des XII Tables (4). C'était à l'utilité de la ville et de la campagne
qu'ils pensaient, mais avaient-ils attaché un si haut intérêt au
maintien des maisons telles qu'elles étaient et à la plantation
des vignes qu'ils eussent interdit au propriétaire de disposer
de son bien comme il l'entendrait! Si telle avait été leur
intention, ils auraient posé une règle générale et ne se
seraient pas contentés de prohiber l'enlèvement des matériaux
dans le seul cas où ceux-ci auraient été employés contre le
gré de celui auquel ils appartenaient.

La loi des XII Tables semble avoir voulu dire seulement que
le constructeur ne pourrait être forcé de démolir, que celui
qui avait planté sa vigne ne pourrait être forcé d'arracher le
bois dont il s'était servi: « Ne quis tignum alienum œedibus
suis junctum eximere cogatur, » dit Gaius (5). Aussi Paul dit-
il seulement que la loi des XII Tables refuse au propriétaire
des matériaux la *rei vindicatio* en l'action *ad exhibendum*, c'est-à-

(1) L. 2, C. de *Ædif. priv.*, VIII, 10. — (2) L. 52, ff. *de Contr.
empt.*, XVIII, 1. — (3) L. 4 §§ 1 *et suiv.*, *de Leg*, 1º, XXX. — (4) Cf.
M. Accarias, *Précis*, t. I, p. 611, note 3 : « In quo et damno œdificantium
et ruinis ac deformationi urbis occursum est, » dit Doneau (de Jure civili,
XVI, XXXIII, 8). — (5) L. 7 § 12, ff. *de Adq. rer. dom.* ; cf. *Inst.*, II,
I, 29 : « Ne œdificia rescindi necesse sit. » Cujas, *Comm. ad lib. X,
tit. IV*, ff. 1. 6.

dire les moyens de droit qui auraient amené cette contrainte (1).
Peut-être faut-il aller plus loin cependant, ce qui donnerait un
sens aux termes plus généraux : « Neque solvere permittit (2); »
peut-être les XII Tables, en établissant l'action au double *de
tigno juncto*, refusaient-elles au constructeur la faculté de s'y
soustraire par le détachement et la restitution des matériaux ;
ce n'étaient pas des actes prohibés ; mais ils n'eussent pas empêché la condamnation (3).

261. La revendication était formellement interdite par la
loi des XII Tables. Cette interdiction fut étendue à l'action *ad
exhibendum*, qui en était le préliminaire, et qui devait exercer
également une contrainte sur le défendeur (4). Une action au
double remplaçait la revendication.

Cette action, d'après Noodt (5), était purement pénale ; aussi
n'était-elle donnée que contre le constructeur de mauvaise foi.
Mais les textes ne distinguent pas, soit qu'il s'agisse de dénier
la revendication, soit qu'on s'occupe de la remplacer. Sans
doute il est dur pour le constructeur de bonne foi d'être exposé à une action qui, même contre lui, semble pénale en partie, qu'on peut qualifier de mixte ; mais on lui épargne la
perte qu'entraînerait pour lui la démolition et qui serait ordinairement supérieure à la valeur des matériaux ; il expie
l'inattention dont il s'est rendu coupable ; d'ailleurs on doit
faire quelque chose pour un propriétaire privé de sa chose
malgré lui (6). Il s'en faut, cependant, que le constructeur de

---

(1) L. 23 § 6, ff. *de Rei vind.*, VI, 1. — (2) Ces termes se retrouvent
ailleurs, v. not. l. 98 § 8, *in fin.*, ff. *de Solut.* — (3) Cette dernière
idée est combattue par Vinnius, qui traite avec beaucoup de détail la
question, ad *Inst.*, II, I, 29. *Sic* Doneau, *l. cit.*, 9, 16, contre Accurse ; il
tire, au n. 13, argument de ce que l'action est donnée même contre un
constructeur de bonne foi. — (4) L. 6, ff. ad *Exhibendum*. — (5) Ad.
tit. de Rei vind. Sic Rudorff, § 137. — (6) V. Cujas, *Paratitla in tit.
de Tigno juncto, comm.* in lib. X, tit. IV, ff., ad l. 6 ; *in lib.* L, tit.
XVI, ad l. 62. Vinnius, *l. cit., Comm.*, n. 2 ; Pothier, ad XII Tab., tab.
VI, VII, 4, et ad *tit. de Tigno juncto*, n. I : « Si le constructeur de
bonne foi, dit M. Accarias (*Précis*, t. I, p. 613, note 1) est traité avec
plus de rigueur quand le *tignum* est *furtivum*, cela tient à ce que la
loi veut protéger plus énergiquement le propriétaire volé que le propriétaire simplement négligent. Cela tient aussi peut-être à ce que l'acquisition d'une chose volée implique un défaut de vigilance plus grave que la
simple acquisition d'une *res aliena.* » Le premier de ces deux motifs

bonne foi soit complètement traité comme le constructeur de mauvaise foi, nous l'allons voir.

262. La défense d'exercer l'action *ad exhibendum* est levée, quand le constructeur est de mauvaise foi ; il est regardé alors, non comme un possesseur, mais comme une personne qui a par dol cessé de posséder (1). Peut-être même la revendication est-elle aussi admise dans ce cas (2). L'une ou l'autre de ces actions peut être exercée concurremment avec l'action *de tigno juncto* (3), qui devient alors exclusivement pénale (4).

Sur l'action *ad exhibendum* ou sur la revendication, le défendeur pourra-t-il échapper à la condamnation en exhibant ou en restituant? Le magistrat insérera-t-il dans la formule les mots: *nisi exhibeat, nisi restituat*, qui donneraient au défendeur une faculté peut-être refusée par la loi des XII Tables? Aucun texte ne permet d'affirmer le contraire. L'application de l'action *ad exhibendum* ou de la revendication au constructeur de mauvaise foi s'ajoutait à l'action *de tigno juncto* ; c'était une rigueur de plus, et l'on comprendrait que le préteur, en l'établissant, voulût la tempérer, sans avoir autre chose à faire que de laisser à ces moyens de droit leur caractère habituel.

263. Que le constructeur ait été de bonne ou de mauvaise foi, quand la maison est démolie, le propriétaire des matériaux peut exercer, soit la revendication, soit l'action *ad exhibendum* (5). La maison peut avoir été vendue à un tiers et possédée par lui pendant le temps nécessaire pour usucaper ; les matériaux, considérés en eux-mêmes, n'ont pas été possé-

prouverait que les Romains savaient distinguer très bien un homme qui est volé d'un homme négligent.

(1) L. 1 § 2, ff. *h. t.* — (2) L. 23 § 6, ff. *de Rei vind.*, si l'on rapporte aux deux actions les mots : « nisi adversus eum. » — L. 2, ff. *h. t.*, qu'on peut entendre aussi de la revendication exercée après la démolition. M. Pellat (*op. cit.*, p. 216) ne parle que de l'action *ad exhibendum. (Sic* M. Demangeat, *Cours élémentaire*, t. I, p. 458.) M. Accarias (*Précis*, t. I, p. 611) admet les deux actions. V. Cujas, *Notæ in lib. II, Inst. Just.*, I, 29, *Paratilla in tit. de Tigno juncto*, ff, et *Comm.* ad tit. *Ad Exhib.* ff., l. 6. — (3) « Extrinsecus, » dit la loi 2, ff. *h. t.*, mais il n'est pas absolument sûr qu'elle prévoie cette hypothèse. — (4) M. Pellat, *l. cit.* Cujas, *ll. citt.* — (5) L. 7 § 11, ff. *de Adq. rer. dom.; Inst.*, *l. cit.*

dés et par suite n'ont pu être usucapés (1). Les Instituts ap-
portent une restriction au droit du propriétaire des matériaux : « S'il n'a pas déjà demandé le double (par l'action *de
tigno juncto*). » Mais cette réserve ne doit s'appliquer qu'au
cas où le constructeur a été de bonne foi ; dans le cas contraire, l'action *ad exhibendum* et peut-être la revendication,
données concurremment avec l'action *de tigno juncto* quand
l'édifice est debout, doivent être accordées aussi, quoique cette
action ait déjà été intentée, quand les matériaux ont repris
leur existence distincte (2).

264. Nous nous sommes naturellement placés dans l'hypothèse où les matériaux ont fait l'objet d'un *furtum*. Nous
n'avions pas à examiner celle où l'emploi de ces matériaux,
quand ils appartiennent à autrui, a lieu sans constituer un
·*furtum*, même dans le sens large du mot (3). Si la revendication et l'action *ad exhibendum* sont refusées par le droit au
propriétaire des matériaux dans les cas indiqués plus haut,
il n'y a aucune raison de croire qu'il en soit de même des autres actions qui naissent, soit du vol, soit à l'occasion du
vol 4.

(1) L. 7 § 11, ff. *de Adq. rer. dom.*; l. 23 § 7, ff. *de Rei vind.*; l.
23 § 2, ff. *de Usurp.* — (2) « Ulpien décide que celui qui a agi *tigni
furtivi nomine œdibus juncti* n'en est pas moins reçu à revendiquer.
Mais le texte peut s'expliquer de deux façons : ou bien c'est à l'action
futi qu'Ulpien fait allusion, ou, si c'est à l'action *de tigno juncto*, il faut
admettre que, pour triompher sur la revendication, le demandeur devra
restituer la moitié de la somme reçue en vertu de la première condamnation : *arg.* de la l. 9 § 1, ff. *de Furtis.* » (M. Accarias, *l. cit.*, p. 612,
note 3.) — (3) V. notamment, en différents sens, Huschke, *op. cit.*, p.
6 à 14. M. Pellat, *l. cit.;* M. Demangeat, *l. cit.*; M. Lariche, *Explication des Institutes*, n. 754: M. Accarias, *l. cit.*, p. 612, note, et 613. — (4)
Id., p. 612. *Contra* Cujas, *Paratitla in tit.* ff. *de Tigno juncto*, mais il
enseigne que l'action *de tigno juncto*. dirigée contre le voleur qui a lui-
même employé les matériaux, est pénale et même infamante.

APPENDICE

DE LA *petitio hereditatio*, — DE L'INTERDIT *quorum bonorum*.

265. Le voleur peut être poursuivi par une action *in rem*
autre que la revendication, par la *petitio hereditatis* (1). Favre
pense que cette action s'exercera dans le cas où une chose aura
été volée, après l'adition d'hérédité, mais avant que l'héritier
en ait pris possession (2), cas où l'action *furti* et la *condictio
furtiva* ne peuvent s'appliquer. Mais ne s'exercerait-elle pas
aussi à propos d'objets dérobés avant la mort du *de cujus*, s'il
convenait à l'héritier d'y recourir, le voleur possédant *pro pos-
sessore* (3) ?

266. A propos du cas où des tablettes ont été volées et oú
l'écriture en a été effacée, Ulpien donne l'*action ad exhibendum*,
sur laquelle nous n'avons pas à revenir, et l'interdit *quorum
bonorum* (4). Mais « cet interdit est restitutoire, dit ailleurs (5)
le même Ulpien, et il regarde l'ensemble des biens, non les
choses déterminées. » Sans doute le premier texte signifie
que, dans l'interdit *quorum bonorum*, il sera tenu compte des
faits qui ont constitué le *furtum*. On peut aussi supposer que
l'acte ainsi dérobé et altéré est le testament même sur lequel
une personne se fonderait pour réclamer la *bonorum possessio* (6).

(1) L. 13, ff. *de Hered. pet.*, V, 3. — (2) *Rat. ad Pand.*, ad *h. l.* —
(3) L. 11, ff. *de Hered. pet.* — (4) L. 29, ff. *h. t.* — (5) L. 1 § 1, ff.
Quorum bonorum, XLIII, 2. — (6) Cf. M. Machelard, *Théorie générale des interdits en droit Romain*, p. 66 *et suiv.*

SECTION III

DE LA *Condictio furtiva.*

267. Une autre action *rei persecutoria* peut naître à l'occasion du *furtum*, c'est la *condictio furtiva* ou *ex causa furtiva* (1). Nous adopterons la première dénomination comme plus commode parce qu'elle est plus brève. Nous étudierons les règles relatives à l'objet et à la forme de cette action, aux personnes par qui et contre qui elle peut-être exercée, à la manière dont elle s'éteint, avant d'en rechercher la nature, l'origine, l'utilité.

§ 1. *De l'objet et de la forme de la* CONDICTIO FURTIVA.

268. La *condictio furtiva* a pour objet la restitution d'une chose volée. En principe, toute chose volée peut être ainsi réclamée. Une exception est faite pour les personnes libres, du chef desquelles l'action *furti* est cependant donnée (2). Le désir de punir des faits qui, à une certaine époque du droit Romain, échappaient à toute répression spéciale, avait fait accorder l'action pénale, mais l'action *rei persecutoria* ne se serait pas comprise (3).

Une difficulté pouvait être soulevée, quand l'objet subissait une transformation ; un lingot d'argent avait été dérobé

---

(1) « La désignation la plus exacte et la plus ordinaire est celle de *condictio ex causa furtiva* (ll. 2, 3, 5, 8 § 1, 9, 16, 18, ff. *de Cond. furt.*, l. 2 § 3, ff. *de Priv. del.*, et beaucoup d'autres textes), *condictio furtiva* se trouve beaucoup plus rarement (cette expression se trouve dans la rubrique du titre du Digeste, XIII, 1, et du Code, IV, 8, puis dans les l. 3 § 2, 21 § 5, ff. *Rer. am.*, et peut-être encore ailleurs, mais certainement dans un très petit nombre d'endroits. J'ajoute que la leçon du texte cité est douteuse car la Vulgate porte : *ex causa furtiva*), et n'est, en réalité, que l'abréviation plus commode de la première désignation. » (M. de Savigny, *Système*, app. XIV, n. XV, et notes *a* et *b*). — (2) L. 38 § 1 ff. *h. t.* — (3) Cf. l. 1 § 2 ff. *de Rei vind.*, VI, 1. V. sur cette loi M. Pellat, *op. cit.*, p. 113 *et suiv.*

et le voleur en avait fait des coupes ; la *condictio* était admise pour les coupes comme elle l'aurait été pour le lingot (1). Dans cette hypothèse, l'objet pouvait reprendre sa première forme (2); il n'en est pas de même dans les hypothèses suivantes : un bœuf a été volé et tué; le propriétaire a le droit de le réclamer par la *condictio*; mais son action pourrait également porter sur la chair, le cuir et les cornes, qui n'ont pas été, à proprement parler, les objets du vol, « si le cuir et la chair ont fait l'objet d'un maniement, » ajoute Julien; cette condition, qui, en fait, sera toujours remplie, trahit une certaine hésitation dans la pensée du jurisconsulte sur la décision de principe (3). Il étend sa réponse au cas où celui qui a volé du raisin l'a converti en moût et en vin (4).

269. C'est une *condictio certi* qui est donnée pour réclamer l'objet volé (5). L'*intentio* sera ainsi rédigée : « Si paret eos

______

(1) L. 13, ff. *de Cond. furt.*, XIII, 1. V. Cujas, *in lib. XXX Pauli ad Ed.*, ad, *h. l.* Cf, l. 52 § 14, ff. *h. t.* — (2) V. Glück, §§ 840 et 841. — (3) L. 14 § 2, ff. *de Cond. furt.* — (4) *Ead.* l. § 3. Cf. l. 52 § 11, ff. *h. t.* — (5) Favre, *Rat. ad Pand.*, ad l. 3 ff. *de cond. furt.* D'après Hotman, *Epitome in lib. XIII, tit. I*, la *condictio furtiva* est *certi*, quand la chose existe, *incerti* quand celle-ci a péri. D'après M. de Bethmann-Hollweg (§ 93, note 76, t. II, p. 273), la *condictio furtiva* sera *certi*, quand l'objet du vol sera de l'argent, l. 9 § 1, ff. *de Reb. cred.*; elle sera *triticaria* quand ce sera toute autre *res certa*, l. 1 § 1 et l. 2, ff. *de Cond. tritic.*; elle sera *incerti* dans tous les autres cas, l. 12 § 2, ff. *de Cond. furt.*, l. 29 § 1. *de verb. obl.*, l. 72 § 3, ff. *de Solut.* Mais la *condictio triticaria* a l'*intentio certa* comme la *condictio de certa pecunia*. Quant à la *condictio incerti*, nous ne croyons pas qu'elle puisse naître à l'occasion d'un *furtum*, si ce n'est dans le cas prévu par la loi 12 § 2, ff. *de cond. furt.*; c'est le texte qui donne par exception la *condictio furtiva* à un non-propriétaire, au gagiste ; elle ne peut être donnée que comme *condictio incerti*, le gagiste ne saurait dire qu'il faut lui transférer en propriété, *dare*, une *res certa* ; il faut bien qu'il se contente de la formule : « Quidquid paret dare oportere. » Les lois 29 § 1, ff. *de verb. obl.* et 72 § 3, ff. *de Solut.* supposent l'une et l'autre que le volé stipule du voleur *quod* ou *quidquid ex causa condictionis dare facere oportet.* C'est une novation qui a pour but d'éteindre la *condictio* ; la stipulation comprend tout ce qui serait obtenu au moyen de l'action ; mais, dans l'action, la formule avait une *intentio certa* ; c'était nécessairement une *res certa*, tel esclave, par exemple, qui avait fait l'objet du vol et qui devenait celui de la réclamation ; le juge, en appréciant la valeur de l'esclave, tenait compte de tout l'intérêt qu'avait eu le maître à n'être pas volé, par exemple, de l'hérédité dont celui-ci avait pu être privé par le vol ; il n'était pas besoin de donner à la *condictio*

dare oportere (1) » avec l'objet volé pour régime du verbe *dare*.

Mais comment peut-on employer le mot *dare*? Dans le sens propre, il signifie transférer la propriété, et c'est ainsi qu'il est ordinairement entendu dans les *condictiones*. Or, le voleur n'a pas acquis la propriété; peut-on exiger qu'il la transfère?

Nous aurons à revenir sur cette question.

270. Une fois l'*intentio* reconnue exacte, le juge devra condamner.

Il comprendra dans l'estimation qui fera l'objet de la condamnation les fruits de la chose volée (2) et généralement tout l'intérêt qu'avait le propriétaire à ce que le vol ne fût pas commis : « Si un esclave est réclamé à raison d'un vol, il est certain que c'est l'intérêt du demandeur qui fait l'objet de la *condictio* ; par exemple, si cet esclave est institué héritier et que son maître soit exposé à perdre l'hérédité ; ce que décide Julien. De même, si la *condictio* porte sur un esclave déjà mort, il obtiendra le prix de l'hérédité (3). » Il faut qu'il s'agisse d'un intérêt réel, car le volé ne saurait ici prétendre qu'à une indemnité ; aussi le jurisconsulte suppose-t-il l'hérédité perdue ou en danger.

Sous cette réserve, le juge estimera la chose en se plaçant au moment où elle aura eu sa plus grande valeur. « Le voleur ne se libère pas en donnant une chose détériorée ; il est regardé comme étant toujours en demeure (4). » Il n'y a pas lieu de distinguer suivant que la plus-value proviendrait ou ne proviendrait pas du fait du voleur. On ne tiendra pas compte du prix que lui ont coûté la transformation d'un lingot d'argent en coupe et la ciselure ; on lui fera payer le prix

une *intentio incerta* pour attribuer ce pouvoir au juge. La stipulation eût été nulle, si le volé avait stipulé simplement son esclave ; « non valet autem hujusmodi stipulatio, ubi quis rem suam stipulatus est. » Il fallait absolument que l'interrogation fût conçue autrement. On le voit, il n'y a, en ce qui concerne la forme de l'action, aucun argument à tirer de celle qu'a dû revêtir la stipulation. V. aussi Savigny, *Traité de la possession*, App., p. 715.

(1) Gaius, IV, 4. — (2) L. 8 § 2, ff. *de Cond. furt.* V. sur cette loi Favre, *Rat. ad Pand.* — (3) L. 3, *ib.* Cf. l. 52 § 28, ff. *h. t.* — (4) L. 8 § 1, ff. *de Cond. furt.*

d'un adolescent, quand l'esclave volé dans l'enfance aura été élevé à ses frais (1).

Quand l'objet réclamé par la *condictio* n'appartient au propriétaire que sous condition, le juge devra chercher à quel prix celui-ci le vendrait (2).

Le procès aboutissant à la condamnation du défendeur en une somme d'argent, faut-il dire que l'estimation provoquée par le demandeur vaut vente ? En tout cas, il ne sera pas tenu de faire au défendeur les promesses qui sont exigées dans la revendication (3).

§ 2. *A qui est donnée la* CONDICTIO FURTIVA.

271. Après avoir dit que l'action *furti* est donnée à tous ceux qui répondent de la chose volée, Ulpien ajoute : « Mais la *condictio* appartient seulement à celui qui a la propriété (4). »

Quand des fruits pendants ont été dérobés sur un fonds soumis à un droit d'usufruit, la *condictio* appartient-elle à l'usufruitier ou au propriétaire ? Julien répondait que, l'usufruitier n'acquérant pas les fruits quand il ne les perçoit pas lui-même, c'est plutôt le propriétaire qui doit exercer la *condictio;* l'usufruitier aura, du reste, l'action *furti*, puisque le vol a lésé son intérêt. Marcellus était frappé de cette idée que l'usufruitier peut acquérir par la suite les fruits, s'ils tombent en sa possession ; de là il concluait que, en attendant, les fruits appartiennent au propriétaire du fonds ; il faut, d'après lui, les traiter comme une chose léguée sous condition, dont la propriété demeure à l'héritier, tant que la condition est en suspens, et passe au légataire, dès qu'elle est accomplie. Quant au principe que la *condictio* appartient au propriétaire seul, il est incontestable : « Verum est enim condictionem competere proprietario. » Tant que la condition laisse en suspens la propriété, elle y laisse aussi la *condictio*. La conclusion

---

(1) L. 13, *ib.* Cf. l. 67 § 2, ff. *h. t.* — (2) L. 14 pp., ff. *de Cond·
furt.* — (3) *Ead.* l., § 1. — (4) L. 14 § 16, ff. *h. t.*; l. 1, ff. *de Cond.
furt.*, aussi ne suffit-il pas de jurer qu'on a été victime d'un vol pour
avoir la *condictio furtiva* (l. 28 § 9, ff. *de Jurejurandc*, XII, 2).

de Marcellus semble la même que celle de Julien ; la condition de la perception par l'usufruitier n'étant pas remplie, c'est le propriétaire qui a la *condictio furtiva*. Telle paraît être la décision d'Ulpien qui rapporte celles de ses devanciers sans rien ajouter (1).

Un débiteur, se conformant à l'ordre de son créancier, sans savoir que celui-ci l'avait révoqué, paie à un tiers qui veut s'approprier des deniers; c'est à lui qu'est donnée la *condictio furtiva* ; il est vrai que, en la cédant à son créancier, il se fera tenir quitte de la dette (2). Dans une hypothèse analogue, le procureur qui paie avec ses propres deniers à un faux créancier de mauvaise foi a contre celui-ci la *condictio furtiva* ; mais Pomponius et Scévola permettent aussi au mandant de l'exercer après avoir ratifié l'acte du procureur (3); ils réputent sans doute la cession accomplie.

Les propriétaires qui ne peuvent gérer eux-mêmes leur patrimoine, le pupille, le fou, n'en ont pas moins la *condictio*, mais c'est au tuteur du premier, au curateur du second à l'exercer (4).

272. Ariston avait admis que le créancier gagiste pourrait agir par une *condictio incerti* contre celui qui lui aurait dérobé la chose (5). Ulpien suppose cette opinion acceptée sans difficulté ; il dit que le gagiste doit imputer sur sa créance tout ce que lui rapporte l'action *furti*, puis il s'exprime ainsi : « A bien plus forte raison faut-il décider de même au sujet de ce qu'il obtient par la *condictio* (6). » Le créancier gagiste garde plusieurs des avantages qu'il avait eus au temps où l'aliénation avec fiducie le constituait propriétaire ; il ne serait pas étonnant qu'on lui eût permis d'exercer la *condictio furtiva* en souvenir de cette ancienne situation (7).

Quand il s'agit d'un *furtum possessionis* commis par le débiteur lui-même, le créancier garde ce qu'il a reçu sur l'action

____

(1) L. 12 § 5, ff. *de Usuf.*. VII, 1. V. M. **B**ufnoir, *op. cit.*, p. 384 à 387. Ce texte a été expliqué autrement par beaucoup d'interprètes, v. not. Favre, *Rat. ad Pand.*, ad *h. t.* — (2) L. 38 § 1, ff. *de Solut.* — (3) L. 15, ff. *de Cond. furt.* — (4) L. 56 § 4, ff. *h. t* — (5) L. 12 § 2, ff. *de Cond. furt.* — (6) L. 22 pp., ff. *de Pign. act.* XIII. 7. V. sur cette *condictio*, M. Jourdan, *op. cit.*, p. 592 et 593. — (7) *Ead. l.*

furti, mais il ne pourrait en être de même de ce que lui a procuré la *condictio furtiva*. L'imputation sur la dette est nécessaire, puisque cette action ne doit pas avoir pour effet de procurer un enrichissement.

Mais l'on ne saurait admettre, contrairement au témoignage si formel des textes, que la *condictio* ait été accordée, soit au possesseur en général (1), soit au commodataire en particulier (2).

273. Quand le vol a lieu dans les mains d'un autre que le propriétaire, le détenteur, qui a l'action *furti*, n'a pas la *condictio furtiva*. Mais le propriétaire peut-il exercer celle-ci, soit que l'action *furti* lui appartienne à un autre titre, mais en même temps qu'au détenteur, soit que le droit la lui refuse ? La réponse affirmative ne semble pas devoir faire doute dans la première hypothèse, où la qualité de victime du vol se joint incontestablement à celle de propriétaire. Il est plus difficile de décider ainsi dans la seconde, où le droit d'intenter l'action pénale n'est dénié au propriétaire que parce qu'il est considéré comme n'étant pas atteint par le vol : « Ei competi condictio, cui res subrepta est, » dit Paul (3). La *condictio* appartient à celui à qui la chose est dérobée ; or, c'est au commodataire, par exemple, qu'elle l'est, et non au commodant. Mais, d'un autre côté, c'est précisément dans l'hypothèse d'un objet volé au commodataire et en général à quiconque répond comme détenteur de la chose d'autrui que la loi 14 § 16, ff, *h. t.*, dit : » Condictio ei demun competit, qui dominium ha-

---

(1) Cujas (*in lib. IX, Quæst. Pap.*, ad 1. 79, *h. t.*). Favre (*Rat, ad Pand.*, ad l. 1 *de Cond. furt.*), Noodt. ad *tit. de Cond. furt.* Voet (ad *eumd. tit.*, n. 3) ne réserve au propriétaire que la *condictio certi*, et restreint ainsi la règle posée par la loi 14 § 16, ff, *h. t.* — (2) L'argument tiré en ce sens de la loi 22 § 3, C. *h. t.*, doit être écarté. On y lit que, le commodataire ayant fait condamner le voleur, « non tantum in rem furtivam, sed etiam in pœnam furti, » les anciens s'étaient demandé quel était le droit du commodant : « utrumne rem tantum suam vel ejus æstimationem consequatur, etiam summam pœnaeem. » Justinien a tenu à poser nettement la question entre ces deux termes : le commodant se fera-t-il restituer la valeur de la chose seulement ou le montant de l'action *furti* tout entière ? S'il en était autrement, il aurait dû supposer deux procès et non pas un seul, or il dit : « Si quis... *lite* pulsatus condemnationem passus fuerit... » — (3) L. 11, ff. *de Cond. furt.*

bet. » Ce texte est décisif, et il est facile de le justifier. D'une part, nous le verrons, la *condictio* tient la place de la revendication, et le propriétaire pourrait certainement revendiquer ; d'autre part, on ne peut soustraire le voleur à une des deux actions *rei persecutoriæ*, par l'unique raison qu'il a dérobé l'objet entre les mains du commodataire et non dans celles du propriétaire, sans commettre une inconséquence choquante, Paul, dans le texte que nous citions tout à l'heure, dit que la *condictio* appartient à celui qui a été volé ou à son héritier, non au légataire de la chose qui a fait l'objet du *furtum* ; il cherche seulement sur quelle tête est née, au moment du vol, cette créance qui ne saurait ensuite passer qu'au successeur à titre universel.

274. Que la *condictio* soit réservée au propriétaire, on le comprend sans peine, ne fût-ce qu'à cause de la manière dont la formule est rédigée : « Si paret *dare* oportere. » Une personne qui n'était pas propriétaire ne saurait soutenir que, à raison du vol commis entre ses mains, la propriété, qui n'est pas plus au voleur qu'à elle-même, doit lui être transférée.

Mais comment la *condictio* est-elle donnée au propriétaire ui-même? C'est ce qu'il est plus difficile d'expliquer, et nous lrouvons ici une difficulté analogue à celle que nous rencontrions tout à l'heure à l'occasion du mot *dare*. Nous avons vu qu'on se servait de cette expression, qui signifie ordinairement la translation de la propriété, pour indiquer l'objet de l'obligation imposée au voleur qui n'a pas cette propriété ; nous voyons ici qu'elle indique l'objet d'un droit de créance dont se prévaut le demandeur qui était et qui est encore propriétaire. A l'un on demande ce qu'il lui est impossible de donner; l'autre réclame ce qu'il lui est impossible de se faire donner parce qu'il l'a déjà. Nous chercherons plus loin comment peuvent s'expliquer ces anomalies.

§ 3. *Contre qui est donnée la* CONDICTIO FURTIVA.

275. La *condictio furtiva* est donnée contre le voleur (1), quel qu'il soit, contre l'impubère, s'il est capable de vol et si, en conséquence, il a pu commettre un *furtum* (2).

Il n'y a pas à distinguer entre le *furtum manifestum* et le *furtum nec manifestum* (3), entre le *furtum rei* et le *furtum usus*, et la *condictio* n'est pas refusée parce que la victime du vol aurait une autre action pour faire réparer le mal : « Celui qui commet un *furtum* en usant de la chose prêtée ou déposée est tenu aussi de la *condictio furtiva* (4). »

276. Comme c'est une action *rei persecutoria*, l'héritier du voleur en est tenu (5), ne fût-il lui-même qu'un fou ou qu'un *infans*, et la *condictio* ne pût-elle naître contre lui à l'occasion d'un fait personnel (6).

Il n'y a pas lieu de rechercher si le profit du vol est parvenu à l'héritier en tout ou en partie (7). Cujas a pensé que son obligation devait se borner à la restitution de ce dont il s'était enrichi (8). Cette opinion a été généralement écartée par les interprètes, comme aussi contraire aux textes qu'aux principes généraux (9).

S'il y a plusieurs héritiers, chacun est tenu pour sa part, conformément au droit commun. Voet pense que celui d'entre eux qui détiendrait la chose pourrait être poursuivi pour le tout (10), mais l'extension qu'il donne à des textes faits pour d'autres situations est conjecturale.

277. C'est aussi parce que l'action est *rei persecutoria* qu'elle n'est pas donnée contre toute personne autre que le voleur et

---

(1) L. 5, ff. *de Cond. furt.* — (2) L. 24, ff. *h. t.* — (3) L. 10 pp., ff. *de Cond. furt.* — (4) L. 16, *ib.* — (5) LL. 5, 7 § 2, *ib.* — (6) L. 2, *ib.* — (7) L. 9, *ib.* — (8) *Obs.*, liv. VIII, ch. 3, et liv. XIII, ch. 39. — (9) V. not. Favre, *Rat. ad Pand.*, ad l. 9, qui fait une très longue dissertation sur cette question ; Vinnius, ad *Inst.* IV, XII, 1. — (10) Ad. *tit. de cond. furt.*, n. 4. Il se fonde sur les lois 3 § 3, ff. *Commodati*, XIII, 6, et 6 § 1, ff. *de Edendo*, II, 13.

son héritier, même contre celles qui seraient tenues de l'action *furti* (1), contre les complices (2). Cependant Paul dit que Labéon distingue avec raison entre les deux mots *ope, consilio* : « On ne peut confondre celui qui commet un *furtum ope* et celui qui le commet *consilio*; la *condictio* est exercée contre l'un, non contre l'autre (3). » Mais celui qui « commet *furtum ope* », d'après Labéon et Paul, doit être un coauteur et non un complice. Nous avons vu que les mots *ope consilio* se trouvaient dans la formule de l'action *furti*, même quand c'était l'auteur principal qui était poursuivi (4), et les mots énergiques dont Paul s'est servi : « qui ope furtum facit (5) » semblent indiquer plus qu'un complice proprement dit (6).

278. Les personnes qui peuvent être poursuivies *noxaliter* par l'action *furti* ne sont pas soumises, dans le même cas, à la *condictio furtiva* : « La *condictio*, dit Paul (7), peut être exercée contre le fils de famille *ex furtiva causa;* nul autre que le voleur ou son héritier n'en est jamais tenu. »

Pour que le père ou le maître soit soumis à l'action, il faut qu'il ait profité du vol : « Si un esclave ou un fils de famille a commis un vol, dit Ulpien (8), la *condictio* s'exerce contre le maître dans la mesure de ce qu'il en a retiré ; quant au reste, il peut faire abandon noxal de l'esclave (9). » C'est sur l'action

---

(1) L. 21 § 10, ff. *h. t.* — (2) L. 6, ff. *de Cond, furt.* — (3) L. 53 § 2, ff. *de Verb. sign.* — (4) Gaius, IV, 37. — (5) Quand on trouve, comme dans la l. 6, ff. *de Cond. furt.*: « Si ope consiliove alicujus furtum factum sit, » on ne sait qui est l'auteur du vol. L'emploi du verbe actif donne à la phrase beaucoup plus de précision et, à ce que nous croyons, un sens différent. — (6) Pothier (ad *tit. de Cond. furt.*, n. VII) pense que la *condictio furtiva* peut être exercée contre celui qui a donné une assistance matérielle, non à celui dont la complicité s'est bornée au conseil. Favre et Voet veulent qu'il s'agisse d'un coauteur, fût-il désintéressé pour lui-même ; c'est l'opinion que nous croyons vraie. Glück (§ 838) la regarde, ainsi que celle de Pothier, comme contraire aux textes des *Inst.*, IV, 1, 11, et des lois 5 et 6, ff. *de Cond. furt.;* il se range à l'avis de ceux qui n'admettent la *condictio furtiva* que contre celui qui a coopéré au vol dans son intérêt personnel. — (7) L. 5, ff. *de Cond. furt.* Cf. l. 3 § 12, ff. *de Peculio*, XV, 1. — (8) L. 4, ff. *de Cond. furt.* — (9) Ulpien, à la fin du texte, ne parle plus de l'esclave, après avoir parlé au commencement de l'esclave et du fils. Noodt (ad *tit. de cond. furt.*) pense, avec raison, qu'il n'y a aucune conséquence à tirer de cette circonstance et que l'on n'a pas besoin de corriger le texte pour déclarer la fin commune, ainsi que le commencement, à l'esclave et au fils. Favre

furti que cet abandon noxal aura lieu. Ulpien rattache la *condictio* qu'il donne contre le maître, non au fait même du vol qui aurait mis immédiatement une obligation à sa charge, mais au profit qu'il a recueilli. Il rassure le maître, « en disant qu'il ne peut être tenu indéfiniment des obligations résultant du vol ; la condamnation ne lui occasionne aucune perte, puisqu'elle oblige seulement à restituer le bénéfice que lui procure le vol ; reste donc la *furti actio*, qui, exercée comme *actio noxalis*, peut le contraindre à rendre le surplus de la valeur du vol, auquel même peut s'ajouter la peine ; mais, en tout cas, il lui est loisible de se libérer par la *noxæ datio*, de sorte que jamais le vol ne peut diminuer ses biens au delà de la valeur de l'esclave (1). »

Ulpien se demande ailleurs si la *condictio* peut être donnée *de peculio* contre le père ou le maître, et répond : « Il vaut mieux décider que l'action sera donnée *de peculio* à raison du *furtum* commis dans la mesure où le maître a été enrichi. C'est la décision que donne Labéon ; il est en effet très injuste que le maître soit enrichi impunément par le *furtum* de l'esclave,» et il tire argument de ce que l'action *rerum amotarum* est donnée *de peculio* contre le père de la femme qui a commis la soustraction dans la mesure du profit qu'il en a retiré (2). Nous trouvons, dans un texte d'Africain : « ... ou je n'aurais pas de ce chef une *condictio de peculio*, ou je l'aurais seulement en tant que la chose volée aurait accru le pécule (3). » .

La condition de l'enrichissement est indiquée dans les deux textes comme donnant à l'action et son fondement et sa mesure ; mais, dans la loi 4, ff. *de Cond. furt.*, Ulpien ne parle pas d'une action *de peculio*, et d'autre part, l'action *de peculio*

(*Rat. ad Pand.*, ad l. 4 et 5, *de Cond. furt.*) admet que c'est la *condictio furtiva* qui est donnée *noxaliter* contre le maître pour tout ce qui dépasse le profit personnellement retiré par lui du vol de l'esclave. Il n'en serait pas de même dans le cas où le vol aurait été commis par un fils de famille, et c'est avec intention que le jurisconsulte parlerait seulement de l'esclave à la fin de la loi. Le fils de famille, à la différence de l'esclave, peut être poursuivi personnellement.

(1) M. de Savigny, *Système*, App. XIV, n. XVIII. Vangerow, § 679, *Reim.* II. — (2) L. 3 § 12 *cit.*, *de Peculio*. Cf. sur le dernier point, l. 19, ff. *de Cond. furt.* — (3) L. 30 pp., ff. *de Actionibus emtip*, XIX, 1.

n'est pas en général restreinte au cas où le maître a été enrichi ; n'a-t-elle pas été introduite pour permettre à celui qui est devenu créancier du fils ou de l'esclave de poursuivre sur le montant du pécule le père ou le maître à raison d'un fait qui n'aurait procuré à ceux-ci aucun enrichissement (1)?

« Voici, dit M. de Savigny (2), comment s'explique cette restriction. Quand l'argent volé était dissipé immédiatement, de sorte qu'il ne restait plus aucune valeur, on n'avait plus aucune action contre le voleur ordinaire, car il ne se trouvait plus enrichi, et, si l'on a une action contre lui, c'est que, comme voleur, il est toujours constitué *in mora*. Si donc le voleur est un esclave, on a contre le maître l'action *de peculio*, mais sans cette modification aggravante, car le maître, n'ayant pas volé, n'est pas *in mora*, et dès lors ne peut être poursuivi que jusqu'à concurrence de son bénéfice actuel. On exprime cela d'une manière plus exacte, en disant: La *condictio* exercée contre le maître n'est pas la *condictio furtiva*, mais la *condictio* ordinaire et non modifiée *sine causa*. » M. de Savigny ajoute, en note : « A proprement parler, ce n'est point l'action *de peculio*, car lorsque le maître est enrichi par le vol de son esclave, cette action est admissible, quand même l'esclave n'aurait pas de pécule... »

Il semble, en effet, difficile de croire que la *condictio* ne puisse être exercée contre le maître autrement que *de peculio ;* si l'esclave n'avait pas de pécule, n'y aurait-il donc aucun moyen d'agir à raison de l'enrichissement produit par le délit? Le droit des gens permet de réclamer les choses par la *condictio* contre ceux qui ne les possèdent pas en vertu d'un juste titre (3). L'équité a fait admettre une autre application de la même action, la *condictio indebiti*, pour retirer à une personne ce qui, appartenant à autrui, est trouvé dans ses mains (4). Ainsi s'explique la loi 4, ff. *de Cond. furt.*

On ne peut cependant faire abstraction des textes où il est dit que l'action est exercée *de peculio* ou o refuser d'entendre

<hr>

(1) *Inst.*, IV, VII, 4. — (2) *Op. cit.* App. XIV, n. XVII. — (3) L. 25, ff. *Rerum amotarum,* XXV, 2. — (4) L. 66, ff. *de Condictione indebiti,* XII, 6.

ces mots dans le sens juridique et précis qui leur est toujours donné. Ne doit-on pas penser que la responsabilité du maître se trouve réglée d'une manière particulière et avantageuse, dans le cas où il a donné à son esclave une sorte d'indépendance en lui constituant un pécule et où c'est à ce pécule que profite le vol? Il n'y aurait plus d'action directe, mais seulement une action *de peculio* à exercer. La victime du vol ne serait pas sûre de recouvrer tout ce qui lui aurait été pris, ni même tout ce qui serait parvenu au maître, car elle pourrait être prévenue par les autres créanciers, mais du moins les créances du maître lui-même ne lui seraient pas opposables ; ce maître étant tenu « in quantum locupletior factus erit », il en serait comme dans le cas où le créancier agit « de eo quod in rem domini versum est, » en se fondant sur le profit procuré au maître, même sans son consentement (1).

Il y a une autre règle, faite pour les actions noxales, qui ne s'appliquera pas à la *condictio furtiva*, c'est la règle : « Noxa caput sequitur. » L'esclave, à la différence du fils, ne peut être personnellement poursuivi par la *condictio furtiva*, et il ne s'y trouve pas soumis après l'affranchissement, à moins qu'il ne commette sur la chose un nouvel acte qui puisse être qualifié de *furtum*, qu'il ne la manie (2).

279. Quand un maître est volé par son esclave, l'action *furti* ne peut prendre naissance, mais le vol donne lieu à une obligation naturelle de restitution : « La dette qui résulte pour un esclave d'un délit, par exemple d'un *furtum* qu'il a commis, sera déduite du pécule. On se demande si la déduction portera sur la valeur du *furtum*, c'est-à-dire de ce qui est dérobé au maître seulement, ou si elle comprendra tout ce qui aurait été dû si le *furtum* avait été commis par l'esclave d'autrui, c'est-à-dire les peines? C'est la première opinion qui est la vraie ; on ne déduira que la valeur de la chose volée (3). »

---

(1) V. l'explication très différente sur tous les points, de Favre (*Rat. ad Pand.*, ad l. 9, *de Cond. furt.*, n. 17). — (2) L. 15, ff. *de Cond. furt.* Cf. l. 14, ff. *de Oblig. et act.*, XLIV, 7. C'est à cause de cette décision qu'un grand nombre de scoliastes des Basiliques refusent à la *condictio furtiva* le caractère d'action *ex delicto* (LX, 10, 15, sc. ap. Fabrot, VII, p. 267, ap. Heimbach, I, p. 441). Vang. § 679, *Rem.* II. — (3) L. 9 § 6, ff. *de Peculio.*

Africain suppose qu'un esclave, vendu avec son pécule, vole le vendeur avant la tradition. De plein droit le pécule s'est trouvé diminué, l'esclave étant devenu débiteur du maître *ex causa condictionis;* la perte de la chose laisserait subsister et la dette et la diminution du pécule; le maître retiendra ce qui lui est dû, en faisant la tradition, et, s'il a laissé tout le pécule, s'il a ainsi payé plus qu'il ne devait, il exercera la *condictio* de ce chef : à défaut de *condictio indebiti,* une *condictio sine causa,* par laquelle il réclamera les écus volés par l'esclave, reçus de bonne foi, comme faisant partie du pécule, et consommés par l'acheteur (1).

280. Plusieurs personnes peuvent être, en qualité de co auteurs, tenues de la *condictio furtiva,* mais il n'en est pas comme de l'action *furti* : « Le président de la province, sachant que les voleurs sont tous tenus pour le tout de l'action *furti,* mais que le volé a le choix, quand il réclame par la *condictio* les objets dérobés, et qu'il doit avoir reçu satisfaction de l'un d'eux pour que les autres soient libérés, aura soin de rendre sa sentence conformément au droit (2). » Ainsi la *condictio furtiva* ne sera exercée qu'une fois, si celui contre qui elle a été dirigée a payé le montant de la condamnation (3).

_(1) L. 30, ff. *de Action empti.* — (2) L. 1, C. *de Cond. furt.,* IV, 8. — (3) « Voilà donc un cas où les codébiteurs, bien que tenus d'une *condictio,* ne seront libérés que quand le créancier aura été satisfait. Mais on peut d'abord remarquer qu'il n'y aurait eu rien d'extraordinaire à ce que, *odio furum,* on eût dérogé ici à la règle générale. Du reste, je crois que la dérogation n'existe même pas et que cette petite phrase : « ac tum demum... » a été ajoutée par les compilateurs au texte du rescrit des empereurs Dioclétien et Maximien. » (M. Demangeat, *des Obligations solidaires en droit Romain,* p. 214). « La première supposition est toute gratuite, et, quant à l'interpolation, elle nous semble bien peu vraisemblable. Ces mots, *Si ab uno satisfactum fuerit, ceteros liberari,* n'accusent nullement le style du Bas-Empire, et ils s'adaptent si bien au rescrit que, si on les supprimait, la décision de Dioclétien n'aurait guère de sens. » (M. Labbé, App. VII, *Explication historique des Instituts,* par J. Ortolan, t. III, p. 803).

§ 4. *De la durée et de l'extinction de la* CONDICTIO FURTIVA.

281. La perte de la chose, fût-elle arrivée par cas fortuit, n'éteint pas plus la *condictio furtiva* que l'action *furti* (1) : elle ne libère pas plus l'héritier du voleur, chez qui l'esclave volé serait mort, que le voleur lui-même (2). C'est une différence importante entre la *condictio furtiva* et les actions de bonne foi dont une même personne peut être tenue en cas de *furtum usus ;* le commodataire ne serait plus exposé à l'action *commodati*, si la chose avait péri sans sa faute, le dépositaire à l'action *depositi*, si elle avait péri sans son dol (3).

C'est que le voleur est constitué en demeure par le vol même et qu'il transmet nécessairement sa situation à son héritier, à tout successeur *in universum jus.*

Il ne lui suffirait même pas d'alléguer qu'il était tout prêt à défendre à la *condictio*, si le demandeur l'avait exercée avant la perte de la chose : « Celui qui, une première fois, a manié la chose malgré le propriétaire, est regardé comme étant toujours en demeure quant à la restitution de cette chose qu'il n'aurait pas dû soustraire (4). »

Toutefois la demeure serait purgée et par conséquent la perte de la chose par cas fortuit éteindrait la *condictio*, si le voleur offrait de restituer la chose (5), si son obligation faisait l'objet d'une novation (6).

282. La *condictio* ne peut plus être exercée, quand le propriétaire a recouvré sa chose (7), et, d'après les principes généraux, une consignation régulière produirait le même effet que la restitution acceptée par lui (8).

283. Le propriétaire perd la *condictio* quand il perd par son

---

(1) L. 46 pp., ff. *h. t.* — (2) L. 7 § 2, ff. *de Cond. furt.* — (3) L. 16, *ib.* — (4) L. 20, *ib.* Cf. l. 7, C. *de Condictione ob turpem causam*, IV, 7. — (5) L. 8, *ib.*; l. 2, C. *ib.* — (6) L. 17, ff. *ib.* Cf. Cujas, *in libr. X Quæst. Pap.*, ad *h. l.* Cf. l. 29 § 1, ff. *de Verb. oblig.* et l. 72 § 3, ff. *de Solut.* — (7) L. 10 pp. *de Cond. furt.*, l. 54 § 3 ff., *h. t.* — (8) L. 9, C. *de Solutionibus*, VIII, 43.

fait la propriété même, qui en est le fondement. Il aliène l'objet (1). S'il le lègue par testament, même à un autre que le voleur, l'action ne peut plus être exercée par l'héritier (2), et elle n'appartient pas non plus au légataire, puisqu'elle n'est faite que pour le volé lui-même et pour celui qui lui succède à titre universel ; le légataire aura seulement la revendication (3). Il n'y a pas à distinguer entre le legs pur et simple et le legs conditionnel ; quand la condition sous laquelle un esclave a été légué ou affranchi vient à se réaliser, la *condictio* s'évanouit aussitôt, les parties fussent-elles devant le juge (4). Le défunt et l'héritier ne forment qu'une seule personne juridique et le fait du premier anéantit par voie de conséquence le droit du second.

Il n'en serait pas de même dans le cas où la perte de la propriété n'aurait pas pour cause le fait du propriétaire (5). Supposons une chose indivise entre plusieurs personnes ; avez-vous intenté l'action *communi dividundo* ? Vous vous êtes retiré à vous-même la *condictio*. Est-ce contre vous que l'action *communi dividundo* a été formée ? Votre *condictio* vous a été conservée. Ulpien nous transmet cette décision de Marcellus, qu'il a raison de trouver ingénieuse (6).

284. Celui qui a juré qu'il n'avait pas commis le *furtum* ne peut plus être poursuivi, ni par l'action *furti*, ni par la *condictio*. Mais, comme héritier du voleur, il n'aurait plus d'exception à opposer à cette dernière action, le juge devrait seulement veiller à ce que le demandeur ne prétendît pas prouver la culpabilité personnelle du défendeur (7).

285. Enfin, quand un objet volé a subi une transformation, et qu'il peut être réclamé, soit tel qu'il était au moment du vol, soit sous sa forme nouvelle, si le volé a le choix, il ne peut cumuler : « S'il a obtenu par la *condictio* le prix du bœuf et qu'il réclame encore quelqu'un des objets qui viennent d'être indiqués (la chair, le cuir, les cornes), il est absolument écarté par une exception. Si, au contraire, ayant réclamé le cuir

----

(1) L. 10 § 2, ff. *de Cond. furt.* — (2) *Ead.* l. 1 § 3. — (3) L. 11, *ib.* — (4) L. 14, *ib.* — (5) L. 12 pp., *ib.* — (6) *Ead.* l., § 1. Cf. Glück, § 838. — (7) L. 13 § 2, ff. *de Jurejurando*, XII, 2.

par la *condictio* et en ayant obtenu le prix, il réclame encore le bœuf, le voleur, en lui offrant le prix du bœuf, déduction faite de celui du cuir, le repoussera par l'exception de dol (1). »

§ 5. *De la nature, de l'origine, de l'utilité de la* CONDICTIO FURTIVA.

286. La *condictio furtiva* est-elle une action *ex delicto*? Cette question a été posée, il y a longtemps, par les interprètes, et, si elle les a divisés autrefois, si un grand nombre d'interprètes et des plus considérables y ont répondu d'une manière affirmative (2), elle est aujourd'hui résolue négativement en général.

Sans doute la *condictio furtiva* naît à l'occasion d'un délit; ainsi s'expliquent plusieurs textes, qui semblent la faire dériver du délit lui-même (3); cette circonstance, d'ailleurs, est fort importante; en somme la défaveur qui s'attache à la cause de l'obligation explique la rigueur des principes qui la régissent; mais faut-il en faire une action pénale à cause de cette rigueur, parce que la *condictio* s'exerce alors même que le voleur n'a rien retiré du vol, parce qu'elle ne s'éteint pas quand la chose périt par cas fortuit? S'il en était ainsi, pourquoi les jurisconsultes fonderaient-ils cette dernière déci-

---

(1) L. 14 § 3, ff. *de Cond. furt.* — (2) V. not. Doneau, *op. cit.*, ad l. 7 § 2, *de Cond. furt.* Hotman, *Epit. in lib. XIII, tit.* 1, n. 9. Ces interprètes n'hésitent pas à qualifier la *condictio furtiva* d'action *ex delicto rei persecutoria.* Cujas dit (*Comment. in lib. IV, tit. VIII, Cod.*); « Proprie igitur hæc actio non est ex delicto. Ex delicto sunt proprie, quæ delicti pœnam persequuntur, condictio furtiva rem, non pœnam persequitur. » On trouve dans les *Recit. Sol., ad eumd. tit,* un passage qui pourrait être interprété en sens contraire, mais qui nous semble moins net : « Videtur quodammodo pertinere ad pœnam, quia odio furum comparata dicitur... Licet pertineat ad rei persecutionem, tamen ex delicto esse videtur, vel quod in se hoc genus pœnæ habeat, quod detur singulariter contra regulas juris et eam ex delicto nasci ostendit l. 10 § 5. *Quoties,* D. *de Compens.*, et l. *si cum mulier,* § *hæc actio.* D. *rer amot...* »
— (3) L. 21 § 5, ff. *Rer. am.* : « Hæc actio (rerum amotarum), licet *ex delicto nascatur,* tamen rei persecutionem continet; et ideo nec anno finitur, sicut et *condictio furtiva.* » et § 6 : « ...pendet enim id *ex furto.* » L. 36, ff. *de Obl. et act.* : « Cessat ignominia in condictionibus, quamvis *ex famosis causis pendeant.* »

sion sur la demeure du voleur? L'on a pu croire que la *condictio* avait un caractère noxal, à cause de ces mots contenus dans la loi 4, ff. *de Cond. furt.* : « In residuum noxæ servum dominus dedere potest, » mais des témoignages plus positifs ne permettent pas de s'arrêter à l'idée que, en effet, l'abandon noxal soit permis ici au défendeur et nous forcent d'entendre cette fin de la loi 4 comme se rapportant à l'action *furti* (1). Si les raisons qui ont été invoquées autrefois pour soutenir que la *condictio furtiva* était une action *ex delicto* sont en petit nombre et se réfutent facilement, les raisons données en sens contraire sont nombreuses et puissantes.

Il suffirait de ces mots : «Quia rei habet persecutionem (2), » pour déterminer le caractère de la *condictio furtiva*; mais ces mots expriment une idée dont les applications nous sont expressément indiquées par les textes : l'héritier du voleur est tenu, et il l'est pour le tout (3); les simples complices ne le sont pas; si le père et le maître y sont soumis quand le vol a été commis par le fils ou l'esclave, ce n'est pas *noxaliter* comme lorsque l'action naît *ex delicto* (4), c'est dans la mesure de leur enrichissement, c'est *de peculio*, et la règle « Noxa caput sequitur » ne s'y applique pas (5); l'esclave qui vole son maître est obligé naturellement, comme un autre le serait civilement; elle ne peut être exercée successivement contre tous les coauteurs, de telle sorte qu'ils aient tous à payer le montant de l'estimation; la restitution de l'objet ne permet plus de l'intenter; elle se perd également quand celui à qui elle appartient se dépouille lui-même du droit auquel elle

(1) V. *supra*. — (2) L. 7 § 1, ff. *de Cond. furt.* — (3) « Si l'action était fondée sur un délit, l'héritier ne serait obligé que jusqu'à concurrence du bénéfice que lui procure le vol ; mais elle a la nature du contrat, et pour le voleur lui-même elle n'est indépendante du bénéfice que par suite de la *mora*. Or les actions fondées sur des contrats s'exercent contre les héritiers, et la *mora*, une fois constituée, conserve ses effets (l. 87 § 1, ff. *de Leg.* 2º, XXXI), de sorte qu'elle n'est interrompue, ni par la mort du créancier ni par celle du débiteur (l. 37, ff. *de Usuris*, XXII, 1). » (M. de Savigny, *op. cit.*, App. XIV, n. XVII). — (4) L. 49, ff. *de Obl. et act.* — (5) « Ce texte (la loi 15, ff. *de Cond. furt.*, où se trouve cette décision) est le plus décisif de tous, et il est inconciliable avec la doctrine qui considère la *condictio furtiva* comme résultant d'un délit, car la règle : « Noxa caput sequitur » est absolue et embrasse toutes les actions qui résultent de délits. » (M. de Savigny, *ib.*).

est attachée. Aussi ne faut-il pas s'étonner qu'elle soit opposée aux actions *ex maleficio* (1), et c'est dans le texte où se trouve cette opposition qu'il faut chercher la vraie doctrine et une terminologie exacte (2).

287. Si la *condictio furtiva* n'est pas établie parce qu'il y a un coupable et qu'il faut le punir, comment s'explique-t-elle? Dans quelle classe d'actions peut-on la ranger? A quels principes généraux doit-on la rattacher?

« Rei habet persecutionem, » nous dit le droit Romain. Il y a un propriétaire, dont la fortune est diminuée par un acte injuste et qui a le droit de demander qu'elle soit rétablie dans son intégrité. Ce droit essentiellement naturel est reconnu comme cause juridique pouvant produire une action en plusieurs circonstances.

« Ce serait, dit encore M. de Savigny (3), une grande erreur de regarder cette action et ses applications les plus fréquentes comme s'écartant du principe général des conditions. Quand le voleur dépense l'argent ou consomme le blé qu'il a volé, il s'enrichit injustement aux dépens du propriétaire ainsi dépouillé de son bien; et, pour des cas de cette espèce, la *condictio sine causa* ordinaire suffit pleinement. Même lorsque le voleur perd la chose volée, il est obligé sans être enrichi; mais cette obligation résulte de la *mora* qui accompagne toujours le vol, et dès lors point de déviation des règles établies pour la *condictio sine causa.* — Cette action n'est donc, en réalité, qu'une application de la *condictio sine causa* et l'on n'en aurait pas fait une action spéciale désignée par un nom particulier, sans la circonstance suivante. — En principe, le besoin et la possibilité de la condiction n'existent que quand le défendeur ne possède plus la chose, car autrement la revendication suffit et la condiction ne peut avoir pour objet un *dare.* Ainsi donc, rigoureusement, la personne volée devrait d'abord rechercher avec soin si l'argent qu'on lui a volé est

---

(1) L. 10 ff. *de Compens.*, XVI, 2. — (2) On trouve une longue énumération des auteurs qui ont adopté l'une ou l'autre opinion chez Glück, § 839. M. de Savigny, *l. cit.* Ce dernier a donné la démonstration la plus complète de la théorie que nous avons résumée. — (3) *L. cit.*, XV. Cf. n. XVII.

encore distinct et voir sa demande rejetée s'il se trompe dans
le choix de son action ; mais ici les précautions les plus grandes n'offrent pas de garantie certaine, car le voleur peut, à
chaque instant, dépenser l'argent volé ou le mêler avec d'autre.
L'équité voulant que la personne volée soit mise à l'abri d'un
pareil danger, la condiction a été admise par exception, lors
même que la chose existe encore, et que dès lors la revendication eût été possible. Ainsi donc, sous ce rapport seulement,
cette action déroge à la règle générale des condictions, et la
dérogation consiste en ce que le choix obligé entre la condiction et la revendication est abandonné pour favoriser le
demandeur. »

M. de Savigny a ainsi développé un système qui avait été
enseigné avant lui et qui a été accepté depuis par les autorités
les plus importantes (1). Il a bien déterminé la nature de la
condictio furtiva et lui a assigné sa vraie place dans l'ensemble du droit Romain. Il nous sera permis d'ajouter quelques observations sur la manière dont il semble qu'elle s'y
soit introduite.

288. Il ne faut pas donner un caractère général au principe d'équité sur lequel repose la *condictio furtiva ;* elle ne
répond pas à notre action civile, que l'art. 1, § 2 du Code
d'instr. crim. appelle « l'action en réparation du dommage
causé par un crime, par un délit ou par une contravention, »
et nous ne pouvons dire ici, comme le Code civil, dans l'art.
1382 : « Tout fait quelconque de l'homme, qui cause à autrui
un dommage, oblige celui par la faute duquel il est arrivé à
le réparer. » En effet, la *condictio furtiva* n'est donnée qu'au
propriétaire et, par une exception de laquelle on ne saurait tirer
argument contre le principe, au créancier gagiste. D'autres
personnes cependant peuvent être lésées par le vol ; leur patrimoine souffre une diminution par un fait qui en accroît injustement un autre, mais elles ne peuvent agir de ce chef ; l'action *furti* doit leur suffire. A leur égard, les mots *damnum
decidere oportere* ont retenu le sens primitif qu'ils avaient eu
selon toute apparence.

(1) Cf. Vangerow, § 679, *Rem.*, II. M. Maynz, §§ 353 et 354.

La *condictio*, réservée au propriétaire de l'objet dérobé, joue, par rapport à la revendication, un rôle subsidiaire.

Nous l'avons dit : si les actions *furti* ont eu, à l'origine, un caractère mixte, on ne peut aller jusqu'à dire qu'elles aient exclu la revendication. Le propriétaire, entre les mains duquel un objet a été dérobé, a toujours gardé le droit de le revendiquer, comme celui de le reprendre lui-même entre les mains du voleur, peut-être dans le moment précis où se commettait le vol, sans perdre celui de se faire payer le montant de l'action pénale. Autrement le vol eût pu tenter trop de monde.

Mais cette revendication pouvait-elle suffire au propriétaire dépouillé? A quelles conditions était-il possible qu'elle réussît? Disons plus : à quelles conditions était-il possible qu'elle fût exercée?

Pour que la revendication réussît, le demandeur avait à fournir la preuve de sa propriété, ce qui pouvait être difficile, si bien fondé que fût son droit. Rien ne permet de croire que la même preuve ait été exigée dans la *condictio furtiva;* sans doute, on réserve cette action au propriétaire, mais c'est pour la refuser à ceux qui n'ont d'autre titre à se plaindre du vol, qui n'en allèguent eux-mêmes d'autre que leur intérêt, distinct du droit de propriété lui-même. Se donner pour propriétaire et être regardé momme tel, voilà ce qui doit suffire dans la *condictio furtiva* (1).

Pour que la revendication pût être exercée, il fallait que le défendeur possédât. Le voleur qui avait cessé de posséder y échappait. Il est vrai que le préteur donnait une action *in factum* contre celui qui avait aliéné une chose *mutandi judicii causa,* mais il fallait qu'il y eût eu dol de la part de celui qui avait aliéné et le demandeur avait encore besoin de

____

(1) Doneau, *op. cit.*, § 3. Vinnius, ad *Inst.*, IV, VI, 14. Glück, § 837. Favre, *Rat. ad Pand.*, ad 1. 12, *Usufr. quem*, VII, 9, dit que, même dans la *condictio furtiva*, le demandeur doit faire la preuve de sa qualité de propriétaire. Hotman, *op. cit.*, n. 4, admet l'avantage qui résulte de la différence dans la preuve ; il a le tort d'ajouter que la *condictio furtiva* est infamante, tandis que la revendication ne l'est pas. Ni l'une ni l'autre ne l'est.

prouver ce dol; d'ailleurs, l'action était donnée pour se faire tenir compte de l'intérêt qu'aurait eu le demandeur à ne se trouver pas en face d'un autre adversaire; le changement de possession pouvait avoir lieu sans qu'un intérêt de ce genre apparût (1). A l'époque classique, celui qui avait cessé de posséder par dol demeurait tenu de la revendication, mais cette règle, posée dans un sénatus-consulte rendu sous le règne d'Adrien à propos de la pétition d'hérédité, ne put être étendue que postérieurement à la revendication d'un objet singulier; de plus la preuve du dol était nécessaire dans l'action dont elle rendit l'exercice possible; le dol avait pu être étranger au changement de possession et en tout cas il devait être quelquefois embarrassant de l'établir (2).

C'est sans doute quand le vol porte sur de l'argent ou sur des choses qui se comptent, se pèsent ou se mesurent que le propriétaire est le plus exposé à perdre la revendication faute de pouvoir suivre la chose; mais le danger existe toujours, l'objet du vol ne pouvant être que mobilier, étant exposé à périr, étant facile à cacher, à confondre au milieu d'autres, à faire disparaître pour un temps plus ou moins-long.

Il arrive souvent que le fait qui opère le changement de possession et qui par suite a pu rendre pendant longtemps la revendication impossible, qui, même à l'époque classique, la rend au moins plus difficile, soit le fait même qui constitue le *furtum*, par exemple, dans le cas où celui qui détient la chose d'autrui la livre frauduleusement à un tiers.

C'était évidemment une chose singulière que le volé, tout en gardant sa chose, s'il l'avait reprise lui-même entre les mains du voleur, tout en la revendiquant, s'il la retrouvait en nature, pût se faire payer une peine en argent, absolument distincte, et que, dans le cas où cette même chose échappait même à ses regards, privé par les principes généraux du droit de la revendiquer, il fût réduit à exercer uniquement l'action

______

(1) Nous avons étudié ailleurs ce point. *Du retrait de droits litigieux,* n. 5 *et suiv.* — (2) Cf. Vinnius, *l. cit.,* Noodt, ad *tit. de Cond. furt.* Favre, *Rat. ad Pand..* ad l. 1, *de Cond. furt.,* fait observer que l'action *ad exhibendum* n'est donnée que contre celui qui possède ou qui a par dol cessé de posséder.

furti, qu'un hasard fit de celle-ci, tantôt une action pénale, tantôt une action mixte. N'était-ce pas cependant le premier caractère qui devait être le sien, puisque le recouvrement de la chose n'empêchait pas de l'exercer, puisqu'elle concourait avec la revendication, quand celle-ci était possible ? Le voleur eût été dépouillé de la chose, s'il l'avait conservée et qu'il eût commis l'imprudence de la laisser voir ; mais, pour peu qu'il eût eu l'habileté de s'en débarrasser, il gardait le prix qu'il avait pu obtenir. Quand le vol n'était pas manifeste, l'action étant donnée seulement au double, ne devait-on pas craindre que la sanction fût insuffisante ? L'équité demandait que, dans tous les cas, le propriétaire volé eût une action *rei persecutoria*, outre l'action pénale ; la sécurité publique exigeait que, dans tous les cas, le voleur fût tenu de l'une et de l'autre.

Si la *condictio* vient se placer à côté ou, pour mieux dire, s'offrir à défaut de la revendication, on comprend pourquoi le droit Romain ne la donna jamais en principe qu'au propriétaire volé, et la refusa aux autres personnes, qui pouvaient exercer l'action *furti*, mais qui, n'ayant pas la revendication, puisqu'elles n'avaient pas la propriété, n'avaient pas à se plaindre qu'elle leur manquât dans telles ou telles circonstances.

Dans le droit classique, la *condictio* n'est pas réservée pour les cas où la revendication est impossible : « En haine des voleurs, dit Gaius (1), pour qu'ils soient soumis à un plus grand nombre d'actions, on en est venu à déclarer que, en dehors de la peine du double ou du quadruple, ils seraient, à raison de la chose à restituer, tenus par cette action : *Si paret eos dare oportere*, quoique l'action par laquelle nous demandons une chose comme nous appartenant soit aussi donnée contre eux. »

On peut, sans former une conjecture téméraire, penser que les jurisconsultes qui introduisirent la *condictio furtiva* n'avaient pas dû songer à ce cumul d'actions. Sans doute on trouve un certain intérêt pour le propriétaire volé à pouvoir opter entre les deux voies, mais il n'eût pas suffi. La *condictio*

______

(1) IV, 4. Cf. *Inst.*, IV, VI, 14.

furtiva fut sans doute admise d'abord là où elle était nécessaire, celle des actions *rei persecutoriæ* qu'il était naturel
d'exercer dans l'espèce faisant défaut, et sans doute aussi ce
fut alors dans l'intérêt du propriétaire volé qu'on imagina cette
application nouvelle d'un mode de poursuite déjà pratiqué
dans d'autres hypothèses ; puis elle fut étendue là où elle
pouvait être seulement utile, et cela par haine des voleurs.

289. Les termes même de la formule qu'il avait fallu adopter présentaient dans cette application au cas d'un vol une
singularité qui a embarrassé les commentateurs et que les
Romains paraissent s'être bornés à constater, sans chercher
à l'expliquer. *Dare oportere*, ce sont les expressions d'un créancier à qui le débiteur est obligé de transférer la propriété
d'une chose, et ici elles sont employées par celui qui n'a
jamais cessé d'être propriétaire et qui ne peut le devenir plus
qu'il ne l'était et qu'il ne l'est encore. Gaius se borne à parler
de la haine des voleurs, qui justifie ce contraste entre le fond
du droit et la formule. Sans doute l'esprit pratique des Romains ne s'est pas arrêté devant ce contraste, le jour où ils
ont voulu donner au propriétaire volé un nouveau moyen
d'agir et où ils en ont pris un dont ils avaient déjà l'habitude (1).

Les scrupules des interprètes leur ont fait trouver des explications diverses : les uns ont entendu le mot *dare* dans le
sens large qu'il a quelquefois et qui peut embrasser l'obligation de restituer la possession aussi bien que celle de transférer la propriété (2) ; les autres ont imaginé une fiction juridique faisant réputer le voleur propriétaire pour mettre la
perte à sa charge (3), ou pensé que le mot *dare*, pris dans
son sens étroit et ordinaire, se rapportait, non à l'objet volé

______

(1) Nous avons vu que le propriétaire qui pouvait alléguer en justice
que le voleur était obligé de lui transférer en propriété, DARE, l'objet volé,
ne pouvait stipuler ce même objet (l. 29 § 1, ff. *de Verb. obl.*). Dans la
stipulation, les principes reprenaient leur empire ; la propriété ne peut
être transférée au propriétaire ; la dérogation apportée aux principes
avait été rigoureusement restreinte à l'action. — (2) Voet, ad *tit. de
Cond. furt.* n. 1 ; Vinnius, ad *Inst.*, IV, VI, 14. — (3) Noodt, ad *tit.
de Cond. furt.*

lui-même, mais au montant de la condamnation pécuniaire qui en était la représentation (1).

§ 6. *Du concours de la revendication et de la* CONDICTIO FURTIVA. — *Du concours de la* CONDICTIO *avec d'autres actions* REI PERSE-CUTORIÆ.

290. C'est un principe que la personne à la disposition de laquelle se trouvent plusieurs actions *rei persecutoriæ* tendant au même but n'en peut exercer qu'une seule. Qu'elle fasse rétablir son patrimoine tel qu'il doit être, mais qu'elle ne s'enrichisse pas.

Le propriétaire volé a deux actions. L'exercice de l'une n'éteint pas l'autre de plein droit. Pour empêcher le cumul, qui serait inique, on emploiera les moyens que fournissent l'organisation judiciaire et la procédure des Romains. Est-ce la revendication qui est exercée en premier lieu? le juge usera du pouvoir que lui donne le caractère arbitraire de l'action; il n'ordonnera au défendeur de restituer que si le demandeur a préalablement fait remise de la *condictio*. Le jurisconsulte ne dit pas ce qu'il y aura à faire dans le cas où, par ignorance, par négligence de la part du demandeur ou du juge, il n'aura pas été procédé ainsi; il nous semble certain que le défendeur de nouveau poursuivi et cette fois par la *condictio* aurait le droit d'opposer l'exception de dol. Dans le cas où c'est, au contraire, la *condictio* qui a été intentée la première et où le défendeur condamné a payé, le juge de la revendication peut l'absoudre, ou, ce qui est plus sûr, *quod magis placet*, il ne

_(1) Hotman, *op. cit.*, n. 5, et ad *Inst.*, IV, VI, 14. Cf. Glück, § 837. Favre, *Rat. ad Pand.*, ad l. 12, *Usuf. quem*,. VII, 9, dit que le voleur ne peut se plaindre d'être traité comme propriétaire, puisqu'il a voulu se rendre tel et qu'il a fait ce qui aurait été nécessaire pour y parvenir, si le vol avait été un mode d'acquisition. En admettant cette dernière hypothèse, encore aurait-il fallu, pour l'acquisition, que le volé fût lui-même propriétaire; voilà pourquoi le propriétaire seul avait la *condictio furtiva*. Favre repousse l'opinion de ceux qui ont enseigné que le volé pouvait *condicere rem quasi suam*, ce qui lui paraît incompatible avec la nature même de la *condictio*; cf. *ib.* ad l. 1. *de Cond. furt.*

prononcera la condamnation à une somme d'argent déterminée d'après le serment du demandeur que si, celui-ci étant prêt à restituer ce qu'il a reçu à raison de la *condictio*, le voleur de son côté, ne restitue pas l'objet (1). Sans doute, le jurisconsulte se demande s'il ne va pas trop loin, quand il permet au juge, en vertu de son *officium*, d'absoudre purement et simplement le défendeur, poursuivi par une action qui n'est pas éteinte ; d'où la seconde décision, recommandée par ces mots : *quod magis placet.*

291. Le *furtum* peut être commis par une personne tenue déjà envers le propriétaire en vertu d'un contrat, par un commodataire, par un locataire. Une seule des deux actions pourra être exercée, ou la *condictio*, ou l'action *commodati*, par exemple. Mais l'extinction a-t-elle lieu de plein droit ? ne faut-il pas recourir à une exception ? C'est ce dernier parti que Paul regarde comme le plus sûr (2).

La même pensée inspire une solution donnée par Sévère et Antonin dans une espèce un peu différente, que nous avons déjà rencontrée à propos de l'action *furti* : les esclaves d'une personne, avec son argent, mais à son insu, donnent mandat d'acheter des fonds de terre ; il faut qu'elle choisisse entre ces deux partis, soit exercer l'action *furti* : et la *condictio furtiva* contre le tiers, évidemment supposé de mauvaise foi, soit accepter la situation et le poursuivre comme mandataire (3).

Cependant l'action de bonne foi peut encore être exercée utilement après la *condictio,* si le demandeur y a un intérêt et dans la mesure de cet intérêt (4).

§ 7. *Du concours des deux actions* REI PERSECUTORIÆ *avec l'action* FURTI.

292. Le cumul, interdit quand il s'agit de deux actions qui tendent à la même fin, à la réparation du dommage, est au contraire admis, quand il s'agit de deux actions dont les fins sont différentes, l'une ayant pour objet la réparation, sous

(1) L. 9 § 1, ff. *h. t.* — (2) L. 34 § 1, ff. *de Obl. et act.* Cf. *ead. l.* § 2. — (3) L. 1, C. *h. t.* — (4) L. 47 pp., ff. *pro Socio,* XVII. 2. Cf. sur le concours des actions, M. de Savigny, *Système,* § 232 *et suiv.*

une forme quelconque, du dommage causé, l'autre le paiement d'une amende.

« L'action *furti*, soit au double, soit au quadruple, ne tend qu'à poursuivre la peine; car le propriétaire a d'ailleurs le droit de poursuivre la chose même et il peut se la faire rendre par la revendication ou par la *condictio* (1). »

Celui à qui appartient l'action *furti* ne la perd pas en exerçant, soit la revendication, soit la *condictio furtiva*; la transaction qui éteint la première laisse subsister les deux dernières, et le recouvrement de la chose qui éteint les deux dernières laisse subsister la première (2).

293. Il en est tout autrement, quand la victime du vol a choisi la voie extraordinaire; il n'y a plus qu'un procès, comprenant toutes les questions, toutes les réclamations auxquelles le vol peut donner naissance. Rien de plus naturel; on ne suit plus les principes du droit; le magistrat doit terminer tout par son intervention directe. D'ailleurs, en fait, la question civile n'offrira pas souvent de difficulté quand on l'aura saisi. La victime du vol n'aura d'ordinaire choisi cette voie que parce qu'elle saura le voleur insolvable; autrement elle ne renoncerait pas sans peine à un bénéfice pécuniaire; d'un insolvable elle peut bien espérer la restitution de la chose, mais rien de plus.

En conduisant le voleur devant le préfet des vigiles ou devant le président, elle a fait son choix : elle n'a plus le droit d'exercer l'action *furti*, une fois que le voleur condamné a restitué l'argent, surtout si à l'ordre de restitution le magistrat a joint quelques peines, encore cette seconde condition n'est-elle pas nécessaire; il suffit qu'elle ait pu se réaliser (3).

Il est à remarquer que le jurisconsulte suppose, non seulement la condamnation prononcée, mais encore l'argent recouvré : « Si... damnato fure recepta est pecunia sublata. » Il ne s'agit pas en effet de droit véritable; le magistrat exerce comme un pouvoir de police; si la restitution est faite, tout peut être fini; mais, si elle n'a pas lieu, il n'est pas possible que celui qui a été volé perde les moyens ordinaires.

(1) Gaius, IV, 8. *Inst.*, IV, I, 19 et IV, VI, 18. — (2) L. 54 § 3, ff. *h. t.*; l. 7 pp. et § 1, ff. *de Cond. furt.* — (3) L. 56 § 1, ff. *h. t.*

SECTION IV

DES CONSÉQUENCES CIVILES DE LA SOUSTRACTION COMMISE PAR UN ÉPOUX AU DÉTRIMENT DE L'AUTRE.

294. Pour qu'une soustraction puisse être commise par un des époux au détriment de l'autre, il faut supposer que la femme n'est point placée sous la *manus* du mari. Autrement, n'ayant rien à elle, elle ne peut être victime d'une soustraction ; si elle en commet une, elle est dans la même situation qu'une fille de famille qui a volé son père.

295. Quand la femme n'est pas sous la *manus* de son mari, la soustraction est possible de part et d'autre. Certains jurisconsultes, nous l'avons vu (1), avaient exprimé l'opinion contraire et soutenu que le *furtum* n'existait pas ; ils ne l'avaient pas emporté ; l'existence du *furtum* fut si bien reconnue que l'usucapion des objets dérobés par un époux à l'autre fut interdite (2).

Les idées auxquelles ces jurisconsultes avaient voulu donner satisfaction étaient justes, quoique le moyen ne fût pas heureux : « Quia societas vitæ quodammodo dominam eam faceret, » disaient-ils (3). La communauté de vie établit une sorte de copropriété entre les époux. Chacun se sert et de ce qui lui appartient et de ce qui ne lui appartient pas. La pensée d'une appropriation exclusive ne se présume pas facilement, quand la femme porte la main sur les choses dont son mari est propriétaire. En tout cas, on peut l'attribuer moins à la fraude qu'à la confusion qui se fait dans l'esprit d'une personne entre deux patrimoines dont elle use également. D'un autre côté, la délicatesse et la conscience publiques, les égards dus au mariage ne permettent pas que les époux se traitent réciproquement de voleurs et appellent l'un sur l'autre les sévérités de la loi pénale. Le mariage peut se

(1) V. 1. 1, ff. *Rerum amotarum*, XXV, 1. — (2) L. 29, *ib.* — (3) L. 1. cit.

dissoudre, mais les faits qui ont eu lieu pendant qu'il durait doivent rester protégés par cette règle qu'imposent les convenances.

On peut atteindre, sans méconnaître la réalité et la logique, le résultat qui avait, avec raison, paru désirable à quelques jurisconsultes. Qu'on n'emploie pas le mot *furtum* ; qu'on ne soumette pas l'époux coupable aux conséquences du *furtum* ordinaire. On dira seulement que les choses ont été *amotæ*, détournées, soustraites. Même après la dissolution du mariage, il n'y aura pas lieu aux actions infamantes (1), pénales ; on évitera jusqu'à l'action civile dont l'objet et la dénomination rappellent le vol. Telles sont les idées générales dont nous allons trouver diverses applications.

La principale est relative à l'hypothèse où l'un des époux, en particulier la femme, a soustrait des objets appartenant à l'autre en vue du divorce, *divortii causa*. Quand le mariage est dissous, deux moyens sont donnés au mari, si c'est lui qui a été volé, une action et un droit de rétention ; la femme, si elle est victime du vol, ne peut opérer de rétention, puisqu'elle n'a pas de restitution à faire, et elle n'a que l'action.

§ 1. *De l'action* RERUM AMOTARUM.

296. I. Dans quels cas et à quelles conditions elle est donnée.

a. Il faut que la soustraction ait été opérée en vue du divorce ; c'est ce que supposent un grand nombre de textes (2) ; c'est ce qu'exigent formellement quelques-uns (3). Elle peut se placer, soit avant le divorce, soit au moment même où il a lieu, *divortii tempore* (4) ; elle prend quelquefois après coup ce caractère ; Ulpien donne l'action à raison des choses que la

---

(1) L. 2, *ib.* — (2) L. 6 §§ 1 et 3, l. 11 § 1, l. 21 pp. et § 1, *ib.*, l. 2 et 3, C. *ib.* V, 21. — (3) L. 17 pp., *ib.* « Quia competit divortii causa. » L. 20, *ib.* : « idque fecit divortii causa. » L. 11 § 2, ff. *de Divortiis*, XXIV, 2 : « Quæ non solet nisi ex divortio oriri. » — (4) L. 3 § 3, l. 19, *Rer. am.*

femme a dérobées durant le mariage et cèle en se retirant, « quum discederet (1). »

Le divorce en vue duquel les objets ont été soustraits doit s'accomplir : « L'action *rerum amotarum* n'a lieu que si la soustraction a été faite en prévision du divorce et que si le divorce a suivi, » dit Marcien (2).

a. C'est seulement une action *rerum amotarum* utile qui est donnée quand, la première condition ayant manqué à la soustraction, la seconde se réalise, par exemple, quand la femme a soustrait des objets parce qu'elle désespérait de la vie de son mari, qu'elle a divorcé et que le mari s'est rétabli (3).

b. L'action *rerum amotarum* est donnée à propos de toutes les choses dont le mari est propriétaire, sans faire de distinction pour celles qui lui ont été apportées en dot (4). Elle s'applique même aux objets qui lui ont été remis en gage (5), comme la *condictio furtiva*, et à ceux qu'il a achetés de bonne foi (6), à la différence de cette dernière action.

C'est seulement entre époux que les conséquences du vol se trouvent ainsi tempérées ; aussi la *condictio furtiva* ne serait-elle pas refusée au propriétaire des objets engagés dans une des hypothèses que nous venons de rapporter, mais les deux actions ne pourraient s'exercer cumulativement (7).

c. La notion du détournement est aussi large que celle du *furtum.* Les choses du mari sont regardées comme *amotæ* quand la femme, au moment du divorce, les dissipe, les vend, les donne, les consomme d'une manière quelconque (8).

d. Il arrivera souvent que l'époux qui prévoit le divorce ait

---

(1) L. 17 § 1, *ib.* D'après Pothier, c'est le dernier maniement qui donne naissance à l'action (ad. *tit. Rer. am.*, VII, note *i.* D'après Noodt (ad *eumd. tit.*), l'action ne sera qu'utile, le premier maniement n'ayant pas eu lieu en vue du divorce. — (2) L. 25, *ib.* — (3) L. 21, pp., *ib.* Sur cette hypothèse, v. Cujas, *Comm. ad. C. Rer. am.* — — (4) L. 24, *ib.* Nous croyons que cette loi doit s'entendre, au moins si l'on recherche l'intention des compilateurs et d'après la place qu'elle occupe dans leur recueil, de l'action *rerum amotarum*, quoique le mot n'y soit pas prononcé et que l'on y trouve la *condictio* opposée à la revendication. — (5) L. 17 § 3, *ib.* — (6) L. 20, *ib.* — (7) L. 18, *ib.* — (8) L. 3 § 3, *ib.* v. Noodt, *l. cit.*, sur le sens propre du mot et sur l'extension qu'il reçoit.

recours à d'autres pour opérer la soustraction. L'action n'en sera pas moins délivrée contre lui.

C'est l'esclave de la femme qui a dérobé pour elle des objets appartenant au mari. Il ne commet pas lui-même de *furtum*, n'ayant pas d'intérêt dans la soustraction; il ne peut non plus être le complice d'un voleur, puisque la femme ne commet pas de vol ou plutôt n'est pas traitée comme en commettant un, et malgré la règle qui défend aux esclaves d'obéir à leurs maîtres quand il s'agit de délits; la femme sera poursuivie par l'action *rerum amotarum* (1).

Il est possible qu'elle ait introduit des voleurs chez son mari (2), qu'elle leur ait même prêté une assistance matérielle (3), en vue du divorce. Les objets n'eussent-ils pas été maniés par elle, ne fussent-ils point parvenus dans ses mains, l'action *rerum amotarum* n'en trouve pas moins ici son application.

e. L'action s'exerce également, que les époux aient habité séparément ou ensemble (4). Quand il n'y a plus pour remplacer ainsi l'action *furti* la raison empruntée à la communauté d'existence, il reste celle des égards dus au mariage.

297. II. De l'objet, de la forme et des conséquences de l'action *rerum amotarum*.

L'action *rerum amotarum* a pour objet de faire recouvrer à la victime du vol ce qui lui a été dérobé. Sans doute, l'action naît à l'occasion d'un délit, Paul dit même : « ex delicto (5), » mais il ajoute : « Rei persecutionem continet, » idée dont il déduit immédiatement la conséquence : « Aussi n'expire-t-elle pas plus que la *condictio furtiva* au bout d'une année. » C'est par la même raison qu'elle est donnée au simple (6).

La réparation doit être complète; elle embrasse les avantages dont la soustraction a privé le propriétaire (7).

En réalité, l'acte est un *furtum;* en posant les règles de la poursuite et du jugement, on ne peut faire abstraction com-

______

(1) L. 21 § 1, *ib.* D'après Cujas (*l. cit.*,) et Pothier (*l. cit.*, V. note *g*), l'action est seulement utile. Cf. Noodt, *l. cit.*, qui explique ce texte. — (2) L. 19, *ib.* — (3) L. 20, *ib.* — (4) L. 15, pp. *ib.* — (5) L. 21 § 5, *ib.* — (6) L. 16, *ib.* — (7) L. 21 § 4, *ib.*

plète de l'occasion qui a donné lieu à l'un ou à l'autre. Le demandeur réclamera les choses soustraites, eussent-elles cessé d'exister (1). Le juge se placera au moment de la soustraction pour estimer les objets sur lesquels elle a porté, mais une plus-value postérieure profite au volé (2). L'estimation sera, du reste, déterminée d'après le serment de celui-ci : « Sabinus dit que, si la femme ne rend pas les choses qu'elle a soustraites, elles doivent être estimées d'après le serment *in litem* du mari. — Car il ne serait pas juste que ce dernier vendît, malgré lui, ce qui lui appartient au juste prix. — Par conséquent aussi il n'est pas tenu de promettre garantie contre l'éviction, cela n'arrivant que par la résistance de la femme (3). Le serment *in litem* peut être admis par exception dans des actions de droit strict (4); ce n'est pas ici, comme dans les actions arbitraires, à l'ordre donné par le juge durant le procès que la femme a résisté, c'est à la légitime réclamation du mari. Il ne peut être accordé de délai à l'auteur de la soustraction ; la restitution doit être immédiate : « Damnum repræsentat (5). » Elle doit aussi être intégrale, et il n'y a pas lieu au bénéfice de compétence (6).

Quand la femme, après avoir été condamnée sur l'action *rerum amotarum*, perd la possession de la chose soustraite, c'est une question que de savoir s'il lui sera donné une action pour la recouvrer. Julien est touché de cette idée que c'est le dol qui la lui a fait acquérir, mais décidé par cette autre, qu'il faut regarder comme un acheteur quiconque paie le montant de l'objet litigieux, la *litis æstimatio*. De là résulte que la femme peut, si elle est en possession, opposer une exception à la revendication du mari ou de l'héritier de celui-ci, et, si elle a cessé de posséder, agir *in rem* (7).

L'action dont nous venons d'étudier l'objet et les conséquences formait l'objet d'un chapitre dans l'édit perpétuel(8).

-----

(1) L. 17 § 2, *ib.* — (2) L. 29, *ib.* — (3) L. 8 § 1, ll. 9. et 10, *ib.* De la loi 10, il faut rapprocher la l. 14 § 1, ff. *de Cond. furt.* V. *supra.* — (4) L. 5 § 4, ff. *de In litem jurando*, XII, 3. — (5) L. 21 § 3, ff. *Rer. am.* — (6) L. 21 § 6. *ib.* l. 52. ff. *de Re judicata*, XLII, 1. — (7) L. 22 pp., ff. *Rer. am.* Cette action *in rem* sera la Publicienne, dit Pothier, *l. cit.*, XXI, note *b*. — (8) L. 2, C. *ib.*; l. 13, ff. *ib.*

Mais il n'y a pas là une raison suffisante pour la qualifier
d'action prétorienne, ainsi que l'ont fait des interprètes, qui
la rangeaient en même temps parmi les *condictiones* (1). Le
préteur comprenait dans son édit des actions civiles, dont il
devait avoir à délivrer des formules.

Rudorff a donné une formule *in factum* à l'action *rerum
amotarum* (2). Gaius dit cependant en termes très précis :
« Rerum amotarum condictio est (3), » et il nous semble difficile de récuser un tel témoignage. Dès que rien ne rappelait
le vol, pourquoi n'eût-on pas appliqué entre époux le moyen
emprunté au droit commun afin d'assurer une réparation à
celui qui avait subi le dommage ? La *condictio* ne reposait-elle
pas souvent sur l'équité ? La plupart des règles posées par les
jurisconsultes en ce qui touche l'action *rerum amotarum* ne
sont-elles pas les mêmes que nous avons étudiées à propos de
la *condictio furtiva*? Si quelquefois l'action *rerum amotarum*
est opposée à la *condictio* (4), c'est comme l'espèce au genre.
La *condictio* qui prend le nom d'action *rerum amotarum*, sera,
comme la *condictio furtiva*, une *condictio certi* (5).

L'action *rerum amotarum*, qui est *rei persecutoria*, ne saurait
entraîner l'infamie (6). C'est la force des choses qui fait qu'elle
compromet l'honneur du défendeur (7).

Il y a un cas où le procès se termine très vite, et par l'application du droit commun. Le demandeur, après avoir prêté
lui-même le serment *de calumnia* (8), défère à la partie adverse
le serment sur le fait même de la soustraction, « nihil divortii
causa amotum esse, » serment qu'il n'est pas plus ici que
dans l'action *furti* permis de référer; sur ce point l'édit était
formel. Quand la soustraction porte sur plusieurs objets, il

______

(1) Cujas, *l. cit.;* Voet, ad ff. *Rer. am.*, n. 3. — (2) *Op. cit.* § 121,
p. 127. Favre *Rat. ad. Pand.*, ad l. *de Cond. furt.* 1, parle de l'*arbi-
trium judicis* dans l'action *rer. am.*, l. 8 § 1. — (3) L. 26, ff. *Rer. am.*
Cf. Cujas, ad ff. lib. XII, tit. 1, l. 4 § 1, et *Comm.* ad C. *Rer. am.* —
(4) L. 25, *ib.* — (5) L. 17 § 2, *ib.* M. de Savigny, *Système*, App.
XIV, n. XVI, enseigne que la *condictio certi,* dont parle cette loi, est
distincte de l'action *rerum amotarum.* — (6) Cujas, pour expliquer
différents textes, veut qu'elle entraîne au moins une infamie morale,
v. *Comm.* ad *C. ib.* et *in Lib.* IV *priores Cod. Just.*, ad *tit. de Cond.
furt.* — (7) Voet, ad ff. *ib.*, n. 3. — (8) V. Gaius, IV, 174 et 175; *Inst.*,
IV, XVI, 1.

est permis de déférer le serment par rapport aux uns et de recourir à la preuve ordinaire relativement aux autres (1).

Papinien fait observer que l'accusation d'adultère dirigée contre la femme ne suspend pas le procès (2); quelle que soit la décision rendue sur l'action *rerum amotarum*, il n'en résultera pas de préjugé. Il en serait autrement de l'action *rei uxoriæ*.

298. III. A qui et contre qui est donnée l'action *rerum amotarum*.

a. C'est presque toujours par le mari et contre la femme que les textes supposent l'action exercée. Mais, dans le droit classique au moins, les deux époux peuvent également s'en servir et en être tenus (3). Les deux patrimoines sont distincts, l'improbité peut se trouver d'un côté aussi bien que de l'autre, et l'honneur du mariage exige dans tous les cas que ceux entre lesquels il a existé ne se poursuivent pas réciproquement par des actions infamantes. Il n'est pas sûr qu'il en ait été toujours ainsi.

Les textes où l'on recherche le principe et l'origine de l'action ne parlent que du mari demandeur et de la femme défenderesse (4) ; Ulpien se couvre encore de l'autorité de Marcellus pour établir sur ce point l'égalité entre les époux (5).

Si les conséquences ordinaires du vol sont écartées, c'est à la condition que l'auteur et la victime du délit soient unis par un mariage véritable et régulier. La simple concubine serait tenue de l'action *furti;* l'action *rerum amotarum* ne recevrait pas non plus d'application, si le mariage avait été conclu entre un tuteur et sa pupille, s'il avait eu lieu contrairement aux *mandata* impériaux, c'est-à-dire entre le gouverneur et une jeune fille de la province qu'il administre (6).

b. Les époux ou l'un d'eux peuvent être encore *alieni juris*. Une soustraction est commise par la femme au préjudice du *pater familias* sous la puissance duquel se trouve son mari. Il n'y

(1) L. 11 §§ 1-3, ll. 12, 14, ff. *Rer. am.* — (2) L. 27, *ib.* — (3) L. 7, *ib.*, 1.2 C. *ib.*, l. 52, ff. *de Re judicata.*— (4) Ll. 1 et 2, ff. *Rer. am.*— (5) L. 11, pp., *ib.* Cf. *Frag.*, VII, 2. « (maritus) rerum *quoque* amotarum actione tenebitur. » — (6) L. 17 pp., *ib.*

a pas lieu à l'action *furti*. Le père a contre la femme de son fils, le grand-père a contre celle de son petit-fils l'action *rerum amotarum* (1); l'émancipation du fils ou du petit-fils change complètement la situation et le père ou le grand-père exercerait l'action *furti* (2).

c. Celui des deux époux qui a commis la soustraction est *alieni juris* : « Si c'est une fille de famille qui a soustrait les choses, Mela, Fulcinius disent que l'action doit être donnée *de peculio*, car on n'a pas admis qu'elle fût obligée *furti* ou qu'on donnât l'action contre elle-même à cause des choses soustraites... Mais, après la mort de la fille, Proculus dit que l'action *rerum amotarum* ne doit plus être donnée contre le père si ce n'est dans la mesure de son enrichissement — ou de ce dont il ne s'est pas enrichi, parce qu'il a usé de dol. — Quand la fille est vivante, ce qui est parvenu au père sur les choses soustraites doit être réclamé par une action utile (3). » Ce qui est dit de la femme *alieni juris* s'applique également au mari *alieni juris* (4).

Il faut distinguer plusieurs hypothèses : 1° L'époux qui a commis la soustraction est vivant; le père de famille peut être poursuivi par deux voies différentes, soit à raison de la soustraction et du chef de son fils ou de sa fille, par l'action *rerum amotarum de peculio*, soit à raison de son propre profit, par une action utile, sans doute par une *condictio sine causa*; l'action *rerum amotarum de peculio* n'est elle-même exercée que dans la mesure du profit procuré au père. — 2° L'époux est mort; l'action *de peculio* ne s'applique plus (5), et ce n'est plus la soustraction, c'est l'enrichissement ou le dol du père de famille qui permet d'agir par la *condictio sine causa*.

---

(1) L. 6 pp. et § 1, l. 15 § 1, *ib.* — (2) *Ead.* l. 15 § 1. — (3) L. 3 § 4, ll. 4 et 5, *ib.* ; cf. l. 3 § 12, ff. *de Peculio*. — (4) L. 6 § 2, ff. *Rer. am.* — (5) En principe, l'action *de peculio* dure un an après la mort du fils, l. 1 pp., ff. *Quando de peculio actio annalis est*, XV, 2. Ici elle s'éteint immédiatement. Le père reste tenu dans la mesure de son enrichissement personnel et il n'y a plus aucune raison pour tenir à ce que l'action *rerum amotarum*, modifiée par la mention du pécule, puisse encore être exercée, et il est plus avantageux pour la victime du vol de faire abstraction du pécule.

Tout ce que nous avons dit de la *condictio furtiva* exercée *de peculio* doit s'appliquer ici (1).

Quand c'est le père de famille qui défend à l'action *rerum amotarum*, le serment ne peut lui être déféré, le fait ne lui étant pas personnel (2).

d. Quand l'époux volé vient à mourir, son héritier exerce aussi l'action *rerum amotarum* (3).

Il y a un genre de *successio in universitatem* sur lequel on aurait pu concevoir quelques doutes, c'est la confiscation. Le fisc lui-même n'agit pas autrement contre la femme, et celle-ci n'est tenue que du simple, au lieu de l'être du quadruple, comme les autres (4).

e. « L'héritier de la femme sera tenu en vertu de cette cause, comme il le serait par la *condictio ex causa furtiva* (5). » Par conséquent l'action doit être exercée pour le tout. Dioclétien et Maximien disent cependant que par l'action *rerum amotarum* les héritiers sont tenus, non pour le tout, mais pour ce qui leur est parvenu : « Non in solidum, sed in quantum ad eos pervenit (6). » Plusieurs interprètes s'en sont tenus à cette décision (7) ; il est difficile d'admettre et il serait impossible de justifier cette dérogation aux règles de la *condictio furtiva*, dont l'action *rerum amotarum* n'est qu'une espèce ; la constitution des empereurs a été interprétée comme ne faisant qu'appliquer la règle de la division des dettes entre les héri.

---

(1) Cf. Rudorff, *l. cit.*, — Pourquoi la loi 5 dit-elle : « Utili judicio petentum est. » Plusieurs interprètes pensent que l'action *de peculio* ne peut être donnée que comme action utile à l'occasion d'un délit. L'explication des divers textes que nous venons d'étudier a beaucoup embarrassé les interprètes. V. not. Favre, *op. cit.*, ad. 1. 19 *de Cond. furt.* Keller (*op. cit.*, p. 444), dit, mais en passant que des actions parmi lesquelles il cite la *condictio furtiva* et l'action *rerum amotarum*, « étaient données.... *de peculio, de in rem verso.* » — (2) L. 11 § 3, ff. *Rer. am.* — (3) L. 6 § 3, *ib.* — (4) L. 16, *ib.* Quel est ce quadruple ? D'après Pothier, *l. cit.*, XII, note *a*, celui qui peut être réclamé des débiteurs du fisc ; cf. 1. *un.* C., *Pœnis fiscalibus creditores præferri*, X, 7. Noodt, (*l. cit.*) semble y voir la peine du *furtum manifestum.* — (5) L. 6 § 4, *ib.* — (6) L. 2, C. *ib.* — (7) Cujas, *Paratitl*, ad C. *ib.;* Noodt, ad *ff. ib.;* Pothier, *l. cit.*, XIV, note *d.*

tiers (1); peut-être les empereurs ont-ils modifié la doctrine reçue, en attribuant un certain caractère pénal à une action qui naissait à l'occasion d'un délit.

L'héritier ne peut pas plus que le père de famille être astreint au serment (2).

299. IV. Il est un mode d'extinction propre à l'action *rerum amotarum*. Fût-elle déjà intentée, elle cesserait si le mariage qui s'était dissous était rétabli entre les mêmes personnes (3). Mais un second divorce la ferait renaître (4).

Si les deux époux ont commis des soustractions au préjudice l'un de l'autre, leurs actions se peuvent compenser (5).

Quand la femme recouvre sa dot ou reçoit la promesse qu'elle lui sera restituée, il n'est pas nécessaire que le mari réserve expressément le droit d'exercer l'action *rerum amotarum* ; n'y eût-il pas eu de dot constituée, cette action n'en serait pas moins admise (6).

300. V. L'époux qui a le droit d'agir *rerum amotarum* peut aussi revendiquer les objets dérobés (7). Mais il ne saurait cumuler deux actions *rei persecutoriæ*, et, quand il aura choisi l'une des deux voies, l'autre lui sera fermée (8).

§ 2. *De la rétention* ob res amotas.

301. Le mari qui a une dot à restituer trouve dans son obligation même un moyen de plus pour recouvrer les objets dérobés ou s'en faire tenir compte. La soustraction commise

---

(1) Doneau, ad tit. C. *Ex delictis def.* IV, 17, n. 45; Voet, ad ff. *Rer. am.*, n. 4; Gluck, § 837. — (2) L. 11 § 2, ff. *Rer. am.*— (3) L. 30, *ib.* — (4) L. 23, *ib.* — (5) L. 7, *ib.* — (6) L. 8 pp., *ib.* — (7) L. 24, *ib.* Nous croyons que, dans cette loi, c'est l'action *rerum amotarum* qui est désignée par le mot *condictio;* en tout cas les principes généraux suffiraient pour faire décider ainsi. — (8) L. 3, C. *ib.* Tous les interprètes n'entendent pas ce texte de la même manière. D'après Noodt (*l. cit.*), au lieu de « Quod si res extent, dominii vindicatione uti prohiberis, »il faut lire : « Non prohiberis » et la loi n'a pour objet que de reconnaître l'existence des deux actions au profit de l'époux volé. Cette addition nous semble inutile, le texte présentant un sens clair et conforme aux principes.

par la femme à son préjudice est une des causes pour lesquelles il peut opérer une rétention sur la dot (1).

Si la femme est une fille de famille et que le père se l'adjoigne pour réclamer la restitution de la dot (2), il n'obtient la formule qu'à la condition de défendre pour le tout et en donnant des répondants à l'action *rerum amotarum* exercée contre lui *de peculio* (3).

Cette seconde disposition trouve encore son application quand la première a cessé d'exister. Justinien, en effet, a supprimé en principe les rétentions opérées sur la dot ; il dit en particulier : « La rétention *ob res amotas* n'est pas nécessaire non plus, puisque tous les maris ont l'action *rerum amotarum* (4). »

§ 3. *De la poursuite qui peut avoir lieu pendant le mariage à raison d'une soustraction commise entre époux, soit* divorti causa, *soit dans toute autre vue.*

302. « Pendant le mariage, disent Dioclétien et Maximien, en parlant d'une soustractiou faite *divortii causa* (5), ni l'un ni l'autre des deux époux ne peut exercer ni une action pénale ni une action infamante ; il n'a qu'une action *in factum* pour la réparation du dommage. » Il ne s'agit pas d'exclure l'action *rerum amotarum* parce qu'elle serait infamante dans le sens propre du mot, mais parce qu'elle éveille l'idée d'un fait déshonorant (6).

« Si durant le mariage, dit Marcien (7), la femme a soustrait des objets à son mari, quoique l'action *rerum amotarum* ne s'applique pas, le mari pourra cependant réclamer ces objets par une *condictio*. Car le droit des gens permet de réclamer les choses par la *condictio* contre ceux qui ne les possèdent pas en vertu d'une juste cause. » Ce texte se rapporte également à une soustraction faite en vue du divorce,

---

(1) Ulp. *fr.*, VII, 9. — (2) Id., *ib.*, 6. — (3) L. 3 § 4, ff. *Rer. am.* — (4) L. *un.* § 5, C. *de Rei un. act.* V, 13.— (5) L. 2, C. *Rer. am.* — (6) V. Cujas, ad C. *ib. h. l.*; Pothier, ad ff. *ib.* IX, note *n.*; Voet, ad ff. *ib.*, n. 1. — (7) L. 25, ff. *Rer. am.*

comme le prouvent les premiers mots, que nous avons rapportés ailleurs ; ce qui empêche d'appliquer l'action *rerum amotarum*, c'est que le divorce ne s'est pas accompli.

Ainsi l'époux volé a le choix entre deux moyens, l'un et l'autre plus doux que l'action *rerum amotarum* elle-même, l'action *in factum* et la *condictio sine causa* (1) ou *ex injusta causa* (2). On doit plus au mariage subsistant qu'au souvenir du mariage dissous.

303. Ce qui est dit de la soustraction faite en vue du divorce s'applique nécessairement à toute soustraction commise pendant le mariage et dont l'époux volé veut réparer les conséquences sans attendre que ce mariage soit dissous.

§ 4. *Du vol commis avant le mariage par l'un des futurs époux au détriment de l'autre.*

304. La femme, avant le mariage, a commis un vol au détriment de celui qui devient plus tard son mari ou d'une personne à laquelle il a succédé comme héritier ; l'action *furti* a évidemment pris naissance ; mais les égards dus au mariage, une fois qu'il est contracté, ne permettent plus d'exercer qu'une action *rei persecutoria ;* il est vrai que ce sera ici la *condictio furtiva* (3). Sans doute il serait trop grave d'en priver celui au profit duquel elle avait pris naissance et qui voit déjà s'éteindre son action pénale. Il faut faire la part des droits acquis.

§ 5. *Du vol commis durant le mariage*, mais *non* divortii causa, *et poursuivi après la dissolution.*

305. Quand c'est en prévision de la mort du mari que la femme a commis la soustraction et que cette mort est arrivée, l'héritier doit agir par la pétition d'hérédité ou employer l'action *ad exhibendum* (4), préalable à la revendication.

---

(1) V. Noodt, ad ff. *ib.* et *Julius Paulus*, c. 7. — (2) Doneau, *de Jure civili,* liv. XV, ch. XXX, 15; Cujas, in *lib. XII tit. I*, ad 1. 4 § 1. — (3) L. 3 § 2, ff. *Rer. am.* — (4) L. 22 § 1, *ib.*

Nous avons vu que l'action *rerum amotarum* est donnée seulement comme action utile, dans le cas où la femme a dérobé des objets, parce qu'elle s'attendait à voir mourir son mari, où le divorce a eu lieu et où le mari a recouvré la santé (1).

§ 6. *Du vol commis après la dissolution du mariage.*

306. Une fois le mariage dissous, la soustraction redevient un vol, et l'action *furti* retrouve à s'exercer (2), même au sujet des choses antérieurement dérobées, qui sont de nouveau maniées. Quand c'est par la mort que le lien est rompu, les principes généraux peuvent toutefois l'empêcher. Tant que l'héritier n'a pas fait adition, tant qu'il ne s'est pas mis en possession des choses héréditaires, le *furtum* n'est pas possible, l'héritier n'aura que la revendication ou la pétition d'hérédité (3).

§ 7. *Dans quels cas l'action* FURTI *peut être exercée contre l'un des époux à raison d'une soustraction commise au détriment de l'autre.*

307. La soustraction peu t être commise, non par un époux mais par celui dont le fait donne lieu contre lui à une action noxale, par un esclave (4). Il n'y a pas de raison pour refuser une action de ce genre, qui n'implique rien de contraire au respect du mariage.

308. Si la soustraction commise par un époux au détriment de l'autre lèse en même temps un tiers, celui-ci ne peut perdre les droits qu'il tient des principes généraux. La femme vole la chose que son mari a prêtée; le commodataire a contre elle l'action *furti* (5).

De cette hypothèse on peut rapprocher celle qui est prévue

(1) L. 21 pp., *ib.* — (2) L. 3 pp., *ib.* — (3) L. 6 §6, *ib.* — (4) L. 3 § 1, *ib.* — (5) L. 28, *ib.* Il ne faut pas s'attacher au mot *conventus* ; il suffit que l'action *commodati* puisse être exercée efficacement.

par Justinien. Le mari a emprunté un objet, et la femme le
vole ; le propriétaire a-t-il contre elle l'action *furti*, ou est-ce
le mari, soumis lui-même à l'action *commodati*, qui pourra
l'exercer, sous l'empire de la nécessité? Les anciens discu-
taient sur cette question, nous dit Justinien, et il la tranche
lui-même conformément aux principes qu'il établit. Le commodant reçoit de lui le droit de choisir entre ces deux partis,
poursuivre le commodataire ou poursuivre le voleur; si, dans
l'espèce, il s'arrête au premier, le mari n'aura que l'action *rerum amotarum* ; la femme qui a commis le vol est encore protégée dans une certaine mesure, car elle ne peut être poursuivie par l'action *furti*, si le mari est solvable ; ce n'est plus
tout à fait l'honneur du mariage qui dicte cette décision à
l'empereur, c'est la crainte que, dans un mauvais ménage,
un piège ne puisse être tendu par le mari à sa femme (1).

309. De toutes les hypothèses que nous avons parcourues,
il n'y en a qu'une seule qui ait fait l'objet d'un règlement
spécial et complet, pour laquelle ait été imaginée une action
portant un nom nouveau, c'est celle de la soustraction commise en vue du divorce. Pourquoi? Faut-il dire, avec certains
interprètes (2), que c'est précisément celle où se manifeste
une véritable hostilité de la part d'un époux contre l'autre ?
Mais alors les jurisconsultes ne l'auraient prévue que pour
ajouter au droit commun un surcroît de sévérité. Ce n'est pas
ce qu'ils ont fait. Ce qu'il y a de plus probable, c'est qu'ils sont
allés au devant du danger qui était le plus fréquent et qui
leur paraissait le plus redoutable. L'action *rerum amotarum*
doit appartenir à cette époque où l'on s'aperçut que les di-
vorces devenaient trop nombreux, qu'ils étaient souvent inspirés par un vil intérêt et même précédés de manœuvres
frauduleuses destinées à les rendre plus avantageux. Si en
droit elle pouvait être exercée indistinctement par les deux
époux, ceux qui l'établirent ne songeaient qu'à fournir une
arme au mari, c'est lui qui en fait avait ordinairement l'occasion de s'en prévaloir. Les témoignages historiques du siècle

(1.) L. 22 § 4, C. *h. t.*; Voet, ad ff. *ib.*, n. 2; Noodt, ad ff. *ib.* —
(2) Noodt, *ib*.

qui fut le dernier de la République et le premier de l'Empire nous montrent en effet que c'était de la part des femmes qu'on redoutait le plus l'abus du divorce. L'action *rerum amotarum* peut être considérée comme rentrant dans cet ensemble de dispositions qui tendirent plus ou moins directement à rendre les mœurs plus pures en rendant le mariage plus solide et plus respecté. Les hypothèses où ne se présentait pas le même intérêt et dont les exemples attiraient moins souvent l'attention demeurèrent d'abord sous l'empire du droit ancien et ne subirent que successivement l'application du droit nouveau.

LIVRE II

Des faits qui présentent en eux-mêmes les caractères du **FURTUM,**
mais qui sont considérés comme des délits spéciaux.

310. Il y a des cas où la répression manque tout à fait : il y en a où elle est insuffisante.

La répression manque, lorsque l'objet soustrait appartient à une hérédité vacante, et tant que l'héritier n'en est pas devenu possesseur ; l'action *furti* ne prend pas naissance, quoique la soustraction présente en elle-même tous les traits essentiels du *furtum* ; une condition extrinsèque, mais nécessaire, fait défaut, l'objet n'ayant pas de possesseur.

D'autres fois, la répression peut s'appliquer, mais elle est insuffisante ; des circonstances nouvelles viennent s'ajouter au *furtum* et le rendent plus odieux en lui-même, plus redoutable pour la société.

Certaines hypothèses, enfin, appartiennent au droit public, supposent une atteinte portée à la fortune de l'État ou à celle des dieux, impliquent la violation des devoirs attachés à l'exercice des fonctions publiques ; pour la plupart, elles demeurent en dehors du système établi, dans l'intérêt des particuliers,

pour la répression du *furtum*, et elles sont aussi de celles qui
en exigent une beaucoup plus sévère.

Les délits spéciaux qui se rattachent à ces divers ordres
d'idées ont été frappés de différentes manières. Tantôt c'est le
législateur lui-même, dès la République, qui a institué un *judicium publicum*, avec sa procédure régulière, le droit d'accusation ouvert à tous, l'intervention des juges, distincts du magistrat, des peines déterminées. Tantôt ce sont des *crimina
extraordinaria* qui se sont formés à la longue par l'exercice et
l'insensible extension des pouvoirs appartenant aux magistrats,
gardiens de l'ordre public, ou qui ont été établis par l'autorité
impériale, exerçant sous des formes discrètes et avec des
moyens détournés le pouvoir législatif; ces *crimina* sont intentés par les intéressés, mais ils peuvent emprunter sur
certains points les formes des *judicia publica* ; c'est au magistrat qu'il appartient de juger, et il a dans l'application des
peines un pouvoir absolu qui n'est limité que dans certains
cas par les instructions de l'empereur. Tantôt enfin, l'intérêt
public cédant à l'intérêt privé, le préteur accorde des actions
qui ont pour objet de faire payer une certaine somme à titre de
peine et qui rentrent, d'ailleurs, dans la procédure formulaire·

Ces nouveaux et divers moyens de répression ne sont pas
tous établis précisément en vue de faits dans lesquels se ren-
contrent les caractères du *furtum;* il peut arriver que, pour
châtier l'un de ces faits, on recoure à une loi, à un édit qui
avait en même temps une sphère d'application plus étendue
ou qui s'était même proposé d'atteindre des délits d'un autre
genre.

CHAPITRE PREMIER

Des moyens de répression établis pour suppléer à l'action FURTI, en cas de vol commis au préjudice d'une hérédité vacante.

Art. i. De l'action donnée contre celui qui, affranchi par testament, sera accusé d'avoir commis un détournement ou causé un dommage matériel après la mort du maître et avant l'adition d'hérédité (1).

311. « Cette action, comme a écrit Labéon, est fondée sur une équité plutôt naturelle que civile ; en effet, l'action civile fait défaut ; mais l'équité naturelle ne permet pas de laisser impuni celui que cette espérance a enhardi, se disant, à cause de la liberté qu'il attend, qu'il ne pourrait être puni comme esclave, et, d'un autre côté, qu'il ne pourrait être condamné comme une personne libre à cause du vol commis au préjudice de l'hérédité, c'est-à-dire de sa maîtresse ; ni maître ni maîtresse ne pouvant avoir l'action *furti* contre un esclave, devint-il libre ou fût-il aliéné postérieurement au vol, à moins d'un maniement postérieur. Le préteur a donc jugé utile de réprimer par une action au double la ruse et la scélératesse de ces gens qui pillent les hérédités (2). »

(1) *Si is qui testamento liber esse jussus erit post mortem domini aut aditam hereditatem subripuisse aut corrupisse dicetur*, ff. XLVII, 4. — (2) L. 1 § 1, *ib.*

19

Le danger ne tenait pas seulement à ce qu'il n'y avait pas de sanction attachée au vol des choses héréditaires (1); voilà sans doute pourquoi Labéon rattachait l'action à une «équité plutôt naturelle que civile;» quand même les choses héréditaires eussent pu être volées, il n'en aurait pas été moins vrai que, dès l'ouverture de la succession, la perspective de l'affranchissement ne permettait plus de châtier l'esclave, que, dès l'adition d'hé-rédité, l'esclave, devenu affranchi, échappait à plus forte raison au châtiment qui dépendait de la puissance dominicale, et que l'action *furti*, n'ayant pu naître entre l'hérédité et son esclave, ne suivait pas celui-ci dans la condition nouvelle où il se trouvait (2).

312. Cet esclave, « qui testamento liber esse jussus erit,» c'est celui qui reçoit du testateur la liberté directe, purement et simplement, de telle sorte que l'adition d'hérédité le rende affranchi (3).

L'affranchissement peut être conditionnel; le *statuliber* est regardé comme déjà libre, au moins à certains égards ; il ne peut, pas plus que celui qui jouit déjà de la liberté, subir les châtiments corporels qui, dans un procès criminel, attendent les esclaves ordinaires (4), mais ici c'est de l'exercice de la puissance dominicale et non d'une répression judiciaire qu'il s'agit; il peut être châtié comme esclave; donc l'action au double cesse (5). Cette hypothèse et cette décision présentent quelques difficultés. A quel moment et par qui faut-il supposer que le châtiment lui sera infligé ? Est-ce après l'adition, est-ce par l'héritier devenu son maître ? Rien de plus simple ; mais, tandis que l'hérédité sera jacente, demeurera-t-il toujours impuni, ce qui serait d'un très mauvais exemple ? Cette impunité ne pourra-t-elle pas être entière et devenir définitive

---

(1) *Ead.* l. § 15. — (2) Voet, ad *eumd. tit.*, 1. Le *crimen expilatæ hereditatis* ne peut non plus être intenté. — (3) L. 1 § 8, ff. *Si is qui test.*—(4) L 5 et 6, ff. *Si ex noxali causa,* II, 9; l. 14, ff. *de Quæstionibus,* XLVIII, 18; l. 9 § 6, ff. *de Pœnis,* XLVIII, 19. — *Contra,* 1. 29 pp., ff. *de Statuliberis,* XL, 7. V. Walter, § 819 : « L'esclave qui avait obtenu la liberté sous condition était d'abord considéré comme esclave sous le rapport de la peine ; plus tard il fut traité comme homme libre. » — (5) L. 1 § 3, ff. *Si is qui test.*

si la condition se réalise avant que l'adition se fasse et que l'héritier soit en état d'user de sa puissance ?

Il n'y a rien d'impossible à ce que des châtiments soient infligés aux esclaves d'une hérédité jacente ; la discipline intérieure de la maison continue sans doute d'être respectée; certains moyens de correction, sinon tous, peuvent être employés avant l'adition, par exemple c'est un *ordinarius* qui châtiera son *vicarius* ; seul l'affranchissement direct, bien que l'effet ne s'en doive produire qu'après l'adition, y soustrait dès maintenant celui qui y est appelé, « spe imminentis libertatis (1) ». Toutefois il faut reconnaitre qu'une vacance prolongée compromettra nécessairement et la discipline et le patrimoine tout entier. L'adition permettra à l'héritier d'agir vigoureusement et de punir les fautes commises depuis la mort du *de cujus*. Mais encore faut-il que la condition ne se soit pas réalisée avant l'adition, car l'esclave lui échapperait nécessairement, ou même très peu de temps après, car l'esclave, en fait, lui échapperait d'ordinaire. Il est permis de croire que le châtiment de l'héritier était souvent le seul efficace ; à l'égard des principaux esclaves, il ne pouvait jamais y en avoir d'autre. Là où il manquait, où était la sanction ?

« Mais, dès que la liberté échoit, il faut dire qu'aussitôt l'action peut et doit être donnée contre celui qui est parvenu à la liberté(2). » Nous croyons que ce texte suppose le *statuliber* parvenant à la liberté, pendant la vacance de la succession, par la condition réalisée ; à partir de ce moment, sa situation est la même que celle de l'esclave qui a reçu la liberté directe; les détournements commis depuis lors doivent entraîner les mêmes conséquences, et, si l'on entend ainsi le texte, comme il ne distingue pas, ces conséquences devront être étendues aux faits antérieurs, car on ne peut sérieusement opposer à

_____

(1) L. 1 § 1. — (2) *Ead.* l. § 4 : « Sed ubi libertas competit, continuo dicendum est posse et debere hanc actionem dari adversus eum, qui pervenit ad libertatem. » Cujas (*Obs.*, VI, 1), rattache *continuo* à *competit;* l'action devrait être donnée quand l'événement de la condition aurait suivi immédiatement le vol. Il nous semble que, en respectant le texte, on arrive à une décision plus satisfaisante encore.

l'héritier qu'il a été au pouvoir de l'hérédité jacente de punir et que c'est tant pis pour lui si elle ne l'a pas fait.

L'action au double cessera au contraire, si la condition arrive après l'adition d'hérédité ; l'héritier pourra être tenté de la réclamer, en alléguant que la condition s'est réalisée peu de temps après le détournement, et qu'il n'a pas connu ce détournement, ce qui ne lui a pas permis de le punir ; elle lui sera refusée comme à tout autre maître qui se trouverait dans la même situation (1) ; cette situation n'est pas une de celles que le droit prévoit en assez grand nombre et où il secourt l'ignorance de fait (2). Labéon, toutefois, accordait l'action au double dans le cas ou la réalisation de la condition suivait de très près, *cito*, le détournement (3), et Ulpien, qui rapporte cette opinion, dit ailleurs «Nous décidons en général que, dans le cas où l'esclave... devient libre peu de temps après l'adition d'hérédité, l'action doit être donnée (4). » Toute contradiction disparaît, si l'on observe que Labéon et Ulpien parlent uniquement d'une impossibilité qui tient au défaut de temps et gardent le silence au sujet de l'ignorance portant sur le détournement même, qui aurait empêché d'exercer un châtiment servile.

Il faut rapprocher du *statuliber* l'esclave dont l'affranchissement est mis à la charge d'un substitué pupillaire. Les détournements commis du vivant de l'impubère ne donnent pas lieu

(1) Il s'agit sans doute de ceux qui deviennent à un autre titre que celui d'héritiers, maîtres à la suite d'une vacance d'hérédité ; autrement ils ne pourraient même penser à se prévaloir de l'édit. — (2) L. 2, ff. *Si is qui test.* Pothier, ad *eumd t.*, n. VII, suppose que les détournements dont il est question dans la loi 2 ont eu lieu après l'adition. Mais les trois faits, détournement, adition, événement de la condition, peuvent se suivre d'assez près pour qu'on dise : « Si paulo ante quam statuta libertas obtigerit, amoverit.... » Le cas d'un détournement commis après l'adition ne rentre pas dans les termes de l'édit. Le jurisconsulte aurait-il négligé d'opposer une réponse si décisive à l'héritier volé après son adition? — (3) L. 3, *ib.* Les compilateurs du Digeste ont évidemment rattaché cette décision à celle qui faisait l'objet de la l. 2. Pothier, *ad eumd t*, n. III, la rattache à celle qu'il trouve dans la l. 1, § 4, corrigée par Cujas ; *cito* tempérerait *continuo*, l'action serait accordée quand l'événement suivrait sans intervalle, *continuo*, ou même après un court intervalle, *cito*, le détournement. — (4) L. 1 § 6, *ib.*

à l'action ; rien ne s'oppose alors à un châtiment servile. L'action, au contraire, s'exercera pour ceux dont l'esclave se sera rendu coupable entre la mort de l'impubère et l'adition de son hérédité par le substitué (1).

Quand c'est seulement la liberté fidéicommissaire qui a été laissée à l'esclave, l'héritier est-il forcé d'affranchir celui-ci avant d'avoir obtenu satisfaction? De très nombreux rescrits de Marc-Aurèle, de Sévère et de Caracalla avaient décidé que la liberté fidéicommissaire, si elle avait été laissée purement et simplement, ne devait pas souffrir de retards. Il est vrai que, d'après un des rescrits de Marc-Aurèle, un arbitre devait être désigné immédiatement pour établir le compte, mais ce rescrit se rapportait au compte à rendre de l'administration qu'avait eue l'esclave ; il fallait donc admettre ici l'action au double (2).

L'action avait été étendue au cas où l'esclave qui commettait un vol pendant la vacance de l'hérédité avait été légué purement et simplement (3), et même, dans un ordre d'idées différent, à ceux où le droit de propriété sur lui se perdait d'une manière quelconque peu de temps après l'adition d'hérédité (4).

313. Ce n'est pas seulement le détournement qui donne lieu à l'action, c'est tout fait de dol, qui a pour conséquence de diminuer le patrimoine dévolu à l'héritier, c'est même toute faute lourde assimilée au dol (5). Nous n'avons pas à insister sur ce caractère général de l'action.

314. Le préteur supposait un acte fait *in bonis*, sur les biens du défunt. Une interprétation large garantissait tous les intérêts de l'héritier : « *Plenius enim causam bonorum hic accipimus pro utilitate.* » Si le préteur a substitué cette action à l'action *furti*, c'est pour donner la première dans tous les cas où le droit commun eût fait accorder la seconde. Le détournement d'une chose que le défunt avait reçue en gage ou en commodat, d'un objet appartenant à autrui qu'il possédait de bonne foi, aura pour sanction l'action au double. L'héritier sera protégé

---

(1) *Ead.* 1. § 9.— (2) *Ead. l.* § 7. —(3) *Ead. l.* § 5. — (4) *Ead. l.* §6. — (5) *Ead. l.* pp., §§ 2 et 14.

contre tout acte de dol empêchant ce qui était dans les mains du défunt de passer dans les siennes (1).

Il n'est pas nécessaire, en revanche, que les objets détournés aient été dans les mains du défunt, pourvu qu'ils soient compris dans l'hérédité jacente, et l'action sera donnée à raison des fruits perçus, des enfants ou des petits nés après la mort du testateur (2).

315. L'action est donnée, non seulement à l'héritier proprement dit, mais aux successeurs universels en général (3).

316. Elle a bien un caractère pénal ; les textes rappellent qu'elle remplace l'action *furti*. Aussi n'exclut-elle pas la revendication (4), et, quand plusieurs esclaves, appelés à la liberté par le testament de leur maître commun, ont commis ensemble le détournement, sont-ils tenus tous du double, sans que le paiement fait par l'un d'eux libère les autres (5).

La première de ces décisions semble contredite par le texte suivant : « Si l'héritier peut recouvrer autrement ce qui lui appartient, il est vrai qu'il ne faut pas lui accorder l'action honoraire, car la condamnation est calculée sur le montant de son intérêt (6). » La contradiction ne peut être qu'apparente ; les deux décisions se suivent immédiatement dans la même loi. Sans doute il faut penser que, si l'objet détourné est recouvré en fait, l'action au double cesse, l'intérêt d'après lequel se ferait le calcul de ce double disparaissant. Dans les mêmes circonstances, l'action *furti* subsiste, mais parce qu'elle est vraiment une action pénale, dans toute la force du terme, se rattachant par son origine au droit civil. L'héritier, entre les mains de qui l'objet est rentré, ne peut plus dire qu'il en est privé par le dol d'un esclave.

317. L'action ne durait qu'une année utile (7).

318. Ainsi le préteur avait protégé l'héritier dans un cas où le danger était grand, puisque la vacance de l'hérédité offrait une facilité singulière aux esclaves malhonnêtes et que la perspective de l'affranchissement prochain les mettait à l'abri

(1) *Ead. l.* §§ 10 et 13. — (2) *Ead. l.* § 11; cf. § 12, dans l'hypothèse d'une substitution pupillaire. — (3) *Ead. l.* § 18. — (4) *Ead. l.* § 17. — (5) *Ead. l.* § 19. — (6) *Ead. l.* § 16. — (7) *Ead. l.* pp.

du châtiment. Mais une telle protection était absolument insuffisante ; l'impunité restait acquise aux voleurs.

ART. II. DU *crimen expilatæ hereditatis* (1).

319. Quand l'usucapion *lucrativa pro herede* fut condamnée,
même sous sa dernière forme, dans son application à des
choses déterminées, le refus des moyens établis par le droit
commun pour réprimer le vol cessa de se justifier ; il ne resta
plus que le scandale de l'impunité. On ne toucha pas cependant au principe d'après lequel les choses actuellement pos-
sédées peuvent seules faire l'objet d'un *furtum*. Mais un sénatus consulte, rendu sur la proposition de Marc-Aurèle (2), établit un moyen nouveau et d'une nature exceptionnelle, le
crimen expilatæ hereditatis, un *crimen extraordinarium*, non
un *judicium publicum* (3).

L'héritier qui a fait adition (4) poursuit par ce *crimen* l'auteur
de la soustraction devant le préfet de la ville ou le président
de la province, qui jugera *extra ordinem* (5).

C'est donc à défaut de l'action *furti* (6) et dans tous les cas
où elle ne pourrait être exercée, parce que la possession qui
avait appartenu au défunt n'appartient encore à personne (7),
que l'accusation est intentée.

320. Elle n'est pas ouverte contre les personnes qui échap-
peraient à l'action *furti*, contre la veuve qui a soustrait un
objet dans la succession de son mari (8); cette veuve a été as-
sociée aux biens et au culte domestique du mort (9). Mais
rien n'empêche l'héritier de poursuivre en vertu du sénatus-
consulte, le second mari de sa mère (10) ou la seconde femme

(1) ff. XLVII, 19 ; C., IX, 32. — (2) C'est ainsi qu'il faut traduire l'expression employée dans la l. 1, ff. *Exp. her* ; « Oratione divi Marci. »
Peut-être l'empereur et le sénat ne firent-ils que confirmer une pratique
déjà établie : « Intendi consuevisse, » dit la l. 6, C. *ib.*— (3) L. 3, ff. *de
Extr. crim.* — (4) L. 3, C. *de Crim. exp. her.*— (5) Ll.1, 2 pp., 3, ff.
ib. — (6) L. 6, C. *ib.* — (7) L. 2 § 1, ff. *ib.* — (8) L. 5, *ib.* — (9) L.
4, C. *ib.* — (10) L. 2, *ib.*

de son père prédécédé (1), quand il s'agit d'une hérédité autre que celle de la mère, dans le premier cas, du père dans le second (2). Il semble bien qu'un cohéritier ait le même droit contre ses cohéritiers ; il ne le perd que s'il a donné, sous une forme quelconque, son consentement à ce que les choses de la succession fussent maniées par eux. Ainsi il déclare qu'il leur a remis les clefs de la caisse commune, après examen de ce qui s'y trouvait contenu (3). Ce n'est pas la qualité des défendeurs qui fait ici un obstacle à l'accusation ; c'est la tradition des clefs. Les cohéritiers doivent, du reste, pour le *crimen expilatæ hereditatis* auquel ils seraient exposés à défaut d'un fait de ce genre, comme pour l'action *furti*, profiter de la présomption sous laquelle sont placés tous les *socii*, et il faut que la mauvaise foi soit prouvée contre eux avec une force toute particulière.

321. Tout doit sans doute être terminé devant le magistrat chargé de statuer *extra ordinem* (4). Il prescrit la restitution ou le paiement d'une indemnité, et il inflige telle peine qu'il juge convenable. Aussi « les empereurs Sévère et Antonin ont-ils décidé dans un rescrit que l'on avait le choix entre le *crimen expilatæ hereditatis extra ordinem* devant le préfet de la ville ou les présidents, et la revendication de l'hérédité par la procédure ordinaire (5). »

C'est probablement en pensant à cet effet du *crimen* que Paul dit : « Les choses héréditaires étaient communes à tous les héritiers et par conséquent le *crimen expilatæ hereditatis* intenté avec succès par l'un d'eux profite même aux autres (6). » Celui qui a employé cette voie doit faire aux autres leur part dans les restitutions et dans les indemnités qu'elle lui a fait obtenir.

Quand le *crimen* fait défaut, les actions *rei persecutoriæ* sont encore ouvertes ; l'action *ad exhibendum* et la revendication sont

______

(1) **L.** 3, *ib.* — (2) **V.** Cujas, *Paratitla in eumd. tit. C.* — (3) **L.** 1, **C.** *ib.* V. sur ce texte et en différents sens, Cujas, *Obs.*, XX, 7 ; Duaren, *comm. in tit. Exp. her.* ; Ant. Matthæus. *Exp. her.*, I, 14 ; Voet, ad tit. *Exp. her.*, 2. — (4) *Arg.* l. 56 pp.. ff. *de Furtis.* — (5) **L.** 3, ff. *Exp. her.* — (6) **L.** 4, *ib.* V. Cujas, *in lib. IV. Resp. J. Pauli,* ad. *h. l.*

données contre la veuve (1) et contre ceux des cohéritiers à qui les clefs de la caisse commune ont été confiées (2). On n'admet même pas que ceux-ci fassent valoir une compensation.

322. Le *crimen expilatæ hereditatis* entraîne l'infamie ; le coupable a commis un *furtum improbius*, les empereurs eux-mêmes le déclarent (3).

(1) L. 4, C. *ib.* — (2) L. 1, C. *ib.* — (3) L. 12, C. *Ex quib. caus. inf. irr.*

CHAPITRE II.

Des vols commis au préjudice des particuliers avec des circonstances aggravantes.

323. Le droit Romain ne nous donne pas de théorie générale sur les circonstances aggravantes en matière de vol (1). Au risque de soumettre les dispositions dont nous allons nous occuper à une classification que ne reconnaîtraient pas les jurisconsultes, nous rattacherons ces circonstances à cinq chefs distincts; l'aggravation tient : 1º à l'emploi de certains moyens ; 2º au temps dans lequel le fait a été commis ; 3º au lieu où il a été commis; 4º à un désastre dont on a profité pour le commettre ; 5º à la nature de l'objet volé.

(1) Cependant on rencontre de temps en temps *fures improbiores, atrociores* (v. not, l. 2, ff. *de Effractoribus et expilatoribus*, XLVII, 18 ; l. 2, C. *ex Quib. caus. inf. irr.*, II, 12).

SECTION I.

DES VOLS COMMIS A L'AIDE DE CERTAINS MOYENS.

324. Les moyens dont l'emploi entraîne une répression particulière sont la violence, l'effraction, l'escalade, la fraude qui consiste à voler sous le couvert des arts défendus.

ART. I. DES VOLS COMMIS AVEC VIOLENCE.

§ 1. *De l'action* VI BONORUM RAPTORUM (1).

325. A la suite des troubles civils, l'habitude de porter les armes était devenue universelle et la loi Aquilia fut insuffisante pour la répression des désordres et des violences. Des *familiæ* entières, tous les esclaves d'un même maître, se répandaient dans les campagnes et allaient jusqu'à y commettre des meurtres. Le préteur M. Lucullus supprima la mention de l'*injuria* à la suite du *damnum*, éleva le montant de la condamnation au quadruple du dommage causé, donna l'action à raison de la *familia* tout entière (2).

L'action *vi bonorum raptorum,* ainsi introduite, eut, dans l'édit perpétuel, deux applications. En premier lieu, elle servit à réprimer tout dommage causé par dol et au moyen d'une réunion d'hommes (3). En second lieu, elle permit d'atteindre le fait qui consiste à ravir une chose par la violence, fait rentrant déjà dans la définition du *furtum*, mais présentant, en outre, une circonstance assez importante pour être classé à

---

(1) ff. XLVII, 8 ; C. IX, 33 ; *Inst.*, IV, 2. — (2) Cic., *pro Tullio,* 2; cf. Walter, § 796, p. 10. — (3) « Dolo malo hominibus coactis » *Dolo malo,* dans la pensée du préteur, se rapportait-il à *hominibus coactis* ou à *damni quid factum esse dicetur ?* C'est ce qu'il est difficile de déterminer. Les jurisconsultes entendirent cette phrase de manière à donner à l'édit la plus large application.

part. Peut-être cette dernière application fut-elle, à certains égards, une extension ; la condition d'un rassemblement d'hommes, prévue par Lucullus, ne demeura exigée que pour le dommage en général, non pour la soustraction commise avec violence,. et la *rapina* n'en fut pas moins atteinte pour être l'acte d'un être seul (1).

326. Dans quels cas est donnée l'action *vi bonorum raptorum?*

Comme le *furtum*, la *rapina* ne s'applique qu'aux meubles (2).

Le préteur avait dit : « Vel cujus bona rapta esse dicuntur. » Mais on ne tenait pas compte du pluriel ; un seul objet enlevé donnait lieu à l'action (3), si peu important qu'il fût (4).

Le texte même de l'édit perpétuel prévoyait le délit commis par une seule personne.

327. Quelle est la nature et quel est l'objet de l'action ?

L'action était portée devant des *recuperatores* (5).

L'action *vi bonorum raptorum* était donnée au quadruple. Mais quelques jurisconsultes seulement enseignaient, au temps de Gaius (6), qu'elle était pénale pour le tout. L'opinion dominante était qu'il fallait la regarder comme mixte et tel est le caractère qu'elle garda définitivement (7). Ainsi le simple est dû comme il le serait en vertu d'une action *rei persecutoria* et le triple en sus l'est à titre de peine.

Il faut savoir d'abord quel est l'objet ou quels sont les objets ravis par la violence. S'il y a doute sur la quantité ou sur la valeur, le demandeur est admis à prêter serment, mais après taxation du juge (8).

Mais quelle est la valeur qu'il s'agit de multiplier par quatre ? La même question se pose sur la *rapina* que sur le *furtum*. Plusieurs interprètes ont pensé qu'elle avait été résolue différemment par le droit Romain, en se fondant sur ce texte d'Ulpien: « In hac actione intra annum utilem *verum pretium rei*

---

(1) V. Bethmann-Hollweg, § 96, note 76. — (2) L. 1 § 32, ff. *de Vi et de vi armata*, XLIII. 16, l. 1, C. *de Vi bon. rapt.* — (3) L. 2 § 11, ff. *ib.* — (4) Gaius. III, 209 ; *Inst., l. cit.*, pp. — (5) Cic., *l. cit.* — (6) IV, 8. — (7) L. 1, 5, C. *de Vi bon rapt.*; *Inst., l. cit.,* et IV. VI, 19. — (8) L. 9, C. *Unde vi*, VIII, 4.

quadruplatur, non etiam quod interest (1) — ce qu'on multiplie par quatre pendant une année utile, dans cette action,
c'est le vrai prix de la chose, et non l'intérêt du demandeur. »
Ce qu'on multiplie, dans l'action *furti*, c'est l'intérêt du demandeur ; dans l'action *vi bonorum raptorum*, ce serait la valeur
vénale de l'objet ravi (2) : « Nous ignorons le motif de cette
différence, » dit M. de Savigny. Mais M. Demangeat refuse,
avec raison, ce nous semble, d'admettre cette différence même
(3) ; il fait observer que les expressions dont Ulpien se sert
ici à propos de l'action *vi bonorum raptorum* sont celles qu'il
emploie ailleurs pour l'action *furti* (4), et il tire un très fort
argument de l'impossibilité où l'on est de justifier cette différence prétendue.

L'action est d'origine exclusivement prétorienne. Aussi,
d'après les principes généraux (5), ne dure-t-elle qu'une année
utile, en tant qu'elle est pénale ; après l'année écoulée, elle
n'est plus donnée que pour le simple, dans la mesure où elle
est *rei persecutoria* (6).

La condamnation sur l'action *vi bonorum raptorum* entraîne
l'infamie (7).

328. A qui est donnée l'action ?

En principe, l'action *vi bonorum raptorum* est donnée aux
mêmes personnes que l'action *furti*. Les jurisconsultes sont

---

(1) M. de Savigny, *Système*, App. XII, n. 12; M. Ducaurroy, t. II,
1147; M. Ortolan, n. 1740 ; M Maynz, § 355. — (2) « Elle (cette opinion)
est confirmée par une des scolies dont les Basiliques accompagnent ce
texte (la l. 2 § 13, ff. *Vi bon rapt.*) Mais le doute reste permis, car cette
scolie pose la même doctrine en ce qui concerne l'action *furti*. Or sur ce
dernier point le scoliaste se trompe certainement, de sorte qu'on peut bien
le soupçonner de s'être trompé aussi sur notre action. » (M Accarias,
Précis, t. II. p. 629. not. 3.) — (3) T. II, p. 395. — (4) L. 50 pp., ff. *de
Furtis*. — (5) Gaius, IV, 110 et 111; *Inst.*, IV, XII, pp.; l. 35, pp., ff.
de Obl. et act. — (6) L. 2 § 13, ff. *Vi bon rapt.*; ll. 1, 5, C. *ib.*; v. not.
la l. 2 : « intra annum quidem quo experiundi potestas fuit. » On ne
voit guère comment en fait la victime du délit pouvait exercer après
l'année l'action *vi bonorum raptorum*, puisqu'elle avait à sa disposition
les actions, soit *rei*, soit *pœnæ persecutoriæ* attachées au *furtum* et
qu'elle était sûre d'obtenir ainsi, outre la réparation du préjudice, l'a-
mende du double ou du quadruple. — (7) L. 4 § 5, ff. *de His qui notantur inf.*

disposés à l'accorder plus facilement encore, en haine de la violence.

Quand un esclave fugitif, après avoir acheté des objets, en est dépouillé par la violence, le maître a l'action, car il peut dire qu'il a ces objets *in bonis* (1).

Il n'est pas nécessaire que l'objet ravi appartienne à la personne qui intente l'action soit même *in bonis ejus ;* il suffit qu'il soit *ex bonis :* « Que la chose me soit prêtée, louée ou même engagée, qu'elle soit déposée chez moi, de telle sorte que j'aie intérêt à ce qu'elle ne soit pas ravie, que je la possède de bonne foi, qu'elle soit grevée d'un usufruit ou de quelque autre droit en ma faveur, de telle sorte que j'aie intérêt à ce qu'elle ne me soit pas ravie, on doit décider que cette action m'appartient; ce n'est pas à la propriété que nous nous attachons, mais à cette seule circonstance que la chose est supposée enlevée d'entre mes biens, *ex bonis meis*, c'est-à-dire de ma fortune (2). » Ulpien continue, en généralisant après avoir énuméré, et déclare que l'action est donnée dans toutes les hypothèses où une personne aurait l'action *furti*, si le délit avait été commis clandestinement ; mais on lui opposera, il le prévoit lui-même, qu'il a placé le dépositaire au rang des personnes qui auraient l'action ; aussi a-t-il eu soin d'ajouter : « S'il a intérêt à ce que la chose ne lui soit pas ravie. » Le dépositaire, par exemple, avait fait des dépenses sur la chose déposée; il lui importe de la pouvoir retenir ; cependant il n'aura pas l'action *furti* contre le voleur (3), mais il aura l'action *vi bonorum raptorum,* parce que le ravisseur ne craint pas de commettre son délit en public, au lieu de le cacher, et commet un *crimen publicum.* Un modique intérêt suffit pour faire accorder l'action *vi bonorum raptorum* (4).

Nous citerons une observation judicieuse de M. Demangeat : « Si l'on comprend bien qu'il y ait faute de la part du possesseur en cas de simple *furtum*, on le comprend moins facilement au cas de la *rapina*. Comment serais-je en faute pour

____

(1) L. 2 § 25, ff. *ib.* — (2) L. 2 § 22, ff. *Vi bon. rapt.; Inst.*, *l. cit.*, 2. — (3) *Coll. leg. Mos.*, X, II, 6. — (4) L. 2 §§ 23 et 24, ff. *ib.*

avoir cédé à une force supérieure ? La réponse est bien simple :
il arrivera souvent que *aliqua culpa præcesserit* (l. 1 § 4, ff.
de Obl. et act.) (1). »

Les jurisconsultes ne disent rien sur les conséquences de
l'action *vi bonorum raptorum* exercée par un détenteur responsable ; les règles du *furtum* recevraient sans difficulté
leur application ; le propriétaire, dont l'intérêt est garanti par
la responsabilité du détenteur, n'aurait pas l'action, à son tour,
contre le ravisseur ; la revendication et la *condictio* lui seraient
sans doute également refusées, à cause du caractère mixte
qui a été reconnu à l'action (2).

L'action est exercée par les héritiers et autres successeurs
de celui à qui l'objet a été ravi (3).

329. Contre qui est donnée l'action ?

L'action est donnée contre la personne *sui juris* qui a commis
le délit, dès que ce n'est pas une de celles qui ne peuvent être
poursuivies à raison d'un *furtum* (4).

Mais il faut qu'il y ait eu un délit réellement commis ; là où
l'intention coupable fait défaut, l'action n'a plus sa place. Celui qui ravit sa propre chose, son esclave fugitif, n'en est pas
tenu, sauf à être puni autrement (5) ; la même immunité n'est
pas accordée, dans le même cas, au créancier qui n'avait à se
prévaloir que d'un droit de gage (6). L'impubère incapable de
dol n'est pas plus tenu de l'action *vi bonorum raptorum* que
de l'action *furti* à raison de son fait personnel (7).

Si l'auteur du délit est *alieni juris*, celui qui l'a en sa
puissance est soumis à une action noxale, le préteur l'avait
formellement déclaré dans son édit (8) ; à ce titre, l'impubère
lui-même serait obligé (9).

---

(1) T. II, p. 396. — (2) V. M. Accarias, *Précis*, t. II, p. 630. — (3) L.
2 § 27, ff. *Vi bon rapt.* — (4) L'action est donnée contre la marâtre, *nover-
ca*, l. 5, C. *ib.* — (5) V. l. 7, C. *Unde vi*, VIII, 4 ; *Inst.*, *h. h.*, 1. —
(6) L. 2 § 18, ff. *Vi bon rapt.* ; l. 3, C. *ib.* — (7) L. 2 § 19, ff. *ib.* — (8) *Ead.*
l., pp. ; cf. l. 4, C. *ib.* — (9) L. 2 § 19, ff. *ib.* Même après l'année, quand
l'action n'est plus donnée qu'au simple et qu'elle semble devenir exclusivement *rei persecutoria*, elle peut encore être exercée *noxaliter*. L'abandon
n'empêcherait pas d'agir contre le maître personnellement, *quantum ad
eum pervenit*. Le maître qui a connu le fait de l'esclave et ne l'a pas empêché, en ayant le pouvoir, est tenu pour le tout. (L. 4, C. *de Nox. act.*
III, 4.)

Quand le délit est imputé à une *familia,* c'est-à-dire à plusieurs esclaves qui ont le même maître, il en est comme du *furtum* commis dans des conditions identiques ; le maître ne peut être tenu du chef de tous ses esclaves ; il a le choix entre ces deux partis, soit payer le quadruple, soit abandonner l'auteur ou les auteurs du délit. Le demandeur, de son côté, n'a qu'à prouver que le délit a été commis et par la *familia,* et il n'a pas besoin de faire cette preuve contre tel ou tel esclave déterminément (1).

L'esclave affranchi peut être poursuivi pendant l'année, mais si son maître ne l'a pas été (2).

Les actions pénales ne sont pas données contre les héritiers du délinquant. Cette règle générale s'applique à l'action *vi bonorum raptorum.* Il n'y a même pas lieu d'accorder celle-ci dans la mesure de l'enrichissement, la *condictio furtiva* pouvant être intentée (3).

Le complice dont le dol a permis de commettre le délit est tenu de l'action (4).

330. Comment s'éteint l'action ?

Nous avons vu que, après une année utile, elle ne peut plus être exercée qu'au simple.

Dans le cours de l'année, la restitution volontaire de l'objet ne permet pas d'éviter la peine (5).

331. Le fait qui donne lieu à l'action *vi bonarum raptorum* est un *furtum.* La victime du délit peut exercer tous les droits qui appartiennent à une personne volée.

Il lui sera donc permis d'intenter l'action *furti,* purement pénale ; elle y aura tout avantage, quand elle pourra réclamer la peine du *furtum manifestum,* le quadruple, en dehors duquel elle conserve ses actions *rei persecutoriœ* (6); au con-

---

(1) *Ead.* l. 2 §§ 14-16. — (2) L. 3. *h. t.*; v. Cujas, *in lib. LV. Paul. ad Ed.,* ad *h. l.* — (3) *Ead. l.* 2 § 27, ff. *ib.* La *condictio furtiva* n'est donnée qu'au propriétaire. Elle ne saurait tenir lieu pour un non-propriétaire de la partie *rei persecutoria* contenue dans l'action *vi bonorum raptorum.* Le non-propriétaire aurait-il cette action au simple contre les héritiers du délinquant ? — (4) L. 80 § 4 , ff. *de Furtis.* — (5) L. 2 § 26, ff. *vi bon rapt.* — (6) L. 80 § 3, ff. *de Furtis.* V. Cujas, ad *lib. XI, Quæst. Pap.,* ad *h. l.*; cf. l. 52 § 30, *ib.,* où l'on voit comment on distingue la *rapina* du *furtum manfestum.*

traire, l'action *vi bonorum raptorum* est plus avantageuse
pour elle que l'action *furti nec manifesti*, puisqu'elle lui fait
obtenir le triple, au lieu du double, à titre de peine ; mais cet
avantage disparaît quand l'année utile est passée et l'action
furti nec manifesti est désormais la seule au moyen de laquelle
une peine puisse être obtenue. En tout cas, la victime de la
rapina est traitée aussi bien que celle du *furtum*, et elle peut
l'être mieux (1).

L'une des deux actions peut-elle être exercée, quand l'autre
l'a déjà été ? En principe, il faut répondre négativement, mais
sous une réserve ; si l'action *furti nec manifesti* a été exercée
la première, il sera encore permis d'agir *vi bonorum raptorum*,
pour obtenir la différence ; telle est la décision énoncée dans
les textes (2). A l'inverse, il faudrait décider que, après l'action
vi bonorum raptorum, l'action *furti manifesti* serait encore accordée, à raison de la différence du triple au quadruple.
Les peines ne doivent pas être cumulées ; mais la plus haute
peut toujours être atteinte.

D'un autre côté, la victime du délit a les actions *rei persecutoriæ* qui naissent à l'occasion du vol, revendication et *condictio* (3). La première ne saurait être paralysée par l'usucapion (4), la loi Julia et Plautia le décidait formellement (5).

Mais le caractère mixte de l'action *vi bonorum raptorum*
ne permet pas de croire que, une fois exercée, elle ne fît pas
perdre les actions *rei persecutoriæ*, et, si la victime du délit

---

(1) L. 2 § 10, ff. *Vi bon. rapt.*; *Inst.*, pp., *h. t.* — (2) L. 1, ff.
ib., l. 88, ff. *de Furtis.* Cf. Cujas, *Paratitla* in C. IX, 33; il montre
que le *raptor* a été plus sévèrement traité que le *fur*. *N. o.* la l.
32, ff. *de Oblig. et act.*, XLIV, 7; en admettant que la doctrine du cumul
ait prévalu dans le cas où plusieurs actions pénales naissent d'un même fait,
la limitation à ce que donne la plus avantageuse a pu être maintenue,
quand les divers délits réunis dans un fait unique portent atteinte,
comme ici, à un même genre d'intérêt. — (3) L. 2 § 26, ff. *Vi bon rapt.*
Cf., en ce qui touche la *condictio*, l. 1 § 1, ff. *de Condictione triticaria*,
XIII, 3 ; mais il semble qu'il y ait eu quelque difficulté sur ce point, et
Ulpien invoque l'autorité de Julien pour donner la *condictio* dans le cas
qui nous occupe, l. 10 § 1, ff. *de Cond. furt.* — (4) L. 6, ff. *Vi bon rapt.*
— (5) Gaius, III. 45; *Inst*, III, VI, 2: l. 4 § 22, l. 33 § 2, ff. *de Usurp.*
Le vice est purgé comme celui du *furtum*, l. 86, ff. de *Furtis*, l. 6, ff.
Vi bon. rapt. l. 4, C. *de Usuc. pro emptore ; Inst.*, l. cit.

avait commencé par celles-ci, elle ne pouvait plus intenter la première que pour obtenir la peine.

332. On comprend que le fait qui consiste à ravir la chose d'autrui par la violence, *rapina*, soit distingué de celui qui consiste à la manier frauduleusement, *furtum*. Ce n'est pas que le premier ne présente tous les caractères du second, mais il s'y rencontre une circonstance de plus, la violence, et elle est assez importante pour le faire classer à part et punir plus sévèrement (1).

Mais la punition est-elle en effet plus sévère? C'est au contraire de faiblesse que Heineccius taxe le droit Romain en cette matière. Qu'est-ce que cette peine du quadruple pour un délit si grave? Puisqu'elle est mixte, elle est inférieure à celle du *furtum manifestum*; de combien est-elle supérieure à celle du *furtum nec manifestum?* Le préteur n'aurait-il pas en réalité regardé la violence comme moins dangereuse que la fraude, la première pouvant être repoussée par un homme courageux, tandis que le plus sage et le plus brave ne sauraient éviter la seconde (2)? Ou bien n'aurait-il pas songé beaucoup plus à la sécurité publique qu'à l'intérêt privé, en établissant ici la peine du quadruple, ce qui expliquerait qu'il n'eût pas recherché une exacte proportion entre les deux répressions (3)?

Cette seconde explication nous paraît vraisemblable. D'après le témoignage de Cicéron, ce n'était pas la répression du vol, mais celle du *damnum injuria datum* que le préteur Lucullus avait jugée insuffisante dans certains cas; ce n'était pas la soustraction commise avec violence, c'était en général le dommage causé avec violence par des hommes rassemblés qu'il avait voulu transmettre à une peine spéciale. Les circonstances changèrent: l'ordre matériel finit par se rétablir aux dépens de la liberté politique; mais, si vigilante que soit la police, il n'est pas de société qui n'ait à craindre des attentats isolés à la propriété : le délit propre de *rapina* res-

____

(1) V. not. *Inst.* IV, II, 1. — (2) Heineccius, sur Vinnius ad *Inst.*, *l. cit.*, pp. — (3) Id., *Antiq. Rom.*, ad *Inst.*, *l. cit.* 3; v. une note de Mühlenbruch, sur ce passage d'Heineccius.

sortit, se détacha, prit une place de plus en plus importante
en face du simple *furtum;* les deux peines furent combinées
dans la pratique de telle sorte que la plus forte fût toujours
appliquée à celui qui avait volé en usant de violence.

D'autres moyens de répression étaient, d'ailleurs, fournis
par le droit contre l'emploi de la violence ; ils suppléaient à
ce que l'action *vi bonorum raptorum* pouvait avoir d'insuffisant.

§ 2. *Du* JUDICIUM PUBLICUM LEGIS JULIÆ DE VI PRIVATA.

333. L'emploi de la violence donne, par lui-même, lieu à un
judicium publicum, organisé par la loi Julia, *de vi privata,*
quand le coupable n'est pas armé ; ce *judicium* entraine la
confiscation du tiers des biens et des incapacités qui constituent une espèce d'infamie (1).

§ 3. *Du* JUDICIUM PUBLICUM LEGIS JULIÆ DE VI PUBLICA *et de l'emploi
des armes par les voleurs.*

334. L'emploi de la violence donne lieu à un *judicium
publicum,* établi, soit par la même loi Julia, soit par une autre,
quand le coupable est armé ; ce *judicium* entraîne, à l'origine, l'interdiction de l'eau et du feu ; dans le droit de Justinien, la déportation, forme postérieure de la même peine (2).

Quelques jurisconsultes avaient pensé que l'action *vi bonorum raptorum* ne pouvait être intentée avant l'un ou l'autre de
ces *judicia publica,* mais l'opinion contraire avait prévalu (3).

(1) L. 1 pp., ff. *ad legem Juliam de vi privata,* XLVIII, 7; *Inst.,* IV
XVIII, 8. — (2) L. 10 § 2, ff. *ad legem Juliam de vi publica* XLVIII,
6 , *Inst. , ib.* « A côté de ces expatriations volontaires vinrent
se placer, déjà du temps de la République, des décrets d'exil rendus par
le peuple à titre de peine, avec interdiction du feu et de l'eau. Les empereurs y joignaient fréquemment l'assignation de domicile dans une île
désignée. L'exil ou l'interdiction de l'ancien droit ainsi que la déportation furent donc maintenus simultanément comme étant des pénalités à
peu près de même nature. La déportation était cependant d'un usage plus
fréquent. » (Walter, § 823.) — (3) L. 2 § 1, ff. *ib.*

Quel que fût l'ordre suivi, l'emploi de l'une des procédures ne pouvait faire perdre le droit de recourir à l'autre. Aurait-il été admis que le *judicium publicum*, exercé par un tiers, enlevât à la victime du délit le bénéfice que lui assurait la peine privée ? et, d'un autre côté, comment celle-ci, en usant d'un moyen qui lui permettait de rétablir et d'accroître sa fortune, aurait-elle empêché les juges de prononcer un châtiment, d'une tout autre nature, qu'exigeait l'intérêt social (1)?

Les deux *judicia publica* frappaient le créancier qui s'emparait d'objets appartenant à son débiteur sans y être autorisé par celui-ci ni par le juge (2). En outre, il perdait son droit de créance, d'après un décret de Marc-Aurèle (3). Il n'en devait pas moins rester soumis à l'action *vi bonorum raptorum*.

335. L'emploi des armes exposait encore les voleurs à d'autres modes de poursuite et de châtiment.

Tout voleur qui s'est défendu avec une arme, avec un objet pouvant être qualifié *telum* (4), mais sans blesser personne, est puni, s'il est du peuple, des mines ; s'il est *honestior*, de la rélégation (5).

Quiconque marche porteur d'une arme avec l'intention de commettre un vol tombe sous le coup de la loi Cornelia *de sicariis* (6). Cette loi, rendue sur la proposition de Sylla, dans un temps de troubles et de crimes, établissait un *judicium publicum* contre les assassins. Il n'est pas nécessaire de supposer que le vol soit réalisé ni que l'arme ait servi ; la tentative est punie, que le porteur ait eu l'intention de commettre un meurtre ou seulement celle de voler. Les peines portées par la loi Cornelia étaient la déportation dans une île et la confiscation générale des biens ; mais, à l'époque classique, elles sont remplacées par la peine de mort, du moins à l'égard des *humiliores*,

---

(1) V. Pothier, ad *eumd. tit.* n. I. note *c.*; M. Demangeat, t. II, p. 394; M. Accarias, t. II, p. 629, note 5. — (2) L. 8, ff. *ad. leg. Jul. de vi privata.* — (3) L. 7, *ib.*; cf. l. 13, ff. *Quod metus causa*, IV, 2.— (4) Sur le sens des mots *arma telum* ll. 9, 11 § 1, *ad leg. Jul. de vi publ.* l. 3 § 2, ff. *de Vi et de vi armata; Inst.*, IV, XV, 6 ; Paul, *Sent.*, V, III, 2. Cf. Cujas, ad *lib. VII Pauli ad Ed.*, ad l. 9, ff. *ad leg. Jul. de vi publ* — (5) L. 1 ff., *de Furibus balneariis.*— (6) L. 1 pp., ff. *ad legem Corneliam de Sicariis*, XLVIII, 8. Cf. Paul, *Sent.*, V, XXIII, 1; *Coll. lég. Mos.*, I, III, 1 et 2.

qui sont livrés aux bêtes ; la déportation dans une île est maintenue à l'égard des *honestiores* (1).

336. L'emploi des armes vient aggraver encore les faits déjà punis plus sévèrement que le vol simple à cause de circonstances aggravantes, le vol avec effraction, par exemple (2), et il va jusqu'à faire encourir le dernier supplice. Ceux qui, au milieu d'un incendie, recourent aux armes pour s'emparer du butin ou pour écarter le propriétaire (3) sont également punis de mort.

§ 4. *Des* EXPILATORES, *des* GRASSATORES, *des* LATRONES.

337. Diverses expressions, à chacune desquelles il n'est pas possible d'attribuer un sens parfaitement précis et qui rentrent souvent les unes dans les autres, désignent les voleurs qui font l'emploi le plus coupable et le plus habituel de la violence et des armes, et qui sont le plus sévèrement punis.

338. Les *expilatores* sont « des voleurs plus atroces, » dit Ulpien (4). Pothier propose *détrousseurs* et *pillards* pour rendre ce mot en français. Le propre des *expilatores*, c'est de dépouiller complètement une personne (5).

Ils sont condamnés aux travaux publics, soit à perpétuité, soit à temps ; les *honestiores*, toutefois, sont dégradés temporairement ou reçoivent l'ordre de quitter leur patrie. Ulpien observe que les rescrits impériaux n'ont établi aucune peine spéciale contre eux, parce que celui qui juge l'affaire statuera librement après en avoir pris connaissance. Tel est le caractère de toute *cognitio extraordinaria*.

339. Les *grassatores* sont ceux qui attaquent avec le fer et dépouillent les personnes ; quand ils ont l'habitude de ce crime et qu'ils s'y livrent sur les routes, ils sont nécessaire-

---

(1) L. 3 § 5, ff. *ib.* — (2) L. 1 *cit.*, *de Furibus balneariis.* — (3) L. 3 § 5, ff. *ad leg. Jul. de vi publica.* — (4) L. 1 § 1, ff. *de Effractoribus et expilatoribus*, XLVII, 18. — (5) Pothier, ad *eumd. tit.* III. note *e.* Leur nom, d'après Asconius, *in Verr.* II, vient de ce qu'ils ne laissent pas un poil sur le corps ; cf. Cujas, *Obs.*, XV, 11.

ment mis à mort, autrement la condamnation à mort peut encore être prononcée, mais peut aussi être remplacée par la relégation dans une île (1).

340-347. Des *latrones*.

340. Les *latrones*, brigands, ne sont pas toujours confondus avec les *grassatores ;* ces derniers sont appelés *prox mi latronibus* (2).

Le *latrocinium*, si souvent nommé dans les textes, n'est nulle part défini. Ce n'est pas seulement le fait des gens qui se réunissent avec des armes pour attaquer, briser, forcer les maisons de ville et de campagne (3) ; il peut être certainement commis par des gens isolés : il suppose, avec l'usage des moyens les plus violents, l'adjonction des circonstances les plus graves, l'attaque sur les routes, soit pendant le jour, soit surtout pendant la nuit. Les Romains savent ce qu'il faut entendre par ce mot, puisqu'ils en usent constamment comme d'un terme de comparaison, quand ils veulent déterminer la nature et la peine de certains délits, mais ils ne nous l'ont pas dit (4).

341. Le brigandage est ancien en Italie. Ne remontons pas dans l'histoire romaine au delà de l'an 567 de la Ville. Le préteur Postumius, envoyé à Tarente, eut à connaître d'une « conjuration des pasteurs, qui infestaient par leur brigandage les chemins et les pâturages publics. » Il se montra sévère et en condamna sept mille ; beaucoup prirent la fuite, mais beaucoup aussi furent mis à mort (5). On n'était pas à Rome, ce n'était pas contre les Romains qu'on avait à sévir, les pouvoirs des magistrats étaient illimités. Il semble bien que, conformément à ce précédent, le brigandage fut toujours puni du dernier supplice.

---

(1) L. 28 § 10, ff. *de Pœnis*. — (2) *Ib.* — (3) Faits prévus par les L. 3 § 2, et 11 pp., ff. *ad leg. Jul. de vi publ.* — (4) Festus, v° *Latrones*, se contente de dire que ce mot vient de *latere*. Cf. Nonius Marcellus, v° *Latrocinari*, qu'il définit *militare mercede* et à l'appui duquel il cite deux exemples, un de Plaute et un autre d'Ennius. Matthœus dit (*de Vi bon. rapt.*, I), « Olim illi latrones dicebantur qui mercede conducti militabant. (Ce mot venait de λατρεύειν) nunc viarum obsessores dicumtur quod a latere adoriuntur, vel quod latenter insidiantur. » — (5) T. L., XXXIX, 29

Les brigands s'étant multipliés en Italie après les guerres civiles, Auguste (1) disposa des *stationes*, des postes commandés par des *latrunculatores*. Tibère conserva cette institution, puis l'étendit aux provinces. C'est encore pour combattre le brigandage que l'empereur Auguste fit remplacer les routes dont les détours et les précipices le favorisaient par de grandes voies larges et commodes (2). Cujas rapporte encore au brigandage une institution dont parle Aristote, qu'Alciat a connue dans quelques parties de l'Italie, qui fut introduite en Syrie par le procurateur Cumanus (3), la responsabilité collective des habitants d'un bourg, quand les brigands ne sont pas arrêtés.

342. C'est contre les brigands que le droit de légitime défense est le plus largement admis : « S'il est permis de tuer le voleur de nuit, que dire du brigand ? » — « Comment le meurtre de celui qui dresse des embûches et du brigand pourrait-il être injuste ? » dit Quintilien (4). La légitime défense, de plus en plus restreinte à l'égard du voleur ordinaire, demeure tout entière, quand il s'agit du brigand, jusqu'au temps du Bas-Empire (5).

343. Le crime de brigandage est si dangereux que le magistrat doit rechercher d'office ceux qui le commettent (6). Antonin le Pieux rendit comme président de la province d'Asie, un édit qui devint fondamental, *caput mandatorum* ; il prescrivait à des officiers, appelés *irénarques*, d'arrêter les brigands, de les interroger sur leurs complices et sur ceux qui les recélaient, d'envoyer ensuite aux magistrats les interrogatoires écrits et scellés ; les magistrats ne pouvaient pas cependant se dispenser toujours de faire venir les accusés, mais alors ils devaient entendre ceux-ci comme si les choses eussent été entières ; les irénarques pouvaient aussi être mandés pour

---

(1) Suétone. *Augusti Vita.* 32. — (2) Strabon, IV, VI, 6 ; v. Cujas, *Obs.*, XIX, 11.— (3) Josèphe. *de Bello Jud.* liv. II, XII, 2. Cet auteur ne parle pas d'une institution proprement dite. Il rapporte seulement que, le bagage d'un esclave impérial ayant été pillé, Cumanus rendit les habitants des bourgs voisins du lieu où le fait s'était passé responsables de ce qu'ils n'avaient pas arrêté les brigands, et les fit amener devant lui chargés de chaînes. — (4) *Inst. or.*, V, 10 et 14. — (5) L. 1, C. *Quando liceat unicuique.* — (6) L. 4 § 2, ff. *ad legem Juliam peculatus.*

soutenir leur rapport (1). Sous le Bas-Empire, les brigands arrêtés en flagrant délit sont, comme les autres criminels du reste, conduits devant les défenseurs des cités qui les renvoient avec les accusateurs devant les juges compétents (2).

344. Une fois un accusé convaincu du crime de brigandage, le magistrat prononce une peine sévère, *gravem sententiam*, (3) ; la peine la plus usitée était celle du crucifiement, puis, quand ce mode de supplice, devenu saint après avoir été infamant, eut été abandonné, la pendaison ; le spectacle de leur supplice devait servir d'exemple à ceux qui auraient été tentés de les imiter, de consolation aux parents de leurs victimes ; il y avait eu des exemples de brigands condamnés aux bêtes (4).

345. Justinien, dans ses Novelles, s'est à plusieurs reprises, occupé du brigandage. Quand il réforme l'institution des *préteurs du peuple* (5), il parle des marchés que les juges concluaient avec les brigands et les autres criminels, notamment avec les coupeurs de bourses. Il prescrit aux gouverneurs des provinces de réprimer les brigandages et tous les actes qui ont pour objet de s'emparer du bien d'autrui, femmes, bêtes de charge, choses quelconques ; il signale particulièrement les forfaits de ce genre commis par les intendants des hommes puissants sous le couvert des querelles locales, à la grande indignation de tous. Cependant, il supprime, comme inutiles, les fonctionnaires spécialement affectés à la poursuite des brigands, non sans se demander par moments s'il a raison de se fier à la magistrature ordinaire, et pour rendre plus efficace l'action de celle-ci, il réunit, comme en Pisidie, tous les pouvoirs, civils et militaires, dans les mains du gouverneur (6).

346. Pour atteindre le brigandage, le droit Romain ne

______

(1) L. 6 § 1, ff. *de Custodia et exhibitione reorum*, XLVIII, 3. D'après Voet, ad *h. t.. latrones* signifie ici *malfaiteurs* en général. — (2) L. 7, C. *de Defens. civ.*, II, 55.— (3) L. 7, ff. *de Incendio, ruina*, XLVII, 9. (4) L. 28 § 13, ff. *de Pœnis*. Voet, ad *tit. ad Leg. corn. de sic.* 8 ; Fabrot, *Enarratio ad Cuj. Paratitla*, in C. IX, 20, citant Julius Firmicus, *Math.* VI, 31, et St-Augustin, *de Lib. arb.*, 9. — (5) Nov. XIII, c. 4. — (6) Nov. VIII, c. 13, XXIV ; c. 1; XXVIII, c. 6 ; XXIX, c. 5 ; XXX, c. 5 et 7.

s'est pas contenté de punir les brigands ; il a frappé ceux qui leur donnent asile et leur procurent les moyens de s'échapper, les *receptatores* :« C'est une détestable espèce d'hommes que celle des *receptatores* ; sans eux personne ne pourrait demeurer longtemps caché. Il est prescrit de les punir comme les brigands. Ils doivent leur être assimilés, parce que, pouvant les prendre, ils les laissent aller pour de l'argent ou pour une part dans les choses dérobées (1). » Les parents ou alliés qui donnent asile aux brigands sont moins sévèrement punis, sans être absous (2).

Valentinien, Valens et Gratien posent cette règle générale que ceux qui cachent les auteurs d'un crime deviennent leurs complices et sont punis comme eux; ils ajoutent : « Quiconque reçoit sciemment des brigands et tardera à les dénoncer aux juges sera puni d'une peine corporelle ou pécuniaire, d'après sa condition et l'estimation du juge (3). »

Une longue constitution de Marcien (4), traite de l'asile donné sur un bien, soit à des brigands, soit à tous autres criminels. Le propriétaire ou ceux qui le remplacent doivent les dénoncer spontanément ; sinon, ils seront poursuivis civilement pour être condamnés à les livrer et le juge qui prononcera cette sentence leur infligera en même temps une peine. S'ils tardent à les représenter, le recteur de la province enverra la force publique civile pour s'emparer d'eux. Si le nombre ou l'audace des criminels font craindre que la force publique civile ne soit insuffisante, le magistrat recourra à la force militaire, mais il est prévenu qu'il s'exposerait à une peine très sévère dans le cas où il emploierait ces divers moyens contre un innocent, en dehors du cas prévu. Le propriétaire voit son bien confisqué, ceux qui le remplaçaient sont condamnés à un exil perpétuel ; la peine est la même pour ceux qui ne dénoncent pas spontanément et pour ceux qui tardent à exhiber les coupables après avoir été avertis. S'ils disent qu'ils sont eux-mêmes impuissants, le recteur enverra

---

(1) L. 1, ff. *de Receptatoribus*. XLVII, 16; cf. Paul, *Sent.*, V, III, 4. — (2) L. 2, *eod. tit.*— (3) L. 1, C. *de His qui latrones vel aliis criminibus reos occultaverint*, IX, 39. — (4) L. 2, *ib.*

à leur secours la force civile ou même requerra la force militaire. Si l'innocence de ceux qui sont exhibés est reconnue, les accusateurs sont punis comme calomniateurs, pour avoir exposé des innocents sous prétexte de rechercher un brigand (1).

347. Le *latrocinum*, le *latro* sont très souvent opposés au *furtum*, au *fur* dans les textes romains. Ils représentent la force majeure, une force à laquelle nul homme ne peut résister. Ils déchargent celui qui les subit de toute responsabilité envers autrui (2).

ART. II. DES VOLS AVEC EFFRACTION, AVEC ESCALADE OU SOUS LE COUVERT DES ARTS DÉFENDUS.

348. Les *effractores* sont punis, en principe, comme les *expilatores*. Marc-Aurèle avait condamné pour ce crime un chevalier romain à rester pendant cinq ans éloigné de Rome, de l'Italie, ainsi que de la province d'Afrique, dont il était originaire (3).

Le crime devenait plus grave, quand il était commis la nuit ; le coupable était frappé de verges, puis envoyé aux mines (4).

349. Les *directarii* sont ceux qui se dirigent vers les appartements d'autrui (5), par les toits, au moyen de l'escalade.

350. Les *saccularii* sont ceux qui, exerçant des arts défendus, c'est-à-dire la magie, *in sacculo*, tantôt escroquent et tantôt soustraient le bien d'autrui (6). Ce sac est-il celui contre

---

(1) Sur les *receptatores* ou *receptores* en général , c'est-à-dire sur ceux qui recueillent ou cachent le produit ou l'auteur d'un délit quelconques, v. Rein, p. 346 et suiv. — Sur l'emploi de la force publique civile ou militaire, v. la correspondance échangée entre Trajan et Pline, Pl.*Ep.* X, 30. — (2) L. 52 § 3, ff. *Pro socio*, l. 1 § 4, ff. *de Obl. et act.*, 1. 6, C. *de Pign. act.*, IV, 24 ; *Coll. leg. Mos.*, X, VII, 4 et 9. — (3) L. 1 § 2, ff. *de Effractoribus.* — (4) L. 2, ib. — (5) L. 7, ff. *de Extr. crim.* Pour Cujas (*Obs.*, X, 27), les *directarii* sont les mêmes que les *effractores.* Sur les difficultés que présente l'explication de ce mot, v. Rein, p. 318 et note. Paul, V, IV, 8, les distingue de ceux qui entrent, même par force, dans les maisons et qui tombent sous le coup de la loi Cornelia *de injuriis.* Cf. l. 2 § 7, ff. *de Furtis.* — (6) L. 7, ff. *de Extr. crim.*

lequel s'exercent les arts prohibés, ou plutôt la coupable industrie dont ils ne paraissent être que l'instrument ? Telle est la pensée de Cujas ; d'après lui, les *saccularii* sont les magiciens persuadant à une dupe que c'est leur art ; quand c'est leur main qui fait disparaître les écus de son sac (1).

Directarii et *saccularii* sont aussi punis en principe comme les *expilatores* (2), le magistrat ayant du reste toute latitude au-dessous d'un *maximum*, des travaux publics, si les coupables sont des plébéiens, de la rélégation, si ce sont des *honestiores*. Ils peuvent être renvoyés après avoir reçu des coups de bâton (3).

SECTION II

DU TEMPS DANS LEQUEL LE FAIT A ÉTÉ COMMIS.

351. Nous avons vu la légitime défense admise par le droit primitif dans la plus large mesure, jusqu'à la mort violente, puis restreinte au cas où la vie du propriétaire avait été menacée par les armes dont le voleur était porteur.

Les voleurs de nuit sont jugés *extra ordinem* et punis après examen de la cause ; le magistrat ne doit pas prononcer une peine plus sévère que les travaux publics à temps (4). Cette règle, qui tient si peu de place dans les textes du droit Romain, avait peut-être une grande importance en pratique. Paul ne dit-il pas, d'après Labéon, que la plupart des vols se commettent la nuit (5) ?

Quand à des circonstances déjà aggravantes par elles-mêmes s'ajoute celle de la nuit, l'aggravation de la peine s'élève en conséquence : le voleur peut être qualifié brigand et puni de mort.

(1) *Obs.*, X, 27. — (2) L. 1 § 2, ff. *de Effractoribus*. — (8) L. 7, ff. *de Extr. Crim.* — (4) L. 1, ff. *de Furibus balneariis*, XLVII, 17. Sur les différents noms donnés aux voleurs de nuit, v. Ant. Matthæus, *de Furibus balneariis*, I, 1. — (5) L. 1, pp., ff. *de Furtis*.

SECTION III.

DU LIEU DANS LEQUEL LE FAIT A ÉTÉ COMMIS.

352. *Des vols commis dans les bains.*

Les vols commis dans les bains sont punis comme les vols de nuit (1). Tel est le principe. Sur l'application, nous avons ici plus de détails . Les peines ordinaires sont celles des mines ou des travaux publics ; mais les faits de ce genre étaient si fréquents que ceux qui prononçaient descendaient quelquefois au-dessous (2).

La poursuite *extra ordinem*, à raison de ce genre de vols, n'entraîne pas l'infamie proprement dite ; le soldat qui a été surpris en commettant un vol est congédié avec ignominie (3).

Une *coercitio extraordinaria* attend les *capsarii*, qui, pour une *merces*, gardent les vêtements des baigneurs, quand ils les volent (4).

353. *Des vols commis dans les tombeaux.*

Les présidents prononcent des peines sévères contre ceux qui dépouillent les cadavres, surtout quand ils attaquent les tombeaux à main armée ; la distinction avait été prononcée par Septime-Sévère ; ceux qui employaient les armes étaient assimilés aux brigands et punis de mort ; les autres pouvaient être condamnés aux mines (5).

Paul fait ici la distinction que nous avons si souvent rencontrée ; les coupables, suivant leur qualité, sont punis des mines ou déportés dans une île (6).

354. Nous verrons ailleurs comment il faut traiter le vol commis dans les temples.

---

(1) Ib.; cf. *Coll.* VII, IV, 1. — (2) Paul. *Sent.*, V, 5 ; v. Cuj., in *h. t.*
— (3) L. 3, ff. *de Fur. baln.* — (4) L. 3 § 5, ff. *de Off. præf. vig.* —
(5) L. 3 § 7, ff. *de Sepulcro violato*, XLVII, 12. — (6) *Sent.*, I
XXI, 5; v. aussi l. 2, C. *ib.*, IX, 19.

SECTION IV

DU VOL COMMIS AU MILIEU D'UN DÉSASTRE.

De Incendio, ruina, naufragio, rate, nave expugnata (1).

355. Quatre hypothèses ont été prévues dans un même chef par le préteur, celle d'un incendie, celle où une maison s'écroule, celle d'un naufrage, celle d'une attaque contre un bateau ou contre un navire. Toute soustraction faite avec ou sans violence à la faveur d'une de ces circonstances donne lieu à une action spéciale. On comprend sans peine qu'une sévérité plus grande soit déployée contre ceux qui profitent d'un désastre, en supposant même qu'ils n'en soient pas les auteurs, pour dépouiller des malheureux, au lieu de les secourir dans leur lutte contre les éléments (2).

356. A propos de la maison qui brûle ou qui s'écroule, des deux premiers cas, Ulpien fait observer que la disposition de l'édit doit embrasser tous les lieux où s'étendent et la catastrophe et le désordre qui en est la suite ; le préteur avait dit : *Ex incendio*, et l'on entendait cette expression comme signifiant : *propter incendium* (3).

Les jurisconsultes énumèrent les divers moyens qui peuvent être employés pour attaquer un bateau ou un navire (4).

Ils se montrent disposés à étendre l'édit. L'extension parait toute naturelle, quand il ne s'agit que d'un navire qui a été brisé, au lieu de subir un naufrage ou d'être assailli de vive force (5). Elle aurait pu rencontrer plus d'objections, et cependant Labéon l'admettait déjà comme équitable, dans l'hypothèse où c'était une maison, soit de ville, soit de campagne, qui était attaquée, le brigandage s'exerçant aussi bien dans les habitations que sur mer (6).

---

(1) ff. XLVII, 9. — (2) L. 1 § 1, *ib.* ; cf. Paul. *Sent.*, V, III, 2. —
(3) *Ead.* l. §§ 2 et 3. — (4) L. 3 § 1, l. 6, *ib.* — (5) L. 3 § 6, *ib.* —
(6) *Ead.* l. § 2; cf. Paul. *Sent.*, *l. cit.*, 3.

357. Il faut que le délit et le désastre soient simultanés. Si un objet est volé ou ravi par force après avoir été sauvé de l'accident et transporté dans un lieu différent, il n'y a plus lieu qu'aux actions *furti* ou *vi bonorum raptorum*, selon les cas, surtout quand l'accident était ignoré du coupable (1). Cette réserve montre que la décision avait pu être contestée et soumise à une distinction. C'était principalement à propos du naufrage qu'on avait l'occasion de poser la question et qu'on éprouvait quelque embarras à la résoudre ; mais l'opinion dominante était que l'édit regardait seulement le cas du délit commis au moment même du naufrage ou immédiatement après, et que les actions *furti* et *vi bonorum raptorum* devaient s'appliquer, « si quelque temps s'était écoulé depuis. » La même décision était donnée pour le quatrième cas, celui du bâtiment attaqué (2).

358. « In eum qui quid... rapuisse... dicetur, » avait dit le préteur (3). Mais les jurisconsultes entendaient aussi largement les faits qui donnaient lieu à l'action que les cas dans lesquels elle prenait naissance.

La simple soustraction rentra sous l'application de l'édit (4).

Mais il est évident que l'édit laissait en dehors les propriétaires qui reprenaient leur bien (5).

359. L'édit prévoyait expressément un autre fait, *recepisse* (6); les recéleurs sont aussi coupables que les agresseurs eux-mêmes ; mais il n'y avait pas de recel punissable sans dol ; l'édit contenait les mots *dolo malo* sur lesquels insistaient les jurisconsultes (7).

360. L'action, probablement portée devant des récupérateurs (8), est donnée au quadruple pendant une année, à partir du jour où la victime du délit a pu agir, au simple, après l'expiration de l'année (9).

Elle est donnée aux héritiers de la victime, et ceux du coupable n'en sont tenus que dans la mesure de l'enrichissement que leur a procuré le délit (10).

---

(1) L. 5, *ib.* — (2) *Ib.* l., 1 § 5, ll. 2 et 3, pp. *ib.* — (3) L. 1, pp., *ib.* — (4) L. 3 §§ 4 et 5, l. 5, *ib.* — (5) L. 12, pp., *ib.* — (6) L. 1 pp., *ib.* — (7) L. 3 § 3, *ib.* — (8) Rudorff, § 87, note 10. — (9) L. 1 pp., *ib.*; cf. l. 18. C. *de Furtis* ; Paul, *Sent.*, *l. cit.*, 2. — (10) L. 4 § 2, *ib.*

Le préteur avait prévu, dans l'édit même, le cas où le délit était commis, soit par un esclave, soit par une *familia*, pour le soumettre aux règles que nous avons étudiées.

Sous Claude, un sénatus-consulte porta que celui qui aurait, dans un naufrage, enlevé, en tout ou en partie, les clous (1) d'un navire serait tenu, à raison de tous les objets se trouvant sur ce navire (2).

361. Y avait-il lieu, dans les circonstances pour lesquelles était fait l'édit *de incendio*, aux actions *furti* et *vi bonorum raptorum* ? C'est ce qui paraît probable. Mais on n'arriverait jamais qu'à donner un choix à la victime, tout au plus à lui permettre d'obtenir la peine la plus haute, non les peines cumulées. Il faudrait dire de l'édit *de incendio* en concours avec l'action *furti* ce que nous avons dit de l'édit *vi bonorum raptorum* dans la même situation. A plus forte raison les deux actions *de incendio* et *vi bonorum raptorum*, ayant et la même origine et le même caractère et la même étendue, semblent-elles n'avoir pu s'exercer l'une après l'autre.

362. Les faits donnaient aussi lieu a des accusations criminelles (3).

Un sénatus-consulte appliqua les peines de la loi Cornelia *de sicariis* à ceux qui auraient fait disparaître par violence des naufragés, pour empêcher de porter secours, soit à eux-mêmes, soit à leur navire en détresse et condamna toute personne convaincue d'avoir dérobé le bien des naufragés ou de s'être procuré dolosivement un bénéfice quelconque à leur détriment à payer au fisc autant qu'à la victime du délit (4).

Antonin le Pieux ordonna par un rescrit de punir *extra ordinem* et de la manière la plus sévère ceux qui auraient fait violence aux matelots pour s'approprier les dépouilles du naufrage (5).

Caracalla rendit aussi un rescrit spécial à l'hypothèse du naufrage. Il y laisse de côté ceux qui s'emparent d'objets desti-

---

(1) C'est-à-dire le gouvernail, dit Pothier, ad tit. *de Incendio*, note 6. — (2) L. 3 § 8, *ib.* — (3) L. 1 § 1, *ib.*; cf. 18, C. *de Furtis* : « Præter pœnam, olim statutam. » — (4) L. 3 § 8, *ib.* — (5) L. 1 § 2, ff. *ad leg. Jul. de vi privata.*

nés à périr autrement et ne s'occupe que de ceux qui se saisissent criminellement de choses pouvant être sauvées. Les hommes libres doivent être relégués pour trois ans, après avoir reçu des coups de bâton (1) ; les hommes de basse condition sont condamnés pour le même temps aux travaux publics; les esclaves sont battus de verges et conduits aux mines. La peine se borne au bâton, pour les hommes libres, aux verges, pour les esclaves, quand les objets ont peu de valeur : « En règle générale, dans cette affaire, comme dans les autres, il faut prononcer d'après la condition des personnes et la qualité des objets et veiller à ce que la sentence ne soit ni plus ni moins sévère que l'affaire ne l'exige (2). » Il n'est pas ici question d'un *judicium publicum*, mais d'une poursuite *extra ordinem*, avec toute la latitude que cette manière de procéder laisse au magistrat et que restreint seule la réponse du prince consulté.

Outre ces dispositions spéciales, il y en avait de générales qui pouvaient atteindre les auteurs du délit. S'ils avaient commis des faits de violence, ils répondaient de la *vis publica* ou de la *vis privata*.

363. Un édit d'Adrien, malheureusement assez obscur, contenait des dispositions remarquables. Il avertissait d'abord les propriétaires dont les terres avoisinaient le rivage de la mer de respecter le bien de quiconque aurait éprouvé quelque malheur dans leurs environs. Les présidents délivreraient les actions contre eux à toute personne qui se plaindrait d'avoir été dépouillée. Celle-ci n'aurait qu'à prouver que les objets lui auraient été ravis à la faveur du naufrage et les riverains de la mer seraient condamnés à les leur restituer, il semble bien qu'il faille ajouter : Quand même ce ne serait pas à eux que le fait fût imputé. S'ils étaient convaincus d'avoir fait eux-mêmes main basse sur le butin, les présidents prononceraient un châtiment sévère contre eux, comme contre les

---

(1) Cuj., *ad lib. LV Pauli ad Ed.*, ad l. 4, *ib.*, croit que les *humiliores* seuls peuvent être punis du bâton et corrige le texte en conséquence. Il distingue entre les *fustes*, qui servent pour les *humiliores*, hommes libres, et les *verbera*, qui servent pour les esclaves. — (2) L. 4 § 1, *ib.*

brigands, *ut de latronibus*. L'empereur, pour rendre à la victime du délit la preuve plus facile, lui permettait d'aller trouver le préfet et de lui désigner celui qu'elle croyait coupable ; ce dernier devait être mis aux fers ou donner des fidéjusseurs garantissant qu'il se présenterait devant le président. Le propriétaire de l'immeuble dans lequel le délit aurait été commis serait également astreint à fournir des fidéjusseurs dans la même vue. Le sénat toutefois n'avait pas permis d'organiser un système pour recueillir les objets échappés au naufrage (1) ; confier ce soin aux militaires et aux esclaves du prince, ç'eût été sans doute engager la responsabilité publique ; le laisser prendre aux particuliers, ç'eût été les exposer à bien des tentations.

SECTION V

DE LA NATURE DE L'OBJET VOLÉ.

ART. 1. DE LA LOI FABIA *de plagiariis* (2).

364. Les personnes libres ne peuvent faire l'objet d'un vol, à l'exception des fils de famille, des femmes *in manu*, du *judicatus* et de l'*auctoratus*, dans le droit classique, des fils de famille, dans le dernier état du droit. *Le crimen plagii* permet d'atteindre certains faits qui, à la faveur de cette règle, demeureraient impunis. Il donne, d'un autre côté, dans des cas déterminés, un moyen de répression de plus contre les voleurs des personnes libres comprises dans l'exception et contre les voleurs d'esclaves. Dès la République, la loi Fabia combla les lacunes du droit ou compléta ce qu'il avait d'insuffisant. Cicéron en fait mention (3).

(1) L. 7, *h. t.* — (2) ff. XLVIII, 15 ; C., IX, 20. — (3) *Pro Rabirio*, 3.

365. Cette loi prévoit deux hypothèses : 1° Une personne libre, soit un citoyen romain, soit une personne affranchie en Italie, a été célée, enchaînée, tenue enchaînée, achetée et vendue de mauvaise foi, que cette personne ait ou n'ait pas pu être l'objet d'un *furtum* ; 2° un tiers a persuadé à l'esclave d'autrui de s'enfuir de chez son maître, l'a caché malgré le maître ou à l'insu de ce dernier, l'a acheté de mauvaise foi (1).

Il n'y a pas *crimen plagii* dans tous les cas où la soustraction de l'esclave d'autrui est regardée comme un *furtum*. C'est une question d'espèce à trancher. Adrien, consulté une fois, refusa de se prononcer ; il dit que c'était à faire au juge et se contenta de poser la distinction de principe, avec l'indication suivante : « Celui chez qui l'on trouve un ou deux esclaves fugitifs lui ayant loué leur travail pour être nourris, surtout si ces esclaves travaillaient auparavant chez d'autres que leur maître, ne peut à bon droit être traité de *suppressor* (2). »

Il faut, pour qu'il y ait *plagium*, que l'esclave ait été *suppressus* (3), c'est-à dire, dissimulé frauduleusement (4). Celui qui prouve qu'il a été la victime d'une erreur plausible ne devrait pas être condamné de ce chef (5). Caracalla comprit dans le *crimen*, avec celui qui aurait frauduleusement dissimulé l'esclave, celui qui l'aurait ravi par violence (6).

366. La loi Fabia avait établi une peine pécuniaire, c'est ce que nous apprennent tous les textes. Un seul texte (7) en indique le montant et pour deux hypothèses seulement : l'amende était de cinquante mille sesterces à payer au peuple, 1° pour le maître, quand, à son insu, son esclave avait violé le premier chef de la loi en commettant le *plagium* sur un citoyen romain; 2° pour quiconque avait violé le second chef, en commettant le crime qu'il prévoyait sur l'esclave d'autrui.

---

(1) L. 6 § 2, ff. *de lege Fabia*. On remarquera dans le texte de la loi le soin avec lequel le rédacteur, pour embrasser tous les cas, spécifie le sexe de l'esclave et celui de la personne à laquelle il appartient. Cf. *Coll. leg. Mos.*, XIV, II, 1, et III, 4 et 5. — (2) L. 6, pp. et § 1, ff. *de lege Fabia*. Il faut remarquer au commencement de ce texte les mots *crimine furti*. V. Cuj. ad *Afric.*, tr. VII, ad l. 60, *de Furtis*. «... Et retro plagiarius non fur (est) si eum supprimat non lucri faciendi animo. » — (3) L. 82 § 2, ff. *de Furtis*. — (4) L. 2 et 9, C. *ad. leg. Fabiam*. — (5) L. 1, ib. — (6) L. 14, ib. — (7) Ulpien, *Coll. leg. Mos.*, XIV, III, 4 et 8.

Cette peine tomba en désuétude; les magistrats statuèrent *extra ordinem*, les *humiliores* étaient envoyés aux mines ou mis en croix ; les *honestiores* étaient relégués à perpétuité et la moitié de leurs biens était confisquée ; quand c'était un esclave qui avait supprimé l'esclave d'autrui, si le maître avait connu le crime, il supportait l'une ou l'autre des peines qui viennent d'être indiquées ; sinon, l'esclave était envoyé aux mines. Ces renseignements nous sont donnés par Paul (1).

D'après Hermogénien, la peine varie avec la gravité du délit; le plus souvent les coupables sont condamnés aux mines (2).

Peut-être le droit s'était-il adouci de Paul à Hermogénien ; mais les faits de *plagium*, soit sur des esclaves, soit sur des personnes libres, se multiplièrent à Rome. Dioclétien crut nécessaire de les punir plus sévèrement, et il ordonna au préfet de la ville d'appliquer la peine de mort (3).

Aussi Justinien dit-il que, d'après les sacrées constitutions, c'est tantôt la mort, tantôt une peine moins sévère qui doit être prononcée (4).

367. La loi Fabia avait établi un *judicium publicum*. Malgré le changement de pénalités et quoique, dès l'époque classique, le magistrat fût chargé de statuer *extra ordinem*, l'action donnée à l'occasion du *plagium* fut toujours classée parmi les *judicia publica* (5). Il fallait une *subscriptio*, une accusation et une sentence (6). Celui qui agissait ne pouvait se faire représenter (7).

D'après les constitutions impériales, l'application de la loi Fabia était faite, à Rome et à cent milles alentour, par le préfet de la ville, dans le reste de l'Italie, par le préfet du prétoire.

C'était en principe, dans les provinces, aux présidents qu'il appartenait de prononcer ; mais les *procuratores* impériaux, ces fonctionnaires que l'empereur envoyait, soit dans ses propres provinces, soit dans celle du sénat, pour y administrer

---

(1) *Coll.*, XIV, II, 2 et 3.— (2) L. 7, ff. *de leg. Fabia.*— (3) L. 7, C. *ib.* — (4) *Inst.*, IV, XVIII, 10 ; v. Vinnius, ad h. §. — (5) L. 13, C. *ad leg. Fab.*; *Inst.*, *ib.* — (6) L. 3, C. *ib.* — (7) L. 2, *ib.*

son fisc et qui avaient à réclamer après les condamnations rendues les biens ou les sommes attribués à ce fisc, usurpèrent souvent la connaissance des faits tombant sous le coup de la loi Fabia. Caracalla décida qu'ils en pourraient connaître, mais dans le seul cas où ils gouverneraient les provinces à la place des présidents (1).

368. Le même fait pouvait constituer à la fois un *plagium* et un *furtum*.

« La plupart des jurisconsultes ont posé ce principe général : Toutes les fois qu'un fait qui touche à la fortune d'une personne donne lieu à une action civile et à une action criminelle, il est permis d'exercer l'une et l'autre, quelle que soit celle par laquelle on commence... C'est ce qui se passe pour l'action *furti* et la loi Fabia (2). »

A plus forte raison, si l'esclave supprimé avait porté à celui qui le recevait des objets dérobés à son maître, celui-ci pouvait-il intenter cumulativement le *judicium legis Fabiæ*, fondé sur la suppression de l'esclave, et l'action *furti*, à raison de ces objets (3).

Le *judicium publicum*, étant essentiellement pénal, n'empêchait pas d'exercer une action *rei persecutoria*, par exemple la revendication (4).

Le fait duquel résultait le *crimen plagii* impliquait parfois la corruption d'un esclave. Le maître avait au moins le choix entre le *judicium publicum* et l'action *servi corrupti* (5). Il devait avoir le cumul, par application du principe posé plus haut.

369. La loi Fabia soumettait les complices à la même peine que les auteurs principaux (6), mais celui qui achetait l'esclave détourné ne devait être regardé comme complice que si sa mauvaise foi était prouvée (7).

370. Quand le *plagium* avait été commis par un esclave, la

---

(1) L. 4 *ib.*; *Coll.*, XIV, III, 1 et 2 ; v. Cuj., *Obs.* XIX, 73. — (2) L. un, C. *Quando civilis actio criminali præjudicet*, IX, 31 ; cf. l. un., C. Th., *Victum civiliter agere et criminaliter posse*, IX, XV ; v. Cuj., *Obs.*, XX, 25. — (3) L. 12, C. *ad leg. Fab.* — (4) L. 1. *ib.* — (5) L. 2, *ib.* — (6) L. 6 § 2, ff. *ib.* — (7) L. 10, C. *ib.*

victime avait le droit de l'accuser régulièrement devant le magistrat. Si le fait constituait un *furtum* ou une corruption d'esclave, le maître du coupable pouvait être poursuivi *noxaliter* par les actions *furti* ou *servi corrupti* (1).

La loi Fabia, en établissant une peine pécuniaire, avait porté que le maître qui l'aurait payée pour son esclave ne pourrait affranchir celui-ci pendant dix ans (2).

371. La peine de la loi Fabia était applicable au maître luimême, quand il vendait son esclave en fuite, d'après un sénatus consulte (3). S'il faut en croire Cujas (4), ceux qui en furent les auteurs voulurent empêcher d'éluder la loi. Les auteurs du *plagium* s'efforçaient de traiter avec les maîtres qui aimaient mieux retirer un prix quelconque de leurs esclaves fugitifs que de tout perdre ou que de se lancer, sans preuves suffisantes, dans un procès criminel dont l'issue était incertaine. Les esclaves, de leur côté, sachant qu'ils ne pourraient être ni reçus ni acquis par personne, devaient rester sourds à des sollicitations coupables (5).

372. La novelle 66 de Léon traite du *plagium*. L'empereur montre la nécessité de n'appliquer que des châtiments modérés. La peine de mort est trop sévère ; aussi la coutume, plus forte que la loi, l'a-t-elle remplacée par une autre. L'empereur l'abroge formellement; il condamne à rendre l'esclave, plus le montant de sa valeur, tout ce que son industrie a fait acquérir au coupable et tout ce que son absence a fait perdre au maître.

ART. II. De Abigeis (6).

373. On appelle proprement *abigei* ceux qui dérobent le bétail dans les pâturages ou quand il marche par troupeaux (7).

---

(1) L. 3. C. *de Nox. act.* — (2) L. 12, ff. *de Manumissionibus.* XL, 1. — (3) L. 2, et surtout le § 3, ff. *de lege Fabia.* — (4) *Obs.*, XVI, 10. — (5) Cf. Paul, *Sent.*, I, VI, A, 2, où est indiquée la peine de 50,000 sesterces ; v. Cuj.. *Obs.* XXI. 11. — (6) ff. XLVII, 14; C. IX, 37. On trouve l'expression *abactor* dans Paul, *Sent.*, V, XVIII ; on trouve dans la *Coll. leg. Mos.*, tit. XI, *abigeus, abactor, abigeator* ; v. Cuj. ad *Paul, Sent., eumd. tit.* 3. — (7) L. 1 § 1, ff. *de Abigeis.*

La soustraction d'un animal isolé, d'un bœuf errant, d'un cheval laissé seul, ne constitue qu'un *furtum* (1).

Le bétail, qu'il soit gros ou petit, peut toujours faire l'objet de l'*abigeatus*, mais dans des conditions différentes. Sera-t-on *abigeus* quand on aura soustrait des brebis ? Cela dépend du nombre. Il y a des jurisconsultes qui ont pensé qu'il en fallait dix; selon eux, cinq ou même quatre porcs, un cheval ou un bœuf suffiraient (2). Cette distinction est de Callistrate. Ulpien semble admettre le *crimen abigeatus*, même pour une seule tête de petit bétail, pour une chèvre ou pour un porc, par exemple, mais avec une peine moins sévère que si c'étaient de grands animaux qui fussent soustraits (3).

374. L'empereur Adrien dit, dans un rescrit au conseil de Bétique : « La plus dure punition qu'on inflige aux *abigei*, c'est la condamnation au glaive ; mais ils ne subissent pas toujours un châtiment très sévère; c'est seulement dans les pays où ce genre de crime est le plus fréquent; dans les autres, ils sont condamnés aux travaux publics et quelquefois à temps (4). C'est pourquoi je pense que chez vous il suffit de ce genre de peine que l'habitude est d'infliger aux plus graves de ces méfaits et qui consiste à condamner les coupables au glaive ; si quelqu'un s'est livré si notoirement et dans des conditions si criminelles au fait *d'abigere* qu'il ait été antérieument condamné de ce chef, il doit être condamné aux mines. »

Ulpien, après avoir rapporté ce rescrit (5), ajoute : « Le rescrit de l'empereur Adrien s'exprime comme si la peine des mines était plus grave que celle du glaive, à moins que, par

____

(1) *Ib.;* cf. Paul, *l. cit.*, 4, et *Coll. leg. Mos.*, *l. cit.*, V, 1. — (2) L. 3 pp. ff. *ib.* Il semble que au milieu de ce texte, le jurisconsulte se demande plutôt quel est le nombre de brebis nécessaire pour former un troupeau qu'il ne recherche combien il en faut pour être *abigeus* : « Quidam decem oves gregem esse putaverunt. » Mais c'est la seconde question qui est certainement posée au commencement et résolue à la fin; le passage que nous venons de reproduire est le début de la solution; peut-être Callistrate s'exprime-t-il ainsi parce que la condition du délit serait de *abigere gregem* ; voilà pourquoi, dans cette même loi, § 2, il dit qu'on est *abigeus*, même quand on a détourné les bêtes une par une. V. Voet, ad tit. ff. *de Abigeis.* — (3) L. 1 § 2, *ib.* — (4) La l. 1 pp., *ib.* arrête ici le texte du rescrit. — (5) *Coll. leg. Mos.*, XI, VII.

le glaive, il n'ait entendu les jeux (des gladiateurs). Mais il y a une différence entre le glaive (1) et les jeux : ceux qui sont condamnés au glaive sont mis à mort immédiatement ou tout au moins doivent l'être dans l'année ; ainsi le prescrivent les mandats. Ceux qui sont condamnés aux jeux ne sont pas mis à mort immédiatement ; bien plus, ils peuvent recevoir le *pileus* ou la baguette après un certain temps, puisqu'on leur permet de prendre le *pileus* après cinq ans, la baguette après trois (2). »

Ainsi Adrien, posant le principe que ce n'était pas une peine uniforme qui devait être infligée aux *abigei*, avait distingué trois degrés : les travaux publics à perpétuité ou à temps, les jeux, les mines. Ce n'était pas lui qui établissait ce système de pénalités; il le trouvait établi et le constatait. Ulpien attribue à l'empereur une action plus directe : « Quanquam... *præstituerit* (3), » changeant en prescription législative une constatation faite par le prince. Ainsi se transforment et la constitution et l'histoire du droit sous l'empire romain.

Nous retrouvons les trois degrés de peines dans un texte de Paul (4); mais ces trois degrés sont faits pour les *abactores atroces*, parmi lesquels il y a évidemment encore des distinctions à faire, et ces *abactores atroces* sont ceux qui dérobent les chevaux et les troupeaux de brebis dans les écuries (5) ou dans les pâturages, qui emploient le fer ou se réunissent les troupes.

Adrien s'exprimait en termes plus généraux ; il semblait

---

(1) *Gladio* restitué après *gravior*. — (2) Sur le *pileus*, v. M. Wallon, *op. cit.*, t. III, p. 390, texte et note 2. — (3) L. 1 § 3, ff. *de Abigeis;* cf. *Coll.*, XI, VIII, 3. — (4) *Coll.*, XI, II, 1. — (5) Cette circonstance est signalée comme aggravante dans la l. 3 § 1, ff. *de Abigeis*, si on y lit : « plenius coercendum, » mais plusieurs interprètes lisent, en s'appuyant sur les Basiliques, *lenius* (Cuj., *Obs.*, VI, 8 ; Voet, ad *tit. de Abigeis*, 3 ; Pothier, ad *eumd. tit.*, V, note *h*), ce qui ne s'accorde guère avec le texte de Paul. Cf. dans le même sens Rein, p. 325, se fondant sur ce qu'il faut protéger plus efficacement le bétail en liberté. Mais pourquoi ne serait-ce pas au domicile qu'on jugerait nécessaire d'accorder une protection plus efficace? Ainsi le législateur russe Iaroslaf punissait plus sévèrement le vol du bétail commis dans l'étable ou dans la maison que celui qui avait eu lieu dans la campagne (v. Karamsin, *Histoire de l'empire de Russie*, trad. de Saint-Thomas et Jauffret, Paris, 1819, t. II, p. 60).

regarder les travaux publics à temps comme la moins sévère des peines que pouvaient encourir les *abigei*. Les jurisconsultes adoucissaient ce droit quand ils en faisaient seulement la moins sévère des peines infligées aux *abigei atroces*. C'était notamment quand il s'agissait du petit bétail qu'on descendait au dessous (1).

Ulpien indique encore une autre raison de modérer les peines. Ceux qui sont d'une bonne naissance sont seulement condamnés à la rélégation ou dégradés (2).

D'un autre côté, la peine capitale fut quelquefois appliquée aux *abigei* avec une aggravation ; ils furent, notamment à Rome, livrés aux bêtes (3). Il ne faut pas s'étonner du reste, de voir un écart de plus en plus grand se produire entre les peines qui peuvent être infligées à raison d'un même crime ; avec le temps, on fait une part de plus en plus large aux circonstances qui aggravent ou atténuent la culpabilité ; le progrès consiste à distinguer ce qui, malgré des caractères communs, ne doit pas être confondu. Ulpien trouve équitable qu'on livre aux bêtes les *abigei* qui ont employé les armes (4) et, en général, ils sont présumés en porter (5).

Dans le dernier état du droit, les criminels ne sont plus condamnés à combattre comme gladiateurs ni à être livrés aux bêtes. Les mots *ad gladium* doivent indiquer désormais la peine de mort ; ils représentent par conséquent une peine plus sévère que celle des mines ; la proportion établie par Adrien n'existe plus : aussi Justinien ne reproduit-il pas au Digeste la seconde partie du rescrit adressé au conseil de Bétique. Ce qu'Ulpien avait eu déjà quelque peine à expliquer aurait été absolument dénué de sens au temps de Tribonien (6).

375. Le *crimen abigeatus* n'est pas un *judicium publicum;* le fait est une espèce de *furtum* (7); il donne lieu à une poursuite

---

(1) *Coll.*, XI, VIII, 2. — (2) *Ib.*, 3. — (3) *Ib.*, 4 ; l. 1 § 3, ff. *de Abigeis.* — (4) *Coll.*, *l. c.* — (5) L. 2, ff. *de Abigeis.* — (6) Cf. sur les différents textes que nous venons de citer et spécialement sur les mots *ad gladium*, Cuj., *Obs.*, XII, 10 ; Ant. Matthæeus, *de Abigeis*, II, 3 ; Voet, ad. *tit. de Abigeis*, 2 et 3 ; Pothier, ad *eumd. tit.*, V. note *f.* — (7) L. 2, ff. *de Abigeis.*

extra ordinem. On peut procéder par voie d'accusation, *cum inscriptionibus,* mais cette marche n'est pas nécessaire (1).

Quand la question de la propriété de l'animal est soulevée préjudiciellement, le magistrat doit examiner si la prétention du défendeur paraît sérieuse ou non: dans le premier cas, les parties plaideront au civil; si le prévenu y perd son procès, il semble que la peine du *crimen* doit lui être infligée ; cependant Paul dit qu'il sera condamné au double ou au triple comme voleur (2). On trouve une première difficulté à comprendre pourquoi l'action *furti* est substituée au *crimen abigeatus;* peut-être est-ce parce que le procès tout entier doit suivre désormais la voie civile. La mention du triple dans les *Sentences* de Paul offre une seconde difficulté ; elle doit, selon toute apparence, être remplacée par celle du quadruple qui se trouve dans la *collatio* (3). Dans le second cas, le *crimen* suivra son cours (4).

376. Une lettre de Trajan décida que ceux qui auraient recélé le bétail enlevé seraient rélégués pendant dix ans hors de l'Italie (5).

377. Les vols de bestiaux avaient dû être nombreux en Italie à cette époque où les brigandages des conducteurs de troupeaux eux-même avaient semblé former une conjuration (6). Cicéron nous parle de « greges nobilissarum equarum abactos ; » ces juments appartenaient à un riche Sicilien, Dion d'Halèse (7). Mais c'est en Espagne que ce genre de crime paraît avoir été le plus fréquent, dès le temps de Varron et de Virgile (8). C'est au conseil de Bétique qu'était encore adressé le rescrit d'Adrien.

---

(1) L. *un.,* C. *ib.* Cujas (*Paratitl. in eumd. tit.*) trouve dans cette loi une application de l'idée qu'on ne peut agir au criminel quand l'intérêt est modique. Pothier (ad *eumd. tit.,* IV, note *d*) pense que c'est l'action *furti* qui sera exercée à défaut du *crimen extraordinarium.* — (2) *Sent.,* V. XVIII, 3. — (3) XI, IV, 1. et VI. 2. — (4) L. 1 § 4, ff. *de Abigeis.* — (5) L. 3 § 2, *ib.* — (6) T. L., XXXIX, 29. — (7) *In Verr.,* 2ª act., II, 7. — (8) À propos de ce vers des Géorgiques :

Aut impacatos a tergo horrebis Iberos,

(III, 408.)

Servius dit que les Espagnols sont *acerrimi abactores.* M. Benoist cite Varron, *de Re rust.,* I. 16, disant : « Multos agros egregios excolere non expedit propter latrocinia vicinorum, ut in Hispania prope Lusitaniam. » Cf. Rein., t. I, p. 324.

La répression variait suivant les pays. On n'élevait point partout des chevaux ou du bétail. La propriété était plus ou moins menacée suivant que les populations étaient plus ou moins morales. Rien ne se prêtait mieux à cette diversité de besoins, produite par la diversité des intérêts et des dangers, que les *crimina extraordinaria,*, avec le pouvoir indéfini qu'ils laissaient aux magistrats. Les punitions étaient mesurées à chaquepays selon ce qui lui était nécessaire comme à chaque cas selon ce qu'il offrait de gravité. Mais ces avantages devaient être chèrement achetés ; le prix dont il les fallait payer, c'était l'arbitraire.

CHAPITRE III

Des vols commis au préjudice de l'État ou des dieux, et dans l'exercice de certaines fonctions publiques.

378. Les divers genres de vols dont nous avons à nous occuper maintenant constituent des atteintes directes au droit public : ce caractère y est si dominant, si essentiel que les Romains ne conçoivent pas la possibilité de les faire rentrer dans le *furtum*, qui appartient exclusivement au droit privé; Il ne s'agit plus ici de détacher, en quelque sorte, de l'incrimination générale un délit particulier qui aura sa répression propre et ordinairement plus grave ; la conséquence de la loi rendue ou du droit établi n'est pas de mettre à la disposition d'une personne lésée un moyen de répression de plus, de telle sorte qu'elle ait à exercer une option ou même que le cumul, en tout ou en partie, lui soit accordé. Il y a *furtum* ou il y a péculat, par exemple ; là où se trouve l'un, l'autre ne peut se trouver.

L'étude complète des matières comprises sous les noms de péculat, de *crimen rerum repetundarum*, etc., nous entraînerait beaucoup trop loin et nous forcerait à mettre notre sujet de côté pour en traiter un autre. Ce n'est pas le droit public de Rome, et spécialement les règles relatives à la fortune publique que nous avons entrepris de rechercher; nous voulons seulement connaître les moyens très divers qui ont servi à réprimer, dans des cas non moins divers, les faits où l'on rencontrait ce caractère commun, l'appropriation malhonnête de la chose d'autrui. Ainsi nous sommes amené à parler sommairement des lois qui ont prévu et puni l'improbité de toute personne envers l'État et envers les dieux, l'improbité des fonctionnaires publics ou de certains d'entre eux même envers les particuliers en général ou envers certaines classes de personnes.

ART. I. DU PÉCULAT (1).

379. Festus (2) fait dériver *peculatus* de *pecus*, qui indiquerait, soit la première valeur d'échange reconnue par les Romains, soit la première empreinte de leur monnaie. C'est, d'après lui, le vol public, le vol de l'argent public (3).

380. Le péculat fut rare chez les premiers Romains. Sans doute, quand il commença à être question d'accusations de ce genre, qui ne portaient peut-être pas encore ce nom, ce fut à propos de butin fait sur l'ennemi. Le soupçon naissait volontiers dans l'esprit de ces soldats, disposés à se croire dépouillés de ce qu'ils ne retenaient pas, contre le général qui leur avait imposé une sévère discipline et qui avait eu tant de richesses à sa disposition. Le peuple de Rome eût été bien différent des autres, s'il n'avait pas toujours accueilli les bruits qui exagéraient l'importance du butin. La réalité pouvait amener souvent des déceptions et les déceptions des accusations. Le grand Camille ne fut-il pas accusé d'avoir détourné le butin de Véies? Il quitta Rome en la maudissant et fut condamné, sans avoir comparu, à une amende considérable (4).

D'un autre côté, les magistrats étaient comptables des deniers dont ils avaient la disposition.

« Je viens maintenant, dit M. Laboulaye, à la responsabilité qui pesait sur les consuls à l'expiration de leurs fonctions. Cette responsabilité était simple : criminelle devant les comices-centuries qui prononçaient la mort, ou devant les comi-

---

(1) ff. XLVIII. 13 ; C., IX, 28. — (2) V° *Peculatus* : « Furtum publicum a pecore dictum, sicut et pecunia, eo quod antiqui Romani nihil præter pecora habebant. » — (3) Rein, p. 673, pense que *peculatus*, à l'origine, a signifié *vol* et s'est appliqué même au détournement de la propriété privée. — (4) T. L., V, 32.

ces-tribus qui imposaient des amendes, quelquefois assez fortes
pour que le condamné, hors d'état de les payer, fût obligé de
s'exiler; et enfin responsabilité pécuniaire devant le sénat,
auquel le consul devait rendre compte des fonds qu'il avait
employés (1). »

Le péculat devint de plus en plus fréquent à mesure que
s'étendirent les entreprises, à la fois glorieuses et lucratives,
de la République. On a souvent fait l'énumération et l'historique
des procès intentés de ce chef aux généraux vainqueurs et aux
magistrats envoyés par Rome dans ses nouvelles provinces;
nous n'en rappellerons que deux.

M. Acilius Glabrio, en l'an 563 de la ville, demanda le triomphe pour avoir vaincu Antiochus aux Thermopyles et en Etolie.
Deux tribuns l'accusèrent d'avoir retenu une partie du trésor royal et du butin, au lieu de tout rapporter pour le
triomphe et pour le trésor. Glabrio n'échappa à une amende
très élevée qu'en renonçant au triomphe; le peuple dès lors
refusa de le condamner et les accusateurs se désistèrent (2).

Un exemple bien plus célèbre est celui de Scipion l'Asiatique,
poursuivi et condamné, quelques années après, pour n'avoir
pas versé dans le trésor public tout l'argent reçu d'Antiochus (3). Le récit de Tite-Live nous montre comment il était
procédé avant l'établissement du *judicium publicum*.

Les Petillii proposèrent aux comices par tribus d'ordonner
que le préteur S. Sulpicius saisît le sénat pour faire désigner
celui qui serait chargé de la *quæstio* relative à cette accusation. Les deux Mummii opposaient leur *veto* à cette rogation, mais seulement parce qu'ils voulaient que le sénat se
réservât cette *quæstio*, comme il avait toujours été fait auparavant. L'autorité de Caton leur fit abandonner leur opposition, et la rogation fut votée par les tribus. Q. Terentius
Culleo fut désigné par le sénat. Devant lui furent aussitôt
accusés L. Scipion, plusieurs de ses lieutenants, son questeur,
deux scribes et un *accensus* : « Simul et delata et recepta
nomina, » dit Tite-Live. Les formes de l'accusation ne furent

(1) *Essai sur les lois criminelles des Romains*, p. 40. — (2) T. L.
XXXVII, 57 et 58. — (3) *Id.* XXXVIII, 54-57.

sans doute pas modifiées quand les *Judicia publica* eurent été
établis. Plusieurs des accusés furent absous avant que la sentence fût rendue au sujet de Scipion, qui fut condamné avec
un de ses lieutenants et son questeur. L'histoire de ce procès
était très diversement racontée ; on ne savait même plus, au
temps de Tite-Live, s'il avait eu lieu du vivant ou après la
mort du grand Africain (1). D'après une des versions, celui-ci
avait couru à Rome, en apprenant la condamnation, avait
rencontré son frère qui était conduit en prison et l'avait arra-
ché par force au *viator*, sans respecter même la personne des
tribuns. Il paraît probable que L. Scipion fut conduit en
prison, car une autre version faisait intervenir un tribun, le
père des Gracques, qui usait de *l'intercessio* pour le délivrer.
C'était, sans doute, comme débiteur du trésor que le vainqueur d'Antiochus était mis dans les fers. Aulu-Gelle (2) rapporte le témoignage de Valerius d'Antium dans le même sens;
Scipion l'Asiatique était mené en prison parce qu'il ne pouvait
fournir de cautions, *prædes*, non sur une amende à laquelle
un certain tribun C. Minucius Augurinus, aurait voulu le faire
condamner, mais sur la condamnation, prononcée contre lui
pour péculat. L'opposition entre l'amende et cette condamnation est très nettement marquée.

On voit, par cet exemple, comment en ces matières s'est
formé et transformé le droit des Romains. A l'origine, la
quæstio appartient au Sénat seul, agissant, non comme
assemblée politique ou judiciaire, mais comme corps administratif, chargé d'administrer les finances publiques et de
recevoir les comptes, constituant en débet ceux qui n'ont pas
rendu au trésor tout l'argent versé dans leurs mains. Pour la
première fois, la *quæstio* est retirée au Sénat, dans l'affaire
de Scipion l'Asiatique ; on se méfiait de la domination que la
famille *Cornelia* exerçait sur les pères conscrits : « Petillii
nobilitatem et regnum in senatu Scipionum accusabant. » On
ne laisse plus au Sénat que le droit de désigner celui qui diri-
gera la *quæstio*. Par là même un procès criminel se substitue

(1) Cf. Aulu-Gelle, IV, XVIII, 7-12 et VII, XIX, 8. — (2) VII,
XIX, 8.

à un règlement administratif; bientôt à l'obligation de restituer le reliquat dont on est détenteur une condamnation d'une autre nature ajoutera des peines véritables, et un *judicium publicum* sera établi.

Une *quæstio perpetua de peculatu* paraît avoir existé, antérieurement à Sylla, sans qu'on puisse dire à quelle date et par quelle loi elle avait été instituée.

Une loi Julia, œuvre de Jules César ou d'Auguste, organisa définitivement le *judicium publicum* applicable à l'acte par lequel une personne soustrait ou s'approprie les deniers sacrés, religieux ou publics, et à celui par lequel on altère dolosivement d'une manière quelconque toute monnaie d'or, d'argent ou de cuivre (1). On voit pourquoi les deux actes sont ici rapprochés ; tous deux sont relatifs à la monnaie ; l'usage a fini par restreindre au premier le mot *péculat*.

Il est possible que la même loi ait puni les sacrilèges et les reliquataires, débiteurs du Trésor public (2).

381. Quels sont les faits qui constituent le péculat ?

a. Il y a péculat quand une personne enlève ou escroque l'argent sacré, celui des dieux d'en haut, ou l'argent religieux, celui des dieux mânes (3), dérobe un objet donné à un dieu immortel (4).

b. Le même crime est commis par celui qui dérobe l'argent public, c'est-à-dire celui du peuple, et même tout objet appartenant au peuple, par exemple, le butin pris sur l'ennemi (5). Un acte qui constituerait un *furtum* devient un péculat quand l'objet manié est une chose publique ; celui qui détruit ou altère la table d'airain contenant, soit une loi, soit un plan (6), celui qui efface ou ajoute quelque chose sur les tables publiques (7), celui qui y porte une somme inférieure

---

(1) L. 1, ff. ad *Leg. Jul. pec.* — (2) Les trois chefs sont réunis dans la rubrique de ce titre, au Digeste. D'après Rein, p. 692, ils étaient déjà assimilés par les mœurs avant de l'être par la loi. — (3) L. 4 pp. *ib.* — (4) *Ead.* l. § 1. — (5) L. 13, *ib.* — (6) L. 8 pp., *ib.* Dans le même cas, il y a lieu au *crimen falsi*, dit Voet (ad *tit. ad leg. Jul. pec.*, 2), argumentant de la l. 2, ff. *de leg. Corn. de falsis*, XLVIII, 10. — (7) *Ead.* l. 8 § 1.

à un prix réel de vente ou de location (1), sont coupables de péculat..

On admet même plus facilement le péculat dans l'intérèt du fisc que le *furtum* dans celui des particuliers ; quand on se présente faussement comme créancier du fisc et qu'on reçoit à ce titre ce qui est dû au fisc, on tombe sous le coup de la loi, bien que l'argent manié soit celui d'un particulier (2).

c. Trajan et Adrien placèrent, nous l'avons vu (3), sous la protection de la loi Julia *peculatus*, l'argent des cités qui n'était pas public, à proprement parler.

d. Quand Ulpien déclare coupable de péculat « celui qui aura percé les murs ou enlevé quelque chose d'un lieu clos (4), » que veut-il dire ? Est-ce le percement du mur qui par lui-même constitue le péculat, parce que le mur aurait un caractère sacré ou tout au moins saint (5) ? N'est-ce pas plutôt la tentative que le jurisconsulte a ici en vue ? Il ne serait pas surprenant qu'elle eût été punie en matière de péculat, quand elle ne l'était pas en matière de vol.

382. A l'origine il semble bien que l'accusation de péculat ait été dirigée exclusivement contre ceux qui avaient été appelés par leurs fonctions à manier les deniers publics. Mais les dispositions de la loi Julia, telles que nous les trouvons au Digeste, sont générales. Le péculat peut être commis par toute personne.

Il fallut, pour prévenir une extension tout à fait exagérée de la loi, déclarer qu'elle ne s'appliquait pas aux personnes qui avaient pris à leurs risques l'argent public ou sacré (6) ; d'une part, le peuple et les dieux étaient sûrs de ne rien perdre, quoi qu'il advînt ; d'autre part, il ne fallait pas rendre dangereux et même impossible l'exercice des fonctions qui impliquaient le maniement de cet argent.

Si l'on nous dit expressément que ceux qui, chargés de

---

(1) L. 10 pp., *ib.* Cf. Ant. Matthæus, *De lege Julia peculatus*, 4. — (2) L. 9 § 3, *ib.* — (3) L. 4 § 7, *ib.*, v. *supra*. — (4) L. 11 pp., *ib.* — (5) Pothier, ad *eumd. tit.*, VI, note *g.* — (6) L. 9 §§ 2 et 4, *ib.*, v. Ant. Matthœus, *l. cit.*, 7. Voet, *l. cit.*, 1. Rein, p. 676, fait observer qu'il s'agit ici d'employés subalternes qu'il est facile de contrôler.

frapper la monnaie publique, en dérobent une partie, commettent un péculat (1), ce n'est sans doute pas pour dénier implicitement le même caractère au fait identique commis par toute autre personne, la suite du texte conçue dans les termes les plus généraux le montre bien.

383. Le peine du péculat fut, à l'origine, l'interdiction de l'eau et du feu, à l'époque classique, la déportation (2).

Cependant nous lisons, dans un texte de Paul, que le coupable est condamné à payer le quadruple de l'argent volé (3). Sans doute, les agents du fisc avaient le choix entre ces deux modes de répression, et l'esprit qui les animait d'ordinaire devait leur faire donner la préférence au second, quand le coupable était solvable. Au Digeste, un texte de Modestin parle de la condamnation au quadruple, mais seulement pour le cas où le butin fait sur l'ennemi a été soustrait (4).

Un édit d'Antonin le Pieux fut rendu contre ceux qui dérobaient de l'or ou de l'argent dans les mines impériales ; sans doute, ils n'étaient pas regardés comme tombant sous le coup de la loi Julia, parce que le vol ne se rapportait ni à de la monnaie fabriquée ni même à de la monnaie en cours de fabrication. La peine de l'exil ou celle des mines était prononcée, selon la dignité des personnes (5).

Ce qu'avait décidé Antonin pour un cas nouveau fut probablement étendu au péculat lui-même ; Paul dit que le vol commis dans les mines du prince et celui qui a pour objet l'argent sacré sont punis des mines et de l'exil (6).

A l'égard de ceux qui avaient aidé une personne à voler dans les mines impériales ou du moins à monnayer les lingots volés (7), Antonin se montra moins sévère. Il ordonna qu'ils seraient traités comme *fures manifesti*, c'est-à-dire condamnés au quadruple et frappés d'infamie.

---

(1) L. 6 § 1, *ib.* — (2) L. 3, *ib.; Inst.*, IV, XVIII, 9. — (3) *Sent.*, V, XXVII. — (4) L. 13, ff. *ad leg. Jul. pec.* — (5) L. 6 § 2, *ib.* — (6) L. 38 pp., ff. *de Pœnis.* — (7) L. 6 § 2, ff. *ad leg. Jul. pec.* Il y est dit : « Is autem qui furanti *signum* præbuit, » ce qui peut signifier le prêt d'un coin, Pothier (*l. cit.*, VII, note *h*) lit *sinum*, c'est-à-dire « laxiorem vestimenti partem qua pecuniam surreptam exciperet. » Il regarde, du reste, ce cas comme rentrant dans le péculat proprement dit.

Honorius, Théodose II et Arcadius, en constatant que les magistrats qui auraient soustrait l'argent public au cours de leur administration étaient soumis à la loi Julia, portèrent la peine capitale contre eux, contre ceux qui les auraient aidés ou qui auraient sciemment reçu d'eux les sommes dérobées (1).

La novelle 105 de l'empereur Léon revint sur cette constitution. L'empereur y vante l'utilité des peines, mais il n'accorde ses éloges qu'à celles qui ne dépassent pas la mesure, qu'on peut comparer aux châtiments d'un père ou aux ordonnances d'un sage médecin. La loi qui punit de mort le magistrat coupable et ses complices lui paraît contraire à l'humanité comme au véritable esprit juridique ; il la supprime, avec une grande abondance d'expressions. Désormais le magistrat sera privé de sa dignité et condamné à payer le double de ce qu'il aura volé. Quant à ses complices, ceux qui seront riches encourront cette dernière peine ; les pauvres seront exilés après avoir été fouettés et rasés ignominieusement.

384. Les héritiers du coupable peuvent être poursuivis comme il aurait dû l'être. Il en est de même dans les *crimina de residuis* et *repetundarum*. C'est là une grave dérogation aux principes ordinairement les plus respectés du droit Romain. Mais «ce n'est pas sans raison, dit Papinien (2), puisqu'il s'agit de l'argent impérial dérobé.» Sans doute le défaut de restitution volontaire est imputé aux héritiers comme un crime aussi grave que la soustraction même dont le défunt avait été coupable. Il est cependant permis de douter qu'on soit allé jusqu'à leur appliquer la déportation en cas de péculat. Sans doute on les soumettait seulement aux peines pécuniaires, comme en cas de *crimen rerum repetundarum*. A plus forte raison est-il impossible d'admettre que les héritiers des magistrats aient été, par application d'une règle qui appartenait au droit classique, exposés à la peine de mort encourue par leurs auteurs depuis les fils de Théodose.

Le crime de péculat se couvrait par une prescription de cinq ans (3).

---

(1) L. *un.*, C. *de Crim. pec.*; *Inst.*, *l. cit.* Cf. ll. 1, 2, 5, C. Th. *ad leg. Jul. repet.* — (2) L. 14, ff. *ad leg. Jul. pec.* — (3) L. 7, ff. *ib.*

ART. ii. DU *crimen de residuis.*

385. Après la mort de Sylla, une loi Aufidia, *de residuis*, fut rendue contre les reliquataires; elle fut immédiatement appliquée au fils même du dictateur, Faustus.

Une loi Julia *de residuis* ou l'un des chefs de la loi Julia *peculatus* prévit le cas où une personne, ayant reçu l'argent de l'État pour un usage déterminé, ne l'y appliquait pas et le retenait (1), et, en général, celui où quiconque recevant de l'argent au compte du trésor pour une cause légitime (2) en gardait une partie (3). Le premier de ces faits eût toujours constitué un *furtum* à l'égard d'un particulier; le second n'eût été traité de même que si l'intention de celui qui livrait les écus avait été de rendre propriétaire celui pour le compte duquel ils étaient reçus.

Celui qui déclarait le reliquat ne tombait pas immédiatement sous le coup de la loi; il devenait seulement débiteur du fisc et sa situation à ce titre était déjà assez dure; la loi *de residuis* l'atteignait après un an (4).

La peine portée par la loi consiste à payer un tiers en sus de ce que l'on doit (5). La différence de cette peine avec celle du péculat peut faire présumer qu'il y a eu deux lois différentes; la loi *de residuis* serait venue la seconde, et elle aurait été rendue, soit parce que l'application de la première aux reliquataires qui n'avaient pas fait de déclaration pouvait être

______

(1) Ll. 2, 4 § 4, 9 § 6, ff. *ad leg. Jul. pec.* — (2) Sinon il y aurait péculat, v. l. 9 § 3, *ib.* — (3) L. 4 § 3, *ib.* — (4) L. 9 § 6, *ib.* Il y est dit : « Eum qui pecuniam publicam in usus aliquos retinuerit nec erogaverit hac lege teneri Labeo lib. XXXVIII Posteriorum scripsit. » Les mots *hac lege*, se rapportant à la loi Julia *peculatus*, font supposer que c'est bien cette loi qui a statué *de residuis*, ou du moins qu'on applique à ce cas; s'il y avait une disposition formelle, il serait inutile d'invoquer l'autorité de Labéon. D'un autre côté, après avoir rapporté une opinion qui semble être aussi de Labéon, et d'après laquelle la déclaration du reliquataire le soustrait à la disposition pénale, Paul ajoute : « sed eam quoque lex Julia residuorum post annum residuam esse jussit, » expressions qui feraient croire à une loi spéciale et postérieure. — (5) L. 4 § 5, ff. *ib.* La peine est du double dans un cas, l. 2, C. *de frumento urbis Const.*, XI, 23.

contestée, soit parcequ'elle était trop sévère. Peut-être aussi était-ce la simple négligence et le retard que l'on atteignait en établissant une peine si peu élevée, et le châtiment redevenait-il celui du péculat, quand l'intention frauduleuse de détourner le bien de l'Etat était prouvée.

ART. III. DU SACRILÈGE.

386. Le vol d'un objet sacré dans un lieu sacré constitue un cas de sacrilège.

a. En est-il ainsi, même quand le vol porte sur de l'argent? Celui qui dérobe l'argent sacré est déjà coupable de péculat; l'est-il aussi de sacrilège (1)? Ou ce mot ne doit-il pas être réservé aux vols qui portent sur des choses autres, vraiment sacrées par elles-mêmes ? Cette seconde opinion nous paraît préférable; les textes où il est question de sacrilège ne supposent pas de l'argent dérobé; la sévérité des peines portées dans ce cas ne se justifie que par le caractère intrinsèque de la chose soustraite; il y a deux crimes distincts et les deux systèmes de répression ne font pas double emploi.

b. Quand il ne s'agissait que de *sacra privata,* que de chapelles ou de châsses (2), dépouillées au moment où elles n'étaient pas gardées, il y avait plus qu'un *furtum* ordinaire, mais moins qu'un sacrilège (3).

c. Était-ce un sacrilège que de voler des choses privées quand elles étaient déposées dans un lieu sacré, dans un temple? Cicéron déclarait *parricide* l'auteur d'un tel vol (4). Mais il est probable que, nulle loi ne contenant de disposition expresse sur ce point, la question pouvait être controversée. Une autre décision dut même l'emporter, quand la foi religieuse s'affaiblit. La controverse existait certainement du temps de

---

(1) Cuj., *Paratitla* ad C. IX, 29; Voet, ad ff. *ad leg. Jul. peculatus.* XLVIII, 13; Vinnius, ad *Inst.,* IV, XVIII, 9. — (2) *Ædiculas,* v. Pothier, ad ff. *eumd tit.,* X, note *i.* — (3) L. 9 § 1, ff. *ib.* — (4) *De Legibus,* II, 10.

Quintilien (1). Elle fut tranchée par Sévère et Antonin, qui décidèrent que le fait constituait un simple *furtum* (2).

A l'inverse plusieurs interprètes pensent que le vol d'un objet sacré cessait d'être un sacrilège quand il était commis dans un lieu non sacré (3). Mais il pouvait constituer un péculat aussi bien qu'un *furtum* (4).

387. Dans le droit classique, c'était par des mandats impériaux qu'il était pourvu à la répression du sacrilège.

La gravité du fait paraissait telle que la recherche d'office des coupables était prescrite aux présidents.

Ceux-ci prononçaient, *extra ordinem*, une peine proportionnée à la gravité du crime (5).

Le proconsul statuait plus ou moins sévèrement suivant la qualité du coupable, la gravité du fait, les circonstances de temps, d'âge et de sexe. Beaucoup de sacrilèges furent condamnés aux bêtes, quelques-uns brûlés vifs ou pendus à des fourches. Ulpien blâme les excès de sévérité ; la répression ne doit pas aller au delà de la condamnation aux bêtes pour ceux qui ont volé dans les temples avec effraction ou durant la nuit ; quant à ceux qui enlèvent pendant le jour des objets de peu de valeur, ils seront condamnés aux mines ; encore ceux qui appartiennent à une bonne famille seront-ils seulement déportés dans une île (6).

Les empereurs Sévère et Antonin jugèrent eux-mêmes dans un cas particulier ; un jeune homme *clarissimus*, d'une haute noblesse, avait introduit dans un temple une caisse conte-

---

(1) Il la cite comme exemple (V, 10). « Privatam pecuniam sustulisti ; verum quia de templo, non furtum, red sacrilegium est. » Mais il dit ailleurs (IV, 2) : « Pecuniam de templo sustulit, sed privatam, non ideo sacrilegus est, » et plus loin (*ib.*, 4), il décide que c'est le juge qui doit chercher si dans ce cas l'acte commis est un sacrilège. — (2) L. 5, ff. *ad leg. Jul. pec.*, *n. o.* l. 16 § 4, ff. *de Pœnis :* « Locus facit, ut idem vel sacrilegium sit, » texte que l'on peut regarder comme rappelant l'ancienne doctrine, ou expliquer comme se rapportant en général aux objets placés dans les temples, qui ont ordinairement un caractère sacré. V. Cuj., *Obs.*, XIII, 19 ; Bynkershoek, *Obs. jur. Rom.*, I, 8 ; Pothier, ad *leg. Jul. pec.*, X, note *k.* — (3) Arg. de la l. 16 § 4, ff. *de Pœnis*, cf. Voet, ad tit. *ad leg. Jul. pec.*, 4. — (4) L. 4 § 1, ff. *ad leg. Jul. pec.* — (5) *Ead.* l. § 2, ff. — (6) L. 1 pp., *ib.* cf. Paul, *Sent.*, V, XIX.

nant un homme qui devait en sortir, après la fermeture des portes, pour y rentrer après avoir pillé ce temple ; les empereurs ordonnèrent qu'il fût déporté dans une île (1). Le fait était très grave ; c'était pendant la nuit qu'il devait s'accomplir ; mais il ne s'était pas accompli ; les empereurs ici punirent la tentative (2).

Le texte grec, qui, mis sous le nom d'Ulpien, forme la loi 11 § 1, ff. *h. t.*, doit sans doute être restitué aux Basiliques (3) ; ce n'est pas seulement parce qu'il est écrit dans la même langue, mais aussi parce que les peines qu'il porte appartiennent au Bas-Empire. Il distingue entre les vols commis, soit de jour, soit de nuit, dans le sanctuaire, et ceux qui sont commis en dehors du sanctuaire, mais dans le temple. Les auteurs des premiers ont les yeux crevés ; ceux des seconds sont frappés et rasés.

ART. IV. DU crimen rerum repetumdarum (4).

388. Nous n'avons pas à traiter en détail du *crimen rerum repetundarum*. C'est un vaste sujet auquel se relie l'histoire politique de Rome par quelques-uns de ses épisodes les plus importants, et, pour l'étudier complètement, il faudrait employer, comme de savants auteurs, toutes les ressources de l'épigraphie et de la philologie. Nous nous bornons à en considérer les rapports avec le vol.

389. C'est contre les concussions (5) commises dans les provinces (6) qu'ont été dirigées les premières accusations *rerum*

<hr>

(1) L. 11 § 1, ff. *ad leg. Jul. pec.* — (2) Nous avons déjà rencontré, en nous occupant du péculat, une décision d'après laquelle la tentative est punissable. — (3) LX, 5 ; v. Pothier, *ad eumd tit.* ad XI, note *b*. — (4) Ff., XLVIII, 1 ; C., IX, 27. — (5) Dans le Digeste, la *concussio* fait l'objet d'un titre spécial, XLVII, 13 ; le mot semble exclusivement appliqué à celui qui inspire la crainte pour se faire remettre quelque chose (l. 1) et à celui qui obtient de l'argent d'une personne en la menaçant d'une accusation (l. 2). Nous croyons pouvoir employer les mots *concussion, concussionnaire*, dans le sens que leur donne la langue française. — (6) Sur les exactions des gouverneurs de provinces, v. M. Duruy, *Histoire des Romains*, nouvelle édition, t. II, p. 211 *et suiv.*

repetundarum et qu'a enfin été établi un *judicium publicum.* Mais les concussions se présentaient sous bien des formes différentes; les dons illicites que se faisaient faire les gouverneurs furent atteints ou en même temps que les soustractions, soit violentes, soit frauduleuses, ou peu de temps après (1). Le magistrat qui recevait des présents pour faire ou ne faire pas un acte de sa fonction était poursuivi au même titre que celui qui avait mis la main sur des objets précieux. L'intégrité dans l'exercice des fonctions publiques, voilà ce que le *crimen* avait pour objet de garantir.

Ce qui de la part d'un particulier et à l'égard d'un autre eût constitué un *furtum* rentrait dans le *crimen rerum repetundarum* quand c'était l'acte du gouverneur mis à la tête d'une province. Mais le vol proprement dit devait être rare ; le vol commis avec violence ne pouvait être fréquent. Sans doute les Verrines nous offrent des exemples de l'un et de l'autre. Mais que de fois n'est-ce pas dans le sens vulgaire et non juridique des mots que Cicéron parle de *furtum* et de *rapina* ! Que de fois le propriétaire d'un objet d'art n'est-il pas réduit par la crainte à donner une apparence de consentement, à vendre à vil prix ! C'est un *furtum*, d'après Cicéron (2), que d'avoir exigé des sociétés de publicains un intérêt qu'elles ne devaient pas et qui était d'ailleurs supérieur au taux légal ; c'en est un autre que de n'avoir pas payé aux villes le prix du blé qu'elles fournissaient ; c'en est un troisième que d'avoir payé à quelques-unes moins qu'il ne leur était dû. Mais ces faits n'offrent point les caractères juridiques du *furtum*; le mot a un sens oratoire, comme dans cette phrase que nous trou-

---

(1) Rudorff, *ad legem Aciliam de pecuniis repetundis*, Berlin, 1862, p. 432. Rein (p. 612 et 621) cite cette formule ancienne « pecunia capta coacta conciliata, » comme ayant été répétée dans les lois successivement rendues sur la matière. Il va plus loin, et (p. 604) pense que le *crimen* s'est étendu avec le temps. Il y fait rentrer, contrairement à l'opinion la plus répandue, jusqu'aux actes de cruauté, qui se commettaient en si grand nombre dans les provinces à la fin de la République. M. Laboulaye (*Essai*, p. 302) dit aussi que « la loi de César commence par interdire de façon générale toute espèce de concussions et de cruautés dans l'administration. » — (2) *In Verr*., 2ª actio, III, 70.

vons un peu plus loin sur le même sujet : «Non mihi jam furtum, sed monstrum ac prodigium videbatur (1). »

Chose remarquable ! dans le texte de la loi Julia, tel que
nous le trouvons au Digeste (2), nulle mention spéciale n'est
faite de cas où l'acte par lui-même constituerait soit un *furtum*, soit une *rapina*. Cette loi, qualifiée *acerrima* par Cicéron (3), avait-elle laissé de côté certains faits auxquels aurait
suffi la répression antérieure ? N'a-t-elle pas été reproduite
dans son entier par Justinien? Quelques-unes de ses dispositions étaient-elles devenues inutiles, soit que les fonctionnaires
fussent disposés d'eux-mêmes ou contraints par une exacte surveillance à une intégrité nouvelle pour eux, soit que le système
administratif de l'empire rendît les indélicatesses d'un certain
genre plus difficiles, en diminuant l'étendue des pouvoirs et
en séparant les attributions, soit que les moyens du droit
commun finissent par s'étendre à des hypothèses longtemps
régies par un droit exceptionnel et que les magistrats eux-
mêmes pussent être punis comme voleurs pour vols commis
dans l'exercice de leurs fonctions?

390. Les délits précédent les lois pénales : il y eut des concussions dans les provinces avant qu'on eût songé à établir des
châtiments et à organiser une procédure contre les concussion-
naires. C'était naturellement au Sénat qu'il appartenait d'en
connaître, comme de tout ce qui se rapportait à l'administration des provinces (4). En l'an 581 de la ville, on voit le Sénat
saisi d'une plainte par des députés espagnols, qui, entre autres
accusations, portaient contre les magistrats de Rome celle
de leur avoir pris de l'argent. Le préteur fut chargé de
désigner cinq *recuperatores*, de l'ordre sénatorial, pour juger
chacun des accusés en laissant les plaignants désigner leurs
patrons. L'un des accusés fut absous, deux autres s'infligè-
rent un exil volontaire (5).

Les *recuperatores* n'avaient sans doute qu'à prescrire la res-

---

(1) *Ib.*, 73. — (2) L. 6 § 2, l. 7 pp. et § 2, ff. *de lege Julia repet.;*
cf. Ant. Matthæus, *de leg. Jul. repet.*, I, 6. — (3) *In Vatinium*, 12.
— (4) Sur la nature et l'étendue de ce pouvoir qui permettait au sénat de
prononcer entre les provinciaux et leurs gouverneurs, v. M. Laboulaye,
Essai, etc., p. 115 *et suiv.*, p. 192 *et suiv.* — (5) Tit. Liv., XLIII, 2.

titution des sommes ou valeurs perçues. L'année suivante, des faits du même genre amènent une procédure différente : les habitants de Chalcis dénoncent l'ancien préteur, C. Lucretius, qui avait notamment dépouillé les temples des objets d'art ; c'est bien au Sénat que la dénonciation est portée ; le préteur actuel, L. Hortensius, y est compris ; mais, dans la séance même du Sénat, deux tribuns citent Lucretius devant le peuple. Le Sénat répond aux habitants de Chalcis qu'il blâme Lucretius et promet d'envoyer des instructions à Hortensius. Il s'en tient là. Le procès annoncé par les tribuns suit son cours et les comices par tribus prononcent contre Lucretius une amende considérable ; ils infligent une peine (1).

391. Mais si le Sénat trouvait dans son pouvoir administratif un moyen de faire indemniser les personnes dépouillées, si le peuple puisait dans sa souveraineté sans limites le droit de condamner à des peines qui n'avaient été déterminées par aucune loi, les faits de concussion devinrent et trop fréquents et trop graves pour que la nécessité d'une répression régulière ne fût pas reconnue. La loi Calpurnia organisa pour la première fois cette répression. Elle établit en 605 ce qui n'existait pas encore et ce qui allait devenir le commencement d'un système de procédure, une *quæstio perpetua de pecunis repetundis* (2). Vinrent ensuite la loi Junia, la loi Acilia, postérieure à l'an 631, la loi Servilia, rendue, selon les uns, entre 638 en 654, selon d'autres en 643, la loi Cornelia, œuvre de Sylla, devenu dictateur, en 673, sous l'empire de laquelle fut accusé Verrès, enfin la loi Julia, œuvre de Jules César, dans son premier consulat, en 694, qui fixa définitivement la législation. Les savants qui se sont occupés de ces matières ont éprouvé les plus grandes difficultés, non seulement à retrouver, même approximativement, les dates de plusieurs de ces lois, mais même à déterminer l'ordre dans lequel elles se

(1) *Ib.*, 7 et 8. Cf. Zumpt, *Comment. de legibus judiciisque repet.* Berlin, 1845, p. 8 et 9. Cet auteur pense que les pérégrins auraient pu employer les voies ordinaires, telles que le droit civil les ouvrait aux Romains eux-mêmes, pour réclamer les choses dont ils avaient été dépouillés injustement. V. Bethmann-Hollweg, *op. cit.* § 30. — (2) Cf. Mommsen, t. V, p. 6, liv. IV, ch. II; Willems, *Le droit public Romain*, 3e édit., p. 330.

sont succédé et à faire la part de chacune, à discerner ce qu'elle eut de propre, ce qu'elle retint et reproduisit des précédentes ou ce qu'elle y changea (1).

392. Il n'est peut-être pas de sujet sur lequel il y ait eu plus de lois rendues successivement que les concussions des gouverneurs. Quel mal que celui contre lequel il a fallu ainsi lutter ! Les premières lois étaient-elles insuffisantes ou le sont-elles devenues après coup, parce que le mal s'est développé en dépit de la répression ou transformé pour y échapper ? N'en rendait-on pas de nouvelles, parce que les anciennes, si sévères et si complètes qu'elles fussent, demeuraient sans exécution ou étaient trop facilement éludées, et le législateur n'était-il pas réduit à recommencer périodiquement une œuvre dans laquelle les mœurs ne le soutenaient pas ? « Sed quis custodiet ipsos Custodes ? »

Changer les peines, changer la procédure, changer les juges, autant de marques de bonne volonté, mais d'impuissance.

393. L'opinion générale est que la *quæstio perpetua* fut, sous l'empire de la loi Calpurnia, et demeura, sous celui de la loi Junia, un *judicium privatum*, sur lequel statuaient des *recuperatores*. Le procès s'engageait au moyen du *sacramentum* et les coupables ne devaient être condamnés qu'à restituer.

La loi Acilia semble avoir établi un *judicium publicum*, entraînant par sa propre nature l'infamie (2), et exposant l'accusé à une condamnation au double. Peut-être les plaignants conservaient-ils du reste la faculté d'agir selon les lois Calpurnia et Julia.

La loi Servilia modifia la procédure ; elle supprima l'*amplia-*

---

(1) Sigonius, *de Jud.*, II, 27 ; Ant. Matthæus, *l. cit.* ; Poncelet, *Excursus de Ordine exercendorum tam privatorum quam publicorum, stante republica, judiciorum* (Cic., éd. Lemaire, t. III, p. 601) ; Klenze, *Fragmenta legis Serviliæ repetundarum* ; M. Laboulaye, *Essai*, XXII ; Walter, § 814 ; Zumpt, *l. cit.* ; Rudorff, *l. cit.* ; Rein, p. 604 *et suiv.* ; M. Giraud (*Novum Enchiridion*, p. 596 *et suiv.*) donne le texte de la *lex Servilia seu Acilia repetundarum*. —
(2) « Toutes les sentences prononcées à la suite d'une instance publique (*publicum judicium*) entraînaient l'infamie, » l. 7, ff. *de Publ. jud.* (M. Humbert, *Des conséquences des condamnations pénales*, p. 45).

tio, qui permettait aux juges de remettre plusieurs fois la cause, comme insuffisamment instruite, et qui multipliait les chances d'absolution pour l'accusé ; elle établit la *comperendinatio*, par suite de laquelle une double action devenait nécessaire, mais aboutissait forcément à une sentence définitive. Les lois Acilia et Servilia sont du reste celles dont il est le plus difficile de distinguer les dispositions sur bien des points.

La loi Cornelia apporta d'autres changements à la procédure ; aggrava-t-elle la peine en la portant au quadruple ou simplement au triple ? Contenait-elle une disposition expresse au sujet de l'infamie ? Portait-elle enfin l'interdiction de l'eau et du feu ? Autant de points sur lesquels on ne recueille que des renseignements peu précis et qui donnent lieu à des discussions.

La loi Julia semble s'être proposé d'embrasser tous les faits de concussion possibles ; elle établit la peine du quadruple, si elle ne la trouva pas déjà établie par la loi Cornelia ; y ajouta-t-elle certaines incapacités expresses, l'interdiction de l'eau et du feu ? C'est encore un point douteux.

A l'époque classique, la concussion donne lieu à une répression *extra ordinem* ; c'est l'exil qui est prononcé, ou une peine plus sévère, si la gravité des faits l'exige (1). La peine du quadruple n'est pas supprimée ; il en est parlé au Code dans deux constitutions, l'une de Gratien, Valentinien II et Théodose, l'autre, de Théodose II et Valentinien III (2).

943. Les héritiers du coupable étaient tenus du *crimen*. Cette disposition reçut une application du temps de Pline le Jeune. Expressément contenue dans les lois, dit-il sans dire dans lesquelles, depuis très longtemps elle était comme tombée en désuétude. Le Sénat fit deux parts des biens laissés par le magistrat concussionnaire ; il laissa à la fille tout ce qui avait appartenu au défunt avant qu'il fût gouverneur, et attribua le reste aux plaignants (3).

Sans doute la règle datait du temps où le *crimen rerum repe-*

______

(1) L. 7 § 3, ff. *de leg. Jul. rep.* — (2) Ll. 1 et 6, C. *ib.* — (3) Pl., *Epist.*, III, 9.

tundarum n'avait pas d'autres conséquences qu'une restitution. Remise en vigueur, elle s'appliqua même à la peine (1); il fallait seulement que le *crimen* fût intenté dans l'année qui suivait la mort du coupable (2).

395. Le *crimen*, sans doute restreint d'abord aux magistrats proprement dits, reçut de la loi Julia la plus grande extension ; il s'appliqua à toute personne qui aurait commis le délit, « in magistratu, potestate, curatione, legatione vel quo alio officio, munere, ministeriove publico, vel cum ex cohorte cujus eorum est (3) » non seulement aux plus humbles fonctionnaires, mais à ces *comites*, formant la *cohorte* des magistrats sans être fonctionnaires eux-mêmes (4).

Mais faut-il croire que, dans les premiers temps, le *crimen* fut accordé seulement aux pérégrins et contre les magistrats ou fonctionnaires des provinces, ou put-il être exercé même par des citoyens romains et contre les magistrats urbains? C'est encore une question controversée. Ce qui semble le plus probable, c'est qu'à l'origine l'on se proposa de donner aux alliés ou sujets de Rome une protection contre les exactions des gouverneurs, et que pendant longtemps les diverses lois dont nous avons parlé n'eurent pas d'autres applications, mais que, avec le temps, de nouveaux besoins se manifestèrent; la loi Julia fit une mention expresse des magistrats urbains (5); on la regarda comme ayant surtout pour objet de prévoir des délits spéciaux, qui pouvaient se commettre à Rome aussi bien que partout ailleurs ; les textes des jurisconsultes classiques au Digeste et des empereurs au Code ne distinguent plus entre la capitale et les provinces ; la législation applicable à la première eût offert une grave lacune, si elle n'eût pas puni le magistrat recevant de l'argent d'une manière illicite. Ce fait ne rentrait nullement dans le péculat.

396. Le procès dont nous parle Pline le Jeune nous montre la juridiction du Sénat substituée aux *Quæstiones perpetuæ*,

____

(1) L. 20, ff. *de Accusationibus*, XLVIII, 2 ; l. 2, C. *ad leg. Jul. rep.* — (2) L. 2, ff. *ib.* — (3) L. 1 pp., *ib.* — (4) L. 5, *ib.* — (5) L. 6 § 2, *ib.*

et cette juridiction elle-même fut remplacée par la répression *extra ordinem* (1).

ART. v. De Publicanis.

397. Les publicains sont les fermiers des impôts ; ils les recouvrent pour le fisc (2). Le préteur a prévu qu'ils pourraient ravir des objets par la violence, causer injustement un dommage ou commettre un *furtum*. Il accorde contre eux une action spéciale.

398. Les publicains seront tenus au double pendant l'année, au simple après l'année, s'il n'ont pas réparé le mal qu'ils ont causé (3).

Cette action est mixte (4). Elle est perpétuelle, mais seulement au simple, passe aux héritiers et autres successeurs de la victime (5), ne peut être exercée contre ceux du coupable que dans la mesure de leur enrichissement (6).

Entre plusieurs coupables, l'action est répartie; il sont tenus solidairement, chacun répondant de la solvabilité des autres, mais l'action au double n'est pas donnée cumulativement contre tous (7).

Il faut remarquer la faculté de restituer la chose pour échapper à l'action pénale, expressément accordée par le préteur au publicain. L'action n'est pas arbitraire. C'est avant le *litis contestatio* que doit avoir lieu la restitution; cependant Gaius admet que, même faite devant le juge, elle devra entraîner l'absolution (8), Gaius appartient à l'école d'après laquelle tous les *judicia* sont *absolutoria*, en ce sens que le défendeur qui satisfait à la demande, fût-ce *in judicio*, doit être absous (9).

399. Le préteur a prévu les mêmes délits commis, non plus par le publicain, mais par sa *familia*. Ce dernier mot a ici un

(1) L. 7 § 3, *ib.* — (2) L. 1 § 1, ff. *de Publicanis*, XXXIX. 4 ; cf. l. 13, *ib.* — (3) L. 1 pp., *ib.;* v. la correction proposée par Bynkershoek, *Obs. jur. Rom.*, VI, 1. — (4) L. 5 § 1, *ib.* — (5) L. 13 § 4, *ib.* — (6) L. 4 pp., *ib.* — (7) L. 6, *ib.* — (8) L. 5 pp., *ib.* — (9) Gaius, IV, 114,

sens spécial, il ne comprend que ceux des esclaves qui sont affectés au recouvrement des impôts, mais un esclave isolé suffit ; d'autre part, les esclaves d'autrui et les hommes libres possédés de bonne foi rentrent dans la *familia*, toujours sous la même condition (1).

Le publicain est responsable du fait de sa *familia* comme du sien propre, à tel point que l'abandon noxal lui est refusé (2). Toutefois il obtient, en exhibant l'esclave (3), de n'être tenu que *noxaliter* (4). C'est au demandeur à indiquer celui ou ceux des esclaves dont il demande l'exhibition ; il peut demander celle de tous (5). Si elle n'est pas faite, quelle que soit la raison, n'y eût-il sur ce point aucune faute à reprocher au maître, sa responsabilité redevient entière (6).

L'action peut être exercée de ce chef contre les associés du maître, quoiqu'ils n'aient aucun droit sur les esclaves (7).

La restitution prévient également cette action (8) ; elle suffit et l'absolution est prononcée, alors même qu'il y a plusieurs esclaves coupables (9).

On a fait une position mauvaise aux publicains ; mais « ils doivent choisir de bons esclaves pour ce ministère (10). »

400. A quoi bon l'action spéciale que nous venons d'étudier, le préteur ayant déjà pourvu aux cas de vol, de dommage et de *rapina* ? Il ne l'en a pas moins jugée utile (11). Dans un certain sens, celle-ci est plus douce ; elle n'est donnée qu'au double, tandis que les actions *vi bonorum raptorum* et *furti manifesti* sont au quadruple (12). De plus, le publicain a la faculté d'échapper à l'action en restituant. Sans doute le préteur a surtout voulu atteindre dans son édit spécial aux publicains des faits qui auraient échappé au droit commun, et les termes qu'il a employés embrassaient en même temps ceux

_____

(1) L. 195 § 3, ff. *de Verb. sign.* ; l. 1 § 5 et l. 12 § 1, ff. *de Publicanis*. — (2) L. 1 pp., *ib.* — (3) La l. 1 pp. porte : « Si id ad quos ea res pertinebit non exhibebitur, » mais le § 6 reprend : « Si hi non exhibebuntur, » et le développement qui suit montre que tel était le texte de l'édit ; cf. Rudorff, *op. cit.* § 141, note 6 ; v. cep. l. 12 § 1, *ib.* Les deux idées peuvent être vraies du reste. — (4) L. 3 pp., *ib.* — (5) L. 3 § 1, *ib.* — (6) L. 1 § 6, *ib.* — (7) L. 3 § 1, *ib.* — (8) L. 1 pp., *ib.* — (9) L. 3 § 3, *ib.* — (10) L. 3 pp., *ib.* — (11) L. 1 § 2, *ib.* — (12) *Ead.* l. § 3 ; cf. l. 9 § 5, *ib.*

que le droit commun prévoyait déjà. Les actions générales, telles que l'action *furti*, peuvent d'ailleurs être exercées, quand il y a lieu ; il serait absurde que les publicains fussent mieux traités que les autres (1).

Paul, dans le cas d'une extorsion par la violence, suppose que l'action *vi bonorum raptorum* a été exercée, et il ajoute : « Ils sont en outre punis *extra ordinem*; car il faut autre chose pour l'intérêt des particuliers, autre chose pour la vigueur de la discipline publique (2). »

(1) L. 1 § 4, *ib.*; cf. 1. 8, C. *de Furtis*. — (2) L. 9 § 5, ff. *de Publicanis*.

CONCLUSION

----

401. Après avoir étudié en détail les règles du droit Romain
sur le *furtum*, nous voudrions en retracer l'histoire et en résu·
mer l'ensemble (1). Nous ne nous occuperons ici que des soustractions commises au détriment des particuliers et laisserons
de côté celles qui, constituant des délits contre la chose publique, lésant l'État ou les dieux, ne furent jamais comprises par
les Romains dans la dénomination de *furtum*.

Si l'on peut remonter au delà de la loi des XII tables, c'est
uniquement au moyen de conjectures qu'autorisent les dispositions de cette loi elle-même et la connaissance générale
de l'état social dans les temps primitifs. Le *furtum* ne doit être
alors que ce qu'est le vol dans la plupart des pays, la
soustraction d'un objet matériel entre les mains de celui auquel il appartient. Le propriétaire défend son bien par tous
les moyens. Au droit de défense faut-il faire succéder le droit
de vengeance ? Quand le propriétaire est réduit à poursuivre,
après le vol, l'objet qu'il n'a pu conserver, peut-il user contre
le voleur, pour rentrer en possession de son bien ou pour
satisfaire son légitime courroux, de ces mêmes moyens qui,

(1) V. sur ce sujet M. de Ihering, *op. cit.*, t. I, p. 120-132.

employés plus tôt, eussent empêché la consommation du délit? Son droit sera-t-il plus étendu dans le temps qui suit immédiatement le délit consommé, contre le voleur entre les mains duquel il aperçoit encore l'objet dérobé, sur la culpabilité duquel il ne conçoit aucun doute, que quelques jours ou quelques mois après, contre la personne qui sera soupçonnée, non convaincue? Ce sont des questions auxquelles on ne peut apporter de réponses précises. Il n'est pas probable que les premiers Romains aient, comme les publicistes modernes, soigneusement distingué le droit de défense et le droit de vengeance immédiate ; l'évidence attestée au besoin par les voisins accourus aux cris du propriétaire rendait tout procès inutile. Qu'avait à dire le voleur pour se défendre ? Le volé n'avait pas besoin de prouver qu'il ne s'était pas servi d'un vain prétexte pour attaquer autrui ou qu'il n'avait pas commis quelque erreur. D'un autre côté, il est impossible d'admettre que, dans une société déjà organisée, ayant des tribunaux, les agressions individuelles au nom de la propriété violée aient encore été permises après un certain temps écoulé, quand le doute pouvait planer sur les circonstances du délit, sur l'identité de l'objet, sur celle de l'auteur, quand la première ardeur du courroux avait, d'ailleurs, dû se calmer dans l'âme de la victime. L'action des tribunaux se substituait presque nécessairement à celle des particuliers.

402. Les décemvirs ne se proposèrent point de rompre avec le passé juridique du peuple romain. Bien loin de là, ils respectèrent et maintinrent les principes du droit coutumier qu'ils trouvèrent établi. Ils coordonnèrent ce qui était incohérent, ils rendirent précis ce qui était vague et incertain, souvent ils adoucirent ce qui désormais paraissait trop dur. L'inévitable caractère d'une œuvre telle que la leur, c'est d'accroître les pouvoirs de l'État et de multiplier les occasions où ils s'exercent. Quand l'État s'est chargé de fixer le droit, il est naturel et nécessaire qu'il se charge de le faire respecter. La nouvelle législation contenait un certain nombre de dispositions analogues à celles du droit grec, en particulier du droit attique. Consacrait-elle par là des analogies antérieurement existantes, qui s'expliqueraient, soit par une communauté d'origine, bien lointaine, il est vrai, soit par de fréquents contacts avec les colonies grecques semées sur les côtes méridionales de l'Italie ? ou faisait-elle des emprunts systématiques à une législation partout renommée, qu'elle se serait proposée comme modèle ?

Sous l'empire des XII Tables, le voleur de nuit fut le seul qui pût être tué impunément ; les peines du *furtum manifestum* furent très sévères sans doute, mais la vie des hommes libres fut respectée : les esclaves seuls encoururent pour ce crime le dernier supplice ; le *furtum nec manifestum* n'entraîna qu'une répression pécuniaire et encore était-elle assez faible. La condamnation au double était-elle, au moins à l'origine, considérée comme une condamnation pénale ? N'était-ce pas, pour le tout, ou ne comprenait-elle pas, pour une partie, la réparation du dommage causé ? Les législateurs ne se contentaient pas de fixer les peines ; ils donnaient au volé les moyens de découvrir et l'objet soustrait et l'auteur de la soustraction ; ils étendirent le châtiment rigoureux du *furtum manifestum* à celui qui avait entravé la recherche faite dans certaines conditions solennelles, dont l'utilité ne dut jamais être bien grande, et dont le sens primitif, religieux sans doute, finit par échapper aux irrespectueux descendants des vrais Romains. Mais, dans ces diverses dispositions, s'il s'agissait d'établir la pénalité, la loi ne semblait avoir égard qu'à l'intérêt ou à la vengeance du particulier lésé ; s'agissait-il de l'instruction et de la poursuite, c'est à lui seul qu'elle conférait des droits, qu'elle remettait même celui de faire des perquisitions domiciliaires ; lui seul pouvait intervenir, à condition que le dernier mot restât toujours à la justice.

403. Les décemvirs n'avaient pas défini le *furtum* ; la jurisprudence profita de leur silence pour donner au mot la plus large extension ; elle arriva ainsi à protéger des droits qui auraient eu besoin d'une protection spéciale et qui n'en avaient pas obtenu. Le *furtum* des immeubles fut admis par certains jurisconsultes, celui des personnes libres en puissance d'autrui par tous. On ne se montra pas plus exigeant sur le caractère des actes qui constituèrent le *furtum* que sur la nature des objets auxquels il s'appliquait. On ne fut pas éloigné de qualifier *fur* quiconque causait par dol un préjudice à autrui. On condamna comme tel celui qui avait étendu sa toge pour dissimuler l'esclave fugitif aux yeux du maître et celui par le dol duquel des mules avaient péri faute de soins, le muletier ayant été forcé de comparaître en justice.

Cette immense extension n'eut qu'un temps ; d'une part, elle sembla excessive et dangereuse ; d'autre part, l'établissement d'actions nouvelles pour certains des faits en vue desquels elle avait été proposée la rendit inutile. La jurisprudence marqua avec précision la nature que devaient avoir les objets et les conditions dans lesquelles ils devaient être placés pour être susceptibles de *furtum*. La force même des choses et le sens du mot la conduisirent à restreindre le *furtum* aux meubles. C'était dans l'intérêt des particuliers qu'il était puni ; il fallut qu'il blessât l'intérêt actuel et légitime d'un particulier. Les actes qui font le *furtum* furent aussi mieux déterminés et plus limités. En exigeant un fait positif et facile à constater, le contact d'un objet matériel, on préservait les citoyens contre le danger auquel exposent l'assimilation de la tentative et les actes préparatoires au délit lui-même ; dans les sociétés, c'est le besoin de punir qui se fait sentir d'abord, mais la crainte de punir hors de propos ne tarde pas à s'y mêler. La claire distinction des divers délits est aussi très importante pour la sécurité des citoyens; le *furtum*, caractérisé par l'*animus furandi*, rentra peu à peu dans sa sphère propre. Cette sphère était encore plus large que dans la plupart des législations, et elle embrassait bien des cas auxquels nous donnons aujourd'hui des noms particuliers, tels que l'escroquerie et l'abus de confiance.

404. Pendant que la notion du *furtum* allait se développant d'abord et se déterminant ensuite, un changement considérable s'introduisait dans la pénalité ; l'œuvre de transformation et d'adoucissement, commencée peut-être par les décemvirs, était terminée par le préteur. Les peines devenaient toutes pécuniaires, même celles du *furtum manifestum*. Le taux seul variait avec la gravité des cas, mais le chiffre à multiplier par un chiffre variable devait toujours représenter l'intérêt de la personne volée. Il n'est pas prouvé qu'on puisse rattacher la réforme du préteur à telle loi plutôt qu'à telle autre. Elle fut

inspirée par un état nouveau des mœurs. Les Romains devenaient moins durs. Ils concevaient en même temps une plus
haute idée d'eux-mêmes et respectaient jusque chez leurs
concitoyens coupables l'honneur de leur nom. Le citoyen
grandissait comme Rome elle-même. On n'osait plus le faire
déchoir au rang d'esclave pour un délit qui ne blessait que les
particuliers. Ajoutons que des peines qui frappent la personne
dans son corps et dans ses droits finissent par sembler incompatibles avec la nature même d'une action qui repose exclusivement sur l'intérêt privé et qui ne peut être exercée que par
l'intéressé. L'idée de la vengeance individuelle s'est d'ailleurs
effacée ; celle de la vengeance publique, celle de l'intérêt
social n'apparaissent pas encore.

405. Les actions pénales, avec leur caractère uniformément
pécuniaire, se séparèrent tout à fait des actions qui tendaient
à rétablir le patrimoine dans son intégrité.

Il est probable que le droit de revendiquer la chose, en
quelques mains qu'elle se trouvât, avait toujours été reconnu
au propriétaire ; la loi des XII Tables l'avait même fortifié
d'une manière toute particulière, en interdisant l'usucapion des
objets volés, et, là où elle s'était vue forcée par l'intérêt public de le refuser, au moins pour un temps, elle l'avait remplacé par un moyen dont l'exercice pouvait être plus avantageux, par l'action *de tigno juncto*. Mais, en outre, le voleur put
être obligé par la *condictio furtiva* d'indemniser le propriétaire, si celui-ci ne pouvait ou ne voulait user de la revendication. Cette séparation si nette entre la peine et l'indemnité
répondait à un besoin social qui peut n'être pas aperçu, mais
qui est nécessairement senti, et qu'il faut bien satisfaire alors
même qu'on ne le reconnaît pas. La peine était établie dans
l'intérêt des particuliers : c'était à eux à la réclamer comme à
en profiter ; mais il était indispensable que ce fût une peine.
Une action exclusivement destinée à la réparation du dommage
causé n'était pas moins nécessaire qu'une action exclusivement pénale, le droit refusant d'appliquer la pénalité à certaines personnes ou dans certains cas ; du moins le propriétaire ne devait pas être dépouillé de sa chose ou de ce qui en
pouvait prendre la place dans son patrimoine.

406. Les changements que nous venons de rappeler étaient dus au préteur. Il compléta son œuvre à mesure que les circonstances y firent reconnaître des lacunes. Les Romains cessèrent d'être sédentaires ; en même temps que leur empire s'accroissait, leurs relations de toute nature se développaient avec le reste du monde ; une protection spéciale fut accordée aux voyageurs contre les capitaines et les aubergistes, rendus responsables des vols qui se commettaient là où ils avaient le commandement et où ils devaient exercer la surveillance. La sanction pénale du *furtum* ne s'étendant pas aux objets héréditaires dont l'héritier n'avait pas encore pris possession, le préteur permit d'agir au double contre les esclaves qui, assurés de l'impunité par un affranchissement testamentaire, auraient mis à profit la vacance de l'hérédité pour la dépouiller ; du moins une certaine garantie était assurée à l'héritier contre les ennemis intérieurs, contre ceux qui avaient le plus de facilité pour voler et qu'on regardait comme y ayant le plus de penchant. La guerre civile donne l'idée et les moyens de commettre le mal ; il n'y eut que l'ordre politique qui fut rétabli par la victoire de Sylla ; un certain nombre de ceux qui avaient pris les armes ne s'en dessaisirent pas ; ils n'allaient plus se joindre à des armées pour travailler au triomphe d'un chef, d'une cause, si l'on veut ; ils se formaient en bandes pour exciter la terreur et satisfaire leur avidité. De là l'édit *vi bonorum raptorum*. Cet édit reçut une application toujours utile, quoique un peu différente, quand les conséquences des troubles civils eurent disparu ; il permit d'appliquer, à raison de la violence, une, peine plus sévère à celui qui, traité comme *fur nec manifestus*, n'eût été passible que d'une action au double. Nous ne savons si c'est également aux déplorables effets des guerres civiles qu'il faut rattacher l'édit *de incendio* ; les désastres qu'il prévoyait arrivent dans tous les temps et les incendies furent toujours fréquents à Rome ; mais, qu'ils résultent de crimes ou de malheurs, il est naturel de châtier plus rigoureusement ceux qui en profitent pour s'approprier le bien d'autrui.

407. Nous l'avons dit, la répression telle que l'avait organisée le préteur ne devait pas être suffisamment efficace. Il est

deux classes de gens que les peines pécuniaires n'atteignent
réellement pas, ceux qui sont assez riches pour les supporter
sans en être gênés et ceux qui sont trop pauvres pour les
payer. C'est naturellement parmi ces derniers que l'on compte
le plus de voleurs. On ne peut faire rien de plus que de les
traiter comme des débiteurs insolvables. Est-ce assez ? Quant
à l'infamie, ce n'est un châtiment sérieux que si l'on craint de
perdre une certaine situation sociale ou si l'on tient aux droits
dont elle prive. Mais c'est surtout quand il s'agit de vols commis par les fils de famille et les esclaves qu'on éprouve le plus
grand embarras à s'expliquer comment les Romains purent
se contenter du système qui dura pendant plusieurs siècles.
Qu'un père fasse un grand sacrifice d'argent pour conserver
son fils, même coupable, on le comprend ; encore faut-il que
sa fortune le lui permette. Mais, dès que le vol a quelque
importance, comment le maître, s'il n'est pas complice de l'esclave, paie-t-il le double ou le quadruple pour retenir dans sa
maison un voleur ? On sait combien les Romains redoutaient
les esclaves voleurs. L'abandon noxal est aussi bien embarrassant. Nous avons supposé qu'il servait à mettre le coupable à la disposition de la personne lésée qui pouvait lui infliger un châtiment domestique ; mais les textes montrent qu'il
avait dans la pratique des conséquences différentes et plus
durables. Or l'intérêt du volé à recevoir chez lui le voleur ne
se comprend pas mieux que l'intérêt du maître de celui-ci à
le retenir. L'avantage de faire travailler le voleur est plus que
compensé par le danger de sa présence et de ses exemples.

Nulle grande ville ne peut se passer de police. Il y eut toujours
à Rome, sous des noms différents et avec des pouvoirs inégaux,
une autorité chargée de veiller au maintien de l'ordre pendant le jour et pendant la nuit. Les malfaiteurs de tout genre
purent être arrêtés par ses ordres. Que devenaient-ils après
avoir subi cette arrestation et sans doute une détention qui,
si courte qu'elle fût, était déjà comme un châtiment ? La
preuve assurément était facilitée pour celui qui voulait prendre la voie ordinaire. Les *tresviri capitales* avaient-ils le droit
d'infliger eux-mêmes des peines ? Quand le voleur mené devant eux était un esclave, ce droit leur appartenait certaine-

ment, mais peut-être sans être exercé sous la forme d'un jugement proprement dit. Il est plus difficile de le leur reconnaître à l'égard d'un homme libre, fût-il de la plus humble condition ; les distinctions entre les personnes libres n'apparurent et ne se développèrent que sous l'empire. Le préfet des vigiles eut des fonctions plus hautes et des attributions plus étendues que les *tresviri capitales* ; sans doute il se mit insensiblement à sévir contre les voleurs qui appartenaient aux dernières classes de la population libre, en attendant que le *crimen extraordinarium* reçût une application régulière et générale.

Certains vols étaient d'une telle nature qu'ils ne pouvaient guère se commettre que hors de Rome, et en général, au début du moins, ce n'étaient pas des citoyens romains qui en étaient les auteurs. Nous voulons parler des faits compris sous le nom générique de brigandage. Tout poussait à une répression impitoyable, rien ne la gênait. Les magistrats trouvaient dans les pouvoirs attachés à leurs fonctions le droit et les moyens de punir comme ils voulaient. Ce n'était pas seulement la sécurité de tous qu'ils protégeaient ainsi, c'était encore l'ordre politique et la puissance même de la patrie. Les brigands d'Italie étaient tout près d'être des révoltés contre la république. Le danger public passa, mais le crime était assez redoutable par lui-même pour mériter les plus rigoureux châtiments, et il ne cessa pas de les entraîner.

A Rome même, on finit par reconnaître que certains crimes ne sont pas seulement pour léser les individus, mais encore pour menacer la société tout entière. Le besoin d'une véritable justice criminelle se fit sentir. Il reçut une première satisfaction par l'institution des *judicia publica*. Le législateur établit des tribunaux où siégeaient des jurés, une procédure fixe, des peines fixes, que nous appellerions afflictives, infamantes, pour certains faits. Il se proposa notamment d'atteindre la violence. La loi *Cornelia de sicaris*, la loi *Julia* ou les lois *Juliæ de vi publica* et *de vi privata* embrassèrent les cas où il en était fait usage pour porter atteinte à la propriété d'autrui.

Sous l'Empire, ce fut une autre forme que revêtit le droit criminel, celle des *crimina extraordinaria*. Ces *crimina*, d'une

part, finirent par se substituer aux *qusthones perpetuæ* dans
les cas où celles-ci étaient antérieurement établies (1), d'autre
part, furent établis eux-mêmes pour des cas nouveaux. Plus
de loi, interdisant à l'avance tel ou tel fait sous des peines
déterminées : plus de jurés ; une procédure simple et rapide,
malgré certaines analogies de formes, inévitables à cause de
l'analogie du fond, avec les *judicia publica;* le magistrat
maître de la sentence à tous égards ; c'était lui qui la rendait,
et il n'était lié que par les usages, quelquefois par les instructions du prince (2). Cette seconde source du droit criminel
devait être plus abondante que l'autre. Il était facile à des magistrats dont les pouvoirs étaient illimités ou, ce qui revenait
au même, mal délimités; de punir les faits dangereux ou même
odieux à mesure qu'ils se présentaient. Presque tous les
vols commis avec circonstances aggravantes furent atteints
par le nouveau système.

Peu à peu il s'appliqua même au vol simple. S'il faut en
croire Ulpien, et il n'y a pas de raison sérieuse pour révoquer
en doute son témoignage, de son temps, cette voie était celle
que l'on prenait le plus volontiers. L'action *furti* subsista
néanmoins, plus avantageuse quand le voleur pouvait acquitter la condamnation pécuniaire. Il est probable qu'elle gardait
toute son utilité dans les cas auxquels s'était étendue la notion
du *furtum* et où l'on rencontrait un maniement frauduleux,
mais non une soustraction. Était-il possible de laisser décider
au préfet des vigiles si celui qui sous le faux nom de créancier
avait reçu un paiement était un *fur ?* Ce n'est donc pas seulement par le respect pour la tradition que s'explique l'insertion
au Digeste et même au Code de textes si nombreux traitant de
l'action *furti.* Elle garda toujours une grande importance. Une
répression purement pénale n'en prit pas moins le dessus dans

---

(1) Ce qui contribua à faciliter ce changement, ce fut la nécessité de
frapper *extra ordinem* les esclaves, même pour des faits soumis à des
judicia publica, quand les peines ne leur étaient pas applicables, peines
pécuniaires, rélégation. V. 1. 12 § 4, ff. *de Accusat. et inscr.* Sur ce
changement, v. M. de Valroger, *Esquisse du droit criminel des Romains, Revue critique de Legislation*, 1860, t. XVI, p. 374.

(2) L. 13, ff. *de Pœnis.*

la pratique de tous les jours. C'est que la plus grande partie
du droit criminel n'a rien d'arbitraire. Il y a des nécessités auxquelles une société ne peut se soustraire indéfiniment; sa
sécurité la force à y céder comme les autres.

408. Quand on ne sait pas les comprendre et y satisfaire à
temps, il ne s'en forme pas moins un droit criminel, mais défectueux et mal coordonné, comme fut celui des Romains (1).
Arbitraire, excessif, inégal, voilà ce qu'il fut. Quoi de plus arbitraire que ces *crimina extraordinaria*, où tout dépendait
d'un seul magistrat, qui déclarait le fait délictueux et prononçait la peine, sans que le délit fût déterminé, sans que la peine
fût portée par une loi! Ce magistrat était d'autant plus porté à
l'excès dans le châtiment que c'était l'alarme causée à la société par l'insuffisance de la répression régulière qui lui faisait
prendre un pouvoir si exorbitant par lui-même. Quant à l'inégalité, si souvent et si vivement reprochée au droit criminel
des Romains (2), d'où venait-elle? Sans doute, sous la République, les peines n'avaient pas été les mêmes pour les citoyens, les étrangers, les esclaves. Différences inévitables dans
la société antique et dont un historien ne devrait pas faire un
grief sérieux au peuple romain! Mais, sous l'Empire, la distinction s'introduisit parmi les hommes libres, parmi ceux qui
étaient, si l'on ne peut plus dire membres d'une même cité,
au moins sujets du même prince (3). Sur un point des plus
importants, une dérogation fut faite à cette égalité qui semblait le propre d'un despotisme fondé sur la démocratie. Il
n'y avait plus d'aristocratie capable de rendre des services ;
il se forma une espèce de noblesse investie de privilèges
que ne justifiait aucune raison d'utilité publique. Peut-être
l'établissement de la distinction en matière pénale tient-il encore en grande partie au caractère des *criminæ extraordinaria*.
Le magistrat, maître des peines, pouvait les faire varier suivant la fortune et la position du coupable; d'une part, il ména-

---

(1) V. M. de Valroger, *l. cit.*, p. 406.
(2) V. not. M. Humbert, *op. cit.*, p. 72-76 ; M. Labatut, *Essai sur le
droit criminel des Romains, Revue critique*, 1873, p. 657-659.
(3) V. M. Naudet, *De la noblesse et des récompenses d'honneur chez
les Romains*, p. 114-117.

geait les hautes classes, avec lesquelles il avait des relations habituelles et sur lesquelles il pouvait avoir besoin de s'appuyer; d'autre part, il est certain qu'une haute situation rend les hommes plus sensibles aux moindres peines. Les *judicia publica* n'avaient pas présenté les mêmes défauts que les *crimina extraordinaria*; mais, tout en gardant leurs noms et comme la marque de leur origine, ils s'absorbèrent presque entièrement dans ceux-ci.

409. L'inégalité ne disparut pas; les empereurs s'appliquèrent, au contraire, à corriger les deux autres vices du système pénal qui s'était établi sous leur domination, l'arbitraire et l'excès. Le pouvoir que suppose l'arbitraire devait porter ombrage à une autorité qui ne se contentait pas d'être suprême et qui voulait être unique; les variations qu'il entraîne ne convenaient pas à un régime qui tenait, en toutes matières, à une exacte régularité. L'intervention impériale servit nécessairement à modérer les peines. Ce ne fut pas seulement parce que le pouvoir central, posant des règles générales, a plus de sang-froid et observe mieux la mesure que les pouvoirs locaux qui se mettent en défense dans les cas isolés; ce fut la philosophie, ce fut surtout le christianisme qui amenèrent cet adoucissement (1); au législateur, la première montra dans tout homme un semblable, le second un frère. On avait autrefois répudié les rigueurs de la législation primitive, parce qu'elles avaient semblé inconciliables avec la dignité de Rome, représentée et comme vivante dans chacun de ses citoyens; on retrancha dans les châtiments du droit impérial ce qu'ils avaient d'excessif et d'outrageant pour la nature humaine, image du Créateur, et pour l'âme rachetée par le sang d'un Dieu; il y avait longtemps qu'on avait perdu le sentiment de la grandeur romaine, mais au moins on avait appris à connaître la grandeur chrétienne. Ainsi s'accomplit un sensible progrès dans le droit pénal.

(1) V. M. Humbert, *op. cit.*, p. 93; M. Labatut, *op. cit.*, p. 636.

TABLE DES MATIÈRES

ANGERS, IMP. BURDIN ET Cie, RUE GARNIER.

9 782019 246051